한 번에 합격,
자격증은 이기적

이렇게
기막힌
적중률

KB192017

자격증 독학, 어렵지 않다!
수험생 합격 전담마크

이기적 스터디 카페

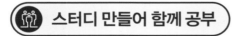 스터디 만들어 함께 공부

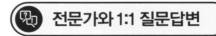 전문가와 1:1 질문답변

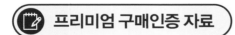 프리미엄 구매인증 자료

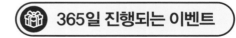 365일 진행되는 이벤트

이기적 스터디 카페   🔍

인증만 하면, 고퀄리티 강의가 무료!

100% 무료 강의

STEP 1
이기적
홈페이지
접속하기

STEP 2
무료동영상
게시판에서
과목 선택하기

STEP 3
ISBN 코드
입력 & 단어
인증하기

STEP 4
이기적이 준비한
명품 강의로
본격 학습하기

1년 365일 이기적이 쏜다!

365일 진행되는 이벤트에 참여하고 다양한 혜택을 누리세요.

EVENT ❶
기출문제 복원

- 이기적 독자 수험생 대상
- 응시일로부터 7일 이내 시험만 가능
- 스터디 카페의 링크 클릭하여 제보

이벤트 자세히 보기 ▶

EVENT ❷
합격 후기 작성

- 이기적 스터디 카페의 가이드 준수
- 네이버 카페 또는 개인 SNS에 등록 후
  이기적 스터디 카페에 인증

이벤트 자세히 보기 ▶

EVENT ❸
온라인 서점 리뷰

- 온라인 서점 구매자 대상
- 한줄평 또는 텍스트 & 포토리뷰 작성 후
  이기적 스터디 카페에 인증

이벤트 자세히 보기 ▶

EVENT ❹
정오표 제보

- 이름, 연락처 필수 기재
- 도서명, 페이지, 수정사항 작성
- book2@youngjin.com으로 제보

이벤트 자세히 보기 ▶

N Pay 20,000원
네이버페이 포인트 쿠폰

영진닷컴 쇼핑몰 30,000원

- N페이 포인트 5,000~20,000원 지급
- 영진닷컴 쇼핑몰 30,000원 적립
- 30,000원 미만의 영진닷컴 도서 증정

※이벤트별 혜택은 변경될 수 있으므로 자세한 내용은 해당 QR을 참고하세요.

이렇게
기막힌
적중률

SQL 개발자
이론서+기출문제 기본서

"이" 한 권으로 합격의 "기적"을 경험하세요!

YoungJin.com Y.
영진닷컴

차례

▶ **합격 강의**

※ 동영상 강의가 제공되는 파트입니다. 영진닷컴 이기적 수험서 사이트(license.youngjin.com)에 접속하여 해당 강의를 시청하세요.

▶ 본 도서에서 제공하는 동영상 시청은 1판 1쇄 기준 2년간 유효합니다. 단, 출제기준안에 따라 동영상 내용은 변경될 수 있습니다.

이 책의 구성

STEP 01

꼼꼼하게 정리된 이론

다년간 분석한 기출문제의 출제빈도, 경향을 토대로 각 섹션을 구성하고 핵심 키워드를 친절히 설명합니다.

핵심 이론

시행처의 출제기준을 토대로 구성되었습니다.
알기 쉽게 설명하는 동영상 강의도 꼭 이용하세요.

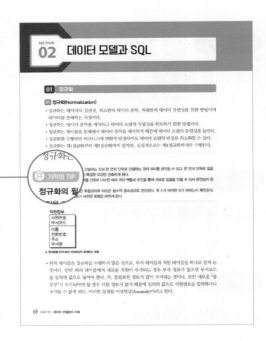

기적의 TIP

이해를 돕는 추가 설명과 공부 노하우 등
다양한 팁이 정리되어 있습니다.

개념 체크

이론 학습 후 문제로 바로 출제유형을 확인
해보세요.

SQL 실습

Developer와 Live SQL 사용법을 확인하고
SQL문을 실행해보세요.

핵심 150제

과목별 중요 포인트를 담은 문제들입니다.
이론을 복습하고 시험 감각을 키워보세요.

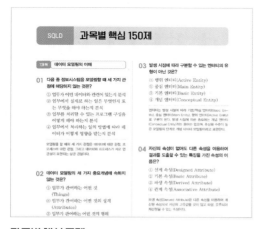

과목별 핵심 문제
시험 전 꼭 알아야 하는 내용으로 구성하였습니다.
틀린 문제는 다시 이론을 확인 후 풀어보세요.

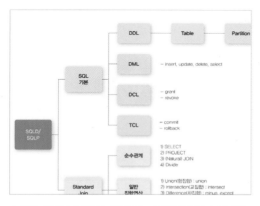

스터디 카페 부록으로 제공되는 마인드맵으로 이론을
정리해보세요.

최신 기출문제

기출된 문제들을 복원하고 출제 경향을 반영
하여 구성되었습니다. 실전처럼 풀어보고 자
신의 실력을 체크하세요.

[해설]

문제에 대한 해설을 주요 키워드와 함께 바로 확인할
수 있습니다.

[정답]

문제의 정답입니다. 해설만으로 이해하기 어려운 문제
는 스터디 카페 질문답변 게시판을 이용해보세요.

01 응시 자격 조건

제한 없음

02 원서 접수하기

- www.dataq.or.kr에서 접수
- 연 4회 시행

03 시험 응시

- 신분증, 컴퓨터용 사인펜 지참
- 90분 동안 진행

04 합격자 발표

www.dataq.or.kr에서 성적 확인

01 SQL 개발자

데이터 모델링에 대한 기본 지식을 바탕으로 SQL 작성, 성능 최적화 등 데이터베이스 개체 설계 및 구현 등에 대한 전문지식 및 실무적 수행 능력을 필수로 한다.

02 검정요강

필기과목명	문제수	주요항목	세부항목
데이터 모델링의 이해	10	데이터 모델링의 이해	데이터 모델의 이해
			엔터티
			속성
			관계
			식별자
		데이터 모델과 SQL	정규화
			관계와 조인의 이해
			모델이 표현하는 트랜잭션의 이해
			Null 속성의 이해
			본질식별자 vs 인조식별자
SQL 기본 및 활용	40	SQL 기본	관계형 데이터베이스 개요
			SELECT 문
			함수
			WHERE 절
			GROUP BY, HAVING 절
			ORDER BY 절
			조인
			표준 조인
		SQL 활용	서브 쿼리
			집합 연산자
			그룹 함수
			윈도우 함수
			Top N 쿼리
			계층형 질의와 셀프 조인
			PIVOT 절과 UNPIVOT 절
			정규 표현식
		관리 구문	DML
			TCL
			DDL
			DCL

시험은 이렇게 출제된다!

우리의 목표는 합격!

어렵게 느껴지는 부분은 개념을 확립하고, 자신 있는 파트는 다양한 문제를 풀어보며 집중하세요. 마무리 체크를 원하는 수험생, 중요한 부분에 집중하고 싶은 수험생은 자주 출제되는 기출 태그를 꼭 짚어보세요.

SQL 개발자 자격시험은 2과목으로 구성되며, 필기 객관식 50문항이 출제됩니다.

검정방법	객관식	문제수	총 50문제(각 2점)	시험시간	90분
응시자격	제한 없음	합격기준	총점 60점 이상	과락기준	과목별 40% 미만 취득

※ 자세한 내용은 데이터자격검정 홈페이지(dataq.or.kr)를 참고하시기 바랍니다.

PART 01   데이터 모델링의 이해 튼튼한 기본기로 최대한 고득점 하자!   10문항

1과목은 비교적 공부하기 수월한 파트이므로 꼼꼼히 학습하여 높은 점수를 받아야 합니다. 주로 데이터 모델러가 만든 모델링을 개발자의 입장에서 해석할 수 있는 능력을 확인하는 문제들이 출제됩니다.

1. 데이터 모델링의 이해   **중**   **50%**

빈출태그 추상화, 단순화, 명확성, 프로세스, 3층 스키마, 식별자, 인스턴스, 속성, 엔터티, 관계, 기본키, 후보키, 슈퍼키, 대체키

2. 데이터 모델과 SQL   **상**   **50%**

빈출태그 정규화 절차, 함수적 종속성, 클러스터링, 분할, 병합, 분산 데이터베이스, 투명성

PART 02   SQL 기본 및 활용 기본 문법에 충실히! 다양한 패턴 연습으로 고득점!   40문항

2과목은 실제 SQL을 사용할 수 있는지 평가하는 문제들이 출제됩니다. 그러므로 컴퓨터로 직접 쿼리를 작성해보면서 공부하는 것을 추천합니다. 다루는 내용도 넓고 암기도 필요하여 높은 점수를 얻기 까다롭습니다. 복원된 기출문제를 통해 유형에 익숙해지며 시험에 대비하세요.

1. SQL 기본   **하**   **40%**

빈출태그 관계형 데이터베이스, WHERE, 함수, GROUP BY, HAVING, ORDER BY

2. SQL 활용   **중**   **40%**

빈출태그 JOIN, 집합 연산자, 계층형 조회, 서브쿼리, 그룹 함수, 윈도우 함수, 절차형

3. 관리 구문   **상**   **20%**

빈출태그 DML, TCL, DDL, DCL

01 SQL 개발자

SQL(Structured Query Language)은 데이터베이스를 직접적으로 액세스할 수 있는 언어로, 데이터를 정의하고(Data Definition), 조작하며(Data Manipulation), 조작한 결과를 적용하거나 취소할 수 있고(Transaction Control), 접근권한을 제어하는 (Data Control) 처리들로 구성됩니다.

SQL 개발자(Developer)란 데이터베이스와 데이터 모델링에 대한 지식을 바탕으로 응용 소프트웨어를 개발하면서 데이터를 조작하고 추출하는데 있어서 정확하고 최적의 성능을 발휘하는 SQL을 작성할 수 있는 개발자를 말합니다. 데이터모델링 기본 지식을 바탕으로 SQL 작성, 성능 최적화 등 데이터베이스 개체 설계 및 구현 등에 대한 전문지식 및 실무적 수행 능력이 요구됩니다.

02 SQL의 활용

실제 기업에서 SQL은 Back-end(서버 쪽 처리를 의미하며, 반대로 화면 처리 부분은 Front-end라고 함)에 있습니다.

기업에서는 많은 사용자(클라이언트)들이 동시다발적으로 데이터베이스에 서비스 요청을 하기 때문에 이러한 요청을 관리하는 프로그램 즉, 클라이언트와 서버 사이에서 트랜잭션(사용자 요청)을 관리하는 미들웨어가 필요합니다. 기업에서 SQL을 사용할 때 클라이언트에서 데이터베이스 서버로 직접 연결하는 경우는 없다고 생각해도 됩니다(사용자 PC에서 데이터베이스를 직접 연결하여 SQL을 사용하는 것은 2계층 클라이언트/서버라고 부름).

예를 들어 사용자는 웹 화면에서 주문을 합니다. 그러면 웹 서버 및 웹 애플리케이션 서버가 사용자 주문요청을 수신받고 미들웨어(기업에서 많이 사용하는 Tuxedo로 예시)에게 사용자 요청을 전달합니다. 미들웨어는 Tuxedo Service를 호출하는 TP Call이라는 것을 호출합니다. Tuxedo Service는 데이터베이스와 연결되어서 사용자 서비스 요청에 따른 SQL문을 실행합니다.

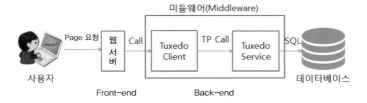

SQL은 정보시스템 개발·운영뿐만 아니라 보안을 하는 사람도 알아야 합니다. 예를 들어 최근 3개월 접속로그 조회, 원격으로 서버에 연결된 사용자, 권한 변경 정보 등을 확인하기 위해서는 SQL을 사용해서 보안 담당자가 직접 확인해야 합니다.

또한 해킹을 하는 경우 SQL Injection이라는 공격 기법이 있습니다. 이것은 보안상의 허점을 이용해 특정 SQL 구문을 전송하여 데이터베이스에서 공격자가 원하는 정보를 탈취하는 해킹 기법입니다.

결론적으로 SQL은 소프트웨어 개발자, 데이터베이스 관리자, 데이터 분석 전문가, 개인정보 담당자, 모의해킹 전문가 등 많은 분야에서 사용되는 필수적인 기술입니다.

SQL 개발자 자격은 SQL을 어디까지 공부할 것인지에 대한 가이드라인 역할을 합니다. SQL을 학습할 때 SQL 개발자 자격을 통해서 공부하는 것을 추천합니다.

임호진

정보관리기술사, 수석감리원, 최정예사이버보안전문가(KISA)
동양증권 Home Trading System 팀
한국 IBM 소프트웨어 컨설턴트
LIG System Technical Architect
한국표준협회 전문위원

이정규

성균관대학교 정보통신대학원 석사
사립학교교직원연금공단 정보보안 담당
ISMS-P 인증심사원, CISA

- **임베스트 SQL전문가** : www.sqld.co.kr
- **유료 온라인 동영상 과정** : 1년(140,000원),
  이기적 도서 구매자 할인혜택
- **임베스트 블로그** : blog.naver.com/limhojin123

▲ 임베스트 SQL 개발자/전문가 강의

+ 이기적 스터디 카페 cafe.naver.com/yjbooks

자격증은 이기적! 전문가들이 함께하는 질문답변 게시판과 각종 추가 자료 등 다양한 혜택을 제공합니다.

SQL Developer

학습 방향

SQL 학습을 위해서 Oracle 데이터베이스를 컴퓨터에 설치하는 방법에 대해 살펴본다.
Oracle에서는 설치 없이 간편하게 SQL을 실행해 볼 수 있는 LiveSQL 서비스도 제공
하고 있으므로 상황에 맞게 이용하도록 한다.

Oracle Database 사용

01 데이터베이스 관리 시스템

SQL을 학습하는 가장 확실한 방법은 실제로 사용해보는 것이다. SQL을 실제로 사용하려면 데이터베이스 관리 시스템(DBMS; DataBase Management System)을 설치해야 한다.

DBMS의 종류는 Oracle, Sybase(사이베이스), DB2, MySQL, MS-SQL 등 다양하다. 이러한 DBMS 중에서 대기업에서 가장 많이 사용하는 DBMS는 Oracle이다. 그래서 Oracle을 알고 있다면, Database를 알고 있다고 인식된다.

SQL 공부를 위해서는 어떤 DBMS를 설치해도 관계없다. 왜냐하면 모든 DBMS는 SQL 표준을 준수하기 때문이다.

단, DBMS별로 자신만 제공하는 기능이 있다. 그래서 모든 DBMS는 SQL 표준을 준수하지만, 추가적인 기능은 다르다. SQLD를 공부할 때는 Oracle 데이터베이스를 기준으로 공부하는 것이 좋다.

▶ DBMS 종류

DBMS	주요 내용
Oracle	– 금융권, 상급종합병원, 제조업, 공공기관 등에서 사용하고 있는 DBMS로 고객정보, 거래정보 등의 중요한 정보를 처리한다. – 모든 DBMS를 Oracle로 사용하지 않는 것은 높은 구매 및 유지비용 때문이다.
Sybase	– Sybase IQ라는 DBMS는 데이터를 분석하기 위한 용도로 많이 사용된다. – 대규모 데이터를 보관하고 다양한 관점에서 분석하는 것이다.
SQL Server	– 윈도우 서버를 사용하는 경우에 많이 사용된다. – Oracle과 그 구조가 비슷한 측면이 있어서 Oracle 사용자는 쉽게 사용할 수 있다.
MySQL	– Open source software로 누구나 쉽게 설치하고 사용할 수 있다. – 중소업체에서 사용하거나 제품으로 개발된 프로그램의 내부 DBMS로 사용된다. – MySQL은 Oracle 사로 인수되었고 무료 버전과 유료 버전 두 개를 가지고 있다.

Oracle도 공개 소프트웨어가 있다. Oracle 버전 중 XE 버전이 있는데 4GB의 메모리와 4GB의 데이터 파일까지는 무료로 사용할 수 있어 학습용으로 권장한다.

02 Oracle XE 설치

Oracle 데이터베이스 설치를 위해서는 아래의 URL에서 접속한 후에 다운로드를 하면 된다.

▶ Oracle 다운로드 URL

> https://www.oracle.com/kr/database/technologies/xe-downloads.html

아래와 같이 Oracle 사이트에서 데이터베이스를 선택한다. 데이터베이스를 선택하면 설치하고 싶은 데이터베이스의 종류를 선택할 수 있다.

Oracle XE 설치 파일을 다운로드하려면 먼저 Oracle 웹 사이트에 회원가입을 해야 한다. 회원 가입은 자신의 메일주소와 패스워드, 직업 등의 정보만 입력하면 된다.

아래의 웹 사이트에서 Oracle을 다운로드 받을 경우 자동으로 로그인 화면으로 이동된다. 로그 인 화면에서 "계정 만들기" 버튼을 클릭하면 회원가입을 할 수 있다.

▲ Oracle XE 다운로드 웹 사이트

설치 파일이 다운로드된 후 압축을 해제하여 setup.exe를 실행하면 설치가 시작된다.

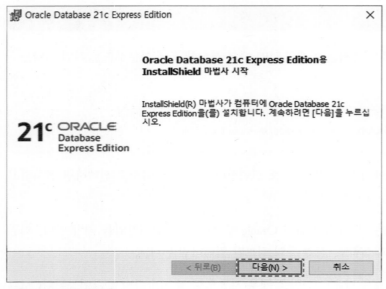

▲ Oracle XE 설치 진행(1)

아래의 메시지가 나오면 "동의함"을 선택한다.

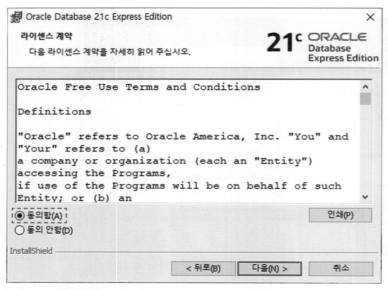

▲ Oracle XE 설치 진행(2)

만약 하드 디스크의 메모리가 부족한 경우 설치 디렉터리를 변경할 수 있다.

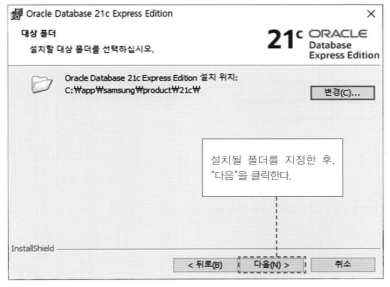

▲ 설치 디렉터리 설정

Oracle 관리자 계정은 SYSTEM이다. SYSTEM 계정에 대한 패스워드를 입력하면 된다.

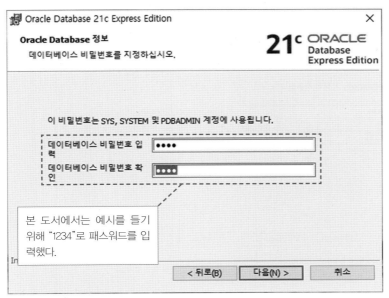

▲Oracle XE SYSTEM 계정에 대한 패스워드 설정

아래와 같이 Oracle XE가 설치되면 지정되는 홈 디렉터리를 확인할 수 있다.

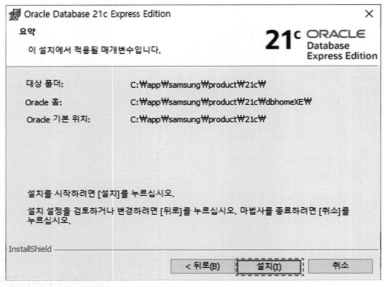

▲ Oracle XE 설치 홈 디렉터리

▲Oracle XE 설치 진행

Oracle XE 설치 중에 방화벽 앱 차단 메시지가 나오면 "액세스 허용"을 클릭한다.

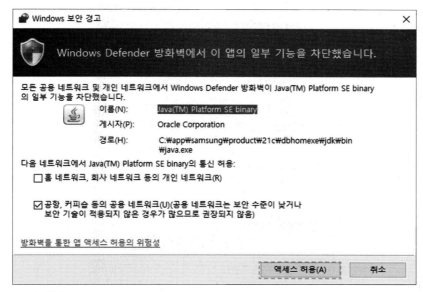

▲ 방화벽 확인

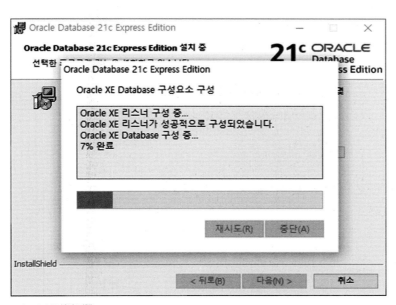

▲ Oracle XE 설치 진행

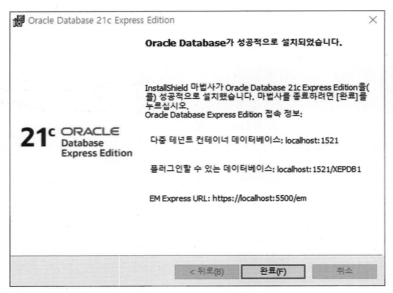

▲ Oracle XE 설치 완료

Oracle XE 설치가 완료되면 자동으로 Oracle 데이터베이스가 실행되며 SQL Plus로 연결할 수 있다. SQL Plus를 실행하여 확인한다.

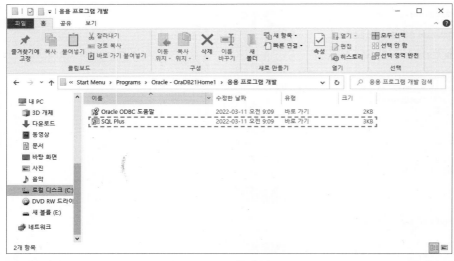

▲ Oracle SQL Plus

아래와 같이 SQL Plus가 정상적으로 연결되면 Oracle XE 설치는 정상적으로 완료된 것이다.

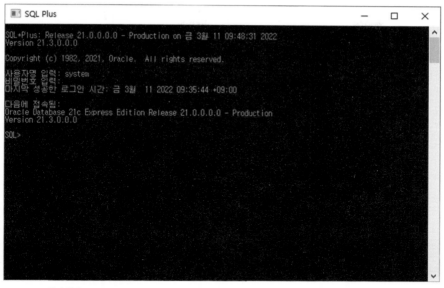

▲ SQL Plus 연결 확인

03 Oracle XE 설치 확인

01 윈도우 서비스 확인

Oracle XE가 설치되면 윈도우 서비스로 자동 등록된다. 윈도우 서비스로 등록되면 자동으로 설정되어서 부팅(Booting) 때마다 Oracle XE를 실행하게 된다.

Oracle 데이터베이스를 평상시에 사용하지 않고 필요할 때만 사용하고 싶다면, 윈도우 서비스에 등록되어 있는 Oracle XE를 수동으로 변경하면 된다.

윈도우 서비스 확인은 명령 프롬프트에서 "sc query"를 실행해도 되고 제어판에서 서비스를 확인해도 된다.

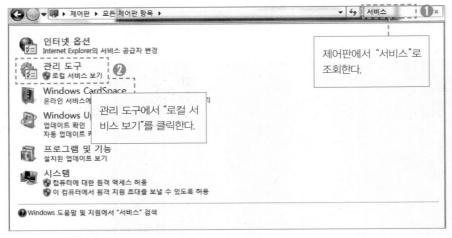

제어판에서 "서비스"로 조회한다.

관리 도구에서 "로컬 서비스 보기"를 클릭한다.

▲ 윈도우 서비스 확인

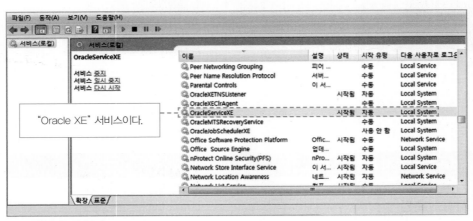

"Oracle XE" 서비스이다.

▲ Oracle XE 서비스 확인

02 Oracle 데이터베이스 연결 상태 확인하기

Oracle XE를 설치하면 자동으로 TNSListener가 설치된다. TNSListener는 데이터베이스 연결을 하기 위해서 반드시 필요한 서비스이다. 만약 TNSListener에 오류가 있으면 개발자는 데이터베이스와 연결할 수 없다. TNSListener의 이상유무를 확인하는 방법은 간단하게 명령 프롬프트에서 "netstat"를 실행하면 된다.

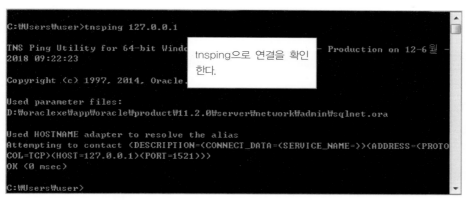

▲ netstat 명령

Oracle 데이터베이스는 통신을 위해서 1521 포트를 사용한다. 물론 포트 변경은 가능하다.

Oracle 데이터베이스 연결 상태를 확인하는 또 다른 방법으로, tnsping을 실행하면 보다 분명하게 확인이 가능하다. tnsping은 Oracle 서버와 연결을 시도하고 연결 정보까지도 출력한다. Oracle 데이터베이스가 설치되어 있는 컴퓨터에서 tnsping를 실행하고, IP주소에 Localhost IP 주소인 "127.0.0.1"을 입력하면 된다.

```
C:\Users\user>tnsping 127.0.0.1

TNS Ping Utility for 64-bit Windo        tnsping으로 연결을 확인        - Production on 12-6월 -
2018 09:22:23                            한다.

Copyright (c) 1997, 2014, Oracle.

Used parameter files:
D:\oraclexe\app\oracle\product\11.2.0\server\network\admin\sqlnet.ora

Used HOSTNAME adapter to resolve the alias
Attempting to contact (DESCRIPTION=(CONNECT_DATA=(SERVICE_NAME=))(ADDRESS=(PROTO
COL=TCP)(HOST=127.0.0.1)(PORT=1521)))
OK (0 msec)

C:\Users\user>
```

▲ tnsping 실행

03 Oracle 데이터베이스 사용하기

이제 실제 Oracle 데이터베이스를 사용해 보자. Oracle XE를 설치하면 자동으로 "SQL Plus" 프로그램이 설치된다.

"SQL Plus"를 실행하고 connect system/1234를 입력하면 system 사용자로 데이터베이스를 연결한다. "1234"는 Oracle XE 설치 과정에서 입력한 패스워드이다.

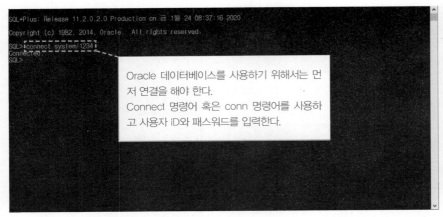

▲ Run SQL Command Line 실행 및 Oracle 데이터베이스 연결

SQL Plus 프로그램은 Oracle 데이터베이스를 설치하면 자동으로 설치된다. SQL문은 작성하다가 오타가 발생하면 수정하기 어려운데, SQL Plus 프로그램에서는 메모장(Notepad)을 사용해서 쉽게 SQL문을 작성하거나 수정할 수 있다.

SQL Plus에서 메모장을 사용하기 위해서는 먼저 임의의 SQL문을 하나 실행해야 한다. 그래야 최근에 실행된 SQL문이 "afiedt.but"에 저장된다. 그 다음 edit라고 입력하면 최근 SQL문을 보여 주기 위해서 메모장이 실행된다.

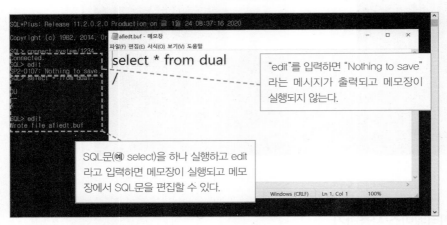

▲ 메모장으로 SQL문 편집 및 사용

메모장에서 작성된 SQL문을 실행하기 위해서는 "/"를 입력하면 된다.

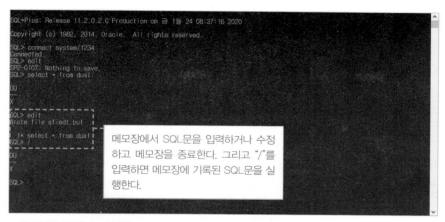

메모장에서 SQL문을 입력하거나 수정하고 메모장을 종료한다. 그리고 "/"를 입력하면 메모장에 기록된 SQL문을 실행한다.

▲ 메모장에서 작성한 SQL문 실행

그리고 주의할 사항은 메모장에서 SQL문을 작성할 때는 SQL문 맨 뒤에 세미콜론(;)을 붙이면 안 된다.

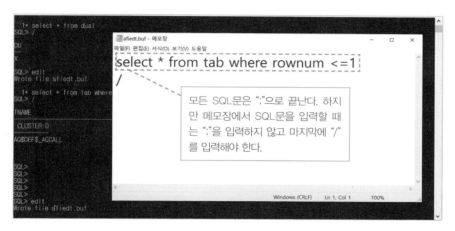

모든 SQL문은 ";"으로 끝난다. 하지만 메모장에서 SQL문을 입력할 때는 ";"을 입력하지 않고 마지막에 "/"를 입력해야 한다.

▲ 메모장에서 SQL 작성 시에 주의사항(1)

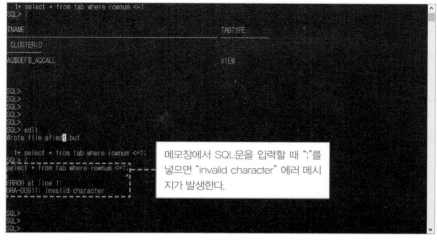

메모장에서 SQL문을 입력할 때 ";"를 넣으면 "invalid character" 에러 메시지가 발생한다.

▲ 메모장에서 SQL 작성 시에 주의사항(2)

04 Oracle 데이터베이스 사용자 생성하기

SQL을 학습하기 위해선 Oracle 데이터베이스를 테스트할 Oracle 사용자를 생성해야 한다.
Oracle 사용자는 "Create user"문을 사용해서 생성한다.

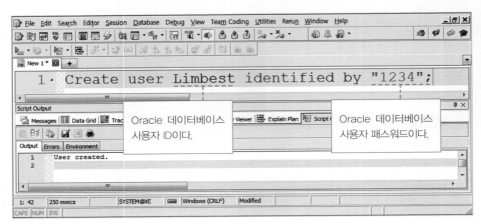

▲ Oracle 사용자 생성

Oracle 데이터베이스 사용자를 생성한다고 해서 바로 사용할 수 있는 것은 아니다. Oracle을 사용하기 위해서는 권한이 있어야 한다. 그래서 여기서는 "Limbest"라는 사용자에게 Oracle 데이터베이스의 모든 권한을 부여했다. Role이라는 것을 사용해서 한 번에 DBA 권한을 부여할 수 있다.

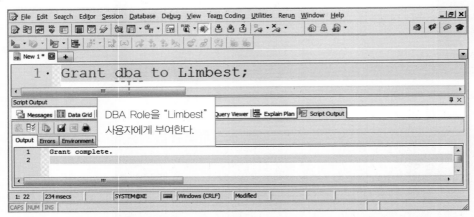

▲ Oracle 데이터베이스 사용자에게 권한 부여

여기까지 하면 SQL을 실습할 수 있는 준비는 끝났다. 위의 SQL문은 "Toad"에서 혹은 "Run SQL Command Line"에서 실행해도 된다.

SECTION 02 Oracle SQL Developer

01 Oracle SQL Developer 설치

Oracle 데이터베이스와 연결하여 SQL문을 작성하거나 실행 계획을 확인하기 위해서는 Toad라는 프로그램을 많이 사용하지만, Toad는 유료 프로그램이라는 것이 문제이다. 따라서 Oracle 웹 사이트에서 Oracle SQL Developer라는 프로그램을 설치하여 사용할 수도 있다.

"www.oracle.com/tools/downloads/sqldev−downloads.html"이라는 웹 사이트에 접속하면 Oracle SQL Developer 프로그램을 다운 받을 수 있다.

▲ Oracle SQL Developer 다운로드 웹 사이트

Oracle SQL Developer 프로그램을 다운로드 받을 때 JDK가 포함되어 있는 버전을 다운로드하면 추가적으로 JDK를 다운로드 받아서 설치할 필요가 없다.

다운로드가 완료되면 압축파일이 생기고 압축파일을 해제하면 아래와 같은 디렉터리가 만들어진다.

Oracle SQL Developer SECTION 02 25

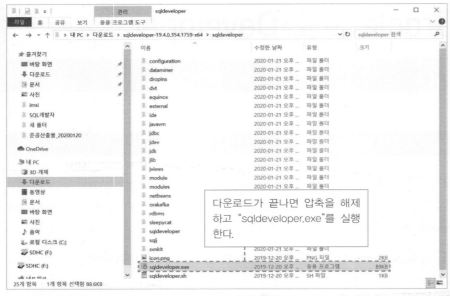

▲ Oracle SQL Developer 설치(1)

위에서 "sqldeveloper.exe"를 실행하면 바로 Oracle SQL Developer가 실행된다. 첫 실행 시 만약 JDK가 포함되어 있지 않은 버전을 다운로드 받고 실행하면 JDK가 저장된 경로를 입력해야 한다.

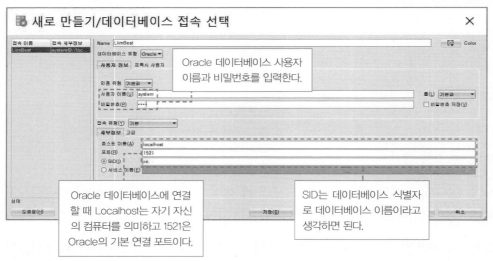

▲ Oracle SQL Developer 설치(2)

Oracle SQL Developer를 실행하면 위와 같이 데이터베이스 접속 정보를 입력해야 한다. 사용자 이름은 "system"을, 비밀번호는 Oracle 데이터베이스 설치 시에 입력한 비밀번호를 입력하면 된다.

02 Oracle SQL Developer 사용

Oracle SQL Developer를 실행하면 아래와 같은 화면이 나온다. 그러면 SQL문을 입력하고 F5를 누르면 SQL문이 실행된다.

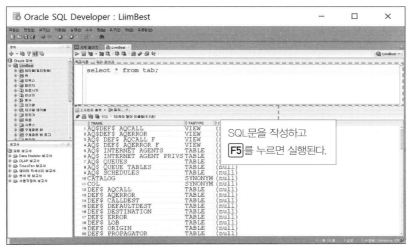

▲ Oracle SQL Developer 실행

Oracle SQL Developer는 사용자가 실행한 SQL문에 대해서 아래와 같이 실행 계획을 확인할 수 있다.

▲ Oracle SQL Developer 실행 계획

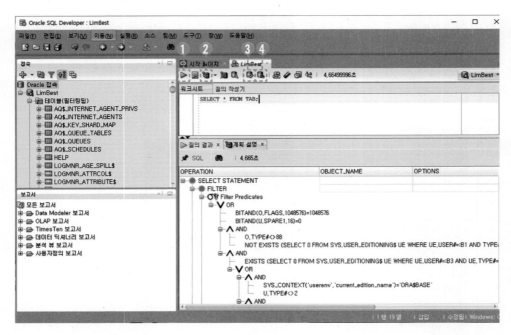

기능	설명
❶	– SQL을 실행한다. – [Ctrl]+[Enter]를 눌러도 실행된다.
❷	SQL 실행계획을 보여 준다.
❸	COMMIT을 실행한다.
❹	ROLLBACK을 실행한다.

▲ Oracle SQL Developer 기본적인 기능

MySQL

01 MySQL 설치

Oracle 데이터베이스 설치가 어렵다면 MySQL 데이터베이스를 설치하여 대부분의 실습을 할수 있다. 하지만, 일부의 기능은 Oracle에서만 제공함을 유의한다.

MySQL을 설치하기 위해서는 "dev.mysql.com/downloads/installer" 웹 사이트에 접속하여 로그인 후 윈도우용 MySQL 설치 파일을 다운로드 받으면 된다.

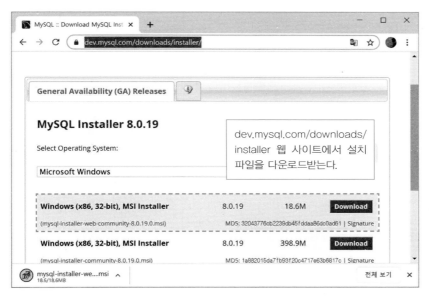

▲ MySQL 다운로드 웹 사이트

설치 파일을 다운로드 받고 실행을 하면 아래와 같은 화면이 나온다. 아래의 화면에서 "Developer Default"를 선택하면 MySQL 데이터베이스와 MySQL을 사용할 수 있는 클라이언트 프로그램 등이 설치된다.

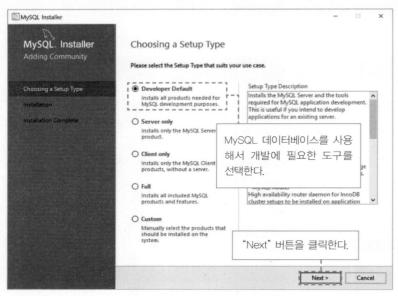

▲ MySQL 설치(1)

"Execute" 버튼을 클릭하면, 설치 가능한 패키지를 확인하고 패키지가 다운로드된다.

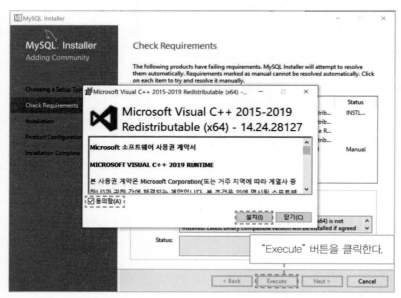

▲ MySQL 설치(2)

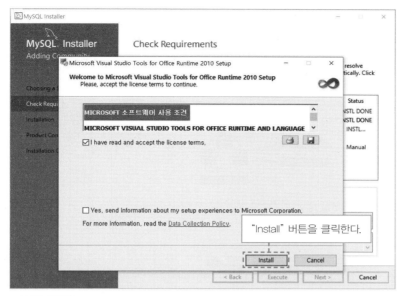

▲ MySQL 설치(3)

설치될 제품 리스트를 확인하고, "Next" 버튼을 클릭하면 제품을 자동으로 다운로드 받고 설치가 진행된다.

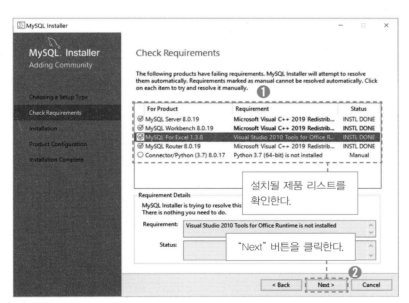

▲ MySQL 설치(4)

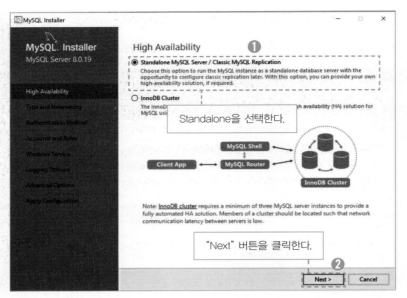

▲ MySQL 설치(5)

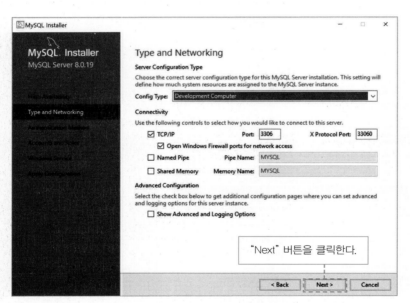

▲ MySQL 설치(6)

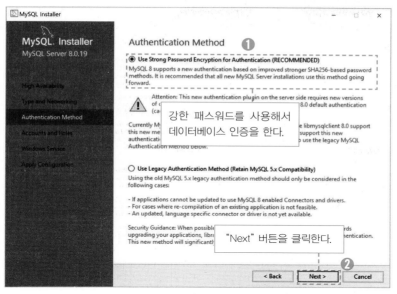

▲ MySQL 설치(7)

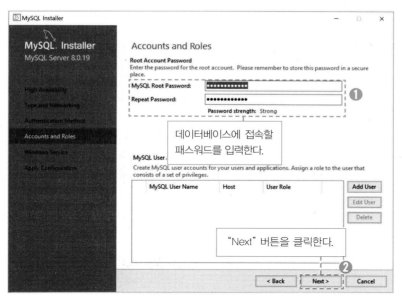

▲ MySQL 설치(8)

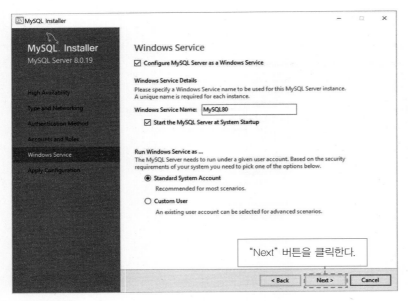

"Next" 버튼을 클릭한다.

▲ MySQL 설치(9)

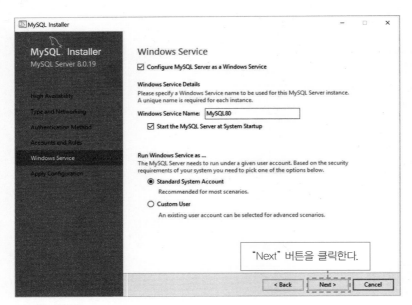

"Next" 버튼을 클릭한다.

▲ MySQL 설치(10)

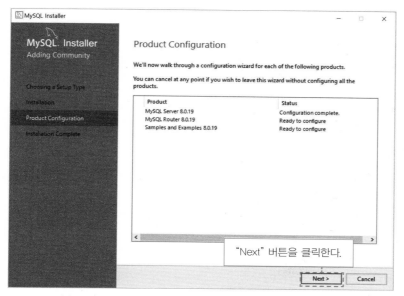

▲ MySQL 설치(11)

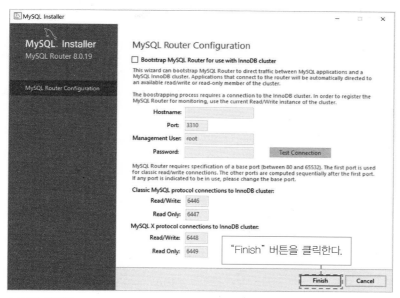

▲ MySQL 설치(12)

여기까지 그대로 따라오면 설치는 완료된 것이다. MySQL의 ID와 패스워드를 입력하고 "Check" 버튼을 클릭하면 정상적으로 연결되는지 확인할 수 있다.

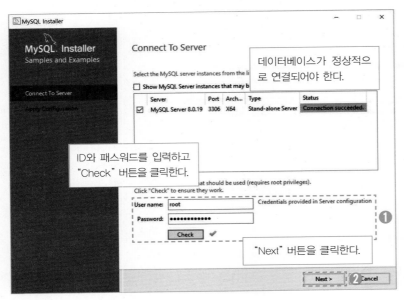

▲ MySQL 설치(13)

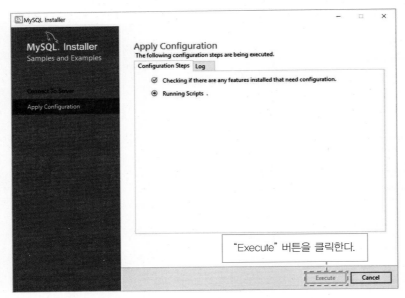

▲ MySQL 설치(14)

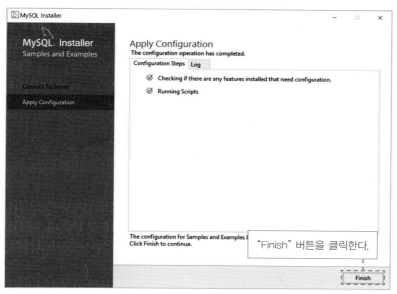

▲ MySQL 설치(15)

02 MySQL 사용

MySQL 데이터베이스 설치가 완료된 후 MySQL Workbench 프로그램을 실행하면 아래와 같은 화면이 나온다.

▲ MySQL Workbench 실행

MySQL Workbench에서 "MySQL Connection"에 있는 "+" 버튼을 클릭해서 MySQL 데이터베이스 연결 정보를 등록한다.

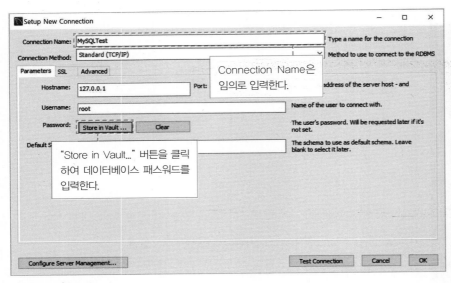

▲ MySQL 연결 정보 등록

위의 화면에서 "Connection Name"은 임의로 입력하면 되고 "Hostname"은 자신의 컴퓨터에서 연결할 것이므로 "127.0.01" 혹은 "Localhost"로 입력하면 된다. MySQL 데이터베이스 "Port"는 3306, MySQL "Username"은 root, "Password"는 "Store in Vault…" 버튼을 클릭해서 입력한다.

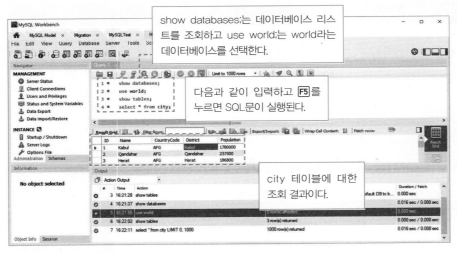

▲ MySQL Workbench에서 연결 및 사용하기

MySQL Workbench로 데이터베이스를 연결하면 위와 같은 화면이 나온다. MySQL은 여러 개의 데이터베이스를 생성하고 관리할 수 있으므로 "show databases;" 문을 입력하면 데이터베이스 목록을 확인할 수 있다. 그리고 "use 데이터베이스명;"을 입력하면 해당 데이터베이스를 사용하게 된다. 데이터베이스가 선택되면 "show tables;" 문을 사용해서 데이터베이스에 저장되어 있는 테이블 목록을 확인할 수 있다. 이제 SQL문을 작성해서 실행하면 결과가 화면에 나타난다.

01 Live SQL 사용

Oracle에서 제공하는 Live SQL 웹 사이트를 사용하면 자신의 컴퓨터에 아무런 소프트웨어도 설치하지 않고 SQL문을 연습할 수 있다. 단, Oracle 웹 사이트에 회원가입은 해야 한다.

▶ Live SQL 웹 사이트

https://livesql.oracle.com

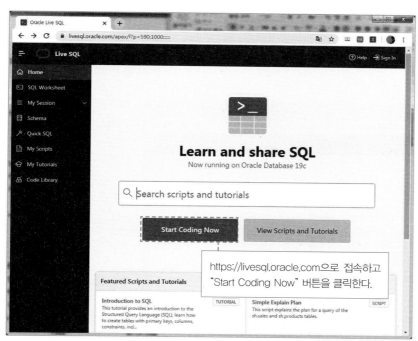

▲ Live SQL 웹 사이트

Live SQL 웹 사이트를 이용하려면 Oracle 계정이 있어야 한다. 만약 Oracle 계정이 없으면 아래의 "오라클 계정 로그인" 창에 "계정 만들기"를 클릭하면 된다. 로그인 창은 "Start Coding Now" 버튼을 클릭하면 나온다.

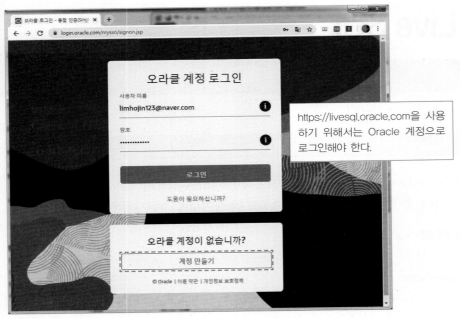

https://livesql.oracle.com을 사용하기 위해서는 Oracle 계정으로 로그인해야 한다.

▲ Oracle 계정 로그인

Live SQL 웹 사이트에 로그인이 되면 동의 화면이 나온다. "I Agree"를 체크하고 "Accept" 버튼을 클릭한다.

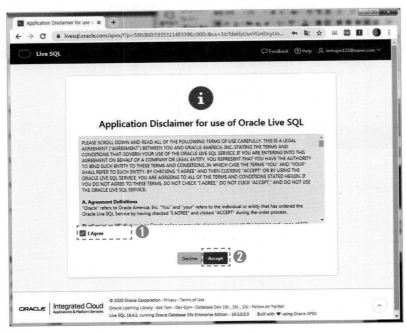

▲ 동의 화면

그러면 아래와 같은 SQL Worksheet가 나온다. 테스트 SELECT문 하나를 작성하고 "RUN" 버튼을 클릭하면 SQL문이 정상적으로 실행되는 것을 확인할 수 있다.

▲ SQL Worksheet에서 SQL문 실행

Create Table문을 사용해서 테이블(샘플 테이블)을 생성할 수도 있다.

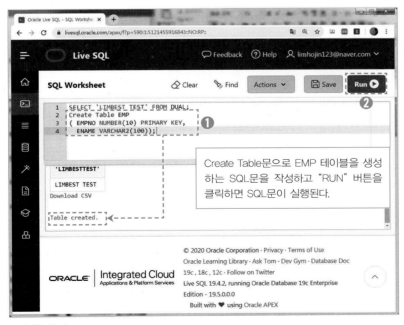

▲ 테이블 만들기

My Session 메뉴는 지금까지 사용한 SQL문을 모두 확인할 수 있다. "Save" 버튼을 눌러 SQL 문을 저장할 수 있다. "Actions" 버튼을 눌러 "Download" 메뉴를 이용해 내 컴퓨터로 파일을 저장할 수 있다.

▲ My Session 확인

데이터베이스에서 Object는 테이블, 뷰, 인덱스 등의 모든 것을 의미한다. 그래서 Object 생성기에서는 테이블, 뷰, 인덱스 등을 쉽게 만들 수 있게 도와준다.

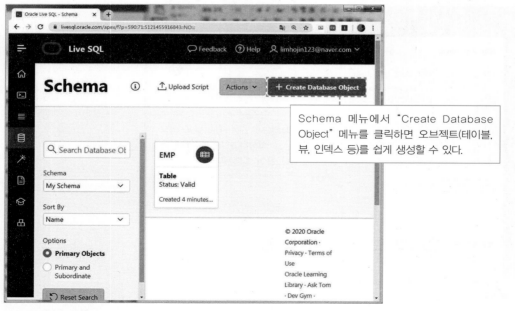

▲ Object 생성기 사용(1)

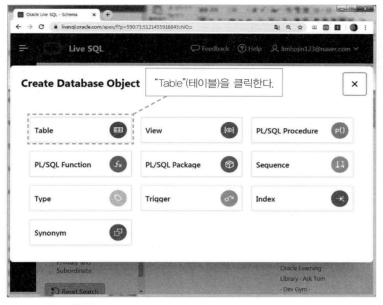

▲ Object 생성기 사용(2)

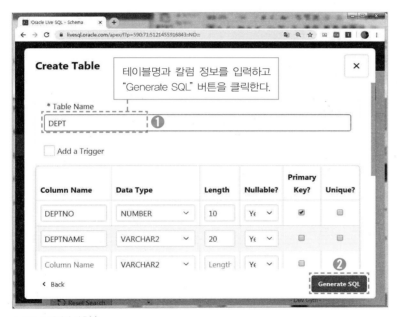

▲ Object 생성기 사용(3)

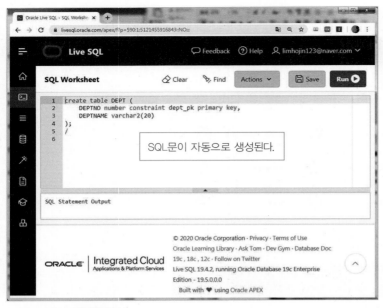

▲ Generate SQL 버튼 실행 결과

이제 SQL Worksheet에서 Insert문과 Select문을 테스트해 보자. 앞서 만든 EMP 테이블에 임의의 데이터를 입력하고 그것을 조회해본다.

▲ 데이터 입력 및 조회

02

데이터 모델링의 이해

학습 방향

데이터 모델링 섹션은 데이터 모델링의 기본적인 용어에 대한 이해가 필요하다. 엔터티, 속성, 관계의 의미를 분명히 이해해야 하고, 데이터 모델링과 정규화, 반정규화를 학습해야 한다.

범위	중요도	중점 학습내용
데이터 모델링의 이해	★★★	- 3층 스키마의 구성요소 - 엔터티, 속성, 관계의 의미 및 특징 - 엔터티의 종류, 주식별자의 특징
데이터 모델과 SQL	★★	- 정규화 기법, 반정규화 - 관계와 조인, NULL 속성, 본질 식별자와 인조 식별자

01 데이터 모델링의 이해

01 데이터 모델링

- 데이터 모델링은 현실 세계를 데이터베이스로 표현하기 위해서 추상화한다.
- 데이터 모델링을 하기 위해서는 고객과의 의사소통을 통해 고객의 업무 프로세스를 이해해야 한다.
- 고객의 업무 프로세스를 이해한 후 데이터 모델링 표기법을 사용해서 모델링을 한다.
- 데이터 모델링은 고객이 쉽게 이해할 수 있도록 복잡하지 않게 모델링해야 한다.
- 데이터 모델링은 고객의 업무 프로세스를 추상화하고, 소프트웨어를 분석·설계하면서 점점 더 상세해진다.
- 데이터 모델링은 고객의 비즈니스 프로세스를 이해하고 비즈니스 프로세스의 규칙을 정의한다. 정의된 비즈니스 규칙을 데이터 모델로 표현한다.

02 데이터 모델링의 특징

- 데이터 모델링은 추상화해야 한다. → 추상화는 공통적인 특징을 찾고 간략하게 표현한다.
- 데이터 모델링은 단순화해야 한다. → 복잡한 문제를 피하고 누구나 이해할 수 있게 표현한다.
- 데이터 모델링은 명확해야 한다. → 의미적 해석이 모호하지 않고 명확하게 해석되어야 한다.

▶ 데이터 모델링의 주요 특징

특징	설명
추상화(Abstraction)	현실 세계를 간략하게 표현한다.
단순화(Simplification)	누구나 쉽게 이해할 수 있도록 표현한다.
명확성(Clarity)	명확하게 의미가 해석되어야 하고 한 가지 의미를 가져야 한다.

(1) 추상화와 단순화

- 모델링을 수행할 때 세부적인 요소보다, 전체적인 모습을 파악하기 위해서 수행한다.
- 세부적인 요소에 집중하게 되면 초기 모델링이 복잡해져서 이해하기가 어렵다.
- 예를 들어 계좌와 같은 공통적인 요소에 집중하게 된다. 계좌가 있어야 인터넷 뱅킹에 가입할 수 있고 계좌가 있어야 입금, 출금을 할 수 있기 때문이다.

(2) 명확화

- 예로 삼성전자 주식의 가격을 주가, 현재가, 시세 등의 다양한 언어로 표현할 수가 있는데, 모델링을 위해서 한 가지 용어로 표현하는 것이 좋다. 이를 위해서 용어사전을 만든다.
- 용어는 한 가지 의미로만 해석되어야 한다. 예를 들어 납부는 납부자와 납부라는 행위가 포함되어 있다. 따라서 납부와 납부자를 분리해서 사용해야 한다.

03 데이터 모델링 단계

[1] 개념적 모델링(Conceptual Data Modeling)

- 고객의 비즈니스 프로세스를 분석하고 업무 전체에 대해서 데이터 모델링을 수행한다.
- 복잡하게 표현하지 않고 중요한 부분을 위주로 모델링하는 단계이다.
- 업무적 관점에서 모델링하며 기술적인 용어는 가급적 사용하지 않는다.
- 엔터티(Entity)와 속성(Attribute)을 도출하고 개념적 ERD(Entity Relationship Diagram)를 작성한다.

(2) 논리적 모델링(Logical Data Modeling)

- 개념적 모델링을 논리적 모델링으로 변환하는 작업이다. 업무관점에서 작성된 모델링을 데이터베이스 모델의 종류에 따라 변환한다는 것으로, 칼럼, 행, 테이블 등의 형태로 바꾸는 것을 의미한다.
- 식별자를 도출하고 필요한 모든 릴레이션(테이블)을 정의한다. 회원을 대표하는 회원번호, 계좌를 대표하는 계좌번호 같이 유일하고 대표성이 있는 키를 식별하는 것이다.
- 정규화를 수행해서 데이터 모델의 독립성을 확보한다. 정규화는 독립적인 단위로 릴레이션을 분리하는 것이다.

(3) 물리적 모델링(Physical Modeling)

- 데이터베이스를 실제로 구축한다. 즉, 테이블, 인덱스, 함수 등을 생성한다.
- 성능, 보안, 가용성을 고려해서 구축한다.

▶ 데이터 모델링 단계

데이터 모델링 단계	설명
개념적 모델링	− 전사적 관점에서 기업의 데이터를 모델링한다. − 추상화 수준이 가장 높은 수준의 모델링이다. − 계층형 데이터 모델, 네트워크 모델, 관계형 모델에 관계없이 업무 측면에서 모델링한다.
논리적 모델링	− 특정 데이터베이스 모델에 종속한다. − 식별자를 정의하고 관계, 속성 등을 모두 표현한다. − 정규화를 통해서 재사용성을 높인다.
물리적 모델링	− 구축할 데이터베이스 관리 시스템에 테이블, 인덱스 등을 생성하는 단계이다. − 성능, 보안, 가용성 등을 고려하여 데이터베이스를 구축한다.

▶ 데이터 모델링 관점

관점(View)	설명
데이터	– 비즈니스 프로세스에서 사용되는 데이터를 의미한다. – 구조 분석, 정적 분석
프로세스	– 비즈니스 프로세스에서 수행하는 작업을 의미한다. – 시나리오 분석, 도메인 분석, 동적 분석
데이터와 프로세스	– 프로세스와 데이터 간의 관계를 의미한다. – CRUD(Create, Read, Update, Delete) 분석

• 데이터 모델링 관점은 업무(프로세스)에서 데이터가 어떻게 사용되는지 파악하는 것이다. 이를 위해서 CRUD 매트릭스를 작성한다.

▶ CRUD(Create, Read, Update, Delete) 매트릭스

프로세스 \ 데이터	회원	상품
회원등록	C	
회원변경	R, U	
주문요청		R
주문취소		R, D

• 위의 CRUD 매트릭스를 보면, 회원등록 시에 회원 데이터가 생성되고 회원변경 시에는 회원 데이터를 읽고, 수정한다는 것을 알 수가 있다. 또한 주문요청 시에는 상품정보를 읽고 주문 취소 시에는 상품정보를 읽고 삭제한다. 이렇게 프로세스와 데이터 간의 관계를 명확히 확인 할 수 있다.

04 데이터 모델링을 위한 ERD(Entity Relationship Diagram)

• 1976년 피터첸(Peter Chen)이 Entity Relationship Model 표기법을 만들었으며, 사실상 데이터 모델링의 표준으로 사용되고 있다.
• 엔터티와 엔터티 간의 관계를 정의하는 모델링 방법이다.

(1) ERD 작성 절차

① 엔터티를 도출하고 그린다.

- 업무에서 관리해야 하는 집합을 도출한다.

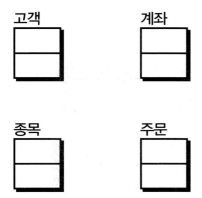

▲ 엔터티 도출

② 엔터티를 배치한다.

- 엔터티를 도출한 후 엔터티를 배치한다.
- 중요한 엔터티를 왼쪽 상단에 배치한다.

③ 엔터티 간의 관계를 설정한다.

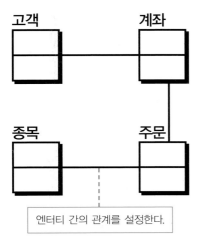

엔터티 간의 관계를 설정한다.

▲ 엔터티 간의 관계 설정

④ 관계명을 서술한다.

- 엔터티 간에 어떤 행위나 존재가 있는지 표현한다.

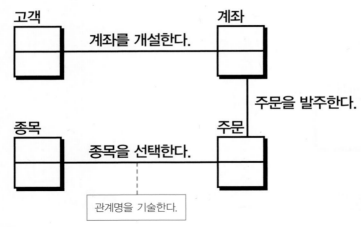

▲ 관계명 기술

⑤ 관계 참여도를 표현한다.

- 관계 참여도는 한 개의 엔터티와 다른 엔터티 간의 참여하는 관계 수를 의미한다.
- 즉, "고객이 여러 개의 계좌를 개설할 수 있다."와 같은 의미를 표현하는 것이다.

⑥ 관계의 필수 여부를 표현한다.

- 필수는 반드시 존재해야 하는 것이다.
- 예를 들어 "모든 고객은 반드시 하나의 계좌를 개설해야 한다."와 같은 의미를 표현한다.

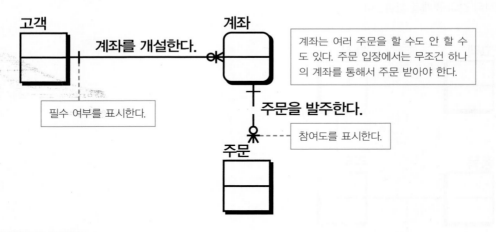

계좌는 여러 주문을 할 수도 안 할 수도 있다. 주문 입장에서는 무조건 하나의 계좌를 통해서 주문 받아야 한다.

▲ 관계의 필수 여부를 표현

(2) ERD 작성 시 고려사항

- 중요한 엔터티를 가급적 왼쪽 상단에 배치한다.
- ERD는 이해가 쉬워야 하고 너무 복잡하지 않아야 한다.

05 데이터 모델링 고려사항

(1) 데이터 모델의 독립성

- 독립성이 확보된 모델은 고객의 업무 변화에 능동적으로 대응할 수 있다.
- 독립성을 확보하기 위해서는 중복된 데이터를 제거해야 한다.
- 데이터 중복을 제거하는 방법이 바로 정규화이다.

(2) 고객 요구사항의 표현

- 데이터 모델링으로 고객과 데이터 모델러 간에 의사소통을 할 수 있어야 하므로, 고객의 요구 사항을 간결하고 명확하게 표현해야 한다.

(3) 데이터 품질 확보

- 데이터베이스 구축 시에 데이터 표준을 정의하고 표준 준수율을 관리해야 한다.
- 데이터 표준을 확보해야 데이터 품질을 향상시킬 수 있다.

✅ 개념 체크

다음 중 ERD 작성 절차로 올바른 것은?

> ㄱ : 엔터티를 도출하고 그린다.
> ㄴ : 엔터티를 배치한다.
> ㄷ : 엔터티 간 관계를 설정한다.
> ㄹ : 관계명을 서술한다.
> ㅁ : 관계 참여도를 표현한다.
> ㅂ : 관계의 필수 여부를 표현한다.

① ㄱ → ㄴ → ㄷ → ㄹ → ㅁ → ㅂ
② ㄱ → ㄴ → ㄷ → ㅂ → ㅁ → ㄹ
③ ㄱ → ㄴ → ㄷ → ㄹ → ㅂ → ㅁ
④ ㄴ → ㄱ → ㄷ → ㄹ → ㅂ → ㅁ

정답 ①

해설 | 엔터티를 도출하고 엔터티 간의 관계 설정 및 관계명 서술, 참여도 등을 표현한다.

---

02 3층 스키마(3-Level Schema)

01 3층 스키마

- 사용자, 설계자, 개발자가 데이터베이스를 보는 관점에 따라 데이터베이스를 기술하고 이들 간의 관계를 정의한 ANSI 표준이다.
- 3층 스키마는 데이터베이스의 독립성을 확보하기 위한 방법이다.

- 데이터의 독립성을 확보하는 것에는 데이터 복잡도 감소, 데이터 중복 제거, 사용자 요구사항 변경에 따른 대응력 향상, 관리 및 유지보수 비용 절감 등의 장점이 있다.
- 3단계 계층으로 분리해서 독립성을 확보하는 방법으로 각 계층을 뷰(View)라고도 한다.

> 기적의 TIP

ANSI(American National Standards Institute) : 미국표준협회
ANSI 표준은 데이터베이스와 관련된 표준을 정의한 것으로 ANSI SQL 표준이라는 것이 있다. ANSI SQL 표준은 SQL문이 모든 데이터베이스 관리 시스템(ⓔ Oracle, Sybase, DB2, MySQL 등)에서 호환되도록 정의한 표준이다.

▶ 3층 스키마의 독립성

독립성	설명
논리적 독립성	개념 스키마가 변경되더라도 외부 스키마가 영향을 받지 않는 것이다.
물리적 독립성	내부 스키마가 변경되더라도 개념 스키마가 영향을 받지 않는 것이다.

02 3층 스키마 구조

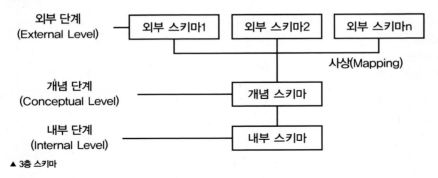

▲ 3층 스키마

▶ 3층 스키마의 구조

구조	설명
외부 스키마(External Schema)	– 사용자 관점, 업무상 관련이 있는 데이터 접근이다. – 관련 데이터베이스의 뷰(View)를 표시한다. – 응용 프로그램이 접근하는 데이터베이스를 정의한다.
개념 스키마(Conceptual Schema)	– 설계자 관점, 사용자 전체 집단의 데이터베이스 구조이다. – 전체 데이터베이스 내의 규칙과 구조를 표현한다. – 통합 데이터베이스 구조이다.
내부 스키마(Internal Schema)	– 개발자 관점, 데이터베이스의 물리적 저장 구조이다. – 데이터 저장 구조, 레코드 구조, 필드 정의, 인덱스 등을 의미한다.

✓ 개념 체크

3층 스키마의 개발자 관점에서 데이터베이스의 물리적 저장 구조를 표현하고 데이터 저장 구조, 레코드 구조, 필드 정의, 인덱스를 정의하는 것은?

① 외부 스키마
② 개념 스키마
③ 내부 스키마
④ 관계 스키마

정답 ③

해설 | 내부 스키마는 개발자 관점에서 데이터베이스의 물리적 저장 구조를 표현한다.

03 엔터티(Entity)

01 엔터티(Entity)

- 엔터티는 업무에서 관리해야 하는 데이터 집합을 의미하며, 저장되고 관리되어야 하는 데이터이다.
- 엔터티는 개념, 사건, 장소 등을 의미하는 명사이다.

▶ 엔터티의 의미

인물	엔터티의 의미
Peter Chen(1976)	엔터티는 변별할 수 있는 사물이다.
James Martin(1989)	정보를 저장할 수 있는 어떤 것이다.
C.J Date(1986)	데이터베이스 내부에서 변별 가능한 객체이다.
Thomas Bruce(1992)	정보가 저장될 수 있는 장소, 사람, 사건, 개념, 물건 등이다.

02 엔터티(Entity) 도출

- 엔터티 도출 시 고객의 비즈니스 프로세스에서 관리되어야 하는 정보를 추출해야 한다.
- 다음의 예를 통해 업무에서 관리해야 하는 엔터티를 도출해 보자.

▶ 비즈니스 프로세스

1. 고객이 회원가입을 한다. 회원으로 가입할 때는 회원ID, 패스워드, 이름, 주소, 전화번호 등을 입력해야 한다.
2. 회원으로 가입하기 위해서는 반드시 하나의 계좌를 개설해야 한다.
3. 고객은 계좌를 여러 개 개설할 수 있다.
4. 계좌를 개설할 때는 계좌번호, 계좌명, 예수금, 계좌개설 지점, 계좌담당자가 입력된다.

• 위의 시나리오에서 엔터티를 도출하면 다음과 같다.

고객

회원 ID
패스워드
이름
주소
전화번호

계좌

계좌번호
계좌명
예수금
계좌개설 지점
계좌담당자

▲ 엔터티 도출

03 엔터티(Entity) 특징

▶ 엔터티의 특징

엔터티 특징	설명
식별자	엔터티는 유일한 식별자가 있어야 한다. 예 회원ID, 계좌번호
인스턴스 집합	– 2개 이상의 인스턴스가 있어야 한다. – 즉, 고객정보는 2명 이상 있어야 한다.
속성	엔터티는 반드시 속성을 가지고 있다. 예 고객 엔터티에 회원ID, 패스워드, 이름, 주소, 전화번호
관계	엔터티는 다른 엔터티와 최소한 한 개 이상 관계가 있어야 한다. 예 고객은 계좌를 개설한다.
업무	엔터티는 업무에서 관리되어야 하는 집합이다. 예 고객, 계좌

기적의 TIP

릴레이션과 테이블, 인스턴스(Instance)

- 릴레이션과 테이블은 같은 의미라고 해석하면 된다. 릴레이션에 기본키 및 제약조건을 설정하면 테이블이 된다.
- 단, Relationship은 릴레이션 간의 관계를 의미한다.
- 인스턴스는 릴레이션이 가질 수 있는 값을 의미한다. 간단하게 생각하면 행의 수를 의미한다.

- 엔터티의 식별자는 유일해야 한다. 예로 이름과 같이 동명이인이 존재하는 것은 사용할 수 없다.
- 주민등록번호처럼 사람마다 유일하지만 특정 규범(개인정보보호법 등)에 따라 처리에 제한이 있는 경우에도 엔터티 식별자로 사용하면 안 된다.

04 엔터티(Entity) 종류

- 엔터티의 종류는 유형과 무형에 따른 종류, 엔터티가 발생하는 시점에 따른 종류로 나누어진다.
- 엔터티를 유형과 무형으로 분류하는 기준은 물리적 형태의 존재 여부이다.

▶ **유형과 무형에 따른 엔터티 종류**

종류	설명
유형 엔터티	업무에서 도출되며 지속적으로 사용되는 엔터티이다. 예 고객, 강사, 사원 등
개념 엔터티	– 유형 엔터티는 물리적 형태가 있지만, 개념 엔터티는 물리적 형태가 없다. – 개념적으로 사용되는 엔터티이다. 예 거래소 종목, 코스닥 종목, 생명보험 상품
사건 엔터티	비즈니스 프로세스를 실행하면서 생성되는 엔터티이다. 예 주문, 체결, 취소주문, 수수료 청구 등

▶ **발생 시점에 따른 엔터티 종류**

종류	설명
기본 엔터티(Basic Entity)	– 키 엔터티라고도 한다. – 다른 엔터티로부터 영향을 받지 않고 독립적으로 생성되는 엔터티이다. 예 고객, 상품, 부서 등
중심 엔터티(Main Entity)	– 기본 엔터티와 행위 엔터티 간의 중간에 있는 것이다. – 즉, 기본 엔터티로부터 발생되고 행위 엔터티를 생성하는 것이다. 예 계좌, 주문, 취소, 체결 등
행위 엔터티(Active Entity)	2개 이상의 엔터티로부터 발생된다. 예 주문 이력, 체결 이력 등

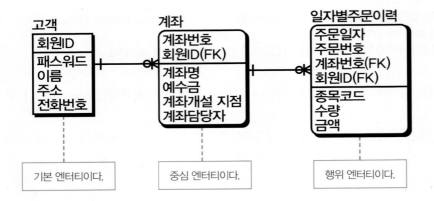

고객
회원ID
패스워드
이름
주소
전화번호

계좌
계좌번호
회원ID(FK)
계좌명
예수금
계좌개설 지점
계좌담당자

일자별주문이력
주문일자
주문번호
계좌번호(FK)
회원ID(FK)
종목코드
수량
금액

기본 엔터티이다.

중심 엔터티이다.

행위 엔터티이다.

▲ 발생 시점에 따른 엔터티 종류

✓ 개념 체크

다음 중 발생 시점에 따른 엔터티의 종류가 아닌 것은?

① 기본 엔터티
② 중심 엔터티
③ 행위 엔터티
④ 사건 엔터티

정답 ④

해설 | 발생 시점에 따른 엔터티의 종류에는 기본(키) 엔터티, 중심 엔터티, 행위 엔터티가 있고, 유형과 무형에 따른 엔터티의 종류에는 유형 엔터티, 개념 엔터티, 사건 엔터티가 있다.

04 속성(Attribute)

01 속성(Attribute)

• 속성이라는 것은 업무에서 필요한 정보인 엔터티가 가지는 항목이다.
• 속성은 더 이상 분리되지 않는 단위로, 업무에 필요한 데이터를 저장할 수 있다.
• 인스턴스의 구성요소이고 의미적으로 더 이상 분해되지 않는다.

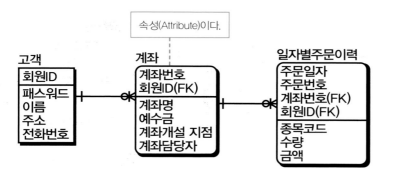

▲ 속성

02 속성의 특징과 종류

(1) 속성의 특징

- 속성은 업무에서 관리되는 정보이다.
- 속성은 일반적으로 하나의 값만 가진다.
- 주식별자에게 함수적으로 종속된다. 즉, 기본키가 변경되면 속성의 값도 변경된다는 것이다.

(2) 속성의 종류

▶ 분해 여부에 따른 속성의 종류

종류	설명
단일 속성	하나의 의미로 구성된 것으로 회원ID, 이름 등이다.
복합 속성	− 여러 개의 의미가 있는 것으로 대표적으로 주소가 있다. − 주소는 시, 군, 동 등으로 분해될 수 있다.
다중값 속성	− 속성에 여러 개의 값을 가질 수 있는 것으로 예를 들어 상품 리스트가 있다. − 상품 리스트는 여러 개의 행을 가지고 있는 속성이므로 상품이라는 새로운 엔터티를 만들어야 한다. − 다중값 속성은 엔터티로 분해된다.

- 주소는 시, 군, 동 등의 여러 속성이 하나로 만들어진 복합속성이다. 시, 군, 동을 각각의 칼럼으로 분리해야 하는 지의 결정은 애플리케이션이 이것을 어떻게 사용하는가에 따라 다르다.

▶ **특성에 따른 속성의 종류**

종류	설명
기본 속성	비즈니스 프로세스에서 도출되는 본래의 속성이다. 예 회원ID, 이름, 계좌번호, 주문 일자 등
설계 속성	– 데이터 모델링 과정에서 발생되는 속성이다. – 유일한 값을 부여한다. 예 상품코드, 지점 코드 등
파생 속성	다른 속성에 의해서 만들어지는 속성이다. 예 합계, 평균 등

기적의 TIP

도메인(Domain)

도메인은 **속성**이 가질 수 있는 값의 범위이다.
예 성별이라는 속성의 도메인은 남자와 여자이다.

개념 체크

속성(Attribute) 중 여러 개의 값을 가질 수 있는 것으로 상품 리스트와 같은 것은?

① 단일 속성
② 복합 속성
③ 다중값 속성
④ 결합 속성

정답 ③

해설 | 다중값 속성은 속성에 여러 개의 값을 가질 수 있는 것을 말한다. 그 예시로 상품 리스트가 있다.

05 관계(Relationship)

01 관계(Relationship)

- 관계는 엔터티 간의 관련성을 의미하며 존재 관계와 행위 관계로 분류된다.
- 존재 관계는 두 개의 엔터티가 존재 여부의 관계가 있는 것이고, 행위 관계는 두 개의 엔터티가 어떤 행위에 의한 관련성이 있는 것이다.

02 관계의 종류

[1] 존재 관계

• 존재 관계는 엔터티 간의 상태를 의미한다. 예를 들어 고객이 은행에 회원가입을 하면, 관리
점이 할당되고, 그 할당된 관리점에서 고객을 관리한다.

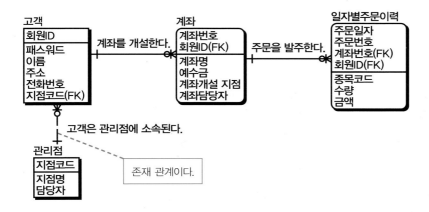

▲ 존재 관계

[2] 행위 관계

• 행위 관계는 엔터티 간에 어떤 행위가 있는 것으로, 계좌를 사용해서 주문을 발주하는 관계가
만들어진다.
• 예를 들어 증권회사는 계좌를 개설하고 주문을 발주하는 것이다.

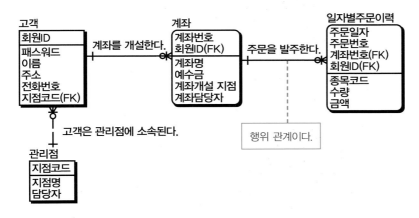

▲ 행위 관계

03 관계 차수(Relation Cardinality)

(1) 관계 차수(Relation Cardinality)

- 관계 차수는 두 개의 엔터티 간에 관계에 참여하는 수를 의미한다.
- 예를 들어 한 명의 고객은 여러 개의 계좌를 개설할 수 있다. 이러한 경우는 1대N 관계가 된다.

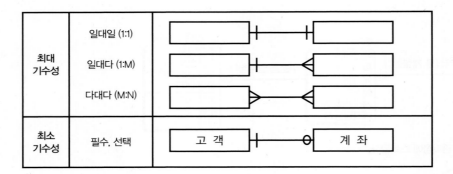

▲ 관계 차수(Relation Cardinality) 종류

(2) 관계 차수의 종류

① 1대1 관계

- 1대1 관계는 완전 1대1 관계와 선택적 1대1 관계가 있다.
- 다음의 예는 선택적 1대1 관계를 표현한 것이다. 고객은 하나의 휴대폰번호를 가지거나 없을 수도 있다. 고객전화번호 엔터티에 값이 입력되려면 고객ID가 필요하다.

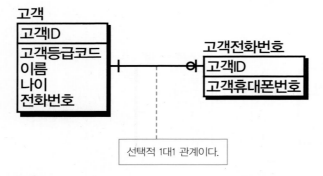

▲ 1대1 관계

▶ 1대1 관계

종류	설명
완전 1대1	하나의 엔터티에 관계되는 엔터티의 관계가 하나인 경우로, 반드시 존재한다.
선택적 1대1	하나의 엔터티에 관계되는 엔터티의 관계가 하나이거나 없을 수도 있다.

② 1대N 관계

- 1대N 관계는 엔터티에 행이 하나 있을 때 다른 엔터티의 값이 여러 개 있는 관계이다.
- 예를 들어 고객은 여러 개의 계좌를 가질 수 있다.

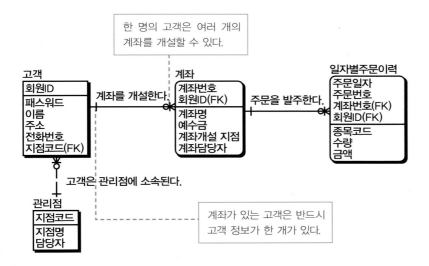

▲ 1대N 관계

③ M대N 관계

- M대N 관계는 두 개 엔터티가 서로 여러 개의 관계를 가지고 있는 것이다.
- 예를 들어 한 명의 학생이 여러 개의 과목을 수강할 수 있다. 반대로 한 개의 과목은 여러 명의 학생이 수강한다. 그래서 M대N 관계가 발생한다.
- 관계형 데이터베이스에서 M대N 관계의 조인(Join)은 카테시안 곱이 발생한다. 그래서 M대N관계를 1대N, N대1로 해소해야 한다.

> 🗒 기적의 TIP
>
> **카테시안 곱(Cartesian Product, 곱집합)**
> 각 릴레이션에 존재하는 모든 데이터를 조합하여 연산하는 것을 말한다.

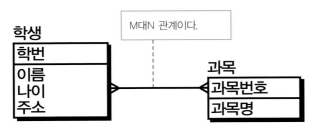

▲ M대N 관계

- 위의 예는 수강이라는 엔터티를 추가적으로 도출하여 1대N, N대1로 해소해야 한다.

④ 필수적 관계와 선택적 관계

- 필수적 관계는 반드시 하나는 존재해야 하는 관계이고 선택적 관계는 없을 수도 있는 관계이다.
- 필수적 관계는 " | "로 표현되고 선택적 관계는 "O"으로 표현된다.

▶ **필수적 관계, 선택적 관계**

구분	설명
필수적 관계	반드시 하나가 있어야 하는 관계이다. 예 고객이 반드시 있어야 계좌를 개설할 수 있다.
선택적 관계	− 없을 수도 있는 관계이다. − 고객은 있지만, 계좌가 없을 수도 있다면 선택적 관계가 된다.

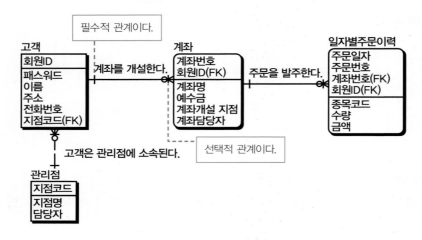

▲ **필수적 관계와 선택적 관계**

 개념 체크

관계(Relationship)의 종류 중 엔터티 간의 상태를 나타내는 것은?

① 존재 관계 ② 행위 관계
③ 속성 관계 ④ 필수 관계

정답 ①

해설 | 관계의 종류는 존재 관계와 행위 관계가 있고 엔터티 간의 상태를 나타내는 것이 존재 관계이다.

06 엔터티 식별자(Entity Identifier)

식별자라는 것은 엔터티를 대표할 수 있는 유일성을 만족하는 속성이다. 일반적으로 회원ID, 계좌번호, 주민등록번호, 외국인등록번호, 여권번호 등이 있다.

01 주식별자(기본키, Primary key)

- **최소성** : 주식별자는 최소성을 만족하는 키이다.
- **대표성** : 주식별자는 엔터티를 대표할 수 있어야 한다.
- **유일성** : 주식별자는 엔터티의 인스턴스를 유일하게 식별한다.
- **불변성** : 주식별자는 자주 변경되지 않아야 한다.
- **존재성** : 주식별자는 항상 데이터 값이 있어야 한다.

▶ 키의 종류

데이터베이스 키	설명
기본키(Primary key)	후보키 중에서 엔터티를 대표할 수 있는 키이다. 예) 회원번호, 주문번호, 계좌번호
후보키(Candidate key)	후보키는 유일성과 최소성을 만족하는 키이다. 예) 회원번호, 주문번호, 계좌번호
슈퍼키(Super key)	슈퍼키는 유일성은 만족하지만 최소성을 만족하지 않는 키이다. 예) 사업자등록번호(개인은 없음)
대체키(Alternate key)	대체키는 여러 개의 후보키 중에서 기본키를 선정하고 남은 키이다. 예) 주민등록번호
외래키(Foreign key)	- 하나 혹은 다수의 다른 테이블의 기본 키 필드를 가리키는 것으로 참조 무결성(Referential Integrity)을 확인하기 위해서 사용되는 키이다. - 즉, 허용된 데이터 값만 데이터베이스에 저장하기 위해서 사용된다. 예) 부서코드, 상품코드

✅ 개념 체크

다음 중에서 참조 무결성과 관련된 데이터베이스 키는 무엇인가?

① 기본키   ② 슈퍼키
③ 외래키   ④ 대체키   정답 ③

해설 | 외래키는 데이터베이스에서 참조 무결성을 확인하기 위해서 사용된다.

02 식별자의 종류

- 식별자는 대표성, 생성 여부, 속성의 수, 대체 여부로 분류된다.

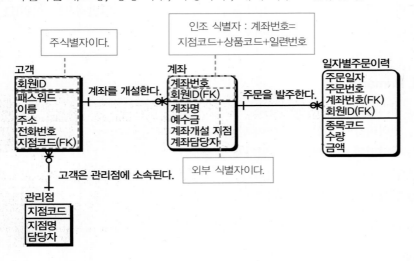

▲ 식별자 종류

(1) 식별자의 대표성

- 주식별자는 엔터티를 대표할 수 있는 식별자이다. 예를 들어 회원ID는 고객 엔터티에 주식별자가 된다.

▶ 대표성 여부에 따른 식별자의 종류

종류	설명
주식별자	– 유일성과 최소성을 만족하면서 엔터티를 대표하는 식별자이다. – 다른 엔터티와 참조 관계로 연결될 수 있다.
보조 식별자	유일성과 최소성은 만족하지만 대표성을 만족하지 못하는 식별자이다.

(2) 생성 여부

▶ 생성 여부에 따른 식별자의 종류

종류	설명
내부 식별자	내부 식별자는 엔터티 내부에서 스스로 생성되는 식별자이다. 예 부서코드, 주문번호, 종목코드 등
외부 식별자	다른 엔터티와의 관계로 인하여 만들어지는 식별자이다. 예 계좌 엔터티에 회원ID

(3) 속성의 수

▶ 속성의 수에 따른 식별자의 종류

종류	설명
단일 식별자	하나의 속성으로 구성된다. 예) 고객 엔터티에 회원ID
복합 식별자	두 개 이상의 속성으로 구성된다.

(4) 대체 여부

▶ 대체 여부에 따른 식별자의 종류

종류	설명
본질 식별자	비즈니스 프로세스에서 만들어지는 식별자이다.
인조 식별자	인위적으로 만들어지는 식별자이다.

기적의 TIP

인조 식별자
- 인조 식별자는 후보 식별자 중에서 주식별자로 선정할 것이 없거나 주식별자가 너무 많은 칼럼으로 되어 있는 경우에 사용한다.
- 즉, 순서번호(Sequence Number)를 사용해서 식별자를 만드는 것이다.

개념 체크

다음 중 데이터베이스 식별자에 대한 종류로 올바르지 않은 것은?

① 식별자는 생성 여부에 따라서 내부 식별자와 외부 식별자가 있다.
② 식별자의 속성 수에 따라서 단일 식별자와 다중값 식별자가 있다.
③ 식별자의 대체 여부에 따라서 본질 식별자와 인조 식별자가 있다.
④ 식별자의 대표성 여부에 따라서 주식별자와 보조 식별자가 있다.

정답 ②

해설 | 식별자의 속성 수에 따라서 단일 식별자와 복합 식별자가 있다.

01 데이터 모델링의 주요 특징으로 옳지 <u>않은</u> 것은?

① 추상화
② 단순화
③ 복잡화
④ 명확화

데이터 모델링의 주요 특징은 추상화, 단순화, 명확화이다.

02 데이터 모델링 절차로 올바른 것은?

① 물리적 모델링 → 논리적 모델링 →
 개념적 모델링
② 논리적 모델링 → 물리적 모델링 →
 개념적 모델링
③ 개념적 모델링 → 논리적 모델링 →
 물리적 모델링
④ 개념적 모델링 → 물리적 모델링 →
 논리적 모델링

데이터 모델링 절차는 개념적 모델링, 논리적 모델링, 물리적 모델링이다.

03 데이터 모델의 3가지 관점이 <u>아닌</u> 것은?

① 기능
② 데이터
③ 프로세스
④ 데이터와 프로세스

데이터 모델의 3가지 관점은 데이터, 프로세스, 데이터와 프로세스이다.

04 ERD 작성 절차로 올바른 것은?

> 가. 엔터티를 도출하고 그린다.
> 나. 엔터티 간의 관계를 설정한다.
> 다. 엔터티를 배치한다.
> 라. 관계를 서술한다.
> 마. 관계 참여도를 표현한다.
> 바. 관계의 필수 여부를 표현한다.

① 가 → 다 → 나 → 라 → 마 → 바
② 가 → 나 → 라 → 다 → 마 → 바
③ 가 → 나 → 다 → 라 → 바 → 마
④ 다 → 나 → 가 → 라 → 마 → 바

ERD 작성 절차
① 엔터티를 도출하고 그린다.
② 엔터티를 배치한다.
③ 엔터티 간의 관계를 설정한다.
④ 관계를 서술한다.
⑤ 관계 참여도를 표현한다.
⑥ 관계의 필수 여부를 표현한다.

05 3층 스키마에서 물리적 저장 구조를 의미하는 것은 무엇인가?

① 외부 스키마
② 내부 스키마
③ 개념 스키마
④ 구조 스키마

내부 스키마는 개발자 관점으로 데이터베이스의 물리적 저장 구조를 의미한다.

정답 01 ③ 02 ③ 03 ① 04 ① 05 ②

06 다음은 엔터티(Entity)의 특징이다. 올바르지 <u>않은</u> 것은?

① 반드시 속성이 있어야 한다.
② 다른 엔터티와 최소 2개 이상의 관계가 있어야 한다.
③ 2개 이상의 인스턴스가 있어야 한다.
④ 엔터티에는 유일한 식별자가 있어야 한다.

다른 엔터티와 최소한 한 개 이상의 관계가 있어야 한다.

07 엔터티의 유무형에 따른 분류 중 다른 하나는?

① 유형 엔터티
② 기본 엔터티
③ 개념 엔터티
④ 사건 엔터티

유형과 무형에 따른 엔터티 분류는 유형 엔터티, 개념 엔터티, 사건 엔터티가 있다.

08 다음은 속성에 대한 설명으로 올바르지 <u>않은</u> 것은?

① 속성은 업무에서 관리되는 것이다.
② 속성은 주식별자에게 함수적으로 종속되지 않는다.
③ 하나의 값만 가진다.
④ 속성의 특성에 따른 분류는 기본 속성, 설계 속성, 파생 속성으로 분류된다.

속성은 주식별자에게 함수적으로 종속한다.

09 특성에 따른 속성의 분류가 <u>아닌</u> 것은?

① 기본 속성
② 중심 속성
③ 설계 속성
④ 파생 속성

특성에 따른 속성의 종류는 기본 속성, 설계 속성, 파생 속성이다.

10 관계의 종류 중에서 직원과 부서의 관계는 무엇인가?

① 행위 관계
② 존재 관계
③ 이행 관계
④ 실행 관계

직원과 부서 간의 소속 관계는 엔터티 간의 상태를 의미하는 존재 관계의 예이다.

11 다음 중 식별 관계의 특징으로 옳은 것은?

① 식별 관계는 실선으로 표현된다.
② 외래키가 존재하지 않는다.
③ 점선으로 표현한다.
④ 기본키를 공유하지 않는다.

식별 관계는 실선으로 표현되고 비식별 관계는 점선으로 표현한다.

12 최소성과 유일성을 만족하는 키는 무엇인가?

① 슈퍼키
② 외래키
③ 대리키
④ 후보키

후보키는 최소성과 유일성을 만족하는 키이다.

01 정규화

01 정규화(Normalization)

- 정규화는 데이터의 일관성, 최소한의 데이터 중복, 최대한의 데이터 유연성을 위한 방법이며 데이터를 분해하는 과정이다.
- 정규화는 데이터 중복을 제거하고 데이터 모델의 독립성을 확보하기 위한 방법이다.
- 정규화는 테이블을 분해해서 데이터 중복을 제거하기 때문에 데이터 모델의 유연성을 높인다.
- 정규화를 수행하면 비즈니스에 변화가 발생하여도 데이터 모델의 변경을 최소화할 수 있다.
- 정규화는 제1정규화부터 제5정규화까지 있지만, 실질적으로는 제3정규화까지만 수행한다.

> **기적의 TIP**
>
> **정규화의 필요성**
> - 집을 건설할 때 벽돌로 건설하는 것과 한 면의 단위로 건설하는 것의 차이를 생각할 수 있다. 한 면의 단위로 집을 건축하면 빠르지만 오직 특정한 모양만 건축하게 된다.
> - 테이블을 정규화하여 벽돌 단위로 나누면 여러 개의 벽돌과 조인을 통해 새로운 집합을 만들 수 있어 유연성이 향상된다.
> - 벽돌로 나누는 기준은 독립성이며 이것은 함수적 종속성으로 판단한다. 즉 A가 바뀌면 B가 바뀌는지 확인한다. 예를 들어 회원번호가 바뀌면 회원은 바뀌게 된다.

직원정보

사원번호
부서코드
이름
전화번호
주소
부서명

▲ 정규화를 하지 않아 이상현상이 존재하는 모델

- 위의 테이블은 정규화를 수행하지 않은 것으로, 부서 테이블과 직원 테이블을 하나로 합쳐 둔 것이다. 만약 위의 테이블에서 새로운 직원이 추가되는 경우 부서 정보가 없으면 부서코드를 임의의 값으로 넣어야 한다. 즉, 불필요한 정보가 같이 추가되는 것이다. 또한 새로운 "총무부"가 추가되어야 할 경우 사원 정보가 없기 때문에 임의의 값으로 사원번호를 입력하거나 추가할 수 없게 된다. 이러한 문제를 이상현상(Anomaly)이라고 한다.

- 위와 같은 문제를 해결하기 위해서는 테이블을 분해해야 한다.

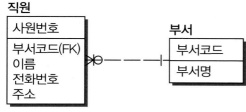

▲ 정규화된 모델

- 정규화된 모델은 테이블이 분해된다. 테이블이 분해되면 직원 테이블과 부서 테이블 간에 부서코드로 조인(Join)을 수행하여 하나의 합집합으로 만들 수도 있다.
- 정규화를 수행하면 불필요한 데이터를 입력하지 않아도 되기 때문에 중복 데이터가 제거된다.

▶ 정규화 절차

정규화 절차	설명
제1정규화	− 속성(Attribute)의 원자성을 확보한다. − 기본키(Primary)를 설정한다.
제2정규화	기본키가 2개 이상의 속성으로 이루어진 경우, 부분 함수 종속성을 제거(분해)한다.
제3정규화	− 기본키를 제외한 칼럼 간에 종속성을 제거한다. − 즉, 이행 함수 종속성을 제거한다.
BCNF	기본키를 제외하고 후보키가 있는 경우, 후보키가 기본키를 종속시키면 분해한다.
제4정규화	여러 칼럼들이 하나의 칼럼을 종속시키는 경우 분해하여 다중값 종속성을 제거한다.
제5정규화	조인에 의해서 종속성이 발생되는 경우 분해한다.

02 함수적 종속성(Functional Dependency)

(1) 제1정규화

- 정규화는 함수적 종속성을 근거로 한다. 함수적 종속성이란 X→Y이면 Y는 X에 함수적으로 종속된다고 말한다.
- 함수적 종속성은 X가 변화하면 Y도 변화하는지 확인한다. 예를 들어 회원ID가 변화하면 이름도 변경될 것이다. 이런 경우는 회원ID가 기본키가 되고, 회원ID가 이름을 함수적으로 종속한다고 한다.

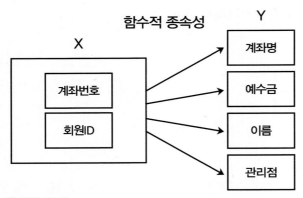

▲ 완전 함수 종속성

- 위의 예를 보면 계좌 테이블 X가 Y의 칼럼들을 함수적으로 종속하고 있다.
- 위의 예에서 X는 계좌번호 하나만으로는 유일성을 만족하지 못한다고 가정한 것이다. 그래서 계좌번호와 회원ID를 기본키로 잡은 것이다.
- 이처럼 기본키를 잡는 것이 제1정규화이다.

(2) 제2정규화

- 부분 함수 종속성이란, 기본키가 2개 이상의 칼럼으로 이루어진 경우에만 발생한다.
- 기본키가 하나의 칼럼으로 이루어지면 제2정규화는 생략한다.

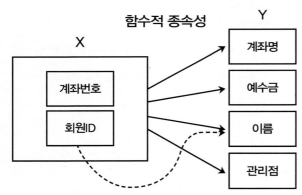

▲ 제2정규화 대상

- 위의 예를 보면 기본키에 있는 회원ID가 변경되면 이름이 변경된다. 회원ID가 이름을 함수적으로 종속하고 있는 것이다.
- 바로 이러한 경우를 부분 함수 종속성이라고 한다. 부분 함수 종속성이 발생하면 분해를 해야 한다.

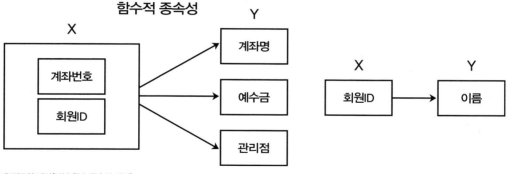

▲ 제2정규화 대상(부분 함수 종속성 제거)

• 부분 함수 종속성을 제거하면 위와 같다. 회원이라는 새로운 테이블이 도출되고 회원ID가 기본키가 된다.

(3) 제3정규화

• 제3정규화는 이행 함수 종속성을 제거한다. 이행 함수 종속성이란, 기본키를 제외하고 칼럼 간에 종속성이 발생하는 것이다.
• 제3정규화는 제1정규화와 제2정규화를 수행한 다음에 해야 한다.

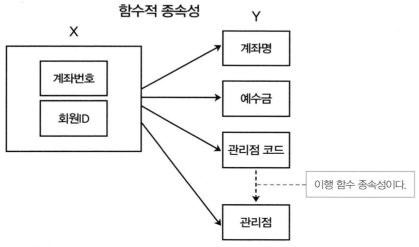

▲ 이행 함수 종속성

• 위처럼 관리점이 관리점 코드에 종속되는 것을 이행 함수 종속성이라 한다.

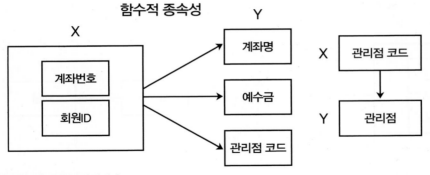

▲ 제3정규화(이행 함수 종속성 제거)

- 제3정규화를 수행하면 위처럼 관리점 테이블이 도출되고 관리점 코드가 기본키가 된다.

다음 중 제3정규화와 관련이 있는 것은?

① 속성의 원자성   ② 부분 함수 종속성
③ 이행 함수 종속성   ④ 다치 함수 종속성

정답 ③

해설 │ 제3정규화는 기본키를 제외하고 칼럼 간에 나타나는 종속성을 의미한다. 즉, 이행 함수 종속성을 제거해야 한다.

(4) BCNF(Boyce—Codd Normal Form)

- BCNF는 복수의 후보키가 있고, 후보키들이 복합 속성이어야 하며, 서로 중첩되어야 한다.

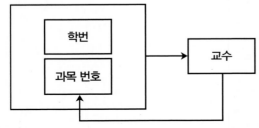

▲ BCNF 대상

- 위의 예처럼 기본키(학번, 과목 번호)가 교수를 함수적으로 종속하고 있다.
- 이때 교수가 후보키(최소성과 유일성을 만족)이고 교수가 과목 번호를 함수적으로 종속하는 경우 분해가 일어난다.
- 즉, 위와 같은 경우 교수 테이블을 새롭게 만들고 기본키는 교수로 하고 칼럼은 과목 번호가 된다.
- 이러한 작업을 BCNF라고 한다.

03 정규화 예제

- 이제 실제 테이블을 보고 정규화해 본 후 완벽히 이해했는지 확인한다.

▶ 정규화 대상 테이블

제품번호	제품명	재고수량	주문번호	수출 여부	고객 번호	사업자 번호	우선순위	주문 수량
1001	모니터	1,990	AB345	X	4520	398201	1	150
1001	모니터	1,990	AD347	Y	2341	–	3	600
1007	마우스	9,702	CA210	X	3280	200212	8	1200
1007	마우스	9,702	AB345	X	4520	398201	1	300
1007	마우스	9,702	CB230	X	2341	563892	3	390
1201	스피커	2,108	CB231	Y	8320	–	2	80

(1) 제1정규화

- 속성을 보고 한 개의 속성으로 유일성을 만족할 수 있는지 확인한다.
- 제품번호는 1001, 1007 등이 두 번 이상 나오므로 중복되고, 주문번호 또한 AB345가 두 번 나와서 중복된다.
- 결과적으로 한 개의 속성으로는 유일성을 만족할 수 없다. 그러므로 2개의 조합으로 유일성을 만족할 수 있는지 확인해 보아야 한다.
- 제품번호 + 주문번호가 식별자가 되면 엔터티의 유일성을 만족하게 된다.
- 제1정규화는 이러한 식별자를 찾는 과정이며 여기까지 수행하면 된다.

▶ 제1정규화 결과

제품번호	제품명	재고수량	주문번호	수출 여부	고객 번호	사업자 번호	우선순위	주문 수량
1001	모니터	1,990	AB345	X	4520	398201	1	150
1001	모니터	1,990	AD347	Y	2341	–	3	600
1007	마우스	9,702	CA210	X	3280	200212	8	1200
1007	마우스	9,702	AB345	X	4520	398201	1	300
1007	마우스	9,702	CB230	X	2341	563892	3	390
1201	스피커	2,108	CB231	Y	8320	–	2	80

(2) 제2정규화

- 제2정규화는 기본키가 두 개 이상인 경우 대상이 된다.
- 기본키가 제품번호 + 주문번호이므로 제2정규화 대상이다.
- 제2정규화는 모든 속성(제품명, 재고 수량, 수출 여부 등)이 식별자에 종속해야 하며 그렇지 않은 경우에는 분해한다.
- 확인 방법은 제1정규화와 마찬가지로 중복을 확인하는 것이다.

▶ 제2정규화 확인(1)

제품번호	제품명	재고 수량
1001	모니터	1,990
1001	모니터	1,990

- 위의 경우를 보면 1001, 모니터가 중복되는 것을 확인할 수 있다. 이러한 경우에 엔터티를 분해하는 것이 제2정규화이다.

▶ 제2정규화 확인(2)

주문번호	수출 여부	고객 번호	사업자 번호	우선순위
AB345	X	4520	398201	1
AD347	Y	2341	–	3
CA210	X	3280	200212	8
AB345	X	4520	398201	1

- 위의 경우도 AB345 주문번호에 중복이 발생한다. 이러한 경우는 분해를 해야 한다. 결과적으로 최종 엔터티는 다음과 같다.

▶ 엔터티명 : 제품

제품번호	제품명	재고 수량

▶ 엔터티명 : 주문_고객

주문번호	수출 여부	고객 번호	사업자 번호	우선순위

▶ 엔터티명 : 주문

제품번호	주문번호	주문 수량

- 위와 같이 3개의 엔터티가 도출된다.

02 정규화와 성능

01 정규화의 문제점

- 정규화는 데이터 조회(SELECT) 시에 조인(Join)을 유발하기 때문에 CPU와 메모리를 많이 사용한다.

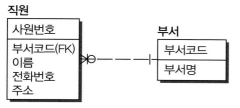

▲ 정규화된 테이블

- 위와 같이 두 개의 테이블로 이루어진 경우 "사원번호, 부서코드, 부서명, 이름, 전화번호, 주소"를 조회하려면 조인을 해야 한다.

▶ 조인의 사용

```
SELECT 사원번호, 부서코드, 부서명, 이름, 전화번호, 주소
   FROM 직원, 부서
WHERE 직원.부서코드 = 부서.부서코드;
```

B 기적의 TIP

ANSI Join

위의 "조인의 사용"에서의 SELECT문은 ANSI Join으로 작성하면 다음과 같다.

```
SELECT 사원번호, 부서코드, 부서명, 이름, 전화번호, 주소
FROM 직원 INNER JOIN 부서
ON 직원.부서코드 = 부서.부서코드;
```

- 위의 테이블은 직원과 부서 테이블에서 부서코드가 같은 것을 찾는 것이다. 이것을 프로그램화한다면 중첩된 루프(Nested Loop)를 사용해야 한다.

▶ 중첩된 루프(Nested Loop)

```
for(i=0; i<N; i=i+1)
   for(j=0; j<M; j=j+1)
      if(직원_부서코드[i] == 부서_부서코드[j]){     }
```

- 위의 예에서 N은 직원 테이블의 건수이고 M은 부서 테이블의 건수이다.
- 결과적으로 이중으로 for문을 사용해서 비교하는 기능을 만들어야 조인할 수 있다.

- 이러한 구조는 데이터양이 증가하면 비교해야 하는 건수도 증가한다.
- 물론 실제로 위와 같은 비효율이 발생하지는 않는다. 이러한 문제를 해결하기 위해서 인덱스와 옵티마이저(Optimizer)가 있는 것이다.
- 결론적으로 조인이 부하를 유발하는 것은 분명하다.
- 정규화의 문제점을 해결하기 위해서 반정규화를 하여 하나의 테이블에 저장한다면 조인으로 인한 성능 저하는 해결될 것이다.

02 정규화를 사용한 성능 튜닝

- 조인으로 인하여 성능이 저하되는 문제를 반정규화로 해결할 수 있다.
- 반정규화는 데이터를 중복시키기 때문에 또 다른 문제점을 발생시킨다.

계좌마스터

계좌번호
계좌명
계좌등록일자
계좌구분
상품구분
휴면계좌여부
최종계좌사용정보
예수금
평균잔고
관리지점
등록단말
담당자
고객등급

▲ 계좌마스터 테이블

- 위의 예처럼 계좌마스터의 칼럼이 계속적으로 증가하면 조인이 최소화되기 때문에 조회를 빠르게 할 수 있을 것이다.
- 하지만 너무 많은 칼럼이 추가되면 한 개 행의 크기가 데이터베이스 관리 시스템의 입출력 단위인 블록의 크기(Block Size)를 넘어서게 된다.
- 그렇게 되면 한 개의 행을 읽기 위해서 여러 개의 블록을 읽어야 한다. 한 행을 읽기 위해서 여러 개의 블록을 읽게 되면 디스크 입출력이 증가하기 때문에 성능이 떨어지게 된다. 반정규화는 이러한 문제점을 유발할 수 있다.
- 위와 같은 문제가 발생하면 테이블을 분해하는 방법밖에 없다. 따라서 정규화는 입출력 데이터의 양을 줄여서 성능을 향상시킬 수 있는 것이다.

03 반정규화(De-Normalization)

01 반정규화(De-Normalization)

- 데이터베이스의 성능 향상을 위하여, 데이터 중복을 허용하고 조인을 줄이는 데이터베이스 성능 향상 방법이다.
- 반정규화는 조회(SELECT) 속도를 향상하지만, 데이터 모델의 유연성은 낮아진다.

02 반정규화를 수행하는 경우

- 정규화에 충실하면 종속성, 활용성은 향상되지만 수행 속도가 느려지는 경우
- 다량의 범위를 자주 처리해야 하는 경우
- 특정 범위의 데이터만 자주 처리하는 경우
- 요약/집계 정보가 자주 요구되는 경우

▶ 반정규화 절차

반정규화 절차	설명
대상 조사 및 검토	데이터 처리 범위, 통계성 등을 확인해서 반정규화 대상을 조사한다.
다른 방법 검토	− 반정규화를 수행하기 전에 다른 방법이 있는지 검토한다. − 예를 들어 클러스터링, 뷰, 인덱스 튜닝, 응용 프로그램, 파티션 등을 검토한다.
반정규화 수행	테이블, 속성, 관계 등을 반정규화 한다.

🅑 기적의 TIP

클러스터링(Clustering)
- 클러스터링 인덱스라는 것은 인덱스 정보를 저장할 때 물리적으로 정렬해서 저장하는 방법이다.
- 따라서 **조회 시에 인접 블록을 연속적으로 읽기 때문에 성능이 향상**된다.

03 반정규화 기법

(1) 계산된 칼럼 추가
- 배치 프로그램으로 총판매액, 평균잔고, 계좌평가 등을 미리 계산하고, 그 결과를 특정 칼럼에 추가한다.

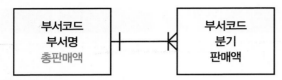

▲ 계산된 칼럼 추가

(2) 테이블 수직 분할

• 하나의 테이블을 두 개 이상의 테이블로 분할한다. 즉, 칼럼을 분할하여 새로운 테이블을 만드는 것이다.

Key	C1	C2	C3	C4	C5	C6

테이블 A

Key	C1	C2	C3

테이블 A1

Key	C4	C5	C6

테이블 A2

▲ 수직 분할

(3) 테이블 수평 분할

• 하나의 테이블에 있는 값을 기준으로 테이블을 분할하는 방법이다.

년도	C1
2001	
2002	
2003	
2004	
⋮	

년도	C1
2001	
2002	

년도	C1
2003	
2004	

▲ 수평 분할

🅑 기적의 TIP

파티션(Partition) 기법

• 데이터베이스에서 파티션을 사용하여 테이블을 분할할 수 있다. 파티션을 사용하면 논리적으로는 하나의 테이블이지만 여러 개의 데이터 파일에 분산되어서 저장된다.
• Range Partition : 데이터 값의 범위를 기준으로 파티션을 수행한다.
• List Partition : 특정한 값을 지정하여 파티션을 수행한다.
• Hash Partition : 해시 함수를 적용하여 파티션을 수행한다.
• Composite Partition : 범위와 해시를 복합적으로 사용하여 파티션을 수행한다.

파티션 테이블의 장점
• 데이터 조회 시에 액세스(Access) 범위가 줄어들기 때문에 성능이 향상된다.
• 데이터가 분할되어 있기 때문에 I/O(Input/Output)의 성능이 향상된다.
• 각 파티션을 독립적으로 백업 및 복구가 가능하다.

✅ 개념 체크

파티션 기법 중에서 2개 이상의 기법을 사용하는 것은 무엇인가?

① Range Partition
② List Partition
③ Hash Partition
④ Composite Partition

정답 ④

해설 | Composite Partition은 Range Partition과 Hash Partition을 복합적으로 사용해서 파티션을 수행한다.

(4) 테이블 병합

• 1대1 관계의 테이블을 하나의 테이블로 병합해서 성능을 향상시킨다.
• 1대N 관계의 테이블을 병합하여 성능을 향상시킨다. 하지만 많은 양의 데이터 중복이 발생한다.
• 슈퍼 타입과 서브 타입 관계가 발생하면 테이블을 통합하여 성능을 향상시킨다.

Super Type과 Sub Type
• 고객 엔터티는 개인고객과 법인고객으로 분류된다. 이때 고객 엔터티는 슈퍼 타입이고 개인고객과 법인고객은 서브 타입이 된다.
• 즉, 부모와 자식 간의 관계가 나타난다.
• 슈퍼 타입과 서브 타입의 관계는 배타적 관계와 포괄적 관계가 있는데, 배타적 관계는 고객이 개인고객이거나 법인고객인 경우를 의미한다. 포괄적 관계는 고객이 개인고객일 수도 있고 법인고객일 수도 있는 것이다.

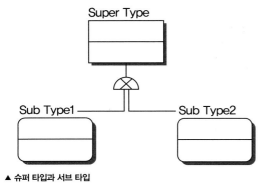

▲ 슈퍼 타입과 서브 타입

▶ 슈퍼 타입 및 서브 타입 변환 방법

변환 방법	설명
OneToOne Type	– 슈퍼 타입과 서브 타입을 개별 테이블로 도출한다. – 테이블의 수가 많아서 조인이 많이 발생하고 관리가 어렵다.
Plus Type	– 슈퍼 타입과 서브 타입 테이블로 도출한다. – 조인이 발생하고 관리가 어렵다.
Single Type	– 슈퍼 타입과 서브 타입을 하나의 테이블로 도출한다. – 조인 성능이 좋고 관리가 편리하지만, 입출력 성능이 나쁘다.

04 관계와 조인의 이해

01 관계(Relationship)와 조인(Join)

• 관계형 데이터베이스는 엔터티 간의 관계를 정의한다. 예를 들어 회원과 주문과의 관계에서, 회원과 주문은 엔터티이고 서로 발주라는 관계가 있다.

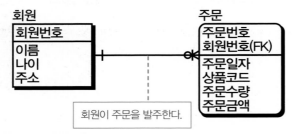

▲ 회원과 주문 간의 관계

• 위의 모델에서 한 명의 회원은 주문을 발주할 수 있고 발주하지 않을 수도 있다. 또한 한 명의 회원은 주문을 한 개 혹은 여러 개 발주할 수 있다.
• 위의 ERD를 데이터로 확인하면 다음과 같다.

▶ 회원 엔터티

회원번호	이름	나이	주소
0001	조조	10	강남
0002	유비	12	노원구
0003	여포	20	관악구

▶ 주문 엔터티

주문번호	회원번호	주문일자	상품코드	주문수량	주문금액
A001	0002	24-01-01	M001	1	2000
A002	0002	23-10-10	M002	2	1000
A003	0003	23-12-12	M001	1	2000

- 위의 회원 엔터티와 주문 엔터티를 보면 회원번호 0001번 조조는 주문을 하지 않았다. 그리고 회원번호 0002번 유비는 2개의 상품에 대해서 주문을 발주했고, 회원번호 0003번 여포는 한 개의 상품에 대해서 주문을 발주했다.

02 계층형 구조 표현

- 실세계에서는 부모, 자식 간의 관계형태인 계층형 구조가 많이 나타난다.

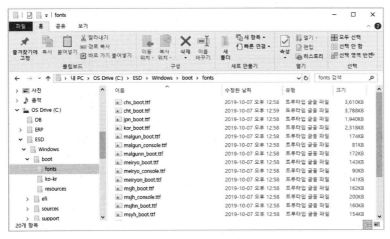

▲ 계층형 구조 예

- 윈도우의 파일 시스템은 대표적인 계층형 구조 형태이다. 가장 상위의 Root부터 하위로 폴더와 파일들이 존재하는 구조이다.
- 계층형 구조를 관계형 모델에서는 다음과 같이 표현한다.

▶ 셀프 조인

사원번호	성명	전화번호	생년월일	입사일	직무	관리자
1000	유비	010-1111-1232	02-10-10	24-01-01	개발팀장	
1001	관우	010-1111-1234	01-10-01	25-01-01	개발PL	1000
1002	장비	010-1111-1235	99-01-01	26-01-01	개발자	1001

- 위의 예는 기업의 조직을 모델링한 것이다. 관리자는 해당 직원의 상사의 사원번호를 의미한다. 장비의 관리자는 관우, 관우의 관리자는 유비, 최상위 관리자인 유비는 관리자 속성이 NULL 값이다.
- 이렇게 상사가 누구인지 확인하면, 관리자에서 사원번호를 확인 후 테이블에서 다시 조회해야 하는 번거로움이 생기는데, 이를 셀프 조인을 통해 해결할 수 있다.

05 모델이 표현하는 트랜잭션의 이해

01 식별 관계(Identification Relationship)
- 고객과 계좌 엔터티에서 고객은 독립적으로 존재할 수 있는 강한 개체(Strong Entity)이다.
- 강한 개체는 어떤 다른 엔터티에게 의존하지 않고 독립적으로 존재한다.
- 강한 개체는 다른 엔터티와 관계를 맺을 때 다른 엔터티에게 기본키를 공유한다.
- 강한 개체는 식별 관계로 표현된다. 식별 관계란 고객 엔터티의 기본키인 회원ID를 계좌 엔터티의 기본키의 하나로 공유하는 것이다.
- 강한 개체의 기본키 값이 변경되면 식별 관계(기본키를 공유받은)에 있는 엔터티의 값도 변경된다.
- 여기서 계좌입금 엔터티는 약한 개체가 된다.

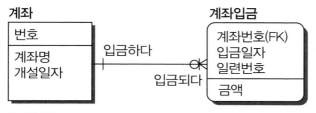

▲ 식별 관계 예제

02 비식별 관계(Non-Identification Relationship)

- 비식별 관계는 강한 개체의 기본키를 다른 엔터티의 기본키가 아닌 일반 칼럼으로 관계를 가지는 것이다.
- 예를 들어 관리점 엔터티의 기본키는 지점 코드이고 고객 엔터티와 비식별 관계에 있다. 즉, 지점 코드는 고객 엔터티의 기본키가 아닌 일반 칼럼으로 참조된다. 비식별 관계는 점선으로 표현한다.

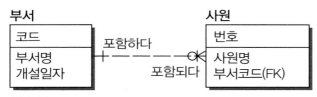

▲ 비식별 관계

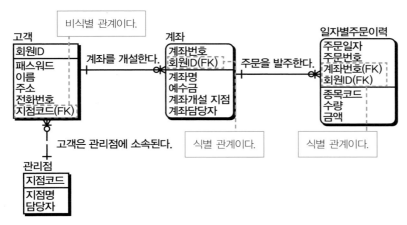

▲ 식별 관계와 비식별 관계

- 위의 예에서 계좌 엔터티는 고객 엔터티의 회원ID 칼럼을 기본키로 공유하고 있다. 이러한 관계를 식별 관계라고 하고 실선으로 표현한다.

🅱 기적의 TIP

강한 개체(Strong Entity)와 약한 개체(Weak Entity)
- 강한 개체는 누구에게도 지배되지 않는 독립적인 개체(Entity)이다.
- 약한 개체는 개체의 존재가 다른 개체의 존재에 달려 있는 개체이다.

06 NULL 속성의 이해

NULL은 값이 정의되지 않은 미지의 값이다. 즉 0이나 공백이 아닌, 값이 정해지지 않은 것이다.

01 NULL과 연산을 수행하면 항상 NULL

- 관계형 데이터베이스는 엔터티 간의 관계를 정의한다. 예를 들어 회원과 주문과의 관계에서, 회원과 주문은 엔터티이고 서로 간에 "발주"라는 관계가 있다.

```
  1 ▶ □Create Table t_test(
  2      name varchar(20),
  3      age number(4));
  4
  5 ·  insert into t_test(name) values('kim');
  6 ·  insert into t_test(name, age) values('park', 10);
  7 ·  commit;
```

▲ 테스트 테이블 생성

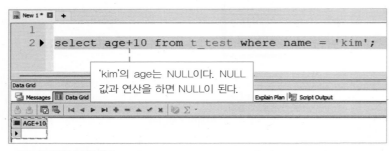

▲ NULL에 연산을 수행한 결과

- NULL과 연산을 수행하면 그 결과는 NULL이다.
- NULL인 경우 NVL() 함수를 사용해 NULL을 0 또는 다른 값으로 대체해서 사용해야 한다.

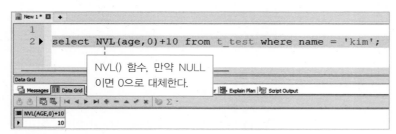

▲ NVL() 함수 사용 예

02 집계함수는 NULL 값을 제외

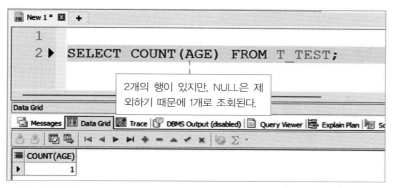

2개의 행이 있지만, NULL은 제외하기 때문에 1개로 조회된다.

▲ COUNT() 사용 예 1

- 행 수를 계산하는 COUNT() 함수를 사용할 때, 칼럼에 NULL이 포함되어 있으면 그 행은 제외한다. 하지만 COUNT(*)은 전체 행이 계산된다.

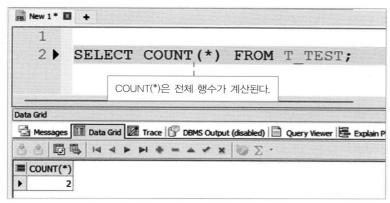

COUNT(*)은 전체 행수가 계산된다.

▲ COUNT() 사용 예 2

- COUNT(*)가 매번 전체 행을 하나씩 센다면 속도가 떨어질 것이다. DBMS는 블록 단위로 데이터를 저장하고 블록 헤더에 각 블록의 행 수를 저장하고 있다. 즉 COUNT() 함수로 블록의 헤더만 읽어 빠르게 행 수를 알 수 있다.

07 본질 식별자와 인조 식별자

본질 식별자는 데이터베이스 모델링을 하는 도중에 업무에서 발생하거나 해당 데이터의 자연스러운 특성을 이용한 값이다. 예를 들어 "상품코드", "주민등록번호" 등이다.

인조 식별자는 본질 식별자가 너무 복잡할 때 인위적으로 만든 고유한 식별자로 "카드번호", "사원번호" 등이 해당된다.

```
1 ▶ Create table t_jumun(
2     jumnun_no number(4) primary key,     ← 업무적으로 주문번호가 필요해서 생성
3     cust_no varchar(20),
4     product varchar(20));
5 · insert into t_jumun values(100, 'A001', '책');
6 · insert into t_jumun values(101, 'A002', '자동차');
```

▲ 식별자의 사용

만약, 본질 식별자가 확인되지 않고 식별자의 역할을 하는 데이터가 필요한 경우에 인위적으로 인조 식별자를 만들 수가 있다. 대표적인 것인 Oracle의 Sequence이며, 게시판을 개발할 때 임의적으로 유일한 순차번호를 발생시켜서 식별자로 사용하는 것이 예이다.

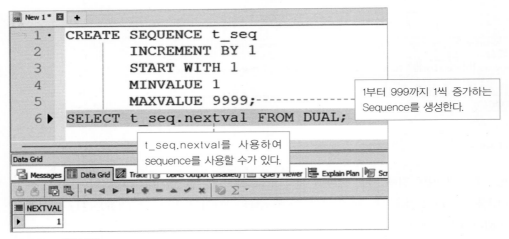

```
1 · CREATE SEQUENCE t_seq
2         INCREMENT BY 1
3         START WITH 1
4         MINVALUE 1                        ← 1부터 999까지 1씩 증가하는
5         MAXVALUE 9999;                       Sequence를 생성한다.
6 ▶ SELECT t_seq.nextval FROM DUAL;
```

t_seq.nextval를 사용하여 sequence를 사용할 수가 있다.

```
Data Grid
  Messages  Data Grid  Trace  DBMS Output (disabled)  Query Viewer  Explain Plan  Sc

  NEXTVAL
▶      1
```

▲ Sequence 생성과 사용

이론을 확인하는 기출문제

01 다음 중 데이터 중복을 제거하여 데이터 모델의 유연성을 향상시키는 것이 <u>아닌</u> 것은?

① 정규화
② 3층 스키마
③ 반정규화
④ 이상현상 제거

반정규화는 데이터 중복을 허용하여 성능을 향상시키는 방법이다.

02 이행 함수 종속성을 제거하는 정규화 단계는?

① 제1정규화
② 제2정규화
③ 제3정규화
④ BCNF

제3정규화는 기본키를 제외한 칼럼 간의 종속성을 제거하는 이행 함수 종속성을 제거한다.

03 반정규화를 수행하는 경우에 해당되지 <u>않는</u> 것은?

① SELECT문 실행 속도가 느려진 경우
② 집계 정보가 요구되는 경우
③ 특정 범위를 자주 조회하는 경우
④ 데이터 모델이 자주 변경되는 경우

데이터 모델이 자주 변경되는 경우에는 정규화를 해야 한다.

04 반정규화 기법 중에서 특정 값의 범위에 따라 분할하는 것은?

① 수직분할
② 수평분할
③ 테이블 병합
④ 칼럼 추가

수평분할은 특정 값에 따라서 테이블을 분할하는 방법이다.

05 Super Type과 Sub Type 변환 방법 중에서 조인 성능이 가장 좋은 것은?

① OneToOne Type
② Plus Type
③ Single Type
④ Integration Type

Single Type은 슈퍼 타입과 서브 타입을 하나의 테이블로 생성하기 때문에 조인 성능이 좋고 관리가 편리하다.

06 다음 중 좋은 모델링의 요건에 해당되지 <u>않는</u> 것은?

① 중복 배제
② Business Rule
③ 완전성
④ 기능성

좋은 모델링의 요건은 중복 배제, Business Rule, 완전성이다.

정답 01 ③ 02 ③ 03 ④ 04 ② 05 ③ 06 ④

01 하나의 릴레이션에서 튜플의 전체 개수를 릴레이션의 ( )이라고 한다. ( )에 올바른 것은?

① 도메인　　　　② 테이블
③ 다중값 속성　　④ 카디널리티

카디널리티(Cardinality)는 하나의 릴레이션에서 튜플의 전체 개수를 의미한다.

02 ( )는(은) 특정 조건에 의해서 선택될 것으로 예상되는 레코드의 비율이다. ( )에 올바른 것은?

① 카디널리티　　② 도메인
③ 선택도　　　　④ 행

선택도란 특정 조건에 의해서 선택될 것으로 예상되는 레코드의 비율을 의미하며, 조건절에서 요청한 값의 범위 / 전체값으로 계산된다.

03 성별이라는 칼럼은 M 혹은 F 값만 가질 수 있다. 성별이라는 칼럼의 제약조건은 무엇인가?

① 카디널리티　　② 도메인
③ 선택도　　　　④ 행

도메인(Domain)은 하나의 속성(Attribute)이 가질 수 있는 모든 원자 값들의 집합을 의미한다.

04 다음은 엔터티(Entity)에 대한 설명이다. 올바르지 않은 것은?

① 기업에서 관리하고자 하는 데이터이다.
② 집합의 특성을 가진다.
③ 보안을 위해서 다른 개체와 구분되지 않는다.
④ 순수 개체이거나 행위 집합이다.

엔터티(Entity)는 다른 개체와 확연히 구분되는 특성을 가진다. 그래서 모델의 독립성을 향상 시킬 수 있다.

05 다음은 엔터티의 분류이다. 관련성이 없는 하나는 무엇인가?

① 키 엔터티　　　② 메인 엔터티
③ 개념 엔터티　　④ 행위 엔터티

엔터티(Entity)는 키 엔터티, 메인 엔터티, 행위 엔터티로 분류된다.

엔터티의 종류

종류	설명
키 엔터티 (Key Entity)	다른 엔터티의 도움 없이 생성되는 엔터티이다.
메인 엔터티 (Main Entity)	업무처리에 중심이 되는 엔터티로 부모 엔터티(키 엔터티)로부터 파생된다.
행위 엔터티 (Active Entity)	업무처리를 하는 동안에 발생되는 엔터티로 자주 변경되고 지속적으로 정보가 추가된다.

06 엔터티 종류 중 데이터양이 가장 많을 것으로 예상되는 것은 무엇인가?

① 키 엔터티　　　② 메인 엔터티
③ 중심 엔터티　　④ 행위 엔터티

행위 엔터티는 지속적으로 정보가 추가되고 변경되는 엔터티로 주문, 취소, 결제와 같은 엔터티이다.

정답 01 ④ 02 ③ 03 ② 04 ③ 05 ③ 06 ④

07 최대한 범용적인 값을 사용하고 유일한 값을 만들기 위해서 사용되는 식별자는 무엇인가?

① 보조 식별자
② 인조 식별자
③ 본질 식별자
④ 고유 식별자

인조 식별자(Artificial Identifier)는 최대한 범용적인 값을 사용해서 만든 식별자로 유일한 값을 만들기 위한 것이다. 인조 식별자는 하나의 인조 속성을 다른 것으로 대체할 수 없다.

08 데이터 모델링 중에서 가장 높은 수준의 추상화를 요구하는 모델링 단계는?

① 개념적 모델링
② 논리적 모델링
③ 물리적 모델링
④ 리버스 데이터베이스 모델링

개념적 모델링은 고객의 업무를 포괄적으로 모델링하는 가장 높은 수준의 추상화 모델링이다. 즉, 개념적 모델링, 논리적 모델링, 물리적 모델링의 단계를 수행하면서 추상화된 모델은 점점 더 구체화된다.

09 데이터 모델링의 고려사항에 해당되지 않는 것은?

① 데이터 중복
② 비유연성
③ 추상화
④ 비일관성

데이터 모델링 시에 고려사항은 데이터 중복, 비유연성, 비일관성이 발생하지 않게 해야 한다.

10 데이터베이스의 독립성을 향상하기 위한 3층 스키마 중에서 조직 전체적인 관점으로 통합을 표현하는 계층은 무엇인가?

① 개념 스키마
② 내부 스키마
③ 외부 스키마
④ 간접 스키마

3층 스키마는 개념 스키마, 내부 스키마, 외부 스키마로 구성된다. 개념 스키마는 조직 전체적인 관점으로 통합을 표현한다.

11 다음의 시나리오에서 엔터티(Entity) 항목으로 올바른 것은?

학생이 A대학교에 입학하기 위해서 주민등록번호, 이름, 나이 등을 입력해야 한다.

① A대학교
② 주민등록번호
③ 주민등록번호, 이름, 나이
④ 학생

엔터티(Entity)는 업무에서 관리되어야 하는 데이터 집합을 의미한다. 그래서 위의 시나리오에서 엔터티가 될 수 있는 것은 학생과 입학이다. 그리고 주민등록번호, 이름, 나이는 속성(Attribute)이 된다.

12 다음은 엔터티(Entity)의 특징에 대한 설명이다. 올바르지 않은 것은?

① 고객이 관심 사항이다.
② 식별자는 존재해야 하지만, 유일한 식별자는 없을 수 있다.
③ 다른 엔터티와 최소한 한 개 이상의 관계가 있어야 한다.
④ 두 개 이상의 인스턴스가 있어야 한다.

엔터티(Entity)는 업무에서 관리해야 하는 데이터 집합으로 반드시 유일한 식별자가 있다. 그리고 두 개 이상의 인스턴스(Instance)가 있으며 다른 엔터티와 최소한 한 개 이상의 관계가 있어야 한다.

13 다음은 속성(Attribute)에 대한 설명이다. 올바르지 않은 것은?

① 사물의 성질
② 사물의 특징
③ 유일한 값
④ 사물의 본질적 성질

속성(Attribute)은 사물의 성질, 특징, 본질적 성질을 의미하며 중복된 값이 있을 수 있다.

14 속성(Attribute)을 특성에 따라 분류한 것이 아닌 것은?

① 기본 속성 ② 선택 속성
③ 설계 속성 ④ 파생 속성

속성(Attribute)을 특성에 따라서 분류하면 기본 속성, 설계 속성, 파생 속성으로 구분된다.

15 다음 중 속성(Attribute)에 이름을 부여하는 방법으로 올바르지 않은 것은?

① 해당 기업의 업무 프로세스를 분석하고 업무에서 사용하는 명칭을 사용한다.
② 속성의 이름은 유일성 있게 부여한다.
③ 가급적 문자와 숫자 등을 조합해서 복잡하게 부여한다.
④ 의미가 있는 문자를 사용한다.

속성명은 업무에서 사용하는 명칭을 사용하고 데이터 모델에서 유일하게 사용해야 한다. 그리고 서술어와 약어를 지양해야 한다.

16 다음 중에서 주식별자로 부적절한 것을 고르시오.

① 회원번호 ② 학생번호
③ 학생명   ④ 일련번호

식별자는 유일성을 만족해야 한다. 그러나 학생명은 동명이인이 있을 수 있으므로 유일성을 만족하지 못한다.

17 다음 중 주식별자 조건으로 올바른 것은?

A. 유일성   B. 최소성(Minimality)
C. Not Null   D. 대표성

① A, B
② A, B, C
③ B, C
④ A, B, C, D

주식별자는 최소성(Minimality), 유일성(Unique), Not Null을 만족하고 엔터티(Entity)를 대표해야 한다.

18 다음 보기의 설명에 해당하는 것은?

- 강한 연결 관계를 표현한다.
- ERD에서 실선으로 표현한다.
- 부모 엔터티의 주식별자를 자식 엔터티가 포함한다.

① 비식별 관계
② 식별 관계
③ 자기자신(Self) 관계
④ 차수

식별 관계는 강한 연결 관계이고 부모 엔터티의 주식별자를 자식엔터티의 주식별자로 포함하고 있는 관계이다. 비식별 관계는 약한 연결 관계를 표현하며, 약한 종속 관계라고도 한다.

19 본질 식별자와 인조 식별자는 어떤 관점으로 식별자를 분류한 것인가?

① 식별자의 대표성 여부
② 식별자의 속성 수
③ 식별자의 대체 여부
④ 식별자의 생성 여부

식별자는 대체 여부에 따라 본질 식별자와 인조 식별자로 구분한다. 대표성에 따라 주식별자와 보조 식별자로 분류되며 속성 수에 따라 단일 식별자와 복합 식별자로 분류된다.

정답 13 ③ 14 ② 15 ③ 16 ③ 17 ④ 18 ② 19 ③

20 식별자 중에서 대표성이 없어서 참조 관계를 가지지 못하는 식별자는 무엇인가?

① 주식별자   ② 보조 식별자
③ 본질 식별자   ④ 인조 식별자

보조 식별자는 대표성이 없어서 참조 관계를 가지지 못하는 식별자이다.

21 다음 중 데이터 독립성을 향상시키는 방법이 아닌 것은?

① 정규화   ② 3층 스키마
③ 데이터 구조화   ④ 반정규화

반정규화는 데이터 중복을 허용하여 성능을 향상시키지만 데이터 독립성은 낮아진다.

22 다음 중 반정규화를 통한 성능 향상과 관련이 낮은 것은?

① Nested Loop 방식의 조인을 조회해서 반정규화를 수행하여 조인을 제거했다.
② 데이터의 중복을 허용하여 SELECT문이 간단하게 변경되었다.
③ 반정규화를 수행하고 입력을 했다.
④ 야간에 배치로 합계를 미리 계산 후의 SELECT문을 사용한다.

반정규화는 데이터 중복을 허용하여 저장하기 때문에 SELECT문에서 조인(Join)이 제거된다. 조인이 제거되면 조회의 속도가 향상된다. 하지만 입력은 반정규화가 데이터 중복을 허용하기 때문에 데이터가 중복되도록 입력되어야 한다. 그러므로 반정규화를 통한 성능 향상과는 관련이 없다.

23 다음의 정규화 단계에서 주식별자와 관련성이 가장 낮은 것은?

① 제1정규화
② 제2정규화
③ 제3정규화
④ BCNF

제3정규화는 주식별자를 제외한 칼럼 간에 종속성을 확인해서 종속성이 있으면 분할하는 과정이다.

24 제1정규화 결과 기본키(Primary Key)가 하나의 속성으로 이루어진 경우 생략되는 것은?

① 제1정규화
② 제2정규화
③ 제3정규화
④ BCNF

제2정규화는 제1정규화 수행 이후에 하는 것으로 기본키가 2개 이상의 속성으로 이루어진 경우에 수행한다.

25 이행 함수 종속성 제거와 관련된 것은?

① 제1정규화
② 제2정규화
③ 제3정규화
④ BCNF

제3정규화는 이행 함수 종속성을 제거하는 것으로 기본키를 제외한 칼럼 간에 종속성이 있으면 분할한다.

정답 20 ② 21 ④ 22 ③ 23 ③ 24 ② 25 ③

26 데이터 모델링 시에 기본키를 선정한 후에도 후보키가 존재하며, 후보키가 기본키의 속성 중 하나를 함수적으로 종속하는 것은?

① 제1정규화
② 제2정규화
③ 제3정규화
④ BCNF

BCNF는 기본키를 제외하고 후보키가 존재하고 후보키가 기본키의 속성 중에 하나를 함수적으로 종속하는 경우 발생한다.

27 다음은 정규화에 대한 설명이다. 올바르지 않은 것은?

① 엔터티의 의미 해석이 명확해진다.
② 정규화를 수행하면 일반적으로 테이블의 수가 증가한다.
③ 정규화와 반정규화는 병렬적으로 수행하는 것이 좋다.
④ 정규화는 모델의 독립성을 향상시킨다.

반정규화는 트랜잭션의 유형, 용량 등을 분석하고 정규화를 수행한 후에 수행해야 한다.

28 다음 설명 중 올바르지 않은 것은?

① 정규화를 수행하면 조회 시에 조인의 수가 증가한다.
② 반정규화 된 테이블이 조회가 더 간단하다.
③ 정규화는 업무가 변경되어도 모델의 유연성을 향상시킨다.
④ 반정규화는 반드시 해야 한다.

트랜잭션의 유형, 데이터 용량 등을 고려해서 특별히 성능 이슈가 없으면 반정규화를 안 해도 된다.

29 다음 설명 중 올바르지 않은 것은?

① 하나의 테이블에 많은 칼럼을 추가하는 방법으로 반정규화를 수행하면 정규화된 모델보다 조회 속도는 항상 빨라진다. 그 이유는 조인이 없어지기 때문이다.
② 반정규화를 할 때 범위 처리 빈도, 통계 프로세스, 테이블 조인 수, 대량 범위 처리를 조사해야 한다.
③ 반정규화는 테이블, 속성, 관계 반정규화로 구분된다.
④ 반정규화를 수행하지 않고 클러스터링, 뷰, 응용 프로그램, 인덱스 조정을 통해서 다른 방법으로 성능을 유도할 수 있는지 고려해야 한다.

하나의 테이블에 칼럼의 수가 많아지면 조인의 수가 감소한다. 하지만, 테이블 행의 길이가 길어져서 입출력 단위(Block Size)보다 길어지면 한 개의 행을 조회할 때 여러 번의 입출력이 발생하여 성능이 떨어진다.

30 다음의 SQL문 결과 값으로 올바른 것은?

[T_TEST]

사원번호	이름	나이	주소
1000	유비	10	서울
2000	관우		부산

```
SELECT COUNT(나이) FROM T_TEST;
```

① 문법 오류이다.
② 2
③ NULL
④ 1

COUNT(칼럼명)으로 행 수를 계산할 때 NULL 값은 제외된다. 관우의 나이가 NULL이므로 유비만 카운트 된다.

SQL 기본 및 활용

총 40문제가 출제되는 가장 중요한 과목으로 SQL의 기본적 사용 방법과 조인, 계층형 쿼리, 서브 쿼리, 그룹 함수, 윈도우 함수 등을 학습해야 한다.

범위	중요도	중점 학습내용
SQL 기본	★★★	SQL의 종류와 WHERE문 사용 방법, GROUP 연산, 내장형 함수 등을 학습한다.
SQL 활용	★★★	조인 방법, 계층형 쿼리, 서브쿼리, 그룹 함수, 윈도우 함수를 학습한다.
관리 구문	★★	데이터베이스와 관련된 특정 유형의 작업을 수행하는 SQL을 학습한다.

SECTION 01 · SQL 기본

01 관계형 데이터베이스(Relation Database)

01 관계형 데이터베이스(Relation Database)

(1) 관계형 데이터베이스의 등장

- 관계형 데이터베이스는 1970년대 E.F. Codd 박사의 논문에서 처음 소개된 데이터베이스이다.
- 관계형 데이터베이스는 릴레이션(Relation)과 릴레이션의 조인 연산을 통해서 합집합, 교집합, 차집합 등을 만들 수 있다.
- 현재 기업에서 가장 많이 사용하는 데이터베이스로 Oracle, MS-SQL, MySQL, Sybase 등의 다양한 데이터베이스 관리 시스템이 있다.

(2) 데이터베이스와 데이터베이스 관리 시스템의 차이점

- 데이터베이스는 데이터를 어떠한 형태의 자료구조(Data Structure)로 사용하느냐에 따라서 나누어진다.
- 데이터베이스의 종류는 계층형, 네트워크형 데이터베이스, 관계형 데이터베이스 등이 있다.
- 계층형 데이터베이스는 트리(Tree) 형태의 자료구조에 데이터를 저장하고 관리하며, 네트워크는 오너(Owner)와 멤버(Member) 형태로 데이터를 저장한다.
- 계층형 데이터베이스는 1대N 관계를 표현한다.

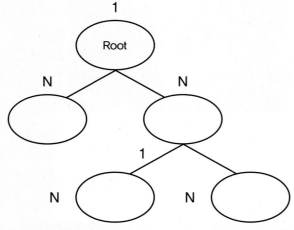

▲ 계층형 데이터베이스

- 네트워크 데이터베이스는 1대N과 함께 M대N 표현도 가능하다.

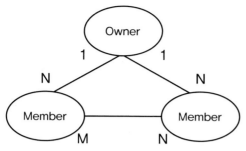

▲ 네트워크 데이터베이스

- 관계형 데이터베이스는 릴레이션에 데이터를 저장하고 관리한다.
- 관계형 데이터베이스는 릴레이션을 사용해서 집합 연산과 관계 연산을 할 수 있다.

종목코드	종목명
S1000	삼성전자
S1002	국민은행
S1003	대신증권

식별자가 필요하다.

릴레이션 형태로 표현한다.

▲ 관계형 데이터베이스

- 데이터베이스 관리 시스템(Database Management System)은 계층형 데이터베이스, 네트워크 데이터베이스, 관계형 데이터베이스 등을 관리하기 위한 소프트웨어를 의미하며, 일명 DBMS라고 한다.
- DBMS의 종류에는 Oracle, MS-SQL, MySQL, Sybase 등이 있으며 모두 관계형 데이터베이스를 지원한다.

✓ 개념 체크

데이터베이스 종류 중에서 부모와 자식 관계를 표현하기 쉬운 데이터베이스는?

① 계층형 데이터베이스
② 네트워크 데이터베이스
③ 관계형 데이터베이스
④ 빅데이터

정답 ①

해설 | 계층형 데이터베이스는 1대 N의 관계이므로 부모와 자식관계를 표현하기 쉽다.

(3) 관계형 데이터베이스 집합 연산과 관계 연산

• 관계형 데이터베이스는 릴레이션을 사용해서 집합 연산과 관계 연산을 할 수 있다.

▶ 집합 연산

집합 연산	설명
합집합(Union)	– 두 개의 릴레이션을 하나로 합하는 것이다. – 중복된 행(튜플)은 한 번만 조회된다.
차집합(Difference)	본래 릴레이션에는 존재하고 다른 릴레이션에는 존재하지 않는 것을 조회한다.
교집합(Intersection)	두 개의 릴레이션 간에 공통된 것을 조회한다.
곱집합(Cartesian product)	각 릴레이션에 존재하는 모든 데이터를 조합하여 연산한다.

▶ 관계 연산

관계 연산	설명
선택 연산(Selection)	릴레이션에서 조건에 맞는 행(튜플)만을 조회한다.
투영 연산(Projection)	릴레이션에서 조건에 맞는 속성만을 조회한다.
결합 연산(Join)	여러 릴레이션의 공통된 속성을 사용해서 새로운 릴레이션을 만들어 낸다.
나누기 연산(Division)	기준 릴레이션에서 나누는 릴레이션이 가지고 있는 속성과 동일한 값을 가지는 행(튜플)을 추출하고 나누는 릴레이션의 속성을 삭제한 후 중복된 행을 제거하는 연산이다.

02 테이블(Table)의 구조

• 관계형 데이터베이스는 릴레이션에 데이터를 저장하고 릴레이션을 사용해서 집합 연산 및 관계 연산을 지원하여 다양한 형태로 데이터를 조회할 수 있다.
• 릴레이션은 최종적으로 데이터베이스 관리 시스템에서 테이블(Table)로 만들어진다.

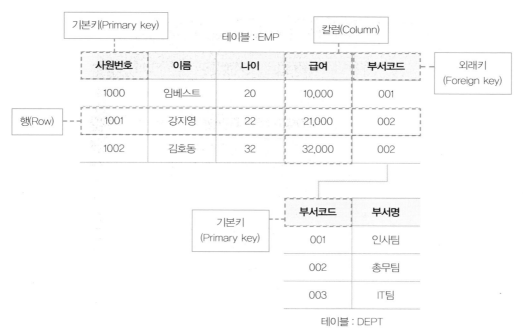

▲ 테이블(Table) 구조

- 기본키(Primary key)는 하나의 테이블에서 유일성(Unique)과 최소성, Not Null을 만족하면서 해당 테이블을 대표하는 것이다. EMP 테이블에서는 사원번호가 기본키가 된다.
- 테이블은 행과 칼럼으로 구성된다. 그중에서 행(Row)은 하나의 테이블에 저장되는 값으로 튜플(Tuple)이라고도 한다.
- 칼럼(Column)은 어떤 데이터를 저장하기 위한 필드(Field)로 속성(Attribute)이라고도 한다.
- 외래키(Foreign key)는 다른 테이블의 기본키를 참조(조인)하는 칼럼이다. 예를 들어 EMP 테이블의 부서코드는 DEPT 테이블의 기본키인 부서코드를 참조한다.
- 외래키는 관계 연산 중에서 결합 연산(Join)을 하기 위해서 사용한다.

02 SQL 종류

01 SQL(Structured Query Language)

- SQL은 관계형 데이터베이스에 대해서 데이터의 구조를 정의, 데이터 조작, 데이터 제어 등을 할 수 있는 절차형+비절차형 언어이다.
- 관계형 데이터베이스는 데이터베이스를 연결하고 SQL문을 사용하여 데이터베이스를 누구나 쉽게 사용할 수 있도록 한다.

- SQL은 ANSI/ISO 표준을 준수하기 때문에 데이터베이스 관리 시스템이 변경되어도 그대로 사용할 수 있다.

▶ SQL 표준

표준(Standard)	설명
ANSI/ISO SQL 표준	INNER JOIN, NATURAL JOIN, USING 조건, ON 조건절을 사용한다.
ANSI/ISO SQL3 표준	DBMS 벤더별로 차이가 있었던, SQL을 표준화하여 제정했다.

02 SQL 종류

- SQL은 데이터 정의, 데이터 조작, 데이터 제어 등의 기능을 지원한다.

(1) SQL의 종류

종류	설명
DDL(Data Definition Language)	- 관계형 데이터베이스의 구조를 정의하는 언어이다. - CREATE, ALTER, DROP, RENAME, TRUNCATE문이 있다.
DML(Data Manipulation Language)	- 테이블에서 데이터를 입력, 수정, 삭제, 조회한다. - INSERT, UPDATE, DELETE, SELECT문이 있다.
DCL(Data Control Language)	- 데이터베이스 사용자에게 권한을 부여하거나 회수한다. - GRANT, REVOKE문이 있다.
TCL(Transaction Control Language)	- 트랜잭션을 제어하는 명령어이다. - COMMIT, ROLLBACK, SAVEPOINT문이 있다.

- DDL문은 데이터베이스 테이블을 생성하거나 변경, 삭제하는 것으로 데이터를 저장할 구조를 정의하는 언어이다.
- DML은 데이터 구조가 DDL로 정의되면 해당 데이터 구조에 데이터를 입력하거나 수정, 삭제, 조회할 수 있다.
- DCL은 DDL로 정의된 구조에 어떤 사용자가 접근할 수 있는지 권한을 부여하는 것이다.

DDL로 데이터 구조를 만든다.

테이블 : EMP

DCL로 접근권한 (Access Control)을 관리한다.

사원번호	이름	나이	급여	부서코드
1000	임베스트	20	10,000	001
1001	문재인	22	21,000	002
1002	안철수	32	32,000	002

DML로 데이터를 입력, 수정, 삭제, 조회한다.

▲ 테이블에서의 SQL 사용

- 작업의 순서를 보면 데이터베이스의 사용자에게 권한을 부여하고 권한이 부여되면 DDL로 데이터 구조를 정의한다.
- 데이터 구조가 정의되면 데이터를 입력한 후에 개발자 및 사용자가 그 데이터를 조회하는 것이다.

(2) 트랜잭션(Transaction)
- 트랜잭션은 데이터베이스의 작업을 처리하는 단위이다.

▶ **트랜잭션의 특성**

트랜잭션 특성	설명
원자성(Atomicity)	− 트랜잭션은 데이터베이스 연산의 전부가 실행되거나 전혀 실행되지 않아야 한다(ALL OR NOTHING). − 즉, 트랜잭션의 처리가 완전히 끝나지 않았을 경우는 실행되지 않은 상태와 같아야 한다.
일관성(Consistency)	− 트랜잭션 실행 결과로 데이터베이스의 상태가 모순되지 않아야 한다. − 트랜잭션 실행 후에도 일관성이 유지되어야 한다.
고립성(Isolation)	− 트랜잭션 실행 중에 생성하는 연산의 중간결과는 다른 트랜잭션이 접근할 수 없다. − 즉, 부분적인 실행 결과를 다른 트랜잭션이 볼 수 없다.
영속성(Durability)	트랜잭션이 그 실행을 성공적으로 완료하면 그 결과는 영구적 보장이 되어야 한다.

- 세션(Session)은 연결 정보이다. 데이터베이스를 사용하기 위해서는 먼저 연결을 해야 하고 ID, 패스워드, IP주소, SID(데이터베이스명)을 입력한다. 연결이 되면 세션 정보가 만들어진다.
- 데이터베이스에 입력, 수정, 삭제, 조회와 같은 명령을 실행해서 작업을 하게 된다. 이러한 작업이 트랜잭션이다.

트랜잭션의 특징 중에서 다른 트랜잭션이 접근하여 부분적인 실행 결과를 볼 수 없는 것은?

① 원자성
② 일관성
③ 고립성
④ 영속성　　　　　　　　　　　　　　　　　　　　　　　　　　　　　　**정답** ③

> 해설 | 고립성은 연산의 중간결과를 다른 트랜잭션이 볼 수 없다.

03 SQL문의 실행 순서

- 개발자가 작성한 SQL문(DDL, DML, DCL 등)은 3단계를 걸쳐서 실행된다. SQL문의 문법을 검사하고 구문 분석을 한다.
- 구문 분석 이후에 SQL을 실행한다. SQL이 실행되면 데이터를 인출하게 된다.

▶ SQL 실행 순서

SQL 실행 순서	설명
파싱(Parsing)	– SQL문의 문법을 확인하고 구문 분석한다. – 구문 분석한 SQL문은 Library Cache에 저장한다.
실행(Execution)	옵티마이저(Optimizer)가 수립한 실행 계획에 따라 SQL을 실행한다.
인출(Fetch)	데이터를 읽어서 전송한다.

- 사용자가 작성한 SQL문을 구문 분석한 결과는 라이브러리 캐시(Library Cache)에 저장된다. 만약 동일한 SQL문을 한 번 더 실행하면 라이브러리 캐시에 저장된 구문 분석문을 재사용하게 되는데 이를 소프트 파싱이라고 한다. 하드 파싱은 구문 분석을 새롭게 하는 것이다.

데이터베이스 관리 시스템이 SQL을 실행하는 순서로 올바른 것은?

① 파싱 → 실행 → 인출
② 실행 → 파싱 → 인출
③ 인출 → 파싱 → 실행
④ 실행 → 인출 → 파싱　　　　　　　　　　　　　　　　　　　　　　　　**정답** ①

> 해설 | SQL의 실행 순서는 파싱, 실행, 인출이다.

04 SELECT문

(1) SELECT문 사용

- 테이블에 입력된 데이터를 조회하기 위해서 SELECT문을 사용한다.
- SELECT문은 특정 칼럼이나 특정 행만을 조회할 수 있다.

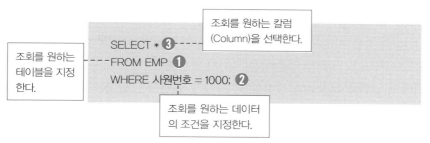

▲ SELECT문의 구조

- 위의 SELECT문에서 EMP 테이블의 모든 칼럼 '*'을 출력한다.
- 단, WHERE절에 있는 조건문에 있는 행만 조회한다.

▶ SELECT 문법

SELECT문 문법	설명
SELECT *	– 모든 칼럼을 출력한다. – '*'는 모든 칼럼을 의미한다.
FROM EMP	– FROM절에는 테이블명을 쓴다. – 즉, EMP 테이블을 지정한다.
WHERE 사원번호 = 1000	– EMP 테이블에서 사원번호가 1000번인 행을 조회한다. – 즉, 조건문을 지정한다.

▶ SELECT 칼럼 지정

사용 예제	설명
SELECT EMPNO, ENAME FROM EMP;	EMP 테이블의 모든 행에서 EMPNO와 ENAME 칼럼만 출력한다.
SELECT * FROM EMP;	EMP 테이블의 모든 칼럼과 모든 행을 조회한다.
SELECT ENAME || '님' FROM EMP;	– EMP 테이블의 모든 행에서 ENAME 칼럼을 조회한다. – 단, ENAME 칼럼 뒤에 '님'이라는 문자를 결합한다. 예 영진닷컴 님이라고 출력된다.

(2) ORDER BY를 사용한 정렬

- SELECT문을 사용할 때 ORDER BY를 같이 사용할 수 있다.
- ORDER BY는 데이터를 오름차순(Ascending) 혹은 내림차순(Descending)으로 출력한다.
- ORDER BY가 정렬을 하는 시점은 모든 실행이 끝난 후에 데이터를 출력해 주기 바로 전이다.
- ORDER BY는 정렬을 하기 때문에 데이터베이스 메모리를 많이 사용하게 된다. 즉, 대량의 데이터를 정렬하게 되면 정렬로 인한 성능 저하가 발생한다.
- Oracle 데이터베이스는 정렬을 위해서 메모리 내부에 할당된 SORT_AREA_SIZE를 사용한다. 만약 SORT_AREA_SIZE가 너무 작으면 성능 저하가 발생한다.
- 정렬을 회피하기 위해서 인덱스(Index)를 생성할 때 사용자가 원하는 형태로 오름차순 혹은 내림차순으로 생성해야 한다.
- 특별한 지정이 없으면 ORDER BY는 오름차순으로 정렬한다.

ENAME으로 오름차순 정렬하고 SAL로 내림차순 정렬한다.

```
SELECT * FROM EMP
    ORDER BY ENAME, SAL DESC;
```

▲ ORDER BY 사용

- ENAME 부분은 ENAME ASC와 같다. 기본적으로 오름차순과 내림차순을 지정하지 않으면 오름차순으로 정렬한다.
- 내림차순으로 정렬하고 싶을 때는 'DESC'를 사용한다.

✔ 개념 체크

SELECT문의 구문 중 가장 늦게 실행되는 것은?

① ORDER BY
② SELECT
③ FROM
④ WHERE

정답 ①

해설 | ORDER BY는 정렬(Sort)을 수행하는 구문으로 SELECT문에서 가장 늦게 실행된다.

---

(3) Index를 사용한 정렬 회피

- 정렬은 Oracle 데이터베이스에 부하를 주므로, 인덱스를 사용해서 Order by를 회피할 수 있다.

▶ **정렬 테스트 데이터 입력**

```
create table emp(
    empno number(10) primary key,
    ename varchar2(20),
    sal number(10)
);

insert into emp values(1000, '임베스트', 20000);
insert into emp values(1001, '조조', 20000);
insert into emp values(1002, '관우', 20000);
```

- 위와 같이 데이터를 입력하고 SELECT문을 실행하면 EMPNO로 오름차순 정렬되어서 조회된다.
- 그 이유는 EMPNO가 기본키이기 때문에 자동으로 오름차순 인덱스가 생성된다.

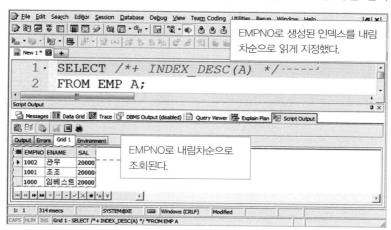

▲ 인덱스를 사용한 내림차순 조회

- 위의 예를 보면 '/*+ INDEX_DESC(A) */'를 사용했다. EMP 테이블에 생성된 인덱스를 내림차순으로 읽게 지정한 것이다.
- 따라서 SELECT문에 "ORDER BY EMPNO DESC"를 사용하지 않았다.

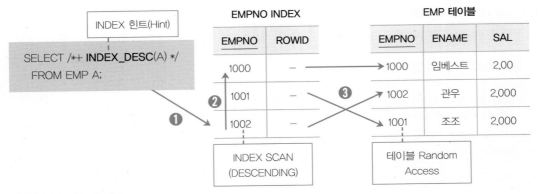

▲ INDEX_DESC 힌트 동작 방식

- 위의 예처럼 SQL문을 사용하면 EMPNO 인덱스를 내림차순으로 읽는다.
- 인덱스를 스캔한 후에 해당 EMPNO의 값을 가지고 테이블의 데이터를 읽는다.
- 테이블에서 해당 행을 찾으면 인출하여 사용자 화면에 조회된다.

(4) DISTINCT와 Alias

① DISTINCT

- DISTINCT문은 칼럼명 앞에 지정하여 중복된 데이터를 한 번만 조회하게 한다.

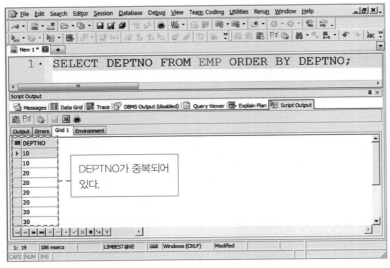

▲ DISTINCT 사용 전

- 위의 예는 EMP 테이블의 DEPTNO 칼럼을 조회한 것이다. 조회 내용을 보면 DEPTNO가 중복으로 저장되어 있는 것을 확인할 수 있다.

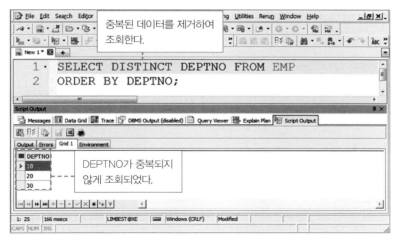

▲ DISTINCT 사용

• Distinct를 사용하면 DEPTNO 값이 중복되지 않는다.

② Alias

• Alias(별칭)은 테이블명이나 칼럼명이 너무 길어서 간략하게 할 때 사용한다.

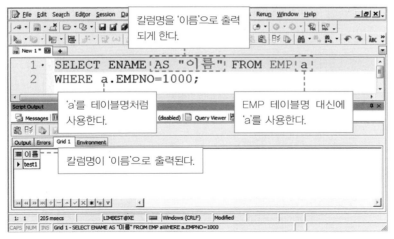

▲ Alias 사용

DEPT 테이블에서 DEPTNO 값이 10, 10, 20, 30이 있을 때 다음의 SQL문을 실행하면 나오는 건수는?

> SELECT DISTINCT DEPTNO FROM DEPT;

① 1
② 2
③ 3
④ 4

정답 ③

해설 | DISTINCT문은 중복된 것을 제거하는 것으로 10, 20, 30이 조회된다.

03 WHERE문 사용

01 WHERE문이 사용하는 연산자

• WHERE문이 사용할 수 있는 연산자는 비교 연산자, 부정 비교 연산자, 논리 연산자, SQL 연산자, 부정 SQL 연산자가 있다.

▶ 비교 연산자

비교 연산자	설명
=	같은 것을 조회한다.
〈	작은 것을 조회한다.
〈 =	작거나 같은 것을 조회한다.
〉	큰 것을 조회한다.
〉=	크거나 같은 것을 조회한다.

▶ 부정 비교 연산자

부정 비교 연산자	설명
!=	같지 않은 것을 조회한다.
^=	같지 않은 것을 조회한다.
〈 〉	같지 않은 것을 조회한다.
NOT 칼럼명 =	같지 않은 것을 조회한다.
NOT 칼럼명 〉	크지 않은 것을 조회한다.

▶ 논리 연산자

논리 연산자	설명
AND	조건을 모두 만족해야 참(True)이 된다.
OR	조건 중 하나만 만족해도 참(True)이 된다.
NOT	참이면 거짓(False)으로 바꾸고 거짓이면 참(True)으로 바꾼다.

▶ SQL 연산자

SQL 연산자	설명
LIKE '%비교 문자열%'	비교 문자열을 조회한다. '%'는 모든 값을 의미한다.
BETWEEN A AND B	A와 B 사이의 값을 조회한다.
IN (list)	OR를 의미하며 list 값 중에 하나만 일치해도 조회된다.
IS NULL	NULL 값을 조회한다.

▶ 부정 SQL 연산자

부정 SQL 연산자	설명
NOT BETWEEN A AND B	A와 B 사이의 해당되지 않는 값을 조회한다.
NOT IN (list)	list와 불일치한 것을 조회한다.
IS NOT NULL	NULL 값이 아닌 것을 조회한다.

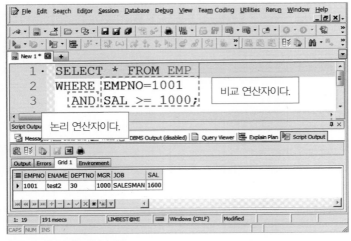

▲ 비교 연산자와 논리 연산자 사용

• 위의 예는 EMP 테이블에서 EMPNO가 1001이고 SAL이 1000보다 크거나 같은 것을 조회한다.

02 LIKE문 사용

• LIKE문은 와일드카드를 사용해서 데이터를 조회할 수 있다.

▶ 와일드카드

와일드카드	설명
%	– 어떤 문자를 포함한 모든 것을 조회한다. – 예를 들어 '조%'는 '조'로 시작하는 모든 문자를 조회한다.
_(underscore)	글자 수 한 개인 단일 문자를 의미한다.

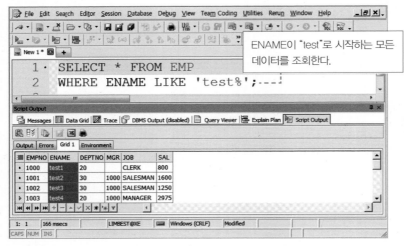

▲ LIKE문 사용(1)

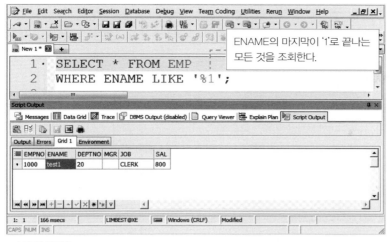

ENAME의 마지막이 '1'로 끝나는 모든 것을 조회한다.

▲ LIKE문 사용(2)

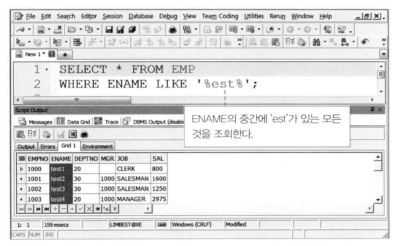

ENAME의 중간에 'est'가 있는 모든 것을 조회한다.

▲ LIKE문 사용(3)

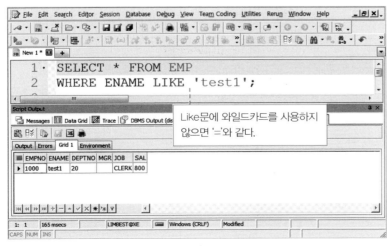

Like문에 와일드카드를 사용하지 않으면 '='와 같다.

▲ LIKE문 사용(4)

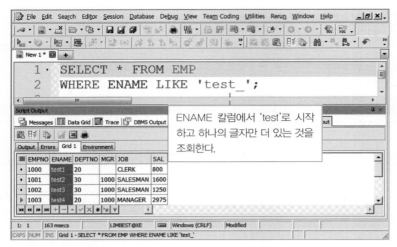

ENAME 칼럼에서 'test'로 시작
하고 하나의 글자만 더 있는 것을
조회한다.

▲ LIKE문 한 문자 조회

03 BETWEEN문 사용

• BETWEEN문은 지정된 범위에 있는 값을 조회한다.
• "BETWEEN 1000 and 2000"은 1000과 2000을 포함하고 1000과 2000 사이의 값을 조회한
다.

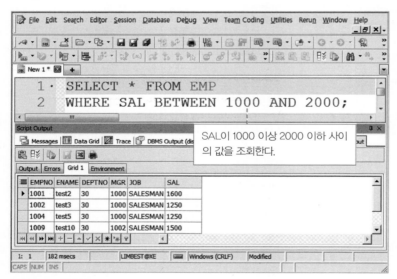

SAL이 1000 이상 2000 이하 사이
의 값을 조회한다.

▲ BETWEEN문 사용

• 위의 예는 급여(SAL)가 1000 이상, 2000 이하인 직원을 조회한다.

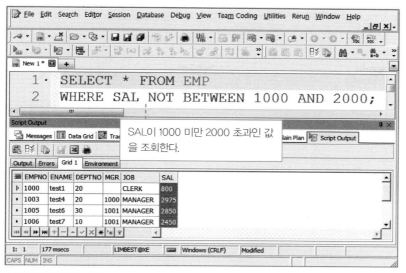

▲ NOT BETWEEN문 사용

• 위의 예는 급여(SAL)가 1000 미만, 2000 초과인 값을 조회한다.

04 IN문 사용

• IN문은 "OR"의 의미를 가지고 있어서 하나의 조건만 만족해도 조회가 된다.
• 예를 들어 JOB이 "CLERK"이거나 "MANAGER"인 것을 조회할 때 "JOB IN ('CLERK', 'MANAGER')"를 사용한다.

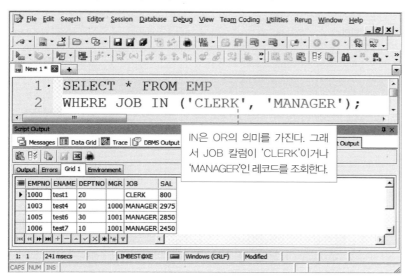

▲ IN문 사용

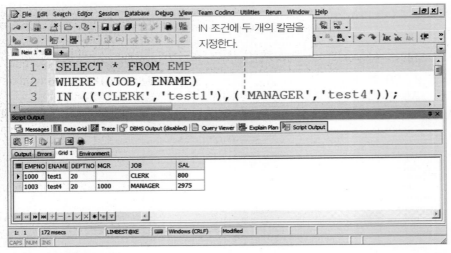

▲ IN문에 여러 개의 칼럼을 지정

• 괄호를 사용하여 원하는 데이터를 칼럼명에 대응되도록 입력함으로써, IN문으로 여러 개의 칼럼에 대한 조건을 지정할 수 있다.

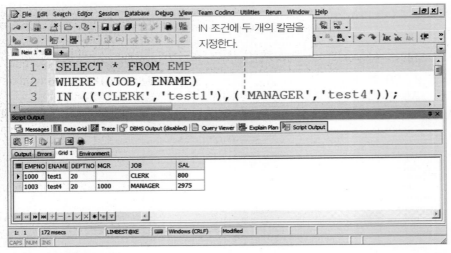 개념 체크

다음 중 SQL문의 의미로 올바른 것은?

SELECT * FROM EMP WHERE ENAME LIKE '_TEST';

① ENAME이 'TEST'인 직원을 조회한다.
② 첫 글자가 숫자로 시작하는 직원을 조회한다.
③ ENAME이 'TEST'와 같지 않은 직원을 조회한다.
④ ENAME이 'TEST'이고 앞에 첫 글자가 하나 더 있는 직원을 조회한다. 정답 ④

해설 | LIKE문에서 '_'의 의미는 첫 글자 하나를 의미한다.

05 NULL 값 조회

(1) NULL의 특징

- NULL은 모르는 값을 의미한다.
- NULL은 값의 부재를 의미한다.
- NULL과 숫자 혹은 날짜를 더하면 NULL이 된다.
- NULL과 어떤 값을 비교할 때, '알 수 없음'이 반환된다.

(2) NULL 값 조회

- NULL을 조회할 경우는 IS NULL을 사용하고 NULL 값이 아닌 것을 조회할 경우는 IS NOT NULL을 사용한다.

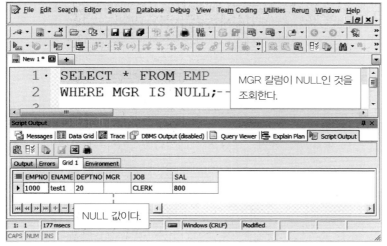

▲ IS NULL 사용

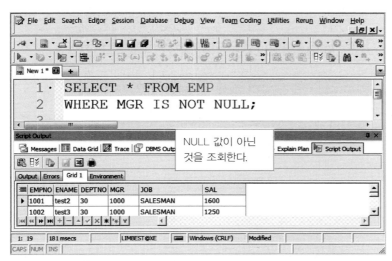

▲ IS NOT NULL 사용

▶ NULL 관련 함수

NULL 함수	설명
NVL 함수 (Oracle)	− NULL이면 다른 값으로 바꾸는 함수이다. − 'NVL(MGR, 0)'은 MGR 칼럼이 NULL이면 0으로 바꾼다.
NVL2 함수 (Oracle)	− NVL 함수와 DECODE 함수를 하나로 만든 것이다. − 'NVL2(MGR, 1, 0)'은 MGR칼럼이 NULL이 아니면 1을, NULL이면 0을 반환한다.
NULLIF 함수 (Oracle, MS−SQL, MySQL)	− 두 개의 값이 같으면 NULL을, 같지 않으면 첫 번째 값을 반환한다. − 'NULLIF(exp1, exp2)'은 exp1과 exp2가 같으면 NULL을, 같지 않으면 exp1을 반환한다.
COALESCE (Oracle, MS−SQL)	− NULL이 아닌 최초의 인자 값을 반환한다. − 'COALESCE(exp1, exp2, exp3, …)'은 exp1이 NULL이 아니면 exp1의 값을, 그렇지 않으면 그 뒤의 값의 NULL 여부를 판단하여 값을 반환한다.

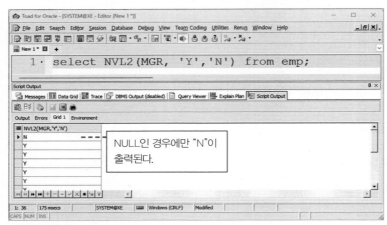

▲ NVL2 예제

• 위의 예는 MGR 칼럼의 값이 NULL이 아니면 "Y", NULL이면 "N"을 출력한다.

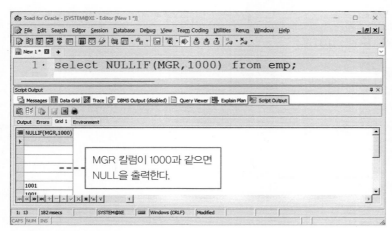

▲ NULLIF 예제

- 위의 예는 MGR 칼럼의 값이 1000이면 NULL, 그렇지 않으면 MGR 값을 출력한다.

```
SELECT NVL(NULLIF(MGR,1000),0) FROM EMP;
```

▲ NVL과 NULLIF 조합

- 위의 예는 NULLIF의 결과 값으로 NULL 반환 시 NVL 함수로 0이 출력되게 한다.
- COALESCE() 함수는 첫번째 NULL이 아닌 값을 반환하므로 칼럼을 합치는 용도로 사용할 수도 있다.

▶ COALESCE() 함수의 결과 예

A 칼럼	B 칼럼	COALESCE(A, B) 결과
1	NULL	1
2	3	2
NULL	4	4
NULL	NILL	NULL

✓ 개념 체크

다음 중 NULL 관련 함수에 대한 설명으로 올바르지 않은 것은?

① NVL 함수는 칼럼에 NULL 값이 있으면 지정된 다른 값으로 변경한다.
② NVL2 함수는 칼럼값이 NULL이면 세 번째 칼럼값, NULL이 아니면 두 번째 칼럼값을 반환할 때 사용된다.
③ NULLIF 함수는 두 개의 칼럼값이 같으면 NULL을 반환하고 같지 않으면 0을 반환한다.
④ COALESCE 함수는 칼럼값이 NULL이 아니면 exp1을 반환한다.

정답 ③

해설 | NULLIF 함수는 두 개의 같으면 NULL을 반환하고 같지 않으면 첫 번째 칼럼값을 반환한다.

04 | GROUP 연산

01 GROUP BY문

- GROUP BY는 테이블에서 소규모 행을 그룹화하여 합계, 평균, 최댓값, 최솟값 등을 계산할 수 있다.
- HAVING구에 조건문을 사용한다.
- Grouping된 결과에 대한 조건문을 사용한다.
- ORDER BY를 사용해서 정렬을 할 수 있다.

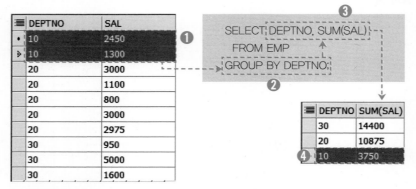

▲ GROUP BY구조

- 위의 GROUP BY 예에서 ❶번은 EMP 테이블을 그대로 조회한 것이다. 즉, 'SELECT DEPTNO, SAL FROM EMP'를 실행한 것이다.
- ❷번은 DEPTNO(부서번호)로 그룹을 만들고 ❸번은 그룹별 합계를 계산하라는 뜻이다.
- ❹번은 부서별 합계를 계산하게 된다.

02 HAVING문 사용

- GROUP BY에 조건절을 사용하려면 HAVING을 사용해야 한다. 만약 WHERE절에 조건문을 사용하게 되면 조건을 충족하지 못하는 데이터들은 GROUP BY 대상에서 제외된다.

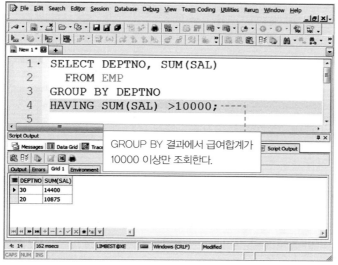

▲ HAVING절 사용

03 집계 함수 종류

▶ 집계 함수

집계 함수	설명
COUNT( )	테이블의 전체 행수를 조회한다. 단, 칼럼명을 쓰면 NULL 값을 제외한 행 수를 계산한다. 예 SELECT COUNT(*) FROM EMP;
SUM( )	특정 칼럼의 합계를 계산한다. 예 SELECT SUM(SAL) FROM EMP;
AVG( )	특정 칼럼의 평균을 계산한다. 예 SELECT AVG(SAL) FROM EMP;
MAX( )와 MIN( )	특정 칼럼의 최대값과 최소값을 계산한다. 예 SELECT MAX(SAL), MIN(SAL) FROM EMP;
STDDEV( )	특정 칼럼의 표준편차를 계산한다.
VARIANCE( )	특정 칼럼의 분산을 계산한다.

04 COUNT 함수

- COUNT( ) 함수는 행 수를 계산하는 함수이다. COUNT(*)는 NULL 값을 포함한 모든 행 수를 계산한다. 하지만 COUNT(칼럼명)는 NULL 값을 제외한 행 수를 계산한다.

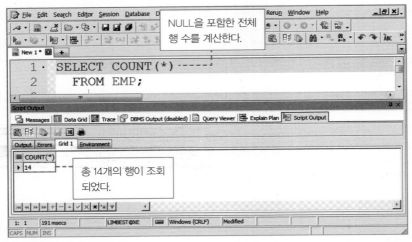

▲ COUNT(*) 사용

- MGR 칼럼은 한 개의 NULL을 가지고 있다. 그래서 COUNT(MGR)로 하면 NULL이 제외 되고 행 수를 계산한다.

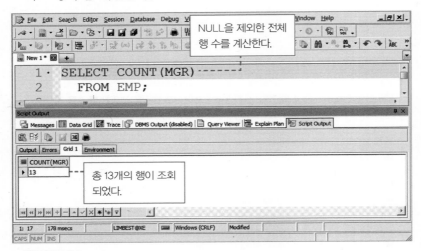

▲ 특정 칼럼의 행 수

05 GROUP BY 사용 예제

(1) 부서별(DEPTNO), 관리자별(MGR) 급여평균 계산

- 부서별, 관리자별 급여평균이므로 GROUP BY에 부서와 관리자를 추가한다.
- 평균을 계산하기 위해서 SELECT문에 AVG 함수를 사용해야 한다.

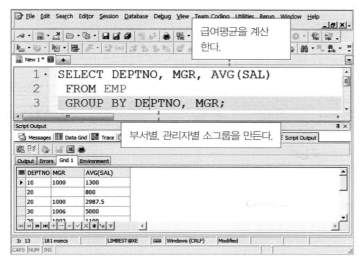

▲ 부서별, 관리자별 급여평균

(2) 직업별(JOB) 급여합계 중에 급여(SAL)합계가 1000 이상인 직업

- 직업별 급여합계이므로 GROUP BY에 JOB을 포함시키고 급여합계가 1000 이상만 조회해야 하므로 HAVING구에 조건을 넣어야 한다.

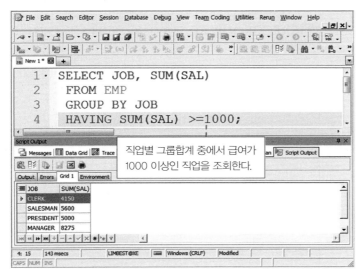

▲ 직업별 급여합계

[3] 사원번호 1000~1003번의 부서별 급여합계

- 사원번호 1000번에서 1003번까지 조회해야 하므로 WHERE문에 조건을 넣어야 한다.
- 그리고 부서별 합계이므로 GROUP BY에 DEPTNO를 사용하고 SELECT문에 SUM 함수를 사용한다.

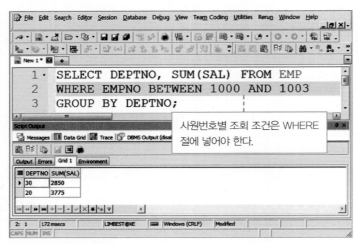

▲ 사원번호, 부서별 급여합계

05 SELECT문 실행 순서

- SQL의 실행 순서는 결과로 조회된 데이터를 이해하는 데 아주 중요한 요소이다.
- SELECT문의 실행 순서는 FROM, WHERE, GROUP BY, HAVING, SELECT, ORDER BY 순으로 실행된다.

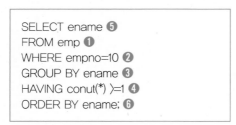

▲ SELECT문의 실행 순서

SELECT문의 실행 순서를 쓰시오.

정답 FROM, WHERE, GROUP BY, HAVING, SELECT, ORDER BY 순서이다.

06 명시적(Explicit) 형변환과 암시적(Implicit) 형변환

- 형변환이라는 것은 두 개의 데이터의 데이터 타입(형)이 일치하도록 변환하는 것이다.
- 예를 들어 숫자와 문자열의 비교, 문자열과 날짜형의 비교와 같이 데이터 타입이 불일치할 때 발생한다.
- 형변환은 명시적(Explicit) 형변환과 암시적(Implicit) 형변환이 있다.
- 명시적 형변환은 형변환 함수를 사용해서 데이터 타입을 일치시키는 것으로 개발자가 SQL을 사용할 때 형변환 함수를 사용해야 한다.

▶ **형변환 함수**

형변환 함수	설명
TO_NUMBER(문자열)	문자열을 숫자로 변환한다.
TO_CHAR(숫자 혹은 날짜, [FORMAT])	숫자 혹은 날짜를 지정된 FORMAT의 문자로 변환한다.
TO_DATE(문자열, FORMAT)	문자열을 지정된 FORMAT의 날짜형으로 변환한다.

- 암시적 형변환은 개발자가 형변환을 하지 않은 경우 데이터베이스 관리 시스템이 자동으로 형변환하는 것을 의미한다.

인덱스 칼럼에 형변환을 수행하면 인덱스를 사용하지 못한다.

- 인덱스는 데이터를 빠르게 조회하기 위해서 인덱스 키를 기준으로 정렬해 놓은 데이터이다.
- 그런데 인덱스는 기본적으로 변형이라는 것이 발생하면 인덱스를 사용할 수 없다. 물론 예외적인 것도 있다.
- 따라서 인덱스가 있어도 인덱스 칼럼에 형변환이 발생하면 인덱스를 사용할 수 없다.

> EMP 테이블을 생성할 때 숫자형 데이터 타입으로 생성했다.

> 문자형 데이터 타입 '100'이다. 따라서 암시적 형변환이 발생한다.

```
SELECT *
  FROM EMP
 WHERE EMPNO = '100';
```

> EMPNO 컬럼이 문자형보다 우선순위가 높은 숫자형 이므로 '100'이 to_number('100') 처리되어 정상적으로 인덱스를 사용할 수 있다.

▲ 암시적 형변환

- EMPNO 칼럼은 숫자형 타입이고 기본키이므로 자동으로 인덱스가 있다.
- 만약 EMPNO가 TO_CHAR(empno)로 형변환이 이루어진다면 인덱스를 사용할 수 없게 되어 성능이 저하될 수 있다.
- 올바르게 인덱스를 사용하려면 WHERE EMPNO=TO_NUMBER('100')과 같이 명시적 형변환을 사용하는 것이 더 안전하다.

✅ 개념 체크

다음 중 형변환에 대한 설명으로 올바르지 않은 것은?

① TO_NUMBER() 함수는 문자열을 숫자로 변환한다.
② TO_CHAR 함수는 숫자형과 날짜형을 문자로 변환한다.
③ TO_DATE 함수는 문자열을 날짜형으로 변환한다.
④ 명시적 형변환은 형변환 함수를 사용하지 않고 데이터베이스 관리 시스템에서 내부적으로 형변환을 수행한다.

정답 ④

해설 │ 암시적 형변환은 SQL 개발자가 형변환을 수행하지 않았을 경우 데이터베이스 관리 시스템이 내부적으로 형변환을 수행하는 것이고 명시적 형변환은 SQL 개발자가 형변환 함수를 사용해서 형변환을 수행하는 것이다.

07 내장형 함수(BUILT-IN Function)

01 내장형 함수

- 모든 데이터베이스에는 SQL에서 사용할 수 있는 내장형 함수가 있다.
- 내장형 함수는 데이터베이스 관리 시스템 벤더별로 약간의 차이가 있지만, 거의 비슷한 방법으로 사용할 수 있다.
- 내장형 함수로는 앞서 배운 형변환 함수, 문자열 및 숫자형 함수, 날짜형 함수가 있다.

02 DUAL 테이블

- DUAL 테이블은 Oracle 데이터베이스에 의해서 자동으로 생성되는 테이블이다.
- Oracle 데이터베이스 사용자가 임시로 사용할 수 있는 테이블로 내장형 함수를 실행할 때도 사용할 수 있다.
- Oracle 데이터베이스의 모든 사용자가 사용할 수 있다.

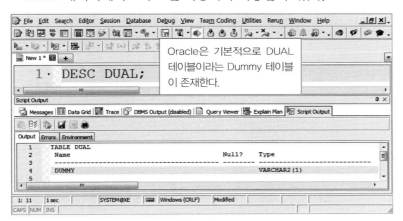

▲ DUAL 테이블 구조

03 내장형 함수의 종류

- DUAL 테이블에 문자형 내장형 함수를 사용하면 다음과 같다.
- ASCII 함수는 문자에 대한 ASCII 코드 값을 알려 준다. ASCII 코드는 대문자 A를 기준으로 A(65), B(66), C(67) 등의 값이다.
- SUBSTR 함수는 지정된 위치의 문자열을 자르는 함수이고 LENGTH 함수, LEN 함수는 문자열의 길이를 계산한다.
- LTRIM 함수를 사용하면 문자열의 왼쪽 공백을 제거할 수 있다.
- 또한 함수를 중첩해서 사용해도 된다. 예 LENGTH(LTRIM(' ABC'))

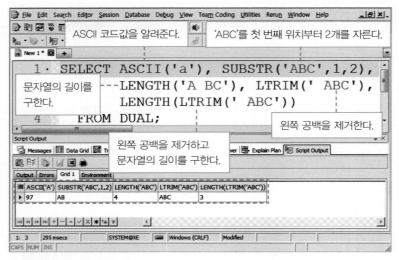

▲ DUAL 테이블 구조

• Oracle 데이터베이스에서 제공하는 문자열 함수는 다음과 같다.

▶ 문자열 함수

문자열 함수	설명
ASCII(문자)	문자 혹은 숫자를 ASCII 코드값으로 변환한다.
CHR/CHAR(ASCII 코드값)	– ASCII 코드값을 문자로 변환한다. – 오라클은 CHR 사용, MSSQL, MYSQL은 CHAR 사용
SUBSTR(문자열, m, n)	문자열에서 m번째 위치부터 n개를 자른다.
CONCAT(문자열1, 문자열2)	– 문자열1번과 문자열2번을 결합한다. – Oracle은 '||', MS-SQL은 '+'를 사용할 수 있다.
LOWER(문자열)	영문자를 소문자로 변환한다.
UPPER(문자열)	영문자를 대문자로 변환한다.
LENGTH 혹은 LEN(문자열)	공백을 포함해서 문자열의 길이를 알려 준다.
LTRIM(문자열, 지정문자)	– 왼쪽에서 지정된 문자를 삭제한다. – 지정된 문자를 생략하면 공백을 삭제한다.
RTRIM(문자열, 지정문자)	– 오른쪽에서 지정된 문자를 삭제한다. – 지정된 문자를 생략하면 공백을 삭제한다.
TRIM(문자열, 지정된 문자)	– 왼쪽 및 오른쪽에서 지정된 문자를 삭제한다. – 지정된 문자를 생략하면 공백을 삭제한다.
REPLACE(문자열, 찾을 문자열, 대체 문자열)	문자열의 일부를 교체한다. 예 REPLACE(' a b ', 'a', 'x')의 결과는 ' x b '

- 날짜형 함수 중에서 오늘 날짜를 구하기 위해서는 SYSDATE를 사용하면 된다.
- 만약, 해당 연도만 알고 싶다면, EXTRACT 함수를 사용한다.
- TO_CHAR 함수는 형변환 함수 중에서 가장 많이 사용하는 것으로 숫자나 날짜를 원하는 포맷의 문자열로 변환한다.

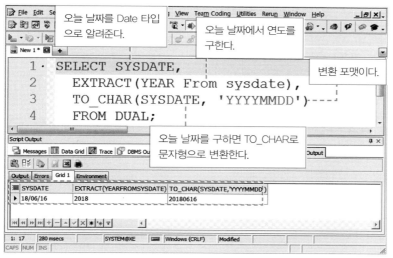

▲ 날짜형 함수 사용법

- Oracle 데이터베이스 날짜형 함수는 다음과 같다.

▶ 날짜형 함수

날짜형 함수	설명
SYSDATE	오늘의 날짜를 날짜 타입으로 알려 준다.
EXTRACT(field FROM source)	날짜에서 년, 월, 일을 조회한다.

- 절댓값을 계산하는 ABS 함수, 음수·0·양수를 구분하는 SIGN 함수, 나머지를 계산하는 MOD 함수 등을 사용하면 다음과 같다.

▲ 숫자형 함수 사용법

• Oracle 데이터베이스가 지원하는 숫자형 함수는 다음과 같다.

▶ 숫자형 함수

숫자형 함수	설명
ABS(숫자)	절댓값을 반환한다. 즉, 부호를 제거한다.
SIGN(숫자)	양수, 음수, 0을 구별한다.
MOD(숫자1, 숫자2)	– 숫자1을 숫자2로 나누어 나머지를 계산한다. – %를 사용해도 된다.
CEIL/CEILING(숫자)	특정 숫자보다 크거나 같은 최소의 정수를 반환한다.
FLOOR(숫자)	특정 숫자보다 작거나 같은 최대의 정수를 반환한다.
ROUND(숫자, m)	– 소수점 m 자리에서 반올림한다. – m의 기본값(Default Value)은 0이다.
TRUNC(숫자, m)	– 소수점 m 자리에서 절삭한다. – m의 기본값(Default Value)은 0이다.

✓ 개념 체크

숫자형 함수 중에서 특정 숫자보다 작거나 같은 최대의 정수를 반환하는 것은?

① CEIL()
② TRUNC()
③ FLOOR()
④ ABS()

정답 ③

해설 | FLOOR() 함수는 특정 숫자보다 작거나 같은 최대의 정수를 반환한다.

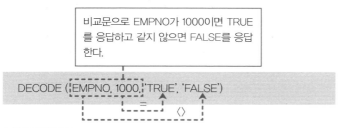

08 | DECODE와 CASE문

01 DECODE

- DECODE문으로 IF문을 구현할 수 있다. 즉, 특정 조건이 참이면 A, 거짓이면 B로 응답한다.

> 비교문으로 EMPNO가 1000이면 TRUE
> 를 응답하고 같지 않으면 FALSE를 응답
> 한다.

DECODE (EMPNO, 1000, 'TRUE', 'FALSE')

▲ DECODE의 구조

- 위의 예는 EMPNO를 1000과 비교해서 같으면 "TRUE"를 출력하고 다르면 "FALSE"를 출력한다.

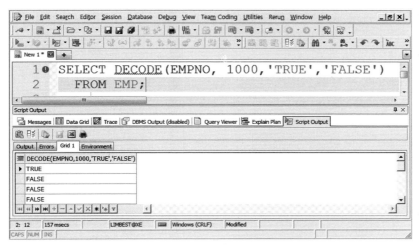

▲ DECODE 사용

CASE문

- CASE문은 IF~THEN ~ELSE-END의 프로그래밍 언어처럼 조건문을 사용할 수 있다.
- 조건을 WHEN구에 사용한다. 해당 조건이 참이면 THEN이 실행되고 거짓이면 ELSE구가 실행된다.

```
CASE [ expression ]
    WHEN condition_1 THEN result_1
    WHEN condition_2 THEN result_2
    ...
    WHEN condition_n THEN result_n
    ELSE result
END
```

▲ CASE문 구조

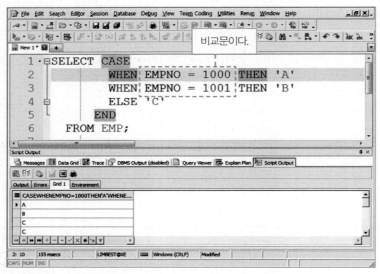

▲ CASE문 사용

- 위의 예는 EMPNO가 1000이면 "A"를 출력하고 1001이면 "B"를 출력한다. 만약 그렇지 않으면 "C"를 출력한다.

개념 체크

성별이 남자이면 M, 여자이면 F를 출력하는 DECODE문으로 올바른 것은? (단, 성별칼럼에는 남자와 여자만 있음)

① DECODE(성별, '남자', 'M', 'F')
② DECODE('남자', 성별, 'F', 'M')
③ DECODE(성별, '여자', 'M', 'F')
④ DECODE(성별, '여자', 'F', NULL)

정답 ①

해설 | DECODE(성별, '남자', 'M', 'F')문은 성별칼럼값과 '남자' 문자를 비교해서 같으면 'M'을 출력하고 그렇지 않으면 'F'를 출력한다.

09 WITH구문

- WITH구문은 서브쿼리(Subquery)를 사용해서 임시 테이블이나 뷰처럼 사용할 수 있는 구문이다.
- 서브쿼리 블록에 별칭을 지정할 수 있다.
- 옵티마이저는 SQL을 인라인 뷰나 임시 테이블로 판단한다.

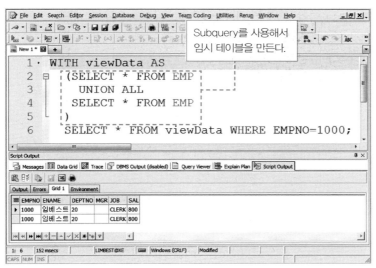

▲ WITH구문의 사용

EMP 테이블에서 WITH구문을 사용해서 부서번호(DEPTNO)가 30인 것의 임시 테이블을 만들고 조회하시오.

정답

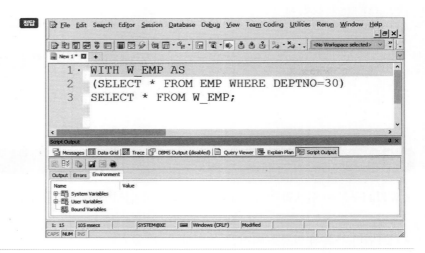

이론을 확인하는 기출문제

01 다음 중에서 관계형 데이터베이스 집합 연산이 아닌 것은?

① 합집합
② 곱집합
③ 선택 연산
④ 교집합

관계형 데이터베이스 집합 연산에는 합집합, 차집합, 교집합, 곱집합이 있다.

02 관계형 데이터베이스의 관계 연산 중에서 공통된 속성으로 새로운 릴레이션을 생성하는 것은?

① 선택 연산
② 투영 연산
③ 결합 연산
④ 나누기 연산

결합 연산(Join)은 여러 릴레이션의 공통된 속성을 사용해서 새로운 릴레이션을 만들어 낸다.

03 SQL의 종류 중에서 TCL에 해당되는 것은?

① CREATE TABLE
② COMMIT
③ SELECT
④ ALTER TABLE

TCL은 트랜잭션을 제어하는 명령어로 COMMIT과 ROLLBACK이 있다.

04 트랜잭션의 특징 중에서 COMMIT이 완료되면 저장되었음을 보장해야 하는 특성은 무엇인가?

① 원자성
② 일관성
③ 고립성
④ 영속성

영속성(Durability)은 트랜잭션이 그 실행을 성공적으로 완료하면 그 결과는 영구적 보장이 되어야 한다.

05 SQL 실행 순서로 올바른 것은?

① Parsing → Execution → Fetch
② Parsing → Fetch → Execution
③ Execution → Parsing → Fetch
④ Execution → Fetch → Parsing

SQL은 Parsing→Execution→Fetch 순서로 실행된다.

06 다른 테이블의 기본키를 참조하는 것을 무엇이라고 하는가?

① 기본키
② 후보키
③ 슈퍼키
④ 외래키

외래키(Foreign Key)는 다른 테이블의 기본키(Primary Key)를 참조한다.

정답 01 ③ 02 ③ 03 ② 04 ④ 05 ① 06 ④

07 A 테이블의 A1 칼럼을 B 테이블에서 참조하고 있다. 이때 A 테이블의 데이터를 삭제할 때 연속적으로 B 테이블의 데이터도 삭제하려면 테이블 생성 시에 어떤 옵션을 사용해야 하는가?

① UPDATE Option
② ON UPDATE CASCADE
③ DELETE Option
④ ON DELETE CASCADE

ON DELETE CASCADE 옵션은 참조한 테이블의 데이터까지 자동으로 삭제해서 참조 무결성을 보장한다.

08 EMP 테이블의 이름을 NEW_EMP로 변경하는 SQL문은?

① ALTER TABLE EMP RENAME TO NEW_EMP;
② ALTER TABLE EMP RENAME FROM NEW_EMP;
③ ALTER OBJECT EMP RENAME TO NEW_EMP;
④ ALTER OBJECT EMP RENAME FROM NEW_EMP;

테이블명 변경은 ALTER TABLE을 사용한다.

09 EMP 테이블에 age 칼럼을 추가하는 SQL문은? (age 칼럼은 숫자형 2자리, 기본값 1)

① ALTER TABLE EMP MODIFY (age number(2) default 1);
② ALTER TABLE EMP MODIFY (age number(2) use 1);
③ ALTER TABLE EMP ADD (age number(2) default 1);
④ ALTER TABLE EMP ADD (age number(2) use1);

테이블에 칼럼 추가는 ALTER TABLE ~ ADD 문구를 사용하고 기본값은 default 옵션을 사용한다.

10 다음은 View에 대한 설명이다. 올바르지 <u>않은</u> 것은?

① 테이블에서 유도된 가상의 테이블이다.
② View를 사용하면 데이터 관리가 간단해진다.
③ 삽입, 수정, 삭제에 제약이 없다.
④ 보안 기능을 제공한다.

View는 삽입, 수정, 삭제 시 제약이 발생한다.

SECTION

02 SQL 활용

01 서브쿼리(Subquery)

01 Main Query와 Subquery

- Subquery는 SELECT문 내에 다시 SELECT문을 사용하는 SQL문이다.
- Subquery의 형태는 FROM구에 SELECT문을 사용하는 인라인 뷰(Inline View)와 SELECT 문에 Subquery를 사용하는 스칼라 서브쿼리(Scala Subquery) 등이 있다.
- WHERE구에 SELECT문을 사용하면 서브쿼리라고 한다.

▲ Main Query와 Subquery

- 위의 예에 WHERE 구에 있는 SELECT문은 서브쿼리이고 괄호 내에 SELECT문을 사용한다.
- 서브쿼리 밖에 있는 SELECT문은 메인쿼리(Main Query)이다.

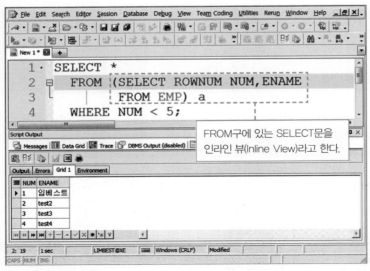

FROM구에 있는 SELECT문을 인라인 뷰(Inline View)라고 한다.

▲ 인라인 뷰(Inline View)

- FROM구에 SELECT문을 사용하여 가상의 테이블을 만드는 효과를 얻을 수 있다.
- 이렇게 FROM구에 SELECT문을 사용한 것이 인라인 뷰(Inline View)이다.

02 단일 행 서브쿼리와 다중 행 서브쿼리

- 서브쿼리(Subquery)는 반환하는 행 수가 한 개인 것과 여러 개인 것에 따라서 단일 행 서브쿼리와 멀티 행 서브쿼리로 분류된다.
- 단일 행 서브쿼리는 단 하나의 행만 반환하는 서브쿼리로 비교 연산자(=, 〈, 〈=, 〉=, 〈 〉)를 사용한다.
- 다중 행 서브쿼리는 여러 개의 행을 반환하는 것으로 IN, ANY, ALL, EXISTS를 사용해야 한다.

▶ 서브쿼리 종류(반환 행)

서브쿼리 종류	설명
단일 행 서브쿼리 (Single row subquery)	– 서브쿼리를 실행하면 그 결과는 반드시 한 행만 조회된다. – 비교 연산자인 =, 〈, 〈=, 〉, 〉=, 〈〉를 사용한다.
다중 행 서브쿼리 (Multi row subquery)	– 서브쿼리를 실행하면 그 결과는 여러 개의 행이 조회된다. – 다중 행 비교 연산자인 IN, ANY, ALL, EXISTS를 사용한다.

03 다중 행(Multi row) Subquery

• 다중 행 서브쿼리(Multi row Subquery)는 서브쿼리 결과가 여러 개의 행을 반환하는 것으로 다중 행 연산자를 사용해야 한다.

▶ **다중 행 비교 연산자**

다중 행 연산	설명
IN(Subquery)	Main query의 비교조건이 Subquery의 결과 중 하나만 동일하면 참이 된다(OR 조건).
ALL(Subquery)	− Main query와 Subquery의 결과가 모두 동일하면 참이 된다. − 〈 ALL : 최솟값을 반환한다. − 〉 ALL : 최댓값을 반환한다.
ANY(Subquery)	− Main query의 비교조건이 Subquery의 결과 중 하나 이상 동일하면 참이 된다. − 〈 ANY : 하나라도 크게 되면 참이 된다. − 〉 ANY : 하나라도 작게 되면 참이 된다.
EXISTS(Subquery)	Main query와 Subquery의 결과가 하나라도 존재하면 참이 된다.

(1) IN

• IN은 반환되는 여러 개의 행 중에서 하나만 참이 되어도 참이 되는 연산이다.

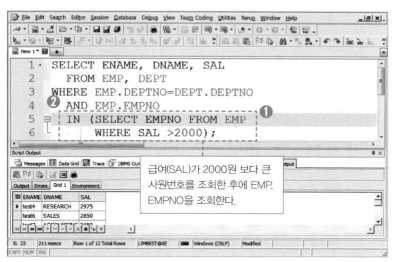

▲ IN 사용

• 위의 예에서는 EMP 테이블에서 SAL이 2000원 초과인 사원번호를 반환하고 반환된 사원번호와 메인쿼리에 있는 사원번호와 비교해서 같은 것을 조회하는 것이다.

(2) ALL

- 메인쿼리와 서브쿼리의 결과가 모두 동일하면 참이 된다.

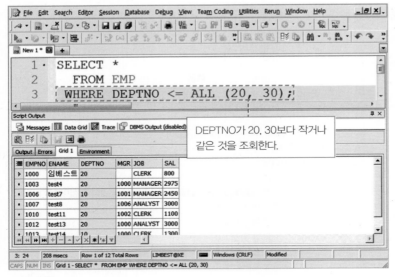

▲ ALL 사용

- 위의 예는 DEPTNO가 20, 30보다 작거나 같으면 조회되는 것이다.

(3) EXISTS

- EXISTS는 Subquery로 어떤 데이터 존재 여부를 확인하는 것이다.
- 즉, EXISTS의 결과는 참과 거짓이 반환된다.
- 다음의 예는 직원 중에서 급여가 2000 이상이 있으면 참이 반환되고 없으면 거짓이 반환된다.

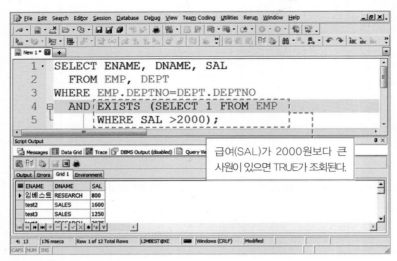

▲ EXISTS 사용

04 스칼라(Scala) Subquery

- 스칼라 Subquery는 반드시 한 행과 한 칼럼만 반환하는 서브쿼리이다.
- 만약 여러 행이 반환되면 오류가 발생한다.

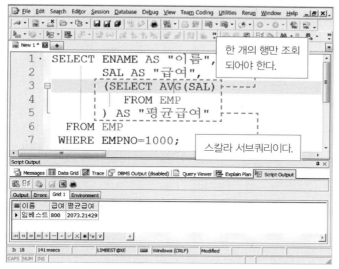

▲ 스칼라 Subquery

- 앞의 예처럼 직원 급여를 조회할 때 평균 급여를 같이 계산하여 조회한다.
- 스칼라 Subquery를 사용해서 직원의 평균 급여를 계산한 것이다.

05 연관(Correlated) Subquery

- 연관 Subquery는 Subquery 내에서 Main Query 내의 칼럼을 사용하는 것을 의미한다.

▲ 연관 Subquery

다음 중 다중행 서브쿼리와 관련이 없는 것은?

① ANY
② ALL
③ =
④ IN

정답 ③

해설 | 다중행 서브쿼리에 관련한 것은 ANY, ALL, IN, EXISTS이다. "="은 단일행 서브쿼리에서 사용한다.

02 조인(JOIN)

01 EQUI(등가) JOIN(교집합)

(1) EQUI(등가) JOIN

- 조인은 여러 개의 릴레이션을 사용해서 새로운 릴레이션을 만드는 과정이다.
- 조인의 가장 기본은 교집합을 만드는 것이다.
- 두 개의 테이블 간에 일치하는 것을 조인한다.

▲ 교집합

- EQUI 조인은 EMP 테이블과 DEPT 테이블에서 DEPTNO 칼럼을 사용하여 같은 것을 조인한다.

사원번호	이름	나이	급여	부서코드	부서코드	부서명
1000	임베스트	20	10,000	001	001	인사팀
1001	문재인	22	21,000	002	002	총무팀
1002	안철수	32	32,000	002	003	IT팀

EMP 테이블   JOIN Key(EQUI Join)   DEPT 테이블

두 개의 릴레이션을 결합

▲ 교차 조인

- 위의 예는 EMP 테이블의 DEPTNO와 DEPT 테이블의 DEPTNO가 같은 것을 사용하여 조인한다.

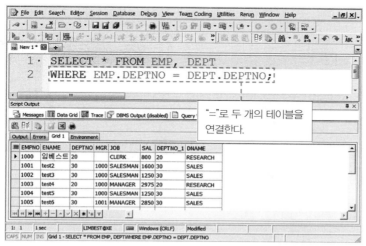

▲ EQUI JOIN

- EQUI JOIN은 "="을 사용해서 두 개의 테이블을 연결하는 것이다.

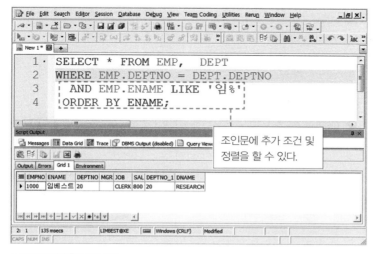

▲ WHERE절에 추가 조건 사용

(2) INNER JOIN

- EQUI JOIN과 마찬가지로 ISO 표준 SQL로 INNER JOIN이 있다. INNER JOIN은 ON 문을 사용해서 테이블을 연결한다.

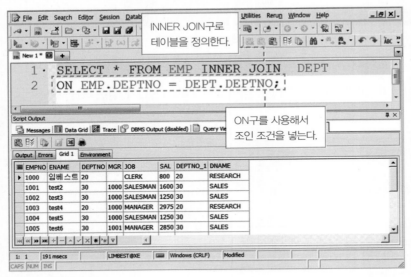

▲ ISO 표준 INNER JOIN

- 위의 예는 INNER JOIN구에 두 개의 테이블명을 서술하고 ON문 조인 조건을 서술한다.

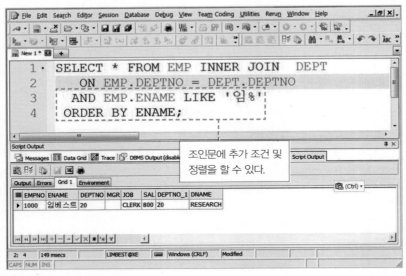

▲ INNER JOIN구에 조건 추가

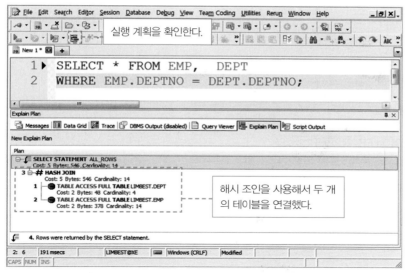

▲ EQUI JOIN의 내부 실행 계획 확인

- EQUI JOIN을 한 후에 실행 계획을 확인해서 내부적으로 두 개의 테이블을 어떻게 연결했는지 확인할 수 있다.
- 위의 예는 DEPT 테이블과 EMP 테이블 전체를 읽은 다음에(TABLE ACCESS FULL) 해시 함수를 사용해서 두 개의 테이블을 연결한 것이다.
- 해시 함수는 테이블을 해시 메모리에 적재한 후에 해시 함수로써 연결하는 방법이다.
- 해시 조인은 EQUI JOIN만 사용 가능한 방법이다.

기적의 TIP

해시 조인(HASH JOIN)
- 먼저 선행 테이블을 결정하고 선행 테이블에서 주어진 조건(Where구)에 해당하는 행을 선택한다.
- 해당 행이 선택되면 조인 키(Join Key)를 기준으로 해시 함수를 사용해서 해시 테이블을 메인 메모리(Main Memory)에 생성하고 후행 테이블에서 주어진 조건에 만족하는 행을 찾는다.
- 후행 테이블의 조인 키를 사용해서 해시 함수를 적용하여 해당 버킷을 검색한다.

(3) INTERSECT 연산

- INTERSECT 연산은 두 개의 테이블에서 교집합을 조회한다.
- 즉, 두 개 테이블에서 공통된 값을 조회한다.

▲ INTERSECT 연산

02 Non-EQUI(비등가) JOIN

- Non-EQUI는 두 개의 테이블 간에 조인하는 경우 "="을 사용하지 않고 ">", "<", ">=", "<=" 등을 사용한다.
- 즉, Non-EQUI JOIN은 정확하게 일치하지 않는 것을 조인하는 것이다.

03 OUTER JOIN

- OUTER JOIN은 두 테이블 간의 교집합(EQUI JOIN)을 조회하고 한쪽 테이블에만 있는 데이터도 포함시켜서 조회한다.
- 예를 들어 DEPT 테이블과 EMP 테이블을 OUTER JOIN 하면 DEPTNO가 같은 것을 조회하고 DEPT 테이블에만 있는 DEPTNO도 포함시킨다.
- 이때 왼쪽 테이블에만 있는 행도 포함하면 LEFT OUTER JOIN이라고 하고 오른쪽 테이블의 행만 포함시키면 RIGHT OUTER JOIN이라고 한다.
- FULL OUTER JOIN은 LEFT OUTER JOIN과 RIGHT OUTER JOIN 모두를 하는 것이다.
- Oracle 데이터베이스에서는 OUTER JOIN을 할 때 "(+)" 기호를 사용해서 할 수 있다.

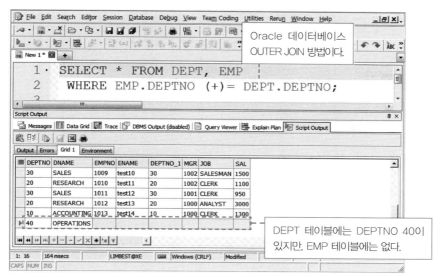

▲ Oracle Outer Join

• 위의 예를 보면 FROM절에 DEPT와 EMP 테이블이 있다.

(1) LEFT OUTER JOIN과 RIGHT OUTER JOIN

• LEFT OUTER JOIN은 두 개의 테이블에서 같은 것을 조회하고 왼쪽 테이블에만 있는 것이 포함해서 조회된다.

LEFT OUTER JOIN

부서명	부서코드		부서코드	이름
인사팀	10		10	임베스트
총무팀	20		20	조조
IT팀	30		30	관우
운영팀	40		NULL	

▲ LEFT OUTER JOIN

• 위의 예처럼 왼쪽 부서코드에 40번까지 조회된다.

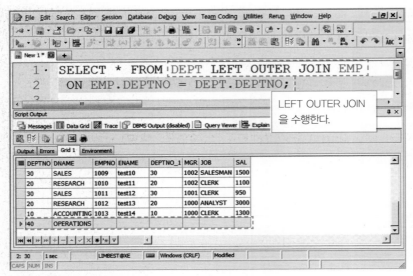

▲ ISO 표준 LEFT OUTER JOIN

- RIGHT OUTER JOIN은 두 개의 테이블에서 같은 것을 조회하고 오른쪽 테이블에만 있는 것이 포함해서 조회된다.

RIGHT OUTER JOIN

관리자명	관리자		사원번호	이름
유비	1000		1000	임베스트
주유	1001		1001	조조
	NULL		1002	관우
	NULL		1003	장비

▲ RIGHT OUTER JOIN

- 위의 예처럼 오른쪽 사원번호 1002, 1003까지 포함되어서 조회된다.
- 즉, 관리자 테이블의 NULL인 행도 조회된다.

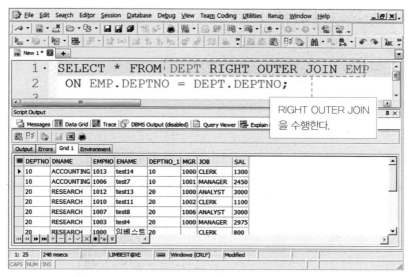

▲ ISO 표준 RIGHT OUTER JOIN

04 CROSS JOIN

- CROSS JOIN은 조인 조건구 없이 2개의 테이블을 하나로 조인하는 것이다.
- 조인구가 없기 때문에 카테시안 곱이 발생한다.
- 예를 들어 행이 14개 있는 테이블과 행이 4개 있는 테이블을 조인하면 56개의 행이 조회된다.
- CROSS JOIN은 FROM절에 "CROSS JOIN"구를 사용하면 된다.

▲ 표준 CROSS JOIN

EMP 테이블에 10개의 행이 있고 DEPT 테이블에 행이 2개 있을 때 다음의 SQL을 실행하면 조회되는 행 수는?

> SELECT * FROM EMP, DEPT

① 20
② 40
③ 80
④ 160 　　　　　　　　　　　　　　　　　　　　　　　　　　　　　　　 정답 ①

해설 | 위의 SQL문은 카테시안 곱이 발생하기 때문에 10 * 2 = 20행이 된다.

05 UNION을 사용한 합집합 구현

[1] UNION

- UNION 연산은 두 개의 테이블을 하나로 만드는 연산이다.
- 즉, 2개의 테이블을 하나로 합치는 것이다. 주의사항은 두 개의 테이블의 칼럼 수, 칼럼의 데이터 형식 모두가 일치해야 한다. 만약 두 개의 테이블에 UNION 연산이 사용될 때 칼럼 수 혹은 데이터 형식이 다르면 오류가 발생한다.

합집합

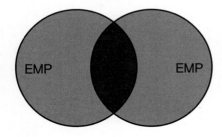

▲ 합집합

- UNION 연산은 두 개의 테이블을 하나로 합치면서 중복된 데이터를 제거한다.
- 그래서 UNION은 정렬(Sort) 과정을 발생시킨다.

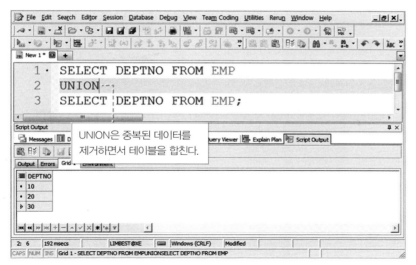

UNION은 중복된 데이터를
제거하면서 테이블을 합친다.

▲ UNION 사용

(2) UNION ALL

• UNION ALL은 두 개의 테이블을 하나로 합치는 것이다. UNION처럼 중복을 제거하거나
정렬을 유발하지 않는다.

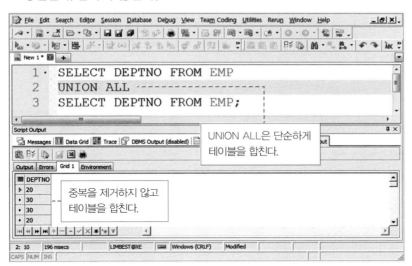

UNION ALL은 단순하게
테이블을 합친다.

중복을 제거하지 않고
테이블을 합친다.

▲ UNION ALL 사용

다음 중 UNION과 UNION ALL에 대한 설명으로 올바르지 않은 것은?

① UNION은 두 개의 테이블에 대해서 합집합을 만들 수 있다.
② UNION과 UNION ALL을 사용할 때에 두 개의 SELECT문에서 칼럼의 수와 데이터 타입이 일치해야 한다.
③ UNION은 중복을 제거한다.
④ UNION ALL은 정렬을 유발하지만, UNION은 정렬을 유발하지 않는다.

정답 ④

해설 | UNION은 중복을 제거하므로 정렬을 유발하고 UNION ALL은 중복을 제거하지 않기 때문에 정렬을 유발하지 않는다.

06 차집합을 만드는 MINUS

- MINUS 연산은 두 개의 테이블에서 차집합을 조회한다. 즉, 먼저 쓴 SELECT문에는 있고 뒤에 쓰는 SELECT문에는 없는 집합을 조회하는 것이다.
- MS-SQL에서는 MINUS와 동일한 연산이 EXCEPT이다.

차집합

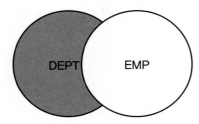

▲ 차집합

- 위의 예처럼 DEPT와 EMP를 MINUS 연산을 하면 DEPT에만 있는 행이 조회된다.

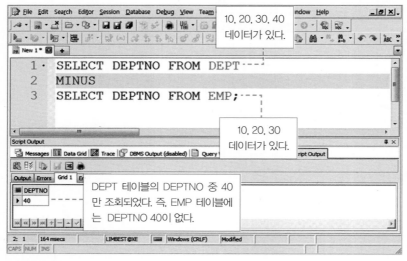

▲ MINUS 연산

- 앞의 MINUS 연산 결과를 보면 DEPT 테이블에만 존재하는 DEPTNO 40번이 조회된 것을 확인할 수 있다.

✔ 개념 체크

다음 중 MINUS와 동일한 연산은?

① OUTER JOIN
② EQUI JOIN
③ NON-EQUI JOIN
④ EXCEPT

정답 ④

해설 | MINUS와 동일한 연산은 EXCEPT이다.

03 그룹 함수(Group Function)

01 ROLLUP

- ROLLUP은 GROUP BY의 칼럼에 대해서 Subtotal을 만들어 준다.
- "GROUP BY ROLLUP(그룹칼럼)" 또는 "GROUP BY 그룹칼럼 WITH ROLLUP"의 방법으로 사용한다.
- ROLLUP을 할 때 GROUP BY구에 칼럼이 두 개 이상 오면 순서에 따라서 결과가 달라진다.

(1) 1차 ROLLUP

- 가장 단순한 형태로 GROUP BY 구 ROLLUP에 하나의 칼럼을 사용하여 단순 총계를 계산한다.

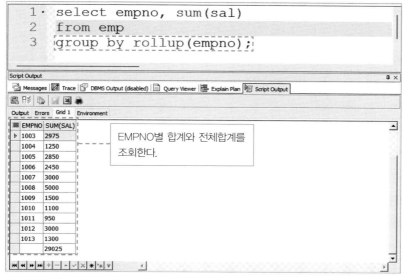

▲ EMPNO별 합계와 전체 합계

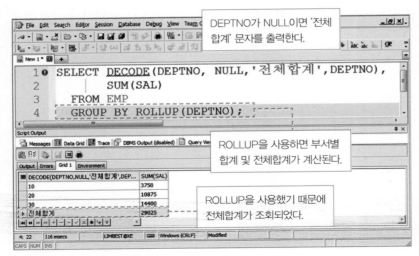

▲ ROLLUP 사용

- 앞의 예는 DEPTNO에 대해서 GROUP BY로 급여합계를 계산하고 부서별 전체합계를 추가해서 계산한 것이다. 즉, ROLLUP은 DEPTNO에 대해서 기존 GROUP BY와는 다르게 부서별 전체합계를 계산하게 된다.
- DECODE문은 전체합계를 조회할 때 '전체합계'라는 문자를 출력하기 위해서 사용된다.
- DECODE문을 사용해서 DEPTNO가 NULL과 같으면 '전체합계'라는 문자를 출력하고 그렇지 않으면 부서번호(DEPTNO)를 출력한다.

(2) 2차 ROLLUP

- ROLLUP 내에 두 개의 칼럼을 사용하는 것으로 DEPTNO별(부서별) 합계와 전체 총계가 출력된다. 즉, 안쪽에 있는 칼럼에 대해서 총계를 생성하고 전체 총계를 더 생성하는 것이다.

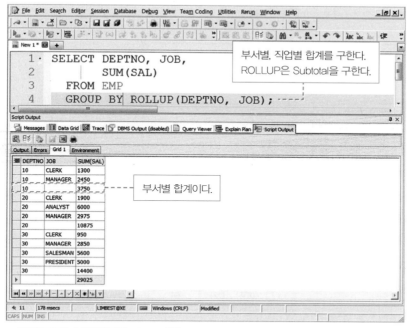

▲ 부서별(DEPTNO), 직업별(JOB) ROLLUP 실행

- 부서별, 직업별 ROLLUP을 실행하면 부서별 합계, 직업별 합계, 전체합계가 모두 조회된다.
- ROLLUP으로 실행되는 칼럼별로 Subtotal을 만들어 준다.

(3) 부분적 ROLLUP

- GROUP BY절이 ROLLUP에서 제외된 칼럼에 위치한다. 소계가 생성되고, 전체 총계는 생성되지 않는다.

```
1 · select deptno, empno, sum(sal)
2   from emp
3   group by  deptno, rollup(empno);
```

deptno를 기준으로 생성한다.

전체 합계는 출력되지 않고
소계만 출력된다.

▲ 부분적 ROLLUP

(4) ROLLUP을 사용한 전체 합계

• ROLLUP 내에 deptno, empno, ename을 모두 포함시켜서 GROUP BY를 한다. 그러면 그룹
핑이 되는 데이터가 없어서 전체 합계만 조회된다.

```
select deptno,empno, ename, sum(sal)
from emp
group by rollup((deptno,empno,ename));
```

▲ 전체 합계

02 GROUPING 함수

- GROUPING 함수는 ROLLUP, CUBE, GROUPING SETS에서 생성되는 합계값을 구분하기 위해서 만들어진 함수이다.
- 예를 들어 소계, 합계 등이 계산되면 GROUPING 함수는 1을 반환하고 그렇지 않으면 0을 반환해서 합계값을 식별할 수 있다.

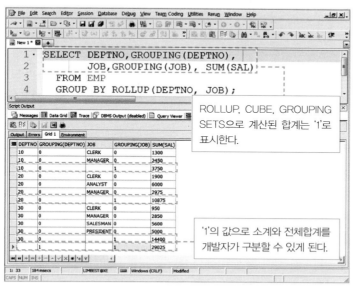

▲ GROUPING 함수

- 위의 SQL문을 보면 소계와 합계가 계산된 데이터는 GROUPING 함수에서 '1'이 출력된 것을 알 수 있다.
- GROUPING의 반환값을 DECODE 혹은 CASE문으로 식별해서 SELECT문으로 '소계', '합계'를 구분하는 것이다.

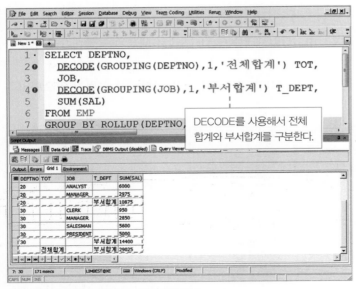

▲ 전체합계와 부서합계 표시(DECODE와 GROUPING)

- 위의 예를 보면 DECODE 함수를 사용해서 GROUPING 함수 결과가 '1'이면 '전체합계' 혹은 '부서합계'가 출력되고 그렇지 않으면 NULL이 반환됨을 알 수 있다.
- GROUPING 함수의 기능을 사용하면 사용자가 필요로 하는 데이터를 SELECT문으로 작성하여 제공할 수 있다.

03 GROUPING SETS 함수

- GROUPING SETS 함수는 GROUP BY에 나오는 칼럼의 순서와 관계없이 다양한 소계를 만들 수 있다.
- ROLLUP은 나열된 칼럼 단계별로 소계와 합계를 계산하지만 GROUPING SETS는 여러 그룹핑 쿼리를 UNION ALL한 것과 같은 결과를 만들 수 있다.
- GROUPING SETS 함수는 GROUP BY에 나오는 칼럼의 순서와 관계없이 개별적으로 모두 처리한다.

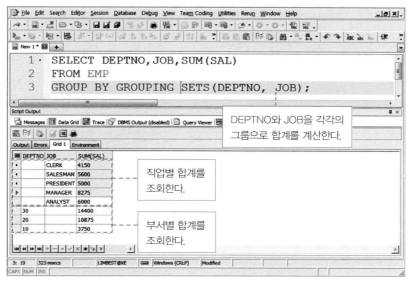

▲ 직업별 합계와 부서별 합계 표시

- 위의 예는 GROUPING SETS 함수로 DEPTNO와 JOB을 실행한 것이다.
- 그 결과 DEPTNO 합계와 JOB 합계가 개별적으로 조회되었다. 즉, 서로 관계가 없다는 것이다.

▲ GROUPING SETS 예제1

- 위의 예는 JOB(직업)별 DEPTNO(부서)별 합계를 출력한다.

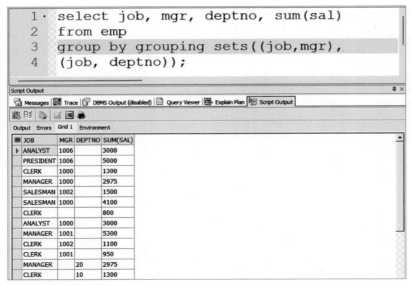

```
1 · select job, mgr, deptno, sum(sal)
2   from emp
3   group by grouping sets((job,mgr),
4   (job, deptno));
```

JOB	MGR	DEPTNO	SUM(SAL)
ANALYST	1006		3000
PRESIDENT	1006		5000
CLERK	1000		1300
MANAGER	1000		2975
SALESMAN	1002		1500
SALESMAN	1000		4100
CLERK			800
ANALYST	1000		3000
MANAGER	1001		5300
CLERK	1002		1100
CLERK	1001		950
MANAGER		20	2975
CLERK		10	1300

▲ GROUPING SETS 예제2

- 위의 예는 JOB별, MGR별 합계와 JOB별, DEPTNO별 합계를 계산한다.

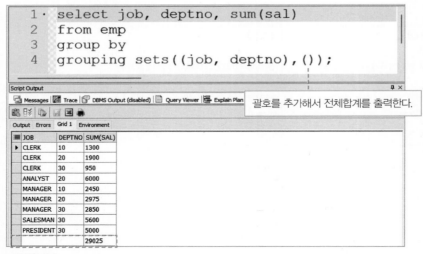

```
1 · select job, deptno, sum(sal)
2   from emp
3   group by
4   grouping sets((job, deptno),());
```

괄호를 추가해서 전체합계를 출력한다.

JOB	DEPTNO	SUM(SAL)
CLERK	10	1300
CLERK	20	1900
CLERK	30	950
ANALYST	20	6000
MANAGER	10	2450
MANAGER	20	2975
MANAGER	30	2850
SALESMAN	30	5600
PRESIDENT	30	5000
		29025

▲ 괄호를 추가

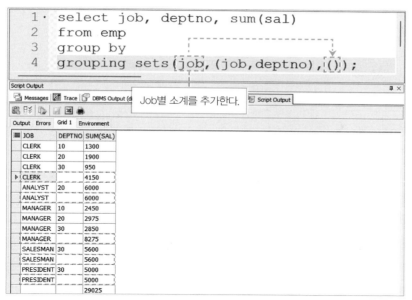

▲ 소계와 전체 합계

04 CUBE 함수

- CUBE는 CUBE 함수에 제시한 칼럼에 대해서 결합 가능한 모든 집계를 계산한다.
- 다차원 집계를 제공하여 다양하게 데이터를 분석할 수 있게 한다.
- 예를 들어 부서와 직업을 CUBE로 사용하면 부서별 합계, 직업별 합계, 부서별 직업별 합계, 전체합계가 조회된다.
- 즉, 조합할 수 있는 경우의 수가 모두 조합되며, 총 행뿐만 아닌 모든 그룹 레벨에서 총계가 출력된다.

▶ ROLLUP과 CUBE 비교

ROLLUP	CUBE
그룹핑 레벨별로 소계와 총계가 제공	모든 가능한 조합의 소계와 총계가 제공
상위 레벨에 속하는 하위 레벨의 결과가 중복됨	모든 조합을 포함하기 때문에 더 많은 중복이 발생
NULL 값은 소계에서 제외	NULL 값이 소계에 포함

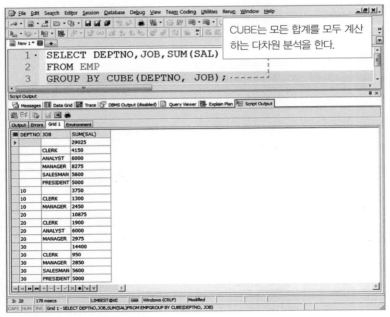

▲ CUBE 사용

- 위의 예에서는 CUBE로 부서코드와 직업을 실행했다. 그 결과 전체합계, 직업별 합계, 부서별 합계, 부서별 직업별 합계가 조회됐다.

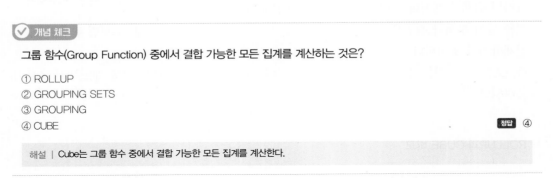

✓ 개념 체크

그룹 함수(Group Function) 중에서 결합 가능한 모든 집계를 계산하는 것은?

① ROLLUP
② GROUPING SETS
③ GROUPING
④ CUBE

정답 ④

해설 | Cube는 그룹 함수 중에서 결합 가능한 모든 집계를 계산한다.

04 윈도우 함수(Window Function)

01 윈도우 함수

- 윈도우 함수는 행과 행 간의 관계를 정의하기 위해서 제공되는 함수이다.
- 윈도우 함수를 사용해서 순위, 합계, 평균, 행 위치 등을 조작할 수 있다.

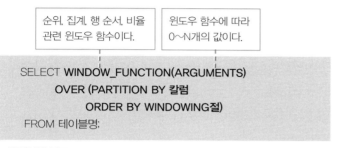

```
순위, 집계, 행 순서, 비율          윈도우 함수에 따라
관련 윈도우 함수이다.               0~N개의 값이다.

SELECT WINDOW_FUNCTION(ARGUMENTS)
       OVER (PARTITION BY 칼럼
             ORDER BY WINDOWING절)
FROM 테이블명;
```

▲ 윈도우 함수 구조

▶ 윈도우 함수 구조

구조	설명
ARGUMENTS(인수)	윈도우 함수에 따라서 0~N개의 인수를 설정한다.
PARTITION BY	전체 집합을 기준에 의해 소그룹으로 나눈다.
ORDER BY	어떤 항목에 대해서 정렬한다.
WINDOWING	– 행 기준의 범위를 정한다. – ROWS는 물리적 결과의 행 수이고 RANGE는 논리적인 값에 의한 범위이다.

- 윈도우 함수는 다른 함수와 달리 중첩해서 사용할 수 없지만 서브쿼리에서는 사용할 수 있다.

▶ GROUP BY와 윈도우 함수 차이점

구분	GROUP BY	윈도우 함수
기능	자르기와 집약	자르기
특징	GROUP BY구에 지정된 컬럼으로 데이터를 자르고 집계함수로 집약	PARTITION BY구에 지정된 컬럼으로 데이터를 자름
차이점	행 수가 감소	행 수는 유지

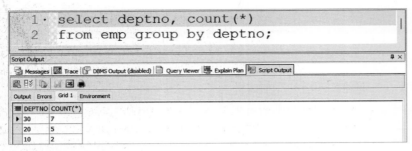

```
1 · select deptno, count(*)
2   from emp group by deptno;
```

▲ GROUP BY

- GROUP BY는 행 수를 계산하고 칼럼으로 집약하는 것이다.

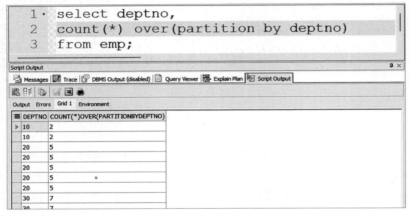

```
1 · select deptno,
2   count(*) over(partition by deptno)
3   from emp;
```

▲ 윈도우 함수

- 윈도우 함수는 행 수를 집약하지 않는다. 따라서 행 수가 줄어들지 않는다.

▶ WINDOWING

구조	설명
ROWS	부분집합인 윈도우 크기를 물리적 단위로 행의 집합을 지정한다.
RANGE	논리적인 주소에 의해 행 집합을 지정한다.
BETWEEN~AND	윈도우의 시작과 끝의 위치를 지정한다.
UNBOUNDED PRECEDING	윈도우의 시작 위치가 첫 번째 행임을 의미한다.
UNBOUNDED FOLLOWING	윈도우 마지막 위치가 마지막 행임을 의미한다.
CURRENT ROW	윈도우 시작 위치가 현재 행임을 의미한다.

- WINDOWING은 아래와 같이 사용한다.

▶ WINDOWING 예제

구분	직업(JOB)	이름(ENAME)	급여(SAL)	
1	개발자	A	1000	UNBOUNDED PRECEDING
2	기획자	B	1100	PRECEDING
3	개발자	C	2000	CURRENT ROW
4	웹디자이너	D	1500	FOLLOWING
5	개발자	E	1200	UNBOUNDED FOLLOWING

- CURRENT ROW는 현재 행, UNBOUNDED PRECEDING은 상위 행, UNBOUNDED FOLLOWING은 하위 행이다.
- 예를 들어 2 PRECEDING은 현재 행을 기준으로 위의 2개 행을 범위로 한다는 것이고 2 FOLLOWING은 아래의 2개 행까지 범위로 하겠다는 것이다.

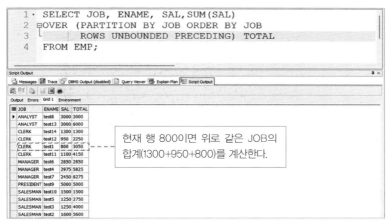

```
1   SELECT JOB, ENAME, SAL,SUM(SAL)
2   OVER (PARTITION BY JOB ORDER BY JOB
3         ROWS UNBOUNDED PRECEDING) TOTAL
4   FROM EMP;
```

현재 행 800이면 위로 같은 JOB의 합계(1300+950+800)를 계산한다.

▲ 현재 행을 기준으로 위로 같은 조건 행까지 합계

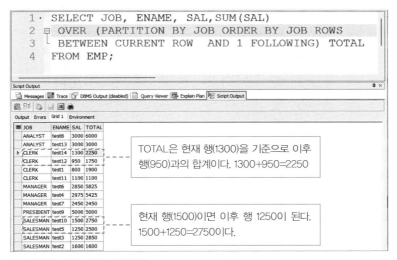

```
1   SELECT JOB, ENAME, SAL,SUM(SAL)
2   OVER (PARTITION BY JOB ORDER BY JOB ROWS
3   BETWEEN CURRENT ROW  AND 1 FOLLOWING) TOTAL
4   FROM EMP;
```

TOTAL은 현재 행(1300)을 기준으로 이후 행(950)과의 합계이다. 1300+950=2250

현재 행(1500)이면 이후 행 1250이 된다. 1500+1250=27500이다.

▲ 현재 행을 기준으로 다음 행과의 합계

• RANGE를 사용하면 값을 기준으로 조건을 부여해 합계를 계산할 수 있다.

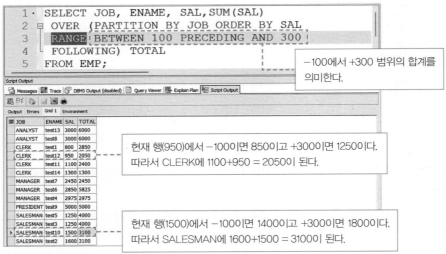

▲ RANGE 합계 계산

▶ ROWS 예제(행을 기준으로 수행)

예제	설명
ROWS UNBOUNDED PRECEDING	맨 위에 행부터 현재 행까지이다.
ROWS UNBOUNDED FOLLOWING	현재 행부터 제일 마지막 행까지이다.
ROWS 10 PRECEDING	10행부터 현재 행까지이다.
ROWS 10 FOLLOWING	현재 행부터 10행까지이다.

▶ RANGE 예제(칼럼 값을 기준으로 수행)

예제	설명
RANGE 50 PRECEDING	(현재 행 값-50) 부터 현재 행까지이다.
RANGE UNBOUNDED PRECEDING	최저값부터 현재 행까지이다.
RANGE BETWEEN 50 PRCENDING AND 50 FOLLOWING	(현재 행 값-50)부터 (현재 행 값+50)까지이다.
RANGE BETWEEN UNBOUNDED PECEDING AND CURRENT ROW	RANGE UNBOUNDED PRECEDING과 동일하다.

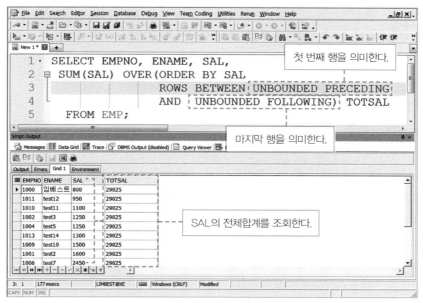

▲ WINDOWING 사용(처음부터 마지막까지 합계 계산)

- UNBOUNDED PRECEDING은 처음 행을 의미하며, UNBOUNDED FOLLOWING은 마지막 행을 의미한다. 그러므로 TOTSAL에 처음부터 마지막까지의 합계(SUM(SAL))를 계산한 것이다.

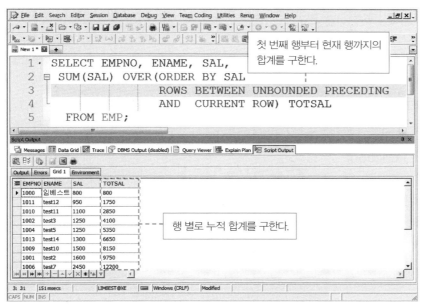

▲ UNBOUNDED PRECEDING 사용(처음부터 현재 행까지의 합계 계산)

- 위의 SQL문은 처음부터 CURRENT ROW까지의 합계를 계산한다. 결과적으로 누적합계가 된다.

- 즉, 첫 번째 행의 SAL은 800이고 두 번째 행의 SAL은 950이다. 그러므로 두 번째 행의 TOTSAL은 800+950=1750이 된다. 세 번째 행은 다시 1100+1750=2850이 된다.
- CURRENT ROW는 데이터가 인출된 현재 행을 의미한다.

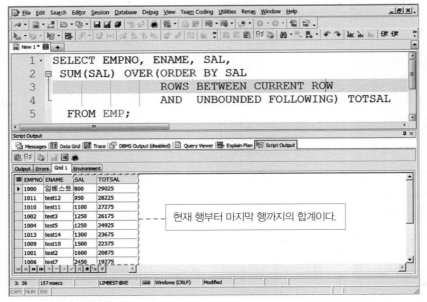

▲ CURRENT ROW(현재행부터 마지막 행까지 합계 계산)

- 위의 SQL문은 현재 행(CURRENT ROW)부터 마지막 행(UNBOUNDED FOLLOWING)까지의 합계를 계산한다.
- 첫 번째 행의 SAL이 800이므로 800부터 끝까지의 합계를 TOTSAL에 계산한다. 결과적으로 전체합계가 된다.
- 그다음은 950부터 마지막까지이므로 800이 제외된 합계가 된다. 따라서 28225가 된다.

02 순위 함수(RANK Function)

- 윈도우 함수는 특정 항목과 파티션에 대해서 순위를 계산할 수 있는 함수를 제공한다.
- 순위 함수는 RANK, DENSE_RANK, ROW_NUMBER 함수가 있다.

▶ 순위(RANK) 관련 윈도우 함수

순위 함수	설명
RANK	- 특정항목 및 파티션에 대해서 순위를 계산한다. - 동일한 순위는 동일한 값이 부여된다.
DENSE_RANK	동일한 순위를 하나의 건수로 계산한다.
ROW_NUMBER	동일한 순위에 대해서 고유의 순위를 부여한다.

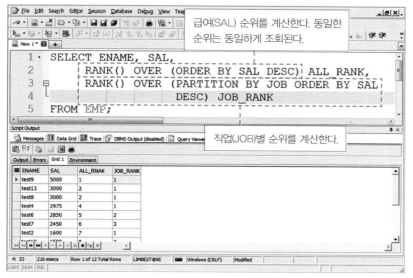

▲ RANK( ) 함수 사용

- RANK 함수는 순위를 계산하며, 동일한 순위에는 같은 순위가 부여된다.
- RANK( ) OVER (ORDER BY SAL DESC)는 SAL로 등수를 계산하고 내림차순으로 조회 하게 한다.
- RANK( ) OVER (PARTITION BY JOB ORDER BY SAL DESC)는 JOB으로 파티션을 만들고 JOB별 순위를 조회하게 한다.

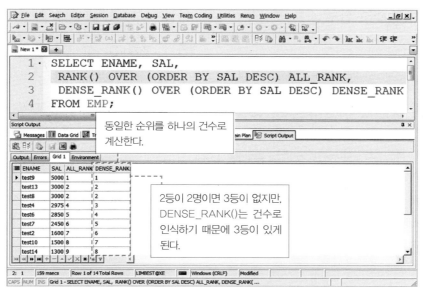

▲ DENSE_RANK 함수

- DENSE_RANK는 동일한 순위를 하나의 건수로 인식해서 조회한다.

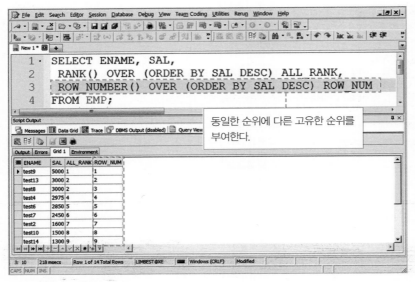

▲ ROW_NUMBER 함수

- ROW_NUMBER 함수는 동일한 순위에 대해서 고유의 순위를 부여한다.

03 집계 함수(AGGREGATE Function)

- 윈도우 함수를 제공한다.

▶ 집계(AGGREGATE) 관련 윈도우 함수

집계 함수	설명
SUM	파티션 별로 합계를 계산한다.
AVG	파티션 별로 평균을 계산한다.
COUNT	파티션 별로 행 수를 계산한다.
MAX와 MIN	파티션 별로 최댓값과 최솟값을 계산한다.

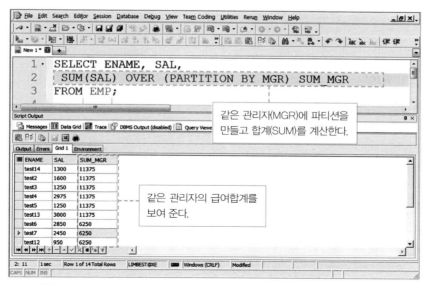

▲ SUM 함수

04 행 순서 관련 함수

- 행 순서 관련 함수는 상위 행의 값을 하위에 출력하거나 하위 행의 값을 상위 행에 출력할 수 있다.
- 특정 위치의 행을 출력할 수 있다.

▶ 행 순서 관련 윈도우 함수

행 순서	설명
FIRST_VALUE	- 파티션에서 가장 처음에 나오는 값을 구한다. - MIN 함수를 사용해서 같은 결과를 구할 수 있다.
LAST_VALUE	- 파티션에서 가장 나중에 나오는 값을 구한다. - MAX 함수를 사용해서 같은 결과를 구할 수 있다.
LAG	이전 행을 가지고 온다.
LEAD	- 윈도우에서 특정 위치의 행을 가지고 온다. - 기본값은 1이다.

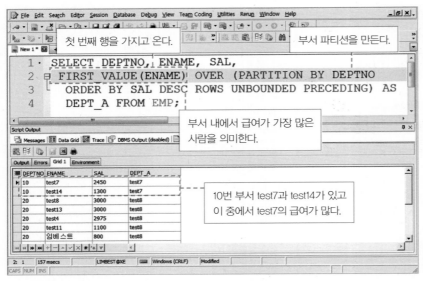

▲ FIRST_VALUE 사용

- FIRST_VALUE 함수는 파티션에서 조회된 행 중에서 첫 번째 행의 값을 가지고 온다.
- 위의 예에서 TEST7과 TEST14가 조회되었다. 그중에서 TEST7이 첫 번째 행이므로 TEST7을 가지고 온다.
- 단, SAL 내림차순으로 조회했기 때문에 의미상으로는 부서 내에 가장 급여가 많은 사원이 된다.

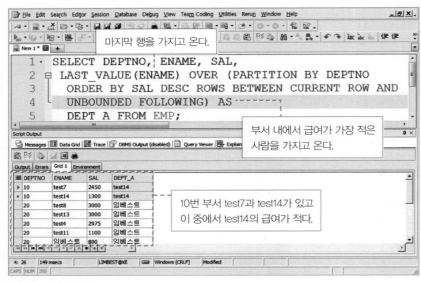

▲ LAST_VALUE 사용

- LAST_VALUE 함수는 파티션에서 마지막 행을 가지고 온다. 그래서 FIRST_VALUE와 다르게 TEST14가 출력된다.
- "BETWEEN CURRENT ROW AND UNBOUNDED FOLLOWING"의 의미는 현재 행에서 마지막 행까지의 파티션을 의미한다.

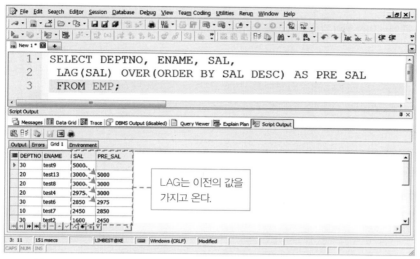

▲ LAG 함수

- LAG 함수는 이전 값을 가지고 오는 것이다. 예를 들어 PRE_SAL의 5000값은 SAL의 이전 데이터이다.

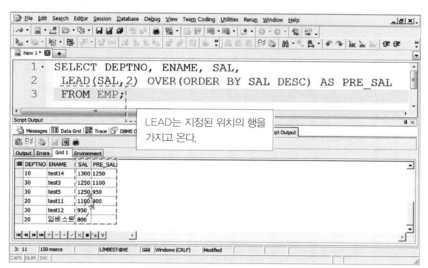

▲ LEAD 함수

- LEAD 함수는 지정된 행의 값을 가지고 오는 것이다. 위의 예는 SAL에서 2번째 행의 값을 가지고 온다.
- LEAD의 기본값은 1이며, 첫 번째 행의 값을 가지고 오는 것이다.

✓ 개념 체크

행 순서 관련 윈도우 함수 중에서 이전 행의 값을 가지고 올 수 있는 것은?

① FIRST_VALUE
② LAST_VALUE
③ LAG
④ LEAD

정답 ③

해설 | LAG 함수는 이전 행의 값을 가지고 온다.

05 비율 관련 함수

- 비율 관련 함수는 누적 백분율, 순서별 백분율, 파티션을 N분으로 분할한 결과 등을 조회할 수 있다.

▶ 비율 관련 윈도우 함수

비율 함수	설명
CUME_DIST	– 파티션 전체 건수에서 현재 행보다 작거나 같은 건수에 대한 누적 백분율을 조회한다. – 누적 분포상에 위치를 0~1 사이의 값을 가진다.
PERCENT_RANK	파티션에서 제일 먼저 나온 것을 0으로 제일 늦게 나온 것을 1로 하여 값이 아닌 행의 순서별 백분율을 조회한다.
NTILE	파티션별로 전체 건수를 ARGUMENT 값으로 N 등분한 결과를 조회한다.
RATIO_TO_REPORT	파티션 내에 전체 SUM(칼럼)에 대한 행 별 칼럼값의 백분율을 소수점까지 조회한다.

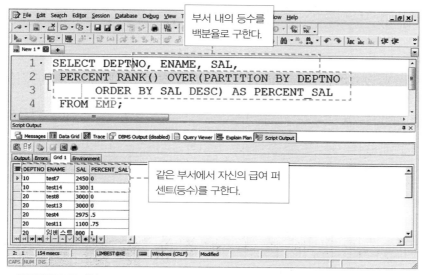

▲ PERCENT_RANK 함수

• PERCENT_RANK 함수는 파티션에서 등수의 퍼센트를 구하는 것이다.

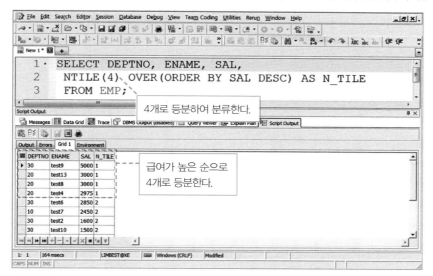

▲ NTILE 함수

• NTILE(4)는 4등분으로 분할하라는 의미로 위의 예는 급여가 높은 순으로 1~4등분으로 분할한다.

01 ROWNUM

- ROWNUM은 ORACLE 데이터베이스의 SELECT문 결과에 대해서 논리적인 일련번호를 부여한다.
- ROWNUM은 조회되는 행 수를 제한할 때 많이 사용된다.
- ROWNUM은 화면에 데이터를 출력할 때 부여되는 논리적 순번이다. 만약 ROWNUM을 사용해서 페이지 단위 출력을 하기 위해서는 인라인 뷰(Inline View)를 사용해야 한다.

🅑 기적의 TIP

인라인뷰(Inline view)

인라인뷰는 SELECT문에서 FROM절에 사용되는 서브쿼리(Subquery)를 의미한다.

```
SELECT * FROM              // Main Query
( SELECT * FROM EMP) a;    // Subquery(Inline View)
```

ROWNUM의 값을 1, 2, 3, 4, 5, 6,... 같이 순차적으로 증가하는 ROWNUM 데이터를 얻고 싶을 때 인라인뷰를 사용하는 것이다.

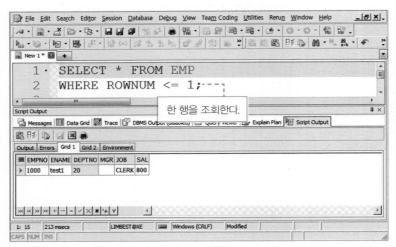

▲ ROWNUM으로 한 행을 조회

- 위의 예에서 "ROWNUM 〈 2"까지는 사용 가능하다. 한 행을 가지고 올 수 있기 때문이다.

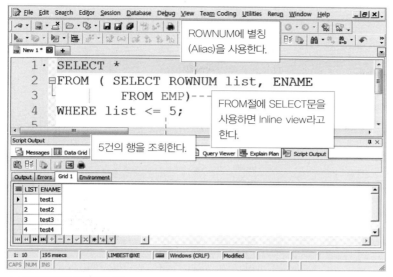

위 그림 안의 주석:
- ROWNUM에 별칭 (Alias)을 사용한다.
- FROM절에 SELECT문을 사용하면 Inline view라고 한다.
- 5건의 행을 조회한다.

```
    1 · SELECT *
    2 ⊟FROM ( SELECT ROWNUM list, ENAME
    3            FROM EMP)
    4  WHERE list <= 5;
```

	LIST	ENAME
▶ 1	1	test1
2	2	test2
3	3	test3
4	4	test4

▲ ROWNUM으로 여러 행을 조회

- 위와 같이 5건의 행을 조회하기 위해서는 인라인 뷰를 사용하고 ROWNUM에 별칭을 사용해야 한다.

기적의 TIP

SQL Server의 TOP 구문과 MySQL의 LIMIT 구문

Oracle은 ROWNUM을 사용하지만, SQL Server는 TOP문을 사용하고 MySQL은 LIMIT구를 사용한다. 즉, 10명만 인출(Fetch)하고자 할 때에는 다음과 같이 사용한다.

- SQL Server
  SELECT TOP(10) FROM EMP;

- MySQL
  SELECT * FROM EMP LIMIT 10;

▲ 웹 페이지 단위 조회

- 위의 웹 페이지를 보면, 한 페이지당 18개의 행을 조회한다. 그래서 첫 번째 페이지는 1~18 개를 조회하고 두 번째 페이지는 19~36개의 행을 조회하는 것이다.

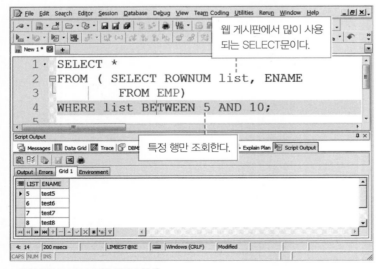

▲ 특정 행의 리스트 조회(웹 게시판 형태)

- 위의 예처럼 ROWNUM과 BETWEEN구를 사용해서 웹 페이지 조회를 구현할 수 있다.

02 ROWID

- ROWID는 ORACLE 데이터베이스 내에서 데이터를 구분할 수 있는 유일한 값이다.
- ROWID는 "SELECT ROWID, EMPNO FROM EMP"와 같은 SELECT문으로 확인할 수 있다.
- ROWID를 통해서 데이터가 어떤 데이터 파일, 어느 블록에 저장되어 있는 지 알 수 있다.

▶ ROWID 구조

구조	길이	설명
오브젝트 번호	1~6	오브젝트(Object) 별로 유일한 값을 가지고 있으며, 해당 오브젝트가 속해 있는 값이다.
상대 파일 번호	7~9	테이블스페이스(Tablespace)에 속해 있는 데이터 파일에 대한 상대 파일번호이다.
블록 번호	10~15	데이터 파일 내부에서 어느 블록에 데이터가 있는지 알려준다.
데이터 번호	16~18	데이터 블록에 데이터가 저장되어 있는 순서를 의미한다.

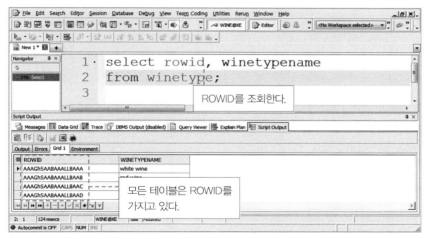

▲ ROWID 조회

✓ 개념 체크

다음 중 ROWID에 대한 설명으로 올바르지 않은 것은?

① ROWID는 데이터베이스에 저장되어 있는 데이터를 구분할 수 있는 유일한 값이다.
② ROWID의 데이터 번호는 데이터 블록에 데이터가 저장되어 있는 순서를 의미한다.
③ 테이블을 생성하고 데이터를 입력할 때 ROWID를 입력해야 사용할 수 있다.
④ ROWID는 데이터가 어떤 데이터 파일의 어떤 블록에 저장되어 있는지 확인할 수 있다.

정답 ③

해설 | ROWID는 테이블에 데이터를 입력하면 자동으로 생성되는 값이고 ROWID는 데이터가 어떤 데이터 파일에 어떤 블록에 저장되어 있는지 알 수 있다.

06 계층형 조회(CONNECT BY)

- 계층형 조회는 **Oracle** 데이터베이스에서 지원하는 것으로 계층형으로 데이터를 조회할 수 있다.
- 예를 들어 부장에서 차장, 차장에서 과장, 과장에서 대리, 대리에서 사원 순으로 트리 형태의 구조를 위에서 아래로 탐색하면서 조회하는 것이다. 물론 역방향 조회도 가능하다.

▶ **계층형 조회 테스트 데이터 입력**

```
CREATE TABLE EMP(
    EMPNO NUMBER(10) PRIMARY KEY,
    ENAME VARCHAR2(20),
    DEPTNO NUMBER(10),
    MGR   NUMBER(10),
    JOB   VARCHAR2(20),
    SAL   NUMBER(10)
);
```

```
INSERT INTO EMP VALUES(1000, 'TEST1', 20, NULL, 'CLERK', 800);
INSERT INTO EMP VALUES(1001, 'TEST2', 30, 1000, 'SALESMAN', 1600);
INSERT INTO EMP VALUES(1002, 'TEST3', 30, 1000, 'SALESMAN', 1250);
INSERT INTO EMP VALUES(1003, 'TEST4', 20, 1000, 'MANAGER', 2975);
INSERT INTO EMP VALUES(1004, 'TEST5', 30, 1000, 'SALESMAN', 1250);
INSERT INTO EMP VALUES(1005, 'TEST6', 30, 1001, 'MANAGER', 2850);
INSERT INTO EMP VALUES(1006, 'TEST7', 10, 1001, 'MANAGER', 2450);
INSERT INTO EMP VALUES(1007, 'TEST8', 20, 1006, 'ANALYST', 3000);
INSERT INTO EMP VALUES(1008, 'TEST9', 30, 1006, 'PRESIDENT', 5000);
INSERT INTO EMP VALUES(1009, 'TEST10', 30, 1002, 'SALESMAN', 1500);
INSERT INTO EMP VALUES(1010, 'TEST11', 20, 1002, 'CLERK', 1100);
INSERT INTO EMP VALUES(1011, 'TEST12', 30, 1001, 'CLERK', 950);
INSERT INTO EMP VALUES(1012, 'TEST13', 20, 1000, 'ANALYST', 3000);
INSERT INTO EMP VALUES(1013, 'TEST14', 10, 1000, 'CLERK', 1300);

COMMIT
```

- **CONNECT BY**는 트리(Tree) 형태의 구조로 질의를 수행하는 것으로 START WITH구는 시작 조건을 의미하고 CONNECT BY PRIOR는 조인 조건이다. Root 노드로부터 하위 노드의 질의를 실행한다.
- 계층형 조회에서 MAX(LEVEL)을 사용하여 최대 계층 수를 구할 수 있다. 즉, 계층형 구조에서 마지막 Leaf Node의 계층값을 구한다.

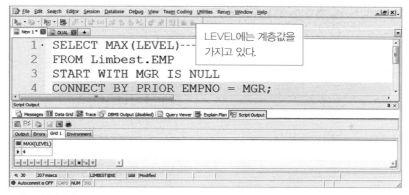

▲ 최대 계층값 출력

• 위의 SQL에서 MAX(LEVEL)이 4이므로 트리의 최대 깊이는 4이다.

▶ 계층형 조회

구분	설명
START WITH 조건	Connect by이 시작 위치를 지정한다.
PRIOR 자식 = 부모	부모에서 자식방향으로 순방향 전개를 한다.
PRIOR 부모 = 자식	자식에서 부모방향으로 역방향 전개를 한다.
Order siblings by 컬럼명	동일한 레벨(LEVEL)인 형제 노드를 정렬한다.

🎬 기적의 TIP

순방향 조회

• PRIOR 키워드는 상위 행을 참조하는 키워드이다.
• CONNECT BY PRIOR EMPNO = MGR;은 해당 사원의 관리자(MGR)를 모두 찾으라는 것이다.

역방향 조회

• CONNECT BY EMPNO = PRIOR MGR; 혹은 CONNECT BY PRIOR MGR =EMPNO;이면 역방향 조회를 한다.
  즉, 관리자의 사원을 검색하게 된다.

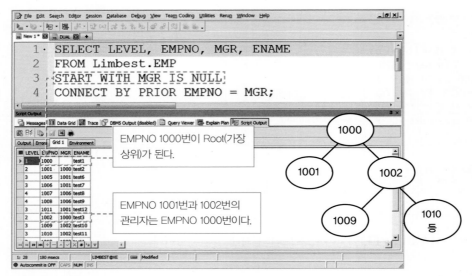

▲ Connect by 구조

- 위의 예는 EMPNO와 MGR 칼럼 모두 사원번호가 입력되어 있다.
- 하지만 MGR은 관리자 사원번호를 가지고 있다. 즉, MGR 1000번은 1001과 1002의 사원을 관리한다.
- 계층형 조회 결과를 명확히 보기 위해서 LPAD 함수를 사용할 수 있다.

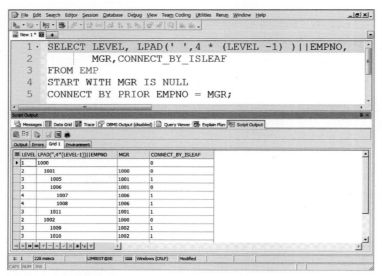

▲ Connect by 실행

- 위의 예를 보면 4*LEVEL−1이 있다. LEVEL 값이 Root이면 1이 된다. 따라서 4*(1−1)=0이 된다.
- 즉, Root일 때는 LPAD(' ', 0)이므로 아무런 의미가 없다.

- 하지만, LEVEL 값이 2가 되면 4*(2−1)=4가 된다. LPAD(' ', 4)이므로 왼쪽 공백 4칸을 화면에 찍는다.
- 결과적으로 LPAD는 트리 형태로 보기 위해서 사용한 것이다. 왜냐하면 LEVEL 값은 Root에 1을 되돌리고 그다음 자식은 2, 그리고 그다음 자식은 3이 나오기 때문이다.

기적의 TIP

PRIOR 키워드

바로 직전에 출력된 행을 의미한다.

▶ **CONNECT BY 키워드**

키워드	설명
LEVEL	검색 항목의 깊이를 의미한다. 즉, 계층구조에서 가장 상위 레벨이 1이 된다.
CONNECT_BY_ROOT	계층 구조에서 가장 최상위 값을 표시한다.
CONNECT_BY_ISLEAF	계층 구조에서 가장 최하위를 표시한다.
SYS_CONNECT_BY_PATH	계층 구조의 전체 전개 경로를 표시한다.
NOCYCLE	순환 구조가 발생지점까지만 전개된다.
CONNECT_BY_ISCYCLE	순환 구조 발생 지점을 표시한다.

Connect by구는 순방향 조회와 역방향 조회가 있다. 순방향 조회는 부모 엔터티로부터 자식 엔터티을 찾아가는 검색을 의미하고, 역방향 조회는 자식 엔터티로부터 부모 엔터티를 찾아가는 검색이다.

▶ **계층형 조회**

키워드	설명
START WITH 조건	계층 전개의 시작 위치를 지정하는 것이다.
PRIOR 자식 = 부모	부모에서 자식방향으로 검색을 수행하는 순방향 전개이다.
PRIOR 부모 = 자식	자식에서 부모방향으로 검색을 수행하는 역방향 전개이다.
NOCYCLE	CONNECT BY로 데이터를 전개하면 이미 조회된 데이터를 다시 조회하는 사이클이 발생한다. NOCYCLE은 순환구조의 발생지점까지만 전개하여 이 사이클이 발생되지 않게 한다.
Order siblings by 칼럼명	동일한 LEVEL인 형제노드 사이에서 정렬을 수행한다.

- 먼저 역방향 전개를 하기 위해서 순방향 전개를 실행하여 Leaf 노드의 사원번호를 확인한다.

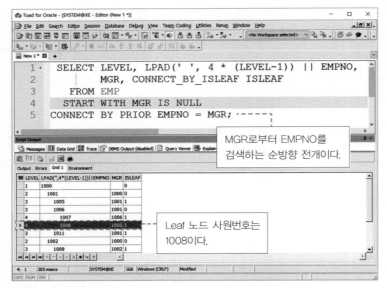

▲ 순방향 전개

- 위의 예는 관리자(MGR)로부터 사원을 조회하는 순방향 전개이다.

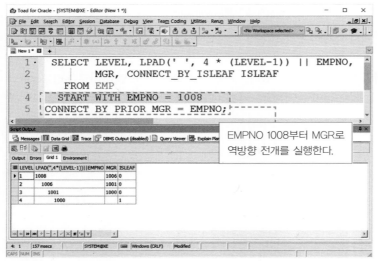

▲ 역방향 전개

 개념 체크

계층형 조회에서 제일 처음에 시작하는 시점은 어느 것인가?

① START WITH구
② CONNECT BY구
③ FROM구
④ SELECT구

정답 ①

해설 | START WITH구는 계층형 구조에서 처음 탐색을 시작하는 것을 의미한다.

PIVOT이란 테이블에서 하나의 칼럼에 있는 행 값들을 펼쳐 각각을 하나의 칼럼으로 만들어 주는 것이다. 즉, 데이터를 행기반에서 열기반으로 바꾸는 것이 PIVOT이고 다시 열기반에서 행기반으로 바꾸는 것이 UNPIVOT이다.

상품명	수량	주문연도
자바 책	10	2023
자바 책	5	2023
자바 책	2	2024
Oracle 책	5	2023
Oracle 책	2	2024
Oracle 책	3	2024

▲ PIVOT 전 테이블

```
SELECT 상품명, [2023], [2024]
FROM ( SELECT 상품명, 수량, 주문연도 FROM 주문) AS D
     PIVOT(SUM(수량) FOR 주문연도 IN ([2023],[2024]) ) AS PVT;
```

▲ PIVOT 실행 예시

상품명	2023	2024
자바 책	15	2
Oracle 책	5	5

▲ PIVOT 결과

위의 예시에서 PIVOT을 수행하여 "PIVOT 전 테이블"의 주문연도 행 값이 칼럼으로 올라갔다. 그리고 연도별/책별 합계가 계산된다.

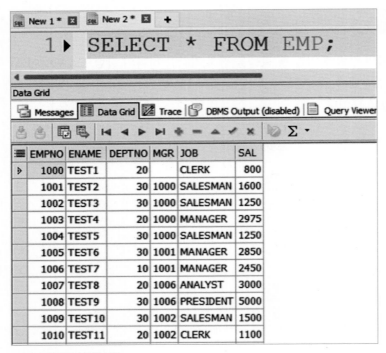

▲ Oracle의 EMP 테이블 조회

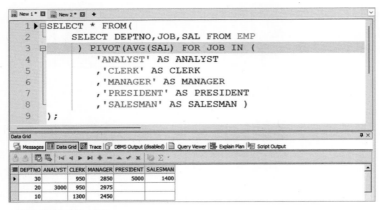

▲ EMP 테이블 PIVOT 실행

위의 예는 JOB의 종류가 칼럼 쪽으로 올라가고 직업 종류별 평균 급여가 조회된다.

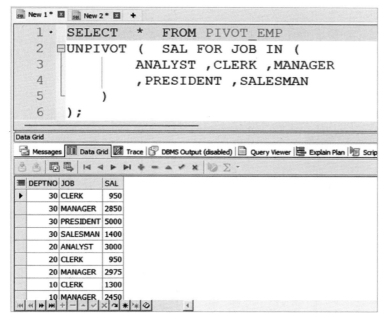

```
1· select * from emp
2   PIVOT (SUM(SAL) FOR DEPTNO IN (10, 20, 30))
3   pvt;
```

Script Output

Messages | Trace | DBMS Output (disabled) | Query Viewer | Explain Plan | Script Output

Output Errors Grid 1 Environment

EMPNO	ENAME	MGR	JOB	10	20	30
1002	test3	1000	SALESMAN			1250
1005	test6	1001	MANAGER			2850
1004	test5	1000	SALESMAN			1250
1007	test8	1006	ANALYST		3000	
1009	test10	1002	SALESMAN			1500
1010	test11	1002	CLERK		1100	
1000	test1		CLERK		800	
1003	test4	1000	MANAGER		2975	
1011	test12	1001	CLERK			950
1008	test9	1006	PRESIDENT			5000
1013	test14	1000	CLERK	1300		
1012	test13	1000	ANALYST		3000	
1001	test2	1000	SALESMAN			1600
1006	test7	1001	MANAGER	2450		

▲ 부서번호 PIVOT

New 1 * | New 2 * +

```
1· SELECT    *    FROM PIVOT_EMP
2  UNPIVOT ( SAL FOR JOB IN (
3         ANALYST ,CLERK ,MANAGER
4         ,PRESIDENT ,SALESMAN
5    )
6  );
```

Data Grid

Messages | Data Grid | Trace | DBMS Output (disabled) | Query Viewer | Explain Plan | Scrip

DEPTNO	JOB	SAL
30	CLERK	950
30	MANAGER	2850
30	PRESIDENT	5000
30	SALESMAN	1400
20	ANALYST	3000
20	CLERK	950
20	MANAGER	2975
10	CLERK	1300
10	MANAGER	2450

▲ Connect by 실행

위의 예처럼 실행하기 위해서는 먼저 "CREATE TABLE PIVOT_EMP AS SELECT ..
FROM" 문으로 PIVOT_EMP 테이블을 생성해야 한다. 그리고 UNPIVOT을 실행하면 원래
테이블 형태로 변환된다.

08 테이블 파티션(Table Partition)

01 Partition 기능

- 파티션은 대용량의 테이블을 여러 개의 데이터 파일에 분리해서 저장한다.
- 테이블의 데이터가 물리적으로 분리된 데이터 파일에 저장되면 입력, 수정, 삭제, 조회 성능이 향상된다.
- 파티션은 각각의 파티션 별로 독립적으로 관리될 수 있다. 즉, 파티션별로 백업하고 복구가 가능하면 파티션 전용 인덱스 생성도 가능하다.
- 파티션은 Oracle 데이터베이스의 논리적 관리 단위인 테이블 스페이스 간에 이동이 가능하다.
- 데이터를 조회할 때 데이터의 범위를 줄여서 성능을 향상시킨다.

02 Range Partition

- Range Partition은 테이블의 칼럼 중에서 값의 범위를 기준으로 여러 개의 파티션으로 데이터를 나누어 저장하는 것이다.

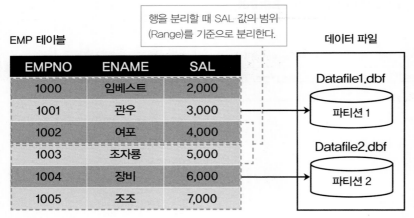

▲ Range Partition

- 위의 예에서는 SAL 값 2000~4000은 Datafile1.dbf 파일에 저장하고 SAL 값 5000~7000의 값은 Datafile2.dbf에 저장한다.

03 List Partition

- List Partition은 특정 값을 기준으로 분할하는 방법이다.

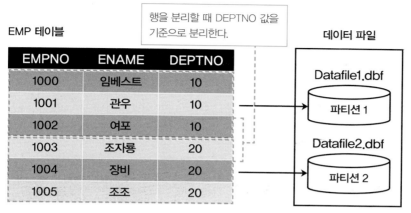

EMP 테이블

행을 분리할 때 DEPTNO 값을 기준으로 분리한다.

데이터 파일

EMPNO	ENAME	DEPTNO
1000	임베스트	10
1001	관우	10
1002	여포	10
1003	조자룡	20
1004	장비	20
1005	조조	20

Datafile1.dbf — 파티션 1
Datafile2.dbf — 파티션 2

▲ List Partition

- 위의 예는 DEPTNO가 10번인 것을 Datafile1.dbf에 저장하고 20번인 것은 Datafile2.dbf에 저장한다.

04 Hash Partition

- Hash Partition은 데이터베이스 관리 시스템이 내부적으로 해시 함수를 사용해서 데이터를 분할한다.
- 결과적으로 데이터베이스 관리 시스템이 알아서 분할하고 관리하는 것이다.

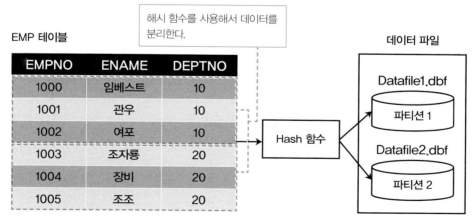

EMP 테이블

해시 함수를 사용해서 데이터를 분리한다.

데이터 파일

EMPNO	ENAME	DEPTNO
1000	임베스트	10
1001	관우	10
1002	여포	10
1003	조자룡	20
1004	장비	20
1005	조조	20

Hash 함수

Datafile1.dbf — 파티션 1
Datafile2.dbf — 파티션 2

▲ Hash Partition

- Hash Partition 이외에도 Composite Partition이 있는데, Composite Partition은 여러 개의 파티션 기법을 조합해서 사용하는 것이다.

파티션 기법 중에서 특정 값을 기준으로 데이터를 파티션하는 방법은?

① Range Partition
② List Partition
③ Hash Partition
④ Composite Partition

정답 ②

해설 | List Partition은 데이터를 특정 값을 기준으로 데이터를 파티션한다.

05 파티션 인덱스

- 파티션 인덱스는 4가지 유형의 인덱스를 제공한다. 즉, 파티션 키를 사용해서 인덱스를 만드는 Prefixed Index와 해당 파티션만 사용하는 Local Index 등으로 나누어진다.
- Oracle 데이터베이스는 Global Non-Prefixed를 지원하지 않는다.

▶ 파티션 인덱스(Partition Index)

구분	주요 내용
Global Index	여러 개의 파티션에서 하나의 인덱스를 사용한다.
Local Index	해당 파티션 별로 각자의 인덱스를 사용한다.
Prefixed Index	파티션 키와 인덱스 키가 동일하다.
Non Prefixed Index	파티션 키와 인덱스 키가 다르다.

09 정규표현식(Regular Expression)

정규표현식이란, 특정한 규칙을 가지고 있는 문자열 집합을 표현하기 위해서 사용되는 형식 언어이다. 데이터 중에서 전화번호, 주민등록번호 등 특정 규칙을 가지고 있는 데이터를 찾을 때 정규표현식을 사용할 수가 있다.

SQL에서는 "regexp"를 사용하면 된다.

▶ Oracle 정규표현식

구분	의미
REGEXP_LIKE	LIKE문과 유사하고 정규표현식을 검색한다.
REGEXP_REPLACE	정규표현식을 검색한 후에 문자열을 변경한다.
REGEXP_INSTR	정규표현식을 검색하고 위치를 반환한다.
REGEXP_SUBSTR	정규표현식을 검색하고 문자열을 추출한다.
REGEXP_COUNT	정규표현식을 검색하고 발견된 횟수를 반환한다.

문자열의 시작 / 숫자로 끝

$^\wedge$[A-Z].*[0-9]$

영문 대문자 시작 / 임의의 문자 0개 이상 / 문자열의 끝

▶ 정규표현식을 사용하기 위한 메타문자

구분	의미
.	임의의 한 문자이다.
?	앞 문자가 없거나 하나 있음을 의미한다(0또는 1번 발생).
+	앞 문자가 하나 이상 있음을 의미한다.
*	앞 문자가 0개 이상 있음을 의미한다.
{m}	선행 표현식이 정확히 m번 발생한다.
{m,}	선행 표현식이 최소 m번 이상 발생한다.
{m,n}	선행 표현식이 최소 m번 이상, 최대 n번 이하 발생한다.
[…]	괄호 안의 리스트에 있는 임의의 단일 문자와 일치한다.

	OR를 의미한다.
^	문자열 시작 부분과 일치한다.
[^]	해당 문자에 해당하지 않는 한 문자이다.
$	문자열의 끝 부분과 일치한다.
₩	표현식에서 후속 문자를 일반문자로 처리한다.
₩n	괄호 안에 그룹화 된 n번째(1~9) 선행 하위식과 일치한다.
₩d	숫자 문자이다.
[:class:]	지정된 POSIX 문자 클래스에 속한 임의의 문자와 일치한다. [:alpha:] 알파벳 문자이다. [:digit:] 숫자이다. [:lower:] 소문자이다. [:upper:] 대문자이다. [:alnum:] 알파벳 및 숫자이다. [:space:] 공백 문자이다. [:punct:] 특수문자이다 [:cntrl:] 컨트롤 문자이다 [:print:] 출력 가능한 문자이다.
[^:class:]	괄호 안의 리스트에 없는 임의의 단일 문자와 일치한다.

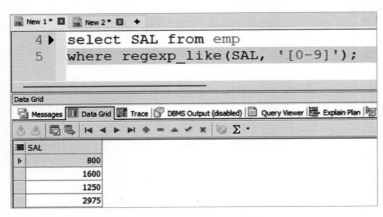

▲ 숫자가 포함된 문자 조회

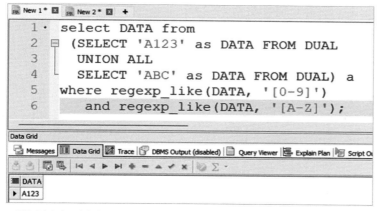

```
1 · select DATA from
2     (SELECT 'A123' as DATA FROM DUAL
3      UNION ALL
4      SELECT 'ABC' as DATA FROM DUAL) a
5   where regexp_like(DATA, '[0-9]')
6        and regexp_like(DATA, '[A-Z]');
```

Data Grid

Messages | Data Grid | Trace | DBMS Output (disabled) | Query Viewer | Explain Plan | Script O

DATA
▶ A123

▲ 영문자와 숫자로 되어 있는 데이터 찾기

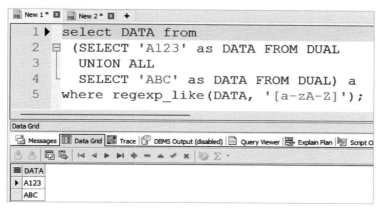

```
1 ▶ select DATA from
2     (SELECT 'A123' as DATA FROM DUAL
3      UNION ALL
4      SELECT 'ABC' as DATA FROM DUAL) a
5   where regexp_like(DATA, '[a-zA-Z]');
```

Data Grid

Messages | Data Grid | Trace | DBMS Output (disabled) | Query Viewer | Explain Plan | Script O

DATA
▶ A123
ABC

▲ 영문자가 있는 데이터 찾기

```
1 ▶ select DATA from
2     (SELECT 'limhojin123@naver.com' as DATA FROM DUAL
3      UNION ALL
4      SELECT '홍길동' as DATA FROM DUAL) a
5   where regexp_like(DATA, '@([[:alnum:]]+\.?){3,4}');
```

Data Grid

Messages | Data Grid | Trace | DBMS Output (disabled) | Query Viewer | Explain Plan | Script Output

DATA
▶ limhojin123@naver.com

▲ 이메일 패턴 찾기

- 위의 예의 ":alnum"은 알파벳 혹은 숫자로 되어 있고 ".?"는 앞에 문자가 하나 있다는 것이다. 그리고 중간 3~4자리를 검색하는 것이다.

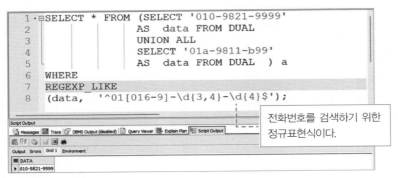

▲ 전화번호 검색 정규표현식

- 위의 예는 앞자리는 "01"로 시작하고 세번째 자리는 "0", "1", "6"으로 시작해야 한다. 즉, 010, 011, 016을 의미한다. 그리고 ₩d{3, 4}는 중간 3~4자리의 숫자를 의미한다.

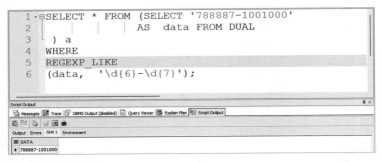

▲ 주민등록번호 정규표현식

- 위의 예는 숫자의 자릿수만을 기준으로 주민등록번호를 검색하는 것이다.

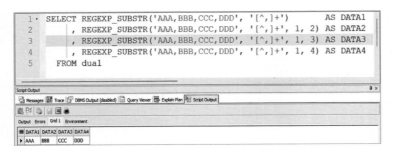

▲ REGEXP_SUBSTR 사용

- 위의 예에서 [ ] 내에 ^은 NOT을 의미한다. 따라서 ","와 같은 것은 제외한다.
- DATA1은 AAA를 출력하고 DATA2에서 1~2는 왼쪽 첫번째에서 두번째 문자열을 의미하기 때문에 BBB가 출력된다. DATA3과 DATA4도 동일하다.

```
1 •  SELECT REGEXP_SUBSTR('2024-08-22', '[^-/.]+')     AS YEAR
2       , REGEXP_SUBSTR('2024/08/22', '[^-/.]+',1,2) AS MONTH
3       , REGEXP_SUBSTR('2024.08.22', '[^-/.]+',1,3) AS DAY
4    FROM dual
```

Script Output
Messages | Trace | DBMS Output (disabled) | Query Viewer | Explain Plan | Script Output

Output Errors Grid 1 Environment

YEAR	MONTH	DAY
2024	08	22

▲ 날짜 자르기

• REGEXP_SUBSTR에서 "–", "/", "."은 제외하고 문자열을 자른다.

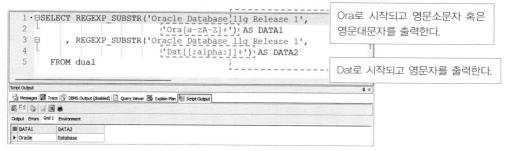

```
1 • ⊟SELECT REGEXP_SUBSTR('Oracle Database 11g Release 1',
2                           'Ora[a-zA-Z]+') AS DATA1
3   ⊟       , REGEXP_SUBSTR('Oracle Database 11g Release 1',
4                           'Dat[[:alpha:]]+') AS DATA2
5        FROM dual
```

Ora로 시작되고 영문소문자 혹은 영문대문자를 출력한다.

Dat로 시작되고 영문자를 출력한다.

Script Output
Messages | Trace | DBMS Output (disabled) | Query Viewer | Explain Plan | Script Output

Output Errors Grid 1 Environment

DATA1	DATA2
Oracle	Database

▲ 문자열에서 단어추출

• REGEXP_INSTR()은 문자열을 검색하고 위치를 반환한다.

```
1 •  SELECT ename
2         , REGEXP_INSTR(ename, 'st') AS result
3      FROM emp;
```

Script Output
Messages | Trace | DBMS Output (disabled) | Query Viewer | Explain Plan | Script Output

Output Errors Grid 1 Environment

ENAME	RESULT
test1	3
test2	3

"st" 단어의 위치를 반환한다.

▲ REGEXP_INSTR() 사용

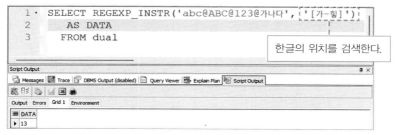

```
1 •  SELECT REGEXP_INSTR('abc@ABC@123@가나다', '[가-힣]]')
2         AS DATA
3      FROM dual
```

한글의 위치를 검색한다.

Script Output
Messages | Trace | DBMS Output (disabled) | Query Viewer | Explain Plan | Script Output

Output Errors Grid 1 Environment

DATA
13

▲ 한글의 위치 찾기

01 다음은 EQUI 조인에 대한 설명이다. 올바르지 <u>않</u>은 것은?

① 두 개의 테이블 간에 교집합을 구한다.
② "="의 비교 연산자를 사용한다.
③ ISO 표준 SQL로 INNER JOIN을 사용해야 한다.
④ 모든 비교 연산자를 사용해서 조인할 수 있다.

EQUI 조인은 "="을 사용해서 조인하는 것으로 ">", ">=", "<", "<=", "< >"를 사용하는 것은 Non-EQUI 조인이다.

02 다음 중에서 EQUI JOIN에서만 나타나는 실행 계획은 무엇인가?

① SORT MERGE
② NESTED LOOP
③ HASH JOIN
④ FILTER

HASH JOIN은 EQUI JOIN에서만 사용할 수 있다.

03 다음 중에서 데이터의 행 수가 가장 많이 조회되는 것은 무엇인가?

① INNER JOIN
② CROSS JOIN
③ LEFT OUTER JOIN
④ RIGHT OUTER JOIN

CROSS JOIN은 조인구가 없이 조인이 되며 카테시안 곱이 발생하여 많은 행이 조회된다.

04 다음 중에서 합집합을 만들 때 정렬을 유발하는 것은 무엇인가?

① UNION
② UNION ALL
③ MINUS
④ EXCEPT

UNION 연산은 두 개의 테이블을 하나로 합치면서 중복된 데이터를 제거한다. 그래서 UNION은 정렬(SORT) 과정을 발생시킨다.

05 다음 중 Oracle 데이터베이스에서 차집합을 구하는 것은?

① UNION
② UNION ALL
③ MINUS
④ EXCEPT

MINUS는 차집합을 구하는 것으로 Oracle 데이터베이스에서 제공한다. EXCEPT는 MS-SQL에서 제공하는 것으로 차집합을 구한다.

06 계층형 조회에서 가장 상위 레벨의 값은 무엇인가? (LEVEL 키워드 사용)

① 0
② 1
③ 2
④ 3

LEVEL 키워드를 사용하면 Root가 1이 나오고 그다음 노드는 2가 나온다.

정답 01 ④ 02 ③ 03 ② 04 ① 05 ③ 06 ②

07 Subquery에서 FROM절에 작성하는 Subquery 는 무엇인가?

① Scala Subquery
② Inline View
③ Subquery
④ Multi row Subquery

인라인 뷰(Inline view)는 FROM절에 사용하는 Subquery이다.

08 Multi row Subquery에서 메인 쿼리의 결과와 서 브쿼리의 결과가 모두 동일하면 참(TRUE)이 되는 것은?

① IN   ② EXISTS
③ ALL   ④ ANY

ALL은 메인쿼리의 결과와 서브쿼리의 결과가 모두 동일하면 참(TRUE) 이 된다.

09 서브쿼리 중에서 반드시 한 행과 한 칼럼만 반환하 는 것은?

① Scala Subquery
② Inline view
③ Subquery
④ Multi row subquery

Scala Subquery는 반드시 한 행과 한 칼럼만 반환하는 서브쿼리이다.

10 그룹 함수 중에서 각 그룹에 대해서 SubTotal을 만 들어 주는 것은?

① GROUPING SETS
② GROUPING
③ CUBE
④ ROLLUP

ROLLUP은 GROUP BY의 칼럼에 대해서 Subtotal를 만들어 준다.

11 행 순서 관련 윈도우 함수에 대한 설명으로 올바르 지 않은 것은?

① LAG는 이전 행을 가져온다.
② LEAD는 특정 위치의 행을 가져오고 기본 값은 0이다.
③ FIRST_VALUE는 가장 처음에 나오는 값 을 구한다.
④ LAST_VALUE는 파티션에서 가장 나중에 나오는 값을 구한다.

LEAD 함수는 윈도우에서 특정 위치의 행을 가져오고 기본 값은 1이다.

12 정규표현식에서 SAL 칼럼이 숫자로만 되어 있는 것을 검색하는 것은?

① SELECT SAL FROM EMP WHERE REGEXP_LIKE(SAL, '[0-9]');
② SELECT SAL FROM EMP WHERE REGEXP_COUNT(SAL, '[0-9]');
③ SELECT SAL FROM EMP WHERE REGEXP_REPLACE(SAL, '[0-9]');
④ SELECT SAL FROM EMP WHERE REGEXP_SUBSTR(SAL, '[0-9]');

REGEXP_LIKE은 정규표현식에서 LIKE문과 유사하다. 숫자만을 검색하 기 위해서는 '[0-9]'로 한다.

13 정규표현식에서 알파벳과 숫자를 표현하는 것은?

① [:alpha:]   ② [:digit:]
③ [:alnum:]   ④ [:cntrl:]

[:alnum:]은 알파벳과 숫자로 이루어진 것을 검색할 때 사용한다.

SECTION

03 관리구문

01 DML(Data Manipulation Language)

01 INSERT문

(1) INSERT문

- INSERT문은 테이블에 데이터를 입력하는 DML문이다.

> **INSERT INTO** table (column1, column2, ...) **VALUES** (expression1, expression2, ...);

- EMP 테이블에 데이터를 삽입하려면 테이블명, 칼럼명, 데이터 순으로 입력하면 된다.

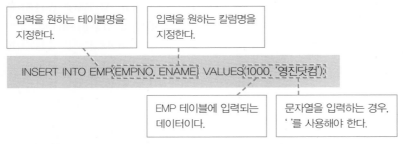

▲ INSERT의 구조

- 데이터를 입력할 때 문자열을 입력하는 경우에는 작은따옴표(' ')를 사용해야 한다.
- 만약 특정 테이블의 모든 칼럼에 대한 데이터를 삽입하는 경우에는 칼럼명을 생략할 수 있다.
- 모든 칼럼에 데이터를 입력한다.

> INSERT INTO EMP VALUES(1000, '영진닷컴');

- 위의 예처럼 칼럼명을 생략할 수 있다. 단, 위의 예제에서 EMP 테이블의 칼럼은 숫자형 데이터 타입 한 개의 칼럼과 문자형 데이터 타입 한 개의 칼럼만 있어야 한다.
- 주의사항은 INSERT문을 실행했다고 데이터 파일에 저장되는 것은 아니다. 최종적으로 데이터를 저장하려면 TCL문인 Commit을 실행해야 한다.
- 만약 Auto Commit(Set auto commit on)으로 설정된 경우에는 Commit을 실행하지 않아도 바로 저장된다.

(2) SELECT문으로 입력

- SELECT문을 사용하여 데이터를 조회해서 해당 테이블에 바로 삽입할 수 있다.
- 단, 입력되는 테이블은 사전에 생성되어 있어야 한다.

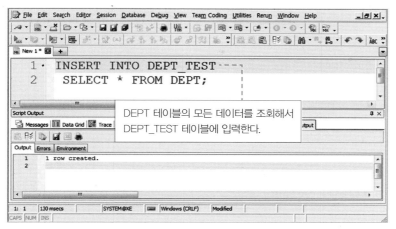

▲ INSERT문과 SELECT문 사용

(3) Nologging 사용

- 데이터베이스에 데이터를 입력하면 로그파일(Log file)에 그 정보를 기록한다.
- Check point라는 이벤트가 발생하면 로그파일의 데이터를 데이터 파일에 저장한다.
- Nologging 옵션은 로그파일의 기록을 최소화시켜서 입력 시 성능을 향상시키는 방법이다.
- Nologging 옵션은 Buffer Cache라는 메모리 영역을 생략하고 기록한다.

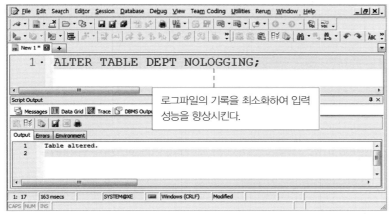

▲ Nologging 옵션 사용

02 UPDATE문

- 입력된 데이터의 값을 수정하려면, UPDATE문을 사용한다.
- UPDATE문을 사용하여 원하는 조건으로 데이터를 검색해서 해당 데이터를 수정할 수 있다.
- 만약, UPDATE문에 조건문을 입력하지 않으면 모든 데이터가 수정되므로 유의해야 한다.

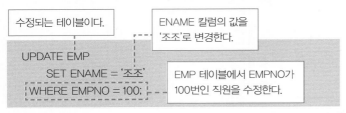

수정되는 테이블이다.

ENAME 칼럼의 값을 '조조'로 변경한다.

```
UPDATE EMP
    SET ENAME = '조조'
    WHERE EMPNO = 100;
```

EMP 테이블에서 EMPNO가 100번인 직원을 수정한다.

▲ UPDATE문의 구조

- UPDATE문에서 주의사항은 데이터를 수정할 때 조건절에서 검색되는 행 수만큼 수정된다는 것이다.
- 위의 예에서 EMPNO가 100번인 직원이 두 명이라면 두 명의 ENAME은 모두 '조조'로 수정된다.

03 DELETE문

- DELETE문은 원하는 조건을 검색해서 해당되는 행을 삭제한다.
- DELETE문에 조건문을 입력하지 않으면 모든 데이터가 삭제된다. 즉, 테이블에 있는 모든 데이터가 삭제되는 것이다.
- DELETE문으로 데이터를 삭제한다고 해서 테이블의 용량이 초기화되지는 않는다.

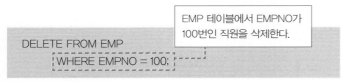

EMP 테이블에서 EMPNO가 100번인 직원을 삭제한다.

```
DELETE FROM EMP
    WHERE EMPNO = 100;
```

▲ DELETE문의 구조

- 만약 위의 예에서 WHERE절(조건)을 입력하지 않으면 EMP 테이블의 모든 데이터가 삭제된다.

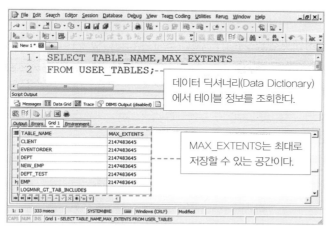

기적의 TIP

테이블 용량이 초기화되지 않는다는 의미

- Oracle 데이터베이스는 저장공간을 할당할 때 Extent 단위로 할당한다.
- 테이블에 데이터가 입력되면 Extent에 저장하게 된다.
- 만약 Extent의 크기가 MAX_EXTENTS를 넘어서게 되면 용량 초과 오류가 발생하게 된다. 즉, 최대로 저장할 수 있는 공간의 의미를 가지고 있다.
- DELETE문으로 데이터를 삭제하면 용량이 감소할 것으로 생각하는데, DELETE문은 삭제 여부만 표시하고 용량은 초기화되지 않는다.

▲ MAX_EXTENTS

▶ **테이블의 모든 데이터 삭제**

DELETE FROM 테이블명;	TRUNCATE TABLE 테이블명;
- 테이블의 모든 데이터를 삭제한다. - 데이터가 삭제되어도 테이블의 용량은 감소하지 않는다.	- 테이블의 모든 데이터를 삭제한다. - 데이터가 삭제되면 테이블의 용량은 초기화된다.

- "TRUNCATE TABLE EMP;"는 EMP 테이블의 모든 데이터를 삭제하면서 테이블의 용량이 초기화된다.

01 COMMIT

- COMMIT은 INSERT, UPDATE, DELETE문으로 변경한 데이터를 데이터베이스에 반영한다.
- 변경 이전 데이터는 잃어버린다. 즉, A 값을 B로 변경하고 COMMIT을 하면 A 값은 잃어버리고 B 값을 반영한다.
- 다른 모든 데이터베이스 사용자는 변경된 데이터를 볼 수 있다.
- COMMIT이 완료되면 데이터베이스 변경으로 인한 LOCK이 해제(UNLOCK)된다.
- COMMIT이 완료되면 다른 모든 데이터베이스 사용자는 변경된 데이터를 조작할 수 있다.
- COMMIT을 실행하면 하나의 트랜잭션 과정을 종료한다.

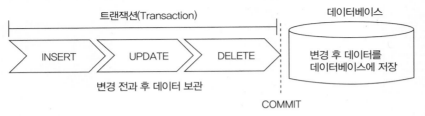

▲ COMMIT

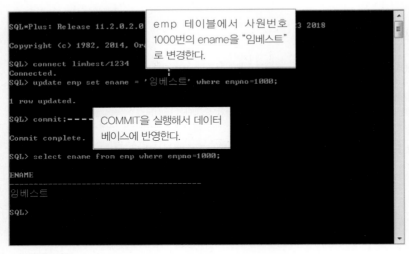

▲ COMMIT 사용

- Oracle 데이터베이스는 암시적 트랜잭션 관리를 한다. 즉, Oracle 데이터베이스로 트랜잭션을 시작하고 트랜잭션의 종료는 Oracle 데이터베이스 사용자가 COMMIT 혹은 ROLLBACK으로 처리해야 한다.

🅕 기적의 TIP

Auto commit
- SQL*PLUS 프로그램을 정상적으로 종료하는 경우 자동 COMMIT된다.
- DDL 및 DCL을 사용하는 경우 자동 COMMIT된다.
- "set autocommit on;"을 SQL*PLUS에서 실행하면 자동 COMMIT된다.

02 ROLLBACK

- ROLLBACK을 실행하면 데이터에 대한 변경 사용을 모두 취소하고 트랜잭션을 종료한다.
- INSERT, UPDATE, DELETE문의 작업을 모두 취소한다. 단, 이전에 COMMIT한 곳까지만 복구한다.
- ROLLBACK을 실행하면 LOCK이 해제되고 다른 사용자도 데이터베이스 행을 조작할 수 있다.

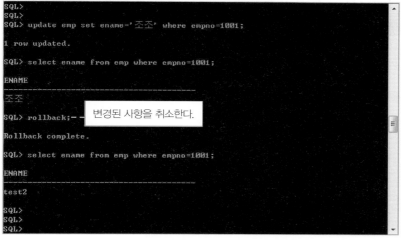

▲ ROLLBACK 작업

SAVEPOINT(저장점)

- SAVEPOINT는 트랜잭션을 작게 분할하여 관리하는 것으로 SAVEPOINT를 사용하면 지정된 위치 이후의 트랜잭션만 ROLLBACK 할 수 있다.
- SAVEPOINT의 지정은 SAVEPOINT 〈SAVEPOINT명〉을 실행한다.
- 지정된 SAVEPOINT까지만 데이터 변경을 취소하고 싶은 경우는 "ROLLBACK TO 〈SAVEPOINT명〉"을 실행한다.
- "ROLLBACK"을 실행하면 SAVEPOINT와 관계없이 데이터의 모든 변경사항을 저장하지 않는다.

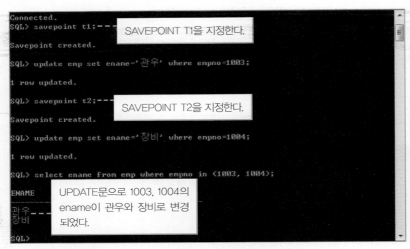

▲ SAVEPOINT 사용(1)

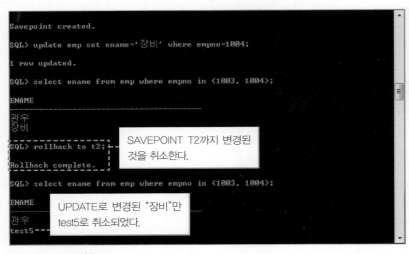

▲ SAVEPOINT 사용(2)

다음 보기의 SQL문이 실행되면 조회되는 행 수는?

```
SAVEPOINT t1;
INSERT INTO EMP VALUES(10,20);
SAVEPOINT t2;
INSERT INTO EMP VALUES(20,30);
ROLLBACK TO t2;
COMMIT;
SELECT * FROM EMP;
```

정답

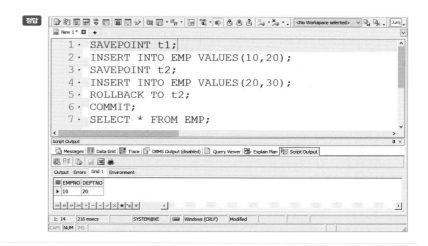

01 테이블(Table) 생성

- 데이터베이스를 사용하기 위해서는 테이블을 먼저 생성해야 한다.
- 테이블 생성은 Create Table문을 사용하고 테이블 변경은 Alter Table문을 사용한다. 마지막으로 생성된 테이블을 삭제하고 싶을 때는 Drop Table문을 사용하면 된다.

▶ 테이블 관리 SQL문

SQL문	설명
Create Table	– 새로운 테이블을 생성한다. – 테이블을 생성할 때 기본키, 외래키, 제약사항 등을 설정할 수 있다.
Alter Table	– 생성된 테이블을 변경한다. – 칼럼을 추가하거나 변경, 삭제할 수 있다. – 기본키를 설정하거나, 외래키를 설정할 수 있다.
Drop Table	– 해당 테이블을 삭제한다. – 테이블의 데이터 구조뿐만 아니라 저장된 데이터도 모두 삭제된다.

[1] 기본적인 테이블 생성

- 테이블을 생성하는 방법은 여러 가지가 있다. 먼저 아주 간단한 테이블 생성 방법을 확인해 보자.

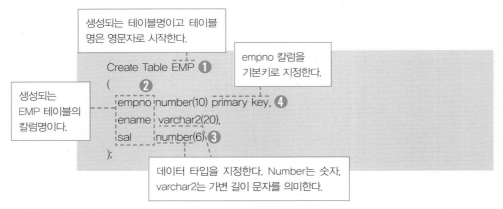

▲ 간단한 EMP 테이블 생성

▶ Create Table문의 구조

Create Table문	설명
❶ Create Table	- "Create Table EMP"는 "EMP" 테이블을 생성하라는 의미이다. - "( )" 사이에 칼럼을 쓰고 마지막은 세미콜론으로 끝난다.
❷ 칼럼 정보	- 테이블에 생성되는 칼럼 이름과 데이터 타입을 입력한다. - 칼럼 이름은 영문, 한글, 숫자 모두 가능하다.
❸ 데이터 타입	- number는 칼럼의 데이터 타입을 숫자형 타입으로, varchar2는 가변 길이 문자열로 지정할 때 사용한다. - char는 칼럼의 데이터 타입을 고정된 크기의 문자로 지정할 때, date는 날짜형 타입으로 지정할 때 사용한다.
❹ 기본키	기본키를 지정할 때 칼럼 옆에 primary key를 입력한다.

🅕 기적의 TIP

테이블의 구조 확인

• SQL 중에 DESC문이 있다. DESC문은 테이블의 구조를 확인할 때 사용된다.
• 즉, Create Table로 생성된 테이블의 구조를 보고 싶을 때 사용한다.

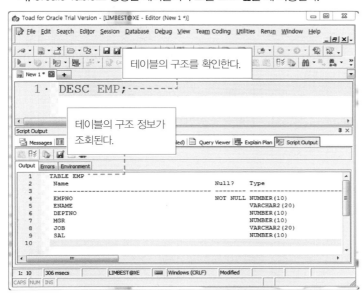

▲ DESC 문 실행

(2) 제약조건 사용

- 기본키, 외래키, 기본값, not null 등은 테이블을 생성할 때 지정할 수 있다.

▲ 테이블 생성(기본키 지정)

- 위의 예처럼, "constraint"를 사용하여 기본키(empno)와 기본키의 이름(emppk)을 지정할 수 있다.
- 만약 위의 예에서 두 개의 컬럼으로 기본키를 지정하고자 한다면 "constraint emppk primary key(empno, ename)"으로 지정하면 된다.
- sal 칼럼은 number(10,2)로 지정했다. 이것은 소수점 둘째 자리까지 저장하게 된다.
- Oracle 데이터베이스에서 "sysdate"는 오늘의 날짜를 조회한다. 이를 default 옵션을 사용해서 오늘 날짜를 기본값으로 지정할 수 있다.

▲ constraint로 외래키(foreign key) 지정

- 외래키(foreign key)를 지정하려면, 먼저 마스터 테이블이 생성되어야 한다. 즉, 사원과 부서 테이블에서는 부서가 마스터 테이블이 된다.
- 즉, 사원 테이블이 부서 테이블의 deptno를 참조해야 하는 것이다.
- 그리고 EMP 테이블을 생성할 때 constraint를 사용하여 외래키 이름인 "deptfk"를 입력 후 외래키를 생성한다.

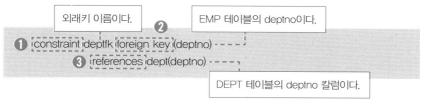

▲ **Constraint 세부 내용**

(3) 테이블 생성 시 CASCADE 사용

- 테이블을 생성할 때 CASCADE 옵션을 사용할 수 있다. CASCADE 옵션은 참조 관계(기본키와 외래키 관계)가 있을 경우 참조되는 데이터를 자동으로 반영할 수 있는 것이다.
- 먼저, 마스터 테이블을 생성한다. 즉, DEPT 테이블을 생성하고 데이터를 입력한다.

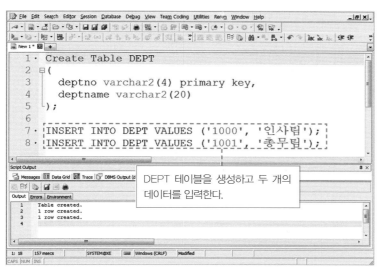

▲ **DEPT 테이블 생성**

- 그다음 EMP 테이블을 생성하고 데이터를 입력한다. 단, EMP 테이블을 생성할 때, "ON DELETE CASCADE" 옵션을 사용한다.

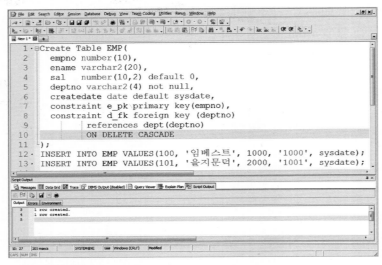

▲ EMP 테이블 생성

- EMP 테이블을 생성하고 데이터 두 개를 입력한다.

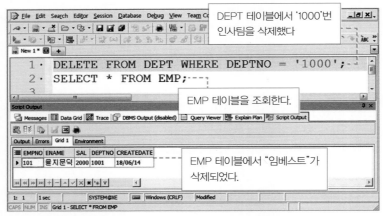

▲ DEPT 테이블에서 데이터 삭제

- 위의 예는 DEPT 테이블에서 DEPTNO가 '1000'번인 인사팀을 삭제했다.
- 그리고 EMP 테이블의 데이터를 조회한 결과, DEPTNO '1000'번이였던 '임베스트' 데이터도 자동으로 삭제된 것을 알 수 있다.
- 즉, ON DELETE CASCADE 옵션은 자신이 참조하고 있는 테이블(DEPT)의 데이터가 삭제되면 자동으로 자신(EMP)도 삭제되는 옵션이다.
- ON DELETE CASCADE 옵션을 사용하면 참조 무결성을 준수할 수 있다. 참조 무결성이란, 마스터 테이블(DEPT)에는 해당 부서번호(DEPTNO)가 없는데, 슬레이브 테이블(EMP)에는 해당 부서번호가 있는 경우를 참조 무결성 위배로 볼 수 있다.

02 테이블(Table) 변경

- ALTER TABLE문으로 테이블명 변경, 칼럼 추가, 변경, 삭제 등과 같이 테이블을 변경할 수 있다.

(1) 테이블명 변경

- 테이블명 변경은 ALTER TABLE ~ RENAME TO문을 사용하면 된다.

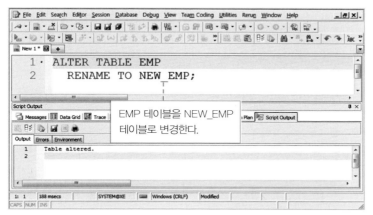

```
1 · ALTER TABLE EMP
2    RENAME TO NEW_EMP;
```

EMP 테이블을 NEW_EMP 테이블로 변경한다.

```
1    Table altered.
2
```

▲ 테이블명 변경

(2) 칼럼 추가

- 생성된 EMP 테이블에 ALTER TABLE ~ ADD문을 사용해서 칼럼을 추가한다.

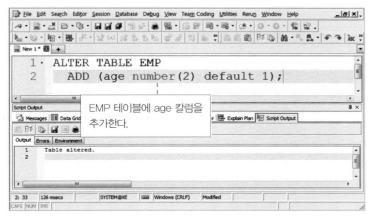

```
1 · ALTER TABLE EMP
2    ADD (age number(2) default 1);
```

EMP 테이블에 age 칼럼을 추가한다.

```
1    Table altered.
2
```

▲ 칼럼 추가

(3) 칼럼 변경

- 칼럼의 변경은 ALTER TABLE ~ MODIFY문을 사용하면 된다. 칼럼 변경을 통해 데이터 타입을 변경하거나 데이터의 길이를 변경할 수 있다.
- 칼럼을 변경할 때 제약조건을 설정할 수도 있다.
- 칼럼의 데이터 타입을 변경할 때 기존 데이터가 있는 경우 에러가 발생한다. 예를 들어 숫자 타입이고 숫자 데이터가 저장되어 있는데 문자형 데이터 타입으로 변경하면 에러가 발생하는 것이다.

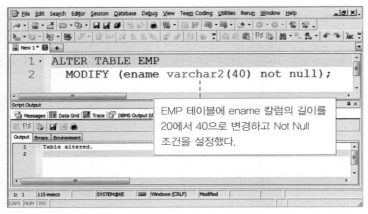

▲ 칼럼 변경

(4) 칼럼 삭제

- 칼럼에 대한 삭제는 ALTER TABLE ~ DROP COLUMN문으로 삭제한다.

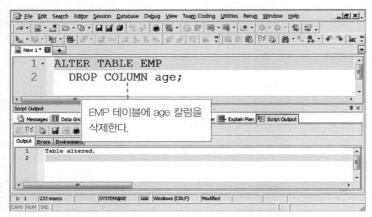

▲ 칼럼 삭제

(5) 칼럼명 변경

• 칼럼명 변경은 ALTER TABLE ~ RENAME COLUMN ~ TO문으로 변경할 수 있다.

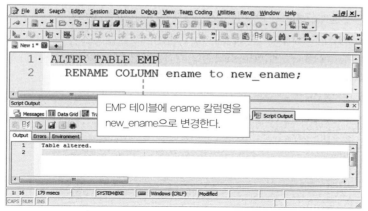

▲ 칼럼명 변경

03 테이블(Table) 삭제

• 테이블 삭제는 DROP TABLE문을 사용해서 삭제할 수 있다.
• DROP TABLE은 테이블의 구조와 데이터를 모두 삭제한다.

▲ DROP TABLE문

• DROP TABLE에서 "CASCADE CONSTRAINT" 옵션을 사용할 수 있다. "CASCADE CONSTRAINT" 옵션은 해당 테이블의 데이터를 외래키로 참조한 슬레이브 테이블과 관련된 제약사항도 삭제할 때 사용된다.

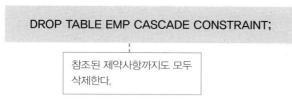

▲ CASCADE CONSTRAINT 옵션

04 뷰(View) 생성과 삭제

• 뷰란 테이블로부터 유도된 가상의 테이블이다.
• 실제 데이터를 가지고 있지 않고 테이블을 참조해서 원하는 칼럼만을 조회할 수 있게 한다.
• 뷰는 데이터 딕셔너리(Data Dictionary)에 SQL문 형태로 저장되고 실행 시에 참조된다.

뷰의 특징

- 참조한 테이블이 변경되면 뷰도 변경된다.
- 뷰의 검색은 참조한 테이블과 동일하게 할 수 있지만, 뷰에 대한 입력, 수정, 삭제에는 제약이 있다.
- 특정 칼럼만 조회시켜서 보안성을 향상시킨다.
- 한번 생성된 뷰는 변경할 수 없고 변경을 원하면 삭제 후 재생성해야 한다.
- ALTER문을 사용해서 뷰를 변경할 수 없다.

- 뷰를 생성할 때 CREATE VIEW문을 사용하며 이때 참조할 테이블은 SELECT문으로 지정한다.

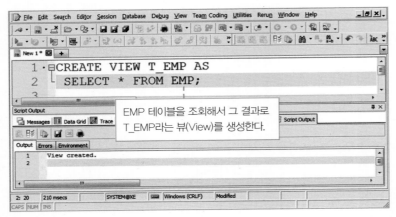

▲ 뷰 생성

- 뷰의 조회는 SELECT문을 사용해서 일반 테이블처럼 조회한다.

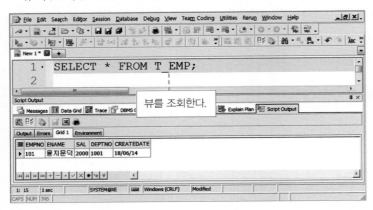

▲ 뷰 조회

• 뷰의 삭제는 'DROP VIEW'를 사용한다. 뷰를 삭제했다고 해서 참조했던 테이블이 삭제되지는 않는다.

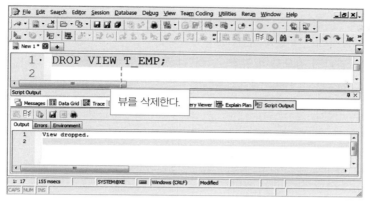

▲ 뷰 삭제

▶ 뷰의 장점과 단점

장점	단점
− 특정 칼럼만 조회할 수 있기 때문에 보안 기능이 있다. − 데이터 관리가 간단하다. − SELECT문이 간단해진다. − 하나의 테이블에 여러 개의 뷰를 생성할 수 있다.	− 뷰는 독자적인 인덱스를 만들 수 없다. − 삽입, 수정, 삭제 연산이 제약된다. − 데이터 구조를 변경할 수는 없다.

✓ 개념 체크

다음 중 뷰(View)에 대한 설명으로 올바르지 않은 것은?

① 데이터 관리가 간단하다.
② 개발자의 SELECT문이 간소해진다.
③ 보안 기능은 제공되지 않는다.
④ 데이터 구조를 변경할 수는 없다.

정답 ③

해설 | 뷰를 사용해서 특정 칼럼만 조회되게 할 수 있기 때문에 보안 기능이 제공된다.

01 GRANT

- GRANT문은 데이터베이스 사용자에게 권한을 부여한다.
- 데이터베이스 사용을 위해서는 권한이 필요하며 연결, 입력, 수정, 삭제, 조회를 할 수 있다.

> GRANT privileges ON object TO user;

▲ GRANT문

- privileges는 권한을 의미하며 object는 테이블명이다.
- user는 Oracle 데이터베이스 사용자를 지정하면 된다.

▶ Privileges(권한)

권한	설명
SELECT	지정된 테이블에 대해서 SELECT 권한을 부여한다.
INSERT	지정된 테이블에 대해서 INSERT 권한을 부여한다.
UPDATE	지정된 테이블에 대해서 UPDATE 권한을 부여한다.
DELETE	지정된 테이블에 대해서 DELETE 권한을 부여한다.
REFERENCES	지정된 테이블을 참조하는 제약조건을 생성하는 권한을 부여한다.
ALTER	지정된 테이블에 대해서 수정할 수 있는 권한을 부여한다.
INDEX	지정된 테이블에 대해서 인덱스를 생성할 수 있는 권한을 부여한다.
ALL	테이블에 대한 모든 권한을 부여한다.

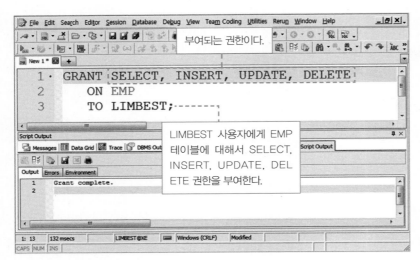

▲ 사용자에 대한 권한 부여

▶ WITH GRANT OPTION과 ADMIN OPTION

옵션	설명
WITH GRANT OPTION	- 특정 사용자에게 권한을 부여할 수 있는 권한을 부여한다. - 권한을 A 사용자가 B에 부여하고 B가 다시 C를 부여한 후에 권한을 취소(Revoke)하면 모든 권한이 회수된다.
WITH ADMIN OPTION	- 테이블에 대한 모든 권한을 부여한다. - 권한을 A 사용자가 B에 부여하고 B가 다시 C에게 부여한 후에 권한을 취소(Revoke)하면 B 사용자 권한만 취소된다.

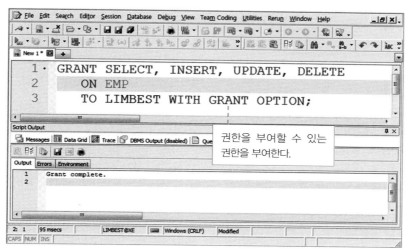

▲ WITH GRANT OPTION

02 REVOKE

• REVOKE문은 데이터베이스 사용자에게 부여된 권한을 회수한다.

```
REVOKE privileges ON object FROM user;
```

▲ REVOKE문

01 INSERT 문의 성능을 향상시키기 위해서 Buffer Cache의 기록을 생략하는 옵션은 무엇인가?

① REJECT
② DROP
③ Nologging
④ SAVE

Nologging 옵션은 트랜잭션 로그에 대한 기록을 최소화하여 성능을 향상시킬 수 있으며, 대량의 데이터를 삽입하거나 복사할 때 유용할 수 있다.

02 EMP 테이블의 구조는 삭제하지 않고 모든 데이터를 삭제하는 SQL문은? (단, 테이블의 데이터를 모두 삭제 후 테이블의 공간은 초기화해야 한다.)

① DELETE FROM EMP;
② DELETE OBJECT EMP;
③ TRUNCATE TABLE EMP;
④ TRUNCATE OBJECT EMP;

TRUNCATE TABLE은 테이블의 모든 데이터를 삭제하고 테이블 공간을 초기화 한다.

03 다음 중 문자열 결합에 사용되는 것은?

① =
② ||
③ &&
④ -

문자열 결합은 CONCAT 함수 혹은 "||"을 사용할 수 있다.

04 다음과 같이 조회된 경우 올바른 것은? (단, EMP의 칼럼은 EMPNO, ENAME, DEPTNO, MGR, JOB, SAL로 이루어져 있다.)

EMPNO	ENAME	DEPTNO	MGR	JOB	SAL
1000	임베스트	20		CLERK	800
1008	test9	30	1006	PRESIDENT	5000
1007	test8	20	1006	ANALYST	3000
1006	test7	10	1001	MANAGER	2450
1005	test6	30	1001	MANAGER	2850
1004	test5	30	1000	SALESMAN	1250

① SELECT DISTINCT ENAME FROM EMP;
② SELECT * FROM EMP ORDER BY EMPNO ASC;
③ SELECT * FROM EMP ORDER BY ENAME DESC;
④ SELECT * FROM EMP ORDER BY MGR ASC, SAL ASC;

SQL 실행

ENAME으로 내림차순 정렬한다.

05 칼럼의 값이 중복된 경우, 중복을 제거해서 조회하는 것은?

① ALL   ② DISTINCT

③ UNIQUE   ④ DESC

DISTINCT는 칼럼명 앞에 지정하여 중복된 데이터를 한 번만 조회하게 한다.

06 다음은 NULL에 대한 설명이다. 올바르지 <u>않은</u> 것은?

① NULL은 모르는 값을 의미한다.

② NULL은 값의 부재를 의미한다.

③ NULL과 숫자 혹은 날짜를 더하면 문자가 된다.

④ NULL과 모든 비교는 알 수 없음을 반환한다.

NULL과 숫자 혹은 날짜를 더하면 NULL이 된다.

07 GROUP BY 시에 조건을 서술하는 문은?

① WHERE   ② AND

③ HAVING   ④ ORDER BY

GROUP BY 시에 조건을 서술하는 것은 HAVING구이다.

08 COUNT(*)와 COUNT(MGR)의 근본적 차이점은 무엇인가?

① 동일한 행 수를 되돌린다. 따라서 차이점이 없다.

② NULL 값을 제외하는지 여부이다.

③ 행 수의 차이다.

④ 성능 차이이다.

COUNT(*)는 NULL 값을 포함한 행수를 계산하고 COUNT(MGR)은 NULL을 제외한 행 수를 계산한다.

09 날짜형 데이터를 문자로 변환할 때 사용하는 변환 함수는 무엇인가?

① TO_NUMBER( )

② TO_CHAR( )

③ TO_DATE( )

④ TO_FORMAT

TO_CHAR는 숫자 혹은 날짜, 문자를 지정된 포맷으로 변환한다.

10 다음의 SQL 결과는 무엇인가?

```
SELECT CEIL(10.9) FROM DUAL;
```

① 0   ② 10

③ 11   ④ 12

CEIL 함수는 숫자보다 크거나 같은 최소의 정수를 돌려준다. DUAL은 테스트 목적으로 Oracle에서 사용하는 가상의 테이블이다.

11 다음 중 A와 B의 빈칸에 알맞은 것은?

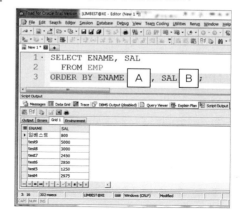

① A-ASC, B-ASC

② A-ASC, B-DESC

③ A-DESC, B-NULL

④ A-DESC, B-ASC

• 조회된 데이터를 확인해 보면 ENAME으로 내림차순(DESC)하고 SAL로 오름차순(ASC)한다.

• 단, SAL 데이터가 ENAME별로 한 건이므로 SAL을 ASC 혹은 DESC을 해도 결과는 동일하다.

정답 05 ② 06 ③ 07 ③ 08 ② 09 ② 10 ③ 11 ④

12 다음 중 올바르지 않은 설명은?

① TCL에는 COMMIT과 ROLLBACK이 있다.
② DCL에는 GRANT와 REVOKE가 있다.
③ COMMIT을 실행하고 ROLLBACK을 실행하면 수정 전의 데이터로 되돌아 간다.
④ GRANT는 권한을 부여할 수 있는 권한도 부여 가능하다.

한번 COMMIT된 데이터는 최종 데이터 블록에 저장되기 때문에 ROLLBACK을 해도 수정 전 데이터로 되돌아 갈 수 없다.

13 다음 SQL문의 실행 결과는?

```
SELECT (12 /null) * 2 FROM DUAL;
```

① 17   ② 18
③ NULL   ④ 0

NULL 값과 산술 연산을 하면 NULL이 된다.

14 트랜잭션은 자기의 연산에 대하여 전부(all) 또는 전무(nothing) 실행만이 존재하며, 일부 실행으로는 트랜잭션의 기능을 가질 수 없다는 트랜잭션의 특성은?

① Atomicity
② Isolation
③ Consistency
④ Durability

Atomicity(원자성)은 모든 트랜잭션은 완전히 처리되거나 아니면 전혀 영향이 없어야 하는 특성이다.

15 다음의 SQL문 실행 결과로 올바른 것은?

```
SELECT COALESCE(NULL, '2', '1')
FROM DUAL;
```

① 0   ② 1   ③ 2   ④ 3

COALESCE 함수는 NULL이 아닌 인자값을 반환하는 함수이다. 위의 예는 첫 번째는 NULL이고 두 번째 인자는 2이므로 NULL이 아니다. 따라서 2가 반환된다.

COALESCE 실행

NULL이 아닌 첫 번째 인자값을 반환한다.

16 다음의 SQL문 실행 결과로 올바른 것은?

```
SELECT ROUND(38.5244) FROM DUAL;
```

① 38   ② 39
③ 40   ④ 38.5

위의 문제에서 반올림해서 반환된다. 따라서 39가 반환된다.

ROUND 함수

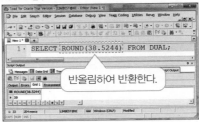

반올림하여 반환한다.

17 다음 중 트랜잭션을 작게 분할하여 관리하는 것은?

① COMMIT   ② GRANT
③ SAVEPOINT   ④ ROLLBACK

SAVEPOINT는 트랜잭션을 작게 분할하여 관리하는 것으로 특정 위치까지만 COMMIT하거나 ROLLBACK할 수가 있다.

정답 12 ③ 13 ③ 14 ① 15 ③ 16 ② 17 ③

합격을 다지는 예상문제

01 다음의 SQL문을 보고 TCL(Transaction Control Language)로 올바른 것을 고르시오.

① SELECT
② INSERT, UPDATE, DELETE
③ ROLLBACK
④ GRANT

SQL은 데이터 조작, 데이터 정의, 데이터 제어, 트랜잭션 제어로 분류된다. 여기서 트랜잭션 제어(Transaction Control Language)는 자료를 저장하는 Commit과 자료를 취소하는 Rollback이 있다.

TCL(Transaction Control Language)

종류	설명
Commit	변경된 데이터를 저장한다.
Rollback	변경된 데이터를 취소한다.

02 다음의 설명으로 올바른 것을 고르시오.

데이터베이스 사용자가 어떤 테이블에 데이터를 삽입하려면 "INSERT" 권한이 있어야 한다. 특정 사용자에게 특정 테이블에 권한을 부여할 때 (   )을 사용한다.

① CREATE TABLE
② ALTER TABLE
③ GRANT
④ ROLLBACK

데이터베이스 사용자에게 권한을 부여하는 것은 GRANT를 사용한다.

03 다음에서 설명하는 테이블을 생성하시오.

테이블 이름은 TEST이다. 칼럼은 ID와 NAME, AGE가 있다. ID는 기본키이고 NAME은 NULL 값을 허용하지 않는다. AGE는 정수형 숫자 3자리로 기본값은 1이다. ID의 최대 칼럼의 길이는 10이고 NAME은 20이다. 단, ID는 고정 길이이다.

① Create table TEST(
    ID CHAR(10) PRIMARY KEY,
    NAME VARCHAR2(20) NOT NULL,
    AGE NUMBER(3) DEFAULT 1
    );
② Create table TEST(
    ID CHAR(10),
    NAME VARCHAR2(20) NOT NULL,
    AGE NUMBER(3) DEFAULT 1
    );
③ Create table TEST(
    ID CHAR(10) PRIMARY KEY,
    NAME VARCHAR2(20) NULL,
    AGE NUMBER(3) DEFAULT 1
    );
④ Create table TEST(
    ID CHAR(10) PRIMARY KEY,
    NAME CHAR (20) NOT NULL,
    AGE NUMBER(3) USE 1
    );

정답 01 ③ 02 ③ 03 ①

04 다음은 데이터베이스 언어이다. 그 분류가 올바르지 않은 것은?

① TCL-COMMIT
② DCL-GRANT
③ DCL-ROLLBACK
④ DML-INSERT

COMMIT과 ROLLBACK은 TCL(Transaction Control Language)이고 GRANT, REVOKE는 DCL(Data Control Language)이다. 그리고 INSERT, UPDATE, DELETE, SELECT는 DML(Data Manipulation Language)이다.

05 다음은 NULL 값에 대한 설명이다. 올바른 것은?

① NULL 값은 Oracle 데이터베이스와 MS-SQL에만 있는 특별한 값이다.
② NULL 값은 집계 함수에서 1로 변환되어서 계산된다.
③ NULL 값은 0과 같은 값이다.
④ NULL 값은 모르는 값이다.

NULL 값은 아직 모르는 값이거나 값이 정해지지 않은 값이다.

06 인사 시스템에 테이블을 생성하려고 한다. 테이블명으로 가장 올바른 것을 고르시오.

① Limbest-100
② 100*Limbest
③ 77_limbest
④ Limbest_88

테이블명은 영문으로 시작하고 특수 문자는 "_"를 사용할 수 있다.

07 다음은 DELETE FROM과 TRUNCATE TABLE에 대한 설명이다. 올바르지 않은 것은?

① DELETE FROM문은 테이블의 데이터를 삭제할 수 있지만, 테이블의 구조는 삭제할 수 없다.
② TRUNCATE TABLE 테이블은 데이터를 빠르게 삭제하며 로그를 기록한다.
③ TRUNCATE TABLE은 특정 행만을 삭제할 수는 없다.
④ DELETE FROM문은 특정 행만을 삭제할 수 있다.

TRUNCATE TABLE은 데이터를 빠르게 삭제한다. 데이터를 빠르게 삭제하기 위해서 로그를 기록하지 않는다.

08 다음의 SQL문을 보고 가장 잘 설명한 것을 고르시오.

```
SELECT A.*
FROM EMP A, ◀————EMPLOYEE SALARY
     EMP B ◀————MANAGER SALARY
WHERE A.MANAGER_ID = B.EMPLOYEE_ID
   AND A.SALARY >= ANY B.SALARY;
```

① 어떤 관리자보다 월급이 많은 직원을 조회한다.
② 어떤 부하직원보다 월급이 많은 직원을 조회한다.
③ 모든 관리자보다 월급이 많은 직원을 조회한다.
④ 모든 부하직원보다 월급이 많은 직원을 조회한다.

EMP 테이블을 셀프 조인(Self - join)을 사용해서 조인했다. 관리자(MANGER_ID)와 직원(EMPLOYEE_ID)으로 조인을 하고 급여(SALARY)로 비교를 한 것이다. 급여를 비교할 때 ANY B.SALARY를 사용했는데 ANY는 질의 결과 존재하는 모든 값을 의미한다. 따라서 관리자보다 급여가 많은 직원을 조회하는 것이다.

09 다음은 TRUNCATE TABLE에 대한 설명이다. 올바르지 않은 것은?

① WHERE절을 지정할 수 없다.
② 외래키 무결성을 확인한다.
③ TRUNCATE TABLE은 ROLLBACK이 될 수 없다.
④ 자동으로 COMMIT 된다.

TRUNCATE TABLE은 외래키 무결성을 확인하지 않고 테이블에 대해서 LOCK을 획득 후 일괄적으로 빠르게 삭제한다. 또 TRUNCATE TABLE로 삭제를 실시하면 테이블 용량도 초기화된다.

10 다음 보기의 SELECT문 실행 결과는 무엇인가?

SELECT 20+10, 20+NULL, NULL+20 FROM DUAL;

① 30, NULL, NULL
② NULL, NULL, NULL
③ 20, NULL, NULL
④ 30, 20, 20

숫자와 NULL을 사칙연산하면 NULL이 되는 것을 주의한다.

11 다음의 SQL문을 보고 답하시오.

▲ COUNT(MGR) 결과

▲ COUNT(*) 결과

MGR 칼럼에서 NULL이 아닌 행 수는 몇 개인가?

① 13   ② 14
③ 1   ④ 2

COUNT(MGR)은 NULL을 제외한 행 수를 출력하므로 13개가 된다. 그리고 COUNT(*)이 14개 이므로 MGR에 NULL이 한 개가 있다는 것이다.

12 EMP 테이블에서 MGR 칼럼값이 NULL이면 "9999"로 출력하는 SELECT문을 작성하시오. (Oracle)

① SELECT NLL(MGR, '9999') FROM EMP;
② SELECT IFNVL(MGR, '9999') FROM EMP;
③ SELECT NVL(MGR, '9999') FROM EMP;
④ SELECT NULL(MGR, '9999') FROM EMP;

SELECT NVL(MGR, 9999) FROM EMP;
NVL 함수는 NULL 검사에서 특정 값으로 변경한다.

NVL 함수 사용

13 다음은 ROWID에 대한 설명이다. 올바르지 않은 것은?

① ROWID는 ORACLE 데이터베이스 내에서 데이터를 구분할 수 있는 유일한 값이다.
② ROWID를 사용하면 조회를 원하는 블록을 바로 참조할 수 있다.
③ ORACLE 데이터베이스가 내부적으로 관리하는 값이기 때문에 개발자가 ROWID 값을 확인할 수는 없다.
④ 오브젝트 번호, 상대 파일번호, 블록번호, 데이터 번호로 구성된다.

ROWID는 ORACLE 데이터베이스 내에서 데이터를 구분할 수 있는 유일한 값이다. ROWID는 "SELECT ROWID, EMPNO FROM EMP"와 같은 SELECT문으로 확인할 수 있다.

ROWID 구조

구조	길이	설명
오브젝트 번호	1~6	오브젝트(Object) 별로 유일한 값을 가지고 있으며, 해당 오브젝트가 속해 있는 값이다.
상대 파일번호	7~9	테이블스페이스(Table space)에 속해 있는 데이터 파일에 대한 상대 파일번호이다.
블록 번호	10~15	데이터 파일 내부에서 어느 블록에 데이터가 있는지 알려준다.
데이터 번호	16~18	데이터 블록에 데이터가 저장되어 있는 순서를 의미한다.

ROWID 조회

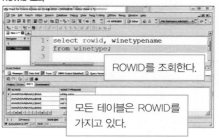

정답 12 ③ 13 ③

14 SELECT문의 결과 집합에 따른 가상의 순번은 무엇인가?

① ROWID
② COUNT
③ HASH
④ ROWNUM

ROWNUM은 SELECT문을 실행하는 경우, 최종적인 결과집합에 부여되는 가상의 일렬번호이다. 여기서 주의해야 할 것은 최종 결과집합에 대한 순번이라는 것이다.

15 SQL문의 실행 순서의 용어로 올바르지 않은 것은?

① Parsing
② Interrupt
③ Execution
④ Fetch

SQL문의 실행 순서는 파싱(Parsing), 실행(Execution), 인출(Fetch) 순서로 실행된다.

SQL 실행 순서

SQL 실행 순서	설명
파싱(Parsing)	– SQL문의 문법을 확인하고 구문 분석을 한다. – 구문 분석을 한 SQL문은 Library Cache에 저장한다.
실행(Execution)	옵티마이저(Optimizer)가 수립한 실행 계획에 따라 SQL을 실행한다.
인출(Fetch)	데이터를 읽어서 전송한다.

16 다음의 날짜 데이터를 문자로 바꾸고 문자에서 연도만 출력하는 SQL문을 작성하시오.

① SELECT TO_DATE(SYSDATE) FROM EMP;
② SELECT TO_CHAR(SYSDATE) FROM EMP;
③ SELECT TO_DATE (SYSDATE,'yyyy') FROM EMP;
④ SELECT TO_CHAR (SYSDATE,'yyyy') FROM EMP;

Select to_char(sysdate, 'yyyy')
to_char()는 문자형태로 변환하는 함수이다.

날짜형 데이터를 문자로 변환

```
SELECT TO_CHAR(SYSDATE, 'YYYY')
FROM DUAL;
```

[결과]

TO_CHAR(SYSDATE, 'YYYY')
2018

"Select substr(to_char(sysdate,'yyyymmdd'), 1, 4) From dual"로 해도 된다. substr() 함수는 문자열을 자르는 것이다. 본 예는 1부터 4번째까지 자르라는 뜻이다.

17 다음의 SQL 실행 결과는 무엇인가?

```
SELECT sysdate + NULL FROM DUAL;
```

① 0
② 오늘 날짜가 조회된다.
③ 내일 날짜가 조회된다.
④ NULL

날짜형 데이터와 NULL을 더하면 NULL이 된다.

SQL 실행문

18 다음의 SQL 실행 결과는 무엇인가?

```
SELECT 1 FROM DUAL
UNION
SELECT 2 FROM DUAL
UNION
SELECT 1 FROM DUAL;
```

① 1, 2   ② 1, 2, 1
③ 2, 1   ④ 1

UNION은 합집합을 만든다. 단, 합집합을 만들 때 SORT를 유발하고 중복된 데이터를 제거한다.

UNION 실행

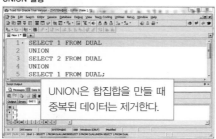

19 다음의 SQL 실행 결과는 무엇인가?

```
SELECT CONCAT('AB','CD'),
       LTRIM(' AB')
FROM DUAL;
```

① AB, AB   ② CDAB, AB
③ ABCD, AB   ④ ABCD, BA

CONCAT( ) 함수는 문자열을 결합하는 것이고 TRIM( )은 공백을 제거한다. 그중에서 LTRIM( )은 왼쪽 공백을 제거한다.

CONCAT와 LTRIM 실행

문자열의 결합은 SELECT 'AB' || 'CD' FROM DUAL로 할 수도 있다.

20 다음은 집계 함수이다. 집계 함수 중에서 표준편차를 계산하는 것은?

① AVG( )
② SUM( )
③ STDDEV( )
④ VARIANCE( )

STDDEV( )는 표준편차를 계산하고 VARIANCE( )은 분산을 계산한다.

21 다음의 SQL문을 ANSI/ISO 표준 SQL문으로 변경하시오.

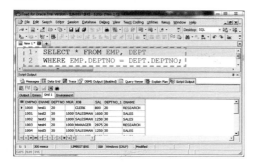

① SELECT * FROM EMP INNER JOIN DEPT ON EMP.DEPTNO = DEPT.DEPTNO;
② SELECT * FROM EMP OUTER JOIN DEPT ON EMP.DEPTNO = DEPT.DEPTNO;
③ SELECT * FROM EMP LEFT OUTER JOIN DEPT ON EMP. DEPTNO = DEPT.DEPTNO;
④ SELECT * FROM EMP NATAUL JOIN DEPT ON EMP.DEPTNO = DEPT.DEPTNO;

SELECT * FROM EMP INNER JOIN DEPT
문제에 출제된 SQL문은 INNER JOIN이다. 그래서 "INNER JOIN ~ ON" 으로 변경하면 된다.

Inner join

22 DEPT 테이블에는 총 4개의 데이터가 있다. 다음의 SQL문을 실행하면 몇 개의 행이 조회되는가?

> SELECT * FROM DEPT CROSS JOIN DEPT;

① 4   ② 8
③ 16   ④ 32

CROSS JOIN이고 DEPT에 행 수가 4건이다. 따라서 4 * 4=16행이 조회된다.

CROSS JOIN

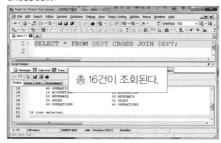

23 EMP 테이블과 DEPT 테이블을 JOIN 했다. 두 개의 테이블에 있는 모든 칼럼을 모두 출력한다. JOIN은 DEPTNO 칼럼을 사용해서 두 개의 테이블의 교집합을 조회되게 하고 DEPT 테이블에만 있는 행도 나오게 해야 한다. ISO 표준 SELECT문을 작성하시오(FROM절의 테이블 순서는 EMP, DEPT 순이다).

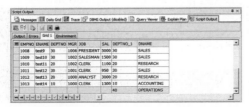

① SELECT FROM EMP INNER JOIN DEPT ON EMP.DEPTNO = DEPT. DEPTNO;
② SELECT FROM EMP OUTER JOIN DEPT ON EMP.DEPTNO = DEPT. DEPTNO;
③ SELECT FROM EMP RIGHT OUTER JOIN DEPT ON EMP.DEPTNO = DEPT.DEPTNO;
④ SELECT FROM EMP NATAUL JOIN DEPT ON EMP.DEPTNO = DEPT. DEPTNO;

....

RIGHT OUTER JOIN DEPT
DEPT 테이블에만 있는 DEPTNO 40번이 조회된 것을 확인할 수 있다. 그러므로 OUTER JOIN을 사용해야 한다. 그리고 문제에서 EMP와 DEPT 테이블 순으로 조인하라고 했으므로 RIGHT OUTER JOIN이다.

RIGHT OUTER JOIN

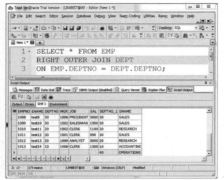

24 다음의 SQL 실행 결과는 무엇인가?

> SELECT ROUND(10.51234,1) FROM DUAL;

① 10   ② 10.5
③ 10.51   ④ 11

....

ROUND() 함수는 반올림을 하는 함수이다. 즉, ROUND(n, m)으로 사용하고 n값을 반올림하고 m은 끊어 줄 소수점이다. 만약, m 값을 생략하면 정수부분까지 반올림한다.

ROUND( ) 함수

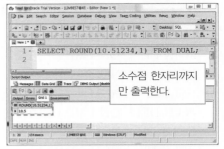

25 3개의 테이블을 조인하려면 최소 몇 개의 조건절이 필요한가?

① 1   ② 2
③ 3   ④ 4

....

3개의 테이블을 조인하려면 최소 2개의 조건절이 필요하다.

3개의 테이블 조인

> SELECT *
> FROM a, b, c
> WHERE a.no=b.no
> AND b.no=c.no;

26 다음은 CONNECT BY에 대한 설명이다. 올바르지 않은 것은?

① CONNECT_BY_ISLEAF는 전개 과정에서 Leaf 데이터이면 0을, 아니면 1을 가진다.

② CONNECT_BY_ISCYCLE는 Root까지의 경로에 존재하는 데이터를 의미한다.

③ CONNECT_BY_ROOT는 Root 노드의 정보를 표시한다.

④ SYS_CONNECT_BY_PATH는 하위레벨의 칼럼까지 모두 표시한다.

....

CONNECT_BY_ISLEAF는 전개 과정에서 Leaf 데이터이면 1 아니면 0을 가진다.

27 다음의 설명 중 올바르지 않은 것은?

① SORT MERGE는 SORT를 반드시 유발한다.

② HASH 조인은 Equal Join과 Non Equal Join에서 사용된다.

③ NESTED LOOP 조인은 Random Access가 발생한다.

④ HASH 조인은 선행 테이블이 작아야 유리하다.

....

HASH 조인은 Equal Join만 사용이 가능하다.

28 다음의 SQL문과 실행 계획을 보고 올바르지 않은 것은? (EMPNO는 기본키이고 숫자 칼럼이다.)

```
SELECT * FROM EMP
WHERE EMPNO LIKE '100%';
```

① EMP 테이블을 FULL SCAN한 것은 인덱스가 없어서이다.

② 내부적으로 형변환이 발생했다.

③ Like 조건을 사용하지 말고 ">"를 사용해야 한다.

④ 기능상으로는 문제가 없지만, 성능으로는 문제가 있다.

....

EMPNO는 기본키이므로 자동으로 인덱스가 생성된다. 그런데 FULL SCAN이 된 것으로 LIKE 조건에서 숫자 칼럼과 문자값 간에 형 변환이 발생해서이다.

....

정답 26 ① 27 ② 28 ①

자격증은
이기적

SQLD 과목별
핵심 150제

PART 04에서는 최근 SQLD 시험 문제를 분석하여 실전 시험 수준에 대비할 수 있는
과목별 핵심문제를 제공한다.

01 다음 중 정보시스템을 모델링할 때 세 가지 관점에 해당하지 않는 것은?

① 업무가 어떤 데이터와 관련이 있는지 분석
② 업무에서 실제로 하는 일은 무엇인지 또는 무엇을 해야 하는지 분석
③ 업무를 처리할 수 있는 프로그램 구성을 어떻게 해야 하는지 분석
④ 업무에서 처리하는 일의 방법에 따라 데이터가 어떻게 영향을 받는지 분석

모델링을 할 때의 세 가지 관점은 데이터에 대한 관점, 프로세스에 대한 관점, 그리고 데이터와 프로세스가 서로 연관성이 표현되는 상관 관점이다.

02 데이터 모델링의 세 가지 중요개념에 속하지 않는 것은?

① 업무가 관여하는 어떤 것 (Things)
② 업무가 관여하는 어떤 것의 성격 (Attributes)
③ 업무가 관여하는 어떤 것의 행위 (Events)
④ 업무가 관여하는 어떤 것의 관계 (Relationships)

업무가 관여하는 어떤 것(Things), 업무가 관여하는 어떤 것의 성격(Attributes), 업무가 관여하는 어떤 것의 관계(Relationships)로 구분이 된다.

03 발생 시점에 따라 구분할 수 있는 엔터티의 유형이 아닌 것은?

① 행위 엔터티(Active Entity)
② 중심 엔터티(Main Entity)
③ 기본 엔터티(Basic Entity)
④ 개념 엔터티(Conceptual Entity)

엔터티는 발생 시점에 따라 기본/핵심 엔터티(Basic Entity), 중심 엔터티(Main Entity), 행위 엔터티(Active Entity)로 구분이 된다. 발생 시점에 따른 종류에는 개념 엔터티(Conceptual Entity)라는 용어는 없으며, 추상화 수준이 높은 모델링의 단계로 개념 데이터 모델링이라고 표현한다.

04 자신의 속성이 없어도 다른 속성을 이용하여 결과를 도출할 수 있는 특징을 가진 속성의 이름은?

① 설계 속성(Designed Attribute)
② 기본 속성(Basic Attribute)
③ 파생 속성(Derived Attribute)
④ 관계 속성(Associative Attribute)

파생 속성(Derived Attribute)은 다른 속성을 이용하여 계산된 속성으로 자신의 고유값을 갖지 않고 파생, 유추되어 재산정될 수 있는 속성이다.

정답 01 ③ 02 ③ 03 ④ 04 ③

05 다음 중 엔터티의 특징에 포함되지 않는 것은?

① 반드시 해당 업무에서 필요하고 관리하고자 하는 정보이어야 한다.
② 유일한 식별자에 의해 식별이 가능해야 한다.
③ 엔터티는 속성이 없어도 된다.
④ 엔터티는 업무 프로세스에 의해 이용되어야 한다.

....
엔터티는 속성을 2개 이상 가지고 있어야 한다.

06 다음 설명이 나타내는 데이터 모델의 개념은 무엇인가?

> 학생이라는 엔터티가 있을 때 학점이라는 속성 값의 범위는 0.0에서 4.0 사이의 실수값이며 주소라는 속성은 길이가 20자리 이내의 문자열로 정의할 수 있다.

① 시스템 카탈로그(System Catalog)
② 용어 사전(Word Dictionary)
③ 속성 사전(Attribute Dictionary)
④ 도메인(Domain)

....
도메인(Domain)은 속성에 대한 값의 범위 등 제약사항을 기술할 수 있다.

07 엔터티 간 1:1, 1:M과 같이 관계의 기수성을 나타내는 것을 무엇이라 하는가?

① 관계 차수(Relationship Degree/Cardinality)
② 관계명(Relationship Membership)
③ 관계선택성(Relationship Optionality)
④ 관계정의(Relationship Definition)

....
엔터티 간 1:1, 1:M 등과 같이 관계참여 인스턴스의 수를 지칭하는 것은 관계 차수이다.

08 관계를 정의할 때 주요하게 체크해야 하는 사항과 거리가 먼 것은?

① 두 개의 엔터티 사이에 관심 있는 연관규칙이 존재하는가?
② 업무기술서, 장표에 관계연결을 가능하게 하는 명사(Noun)가 있는가?
③ 업무기술서, 장표에 관계연결 규칙이 서술되어 있는가?
④ 두 개의 엔터티 사이에 정보의 조합이 발생되는가?

....
관계를 정의할 때 주요하게 체크해야 하는 사항은 업무기술서, 장표에 관계연결을 가능하게 하는 동사(Verb)가 있는가이다.

09 식별자의 대체 여부에 따라 분류하는 방식은?

① 본질 식별자 − 인조 식별자
② 내부 식별자 − 외부 식별자
③ 주식별자 − 보조 식별자
④ 단일 식별자 − 복합 식별자

....
식별자를 대체할 수 있는 성격에 따라 구분한 개념은 본질 식별자 − 인조 식별자이다.

10 다음 개념에 해당하는 관계는 무엇인가?

> 부모 엔터티로부터 속성을 받았지만, 자식 엔터티의 주식별자로 사용하지 않고 일반적인 속성으로만 사용한다.

① 식별자 관계
  (Identifying Relationship)
② 비식별자 관계
  (Non-Identifying Relationship)
③ 일반 속성 관계
  (Attribute Relationship)
④ 외부 식별 관계
  (Foreign Key Relationship)

부모 엔터티로부터 속성을 받았지만 자식 엔터티의 주식별자로 사용하지 않고 일반적인 속성으로만 사용하는 것은 비식별자 관계(Non-Identifying Relationship)에 대한 설명이다.

11 데이터 모델링에 대한 설명 중 알맞은 것은?

① 데이터 모델링의 3가지 요소는 Process, Attributes, Relationships이다.
② 실제로 데이터베이스를 구축할 때 참고되는 모델은 개념적 데이터 모델링이다.
③ 물리 모델링 → 논리 모델링 → 개념 모델링 단계로 갈수록 구체적이다.
④ 논리 모델링의 외래키는 물리 모델에서 반드시 구현되지는 않는다.

---

① 데이터 모델링의 3요소는 Things, Attributes, Relationships이다.
② 실제 데이터베이스 구축 시 참고되는 모델은 물리적 데이터 모델링이다.
③ 개념 모델링에서 물리 모델링으로 가면서 더 구체적이며 개념 모델링이 가장 추상적이다.
④ 논리 모델링의 외래키는 물리 모델에서 반드시 구현되지 않는 선택 사항이다.

12 데이터 모델링에 대한 단계 중 아래에서 설명하는 단계는 어떤 단계의 모델링인가?

> • 추상화 수준이 높고 업무 중심적이며 포괄적인 수준의 모델링을 진행한다.
> • 전사적 데이터 모델링 또는 EA 수립 시 많이 이용된다.

① 물리적 데이터 모델링
② 논리적 데이터 모델링
③ 개념적 데이터 모델링
④ 추상적 데이터 모델링

• 전사적 관점에서 기업의 데이터를 모델링한다.
• 추상화 수준이 가장 높은 모델링이다.
• 계층형 데이터 모델, 네트워크 모델, 관계형 모델에 관계 없이 업무 측면에서 모델링을 한다.

13 엔터티 – 인스턴스 – 속성 – 속성값에 대한 관계 설명 중 틀린 것을 고르시오.

① 한 개의 엔터티는 두 개 이상의 인스턴스 집합이어야 한다.
② 하나의 속성은 하나 이상의 속성값을 가진다.
③ 한 개의 엔터티는 두 개 이상의 속성을 갖는다.
④ 엔터티 하나의 인스턴스는 다른 엔터티의 인스턴스 간 관계인 Pairing을 가진다.

하나의 속성은 하나의 속성값을 가지며 하나 이상의 속성값을 가지는 경우 정규화가 필요하다.

14 하나의 엔터티를 구성하고 있는 여러 개의 속성 중에서 엔터티를 대표할 수 있는 것은?

① 외부 식별자
② 식별자
③ 생성자
④ 보조 식별자

....

식별자는 하나의 엔터티를 대표할 수 있는 것으로 최소성과 유일성을 만족해야 한다(회원ID, 계좌번호).

15 다음 설명에 해당하는 모델링 관점은 무엇인가?

> 업무가 어떤 데이터와 관련이 있는지 또는 데이터 간의 관계는 무엇인지에 대해서 모델링 하는 관점

① 프로세스 관점
② 데이터와 프로세스의 상관 관점
③ 데이터와 데이터 간의 상관 관점
④ 데이터 관점

....

데이터 모델링의 세 가지 관점
1. 데이터 관점 : 업무가 어떤 데이터와 관련이 있는지 또는 데이터 간의 관계는 무엇인지에 대해서 모델링 하는 방법(What, Data)
2. 프로세스 관점 : 업무가 실제로 하고 있는 일은 무엇인지 또는 무엇을 해야 하는지를 모델링 하는 방법(How, Process)
3. 데이터와 프로세스의 상관 관점 : 업무가 처리하는 일의 방법에 따라 데이터는 어떻게 영향을 받고 있는지 모델링하는 방법(Interaction)

16 다음 보기 중에서 엔터티 종류 중의 개념 엔터티에 해당되는 것은?

① 사원
② 보험상품
③ 강사
④ 주문

....

개념 엔터티는 물리적으로 존재하지 않는 것으로 조직과 상품 등이 개념 엔터티이다. 사원 및 강사 등은 유형 엔터티이고, 주문, 체결, 납부 등은 사건 엔터티에 해당된다.

17 다음 설명에 해당하는 속성의 종류는 무엇인가?

> • 다른 속성에 영향을 받아 발생하는 속성으로서 보통 계산된 값들이 이에 해당된다.
> • 다른 속성에 영향을 받기 때문에 프로세스 설계 시 데이터 정합성을 유지하기 위해 유의해야 할 점이 많다.
> • 가급적 속성을 적게 정의하는 것이 좋다.

① 연관 속성
② 기본 속성
③ 설계 속성
④ 파생 속성

다른 속성으로부터 계산이나 변형이 되어 생성되는 속성을 파생 속성(Derived Attribute)이라고 한다.

속성의 종류

1) 기본 속성
업무로부터 추출한 모든 속성이 여기에 해당하며 엔터티에 가장 일반적이고 많은 속성을 차지한다.
코드성 데이터, 엔터티를 식별하기 위해 부여된 일련번호와 같은 설계 속성이나 다른 속성을 계산하거나 영향을 받아 생성된 속성인 파생 속성을 제외한 모든 속성은 기본 속성이다.

2) 설계 속성
업무상 필요한 데이터 이외에 데이터 모델링을 위해, 업무를 규칙화하기 위해 속성을 새로 만들거나 변형하여 정의하는 속성이다.
원래 속성을 업무상 필요에 의해 변형하여 만든 코드성 속성이 이에 해당하고 일련번호와 같은 속성은 단일(Unique)한 식별자를 부여하기 위해 모델상에서 새로 정의하는 속성이다.

3) 파생 속성
다른 속성에 영향을 받아 발생하는 속성으로서 보통 계산된 값들이 이에 해당된다.
다른 속성에 영향을 받기 때문에 프로세스 설계 시 데이터 정합성을 유지하기 위해 유의해야 할 점이 많으며 가급적 적게 정의하는 것이 좋다.

18 3차정규화에 대한 설명으로 옳은 것을 고르시오.

① 속성 간 종속성을 가지면 안 된다.
② 모든 속성은 반드시 기본 키 전부에 종속되어야 한다.
③ 모든 속성은 반드시 하나의 값을 가져야 한다.
④ 다수의 주식별자를 분리시킨다.

②번은 제2정규화
③번은 제1정규화
④번은 보이스-코드 정규화 방식에 대한 설명이다.

정규화 종류	정규화 내용
제1정규화	모든 속성은 중복된 값을 가지지 않는다(각 속성에 대한 도메인을 원자값으로 구성한다).
제2정규화	식별자의 부분 속성에 대해서만 종속관계인 부분 함수 종속을 제거하여 식별자 전체 속성에 대해서 종속관계인 완전 함수 종속을 구성한다.
제3정규화	식별자를 제외한 일반 속성 간 종속을 제거한다.
보이스-코드 정규화	다수의 주식별자를 분리시킨다.
제4정규화	하나의 릴레이션에서 한 속성에서 다른 속성에 대한 결괏값이 여러 개 나오는 다치 종속(Multi-Valued Dependency)을 분리시킨다.
제5정규화	결합 종속(Join Dependency)일 경우 다수의 테이블로 분리시킨다.

17 ④ 18 ①

PART 04 • SQLD 과목별 핵심 150제

19 {학번, 과목번호}는 결정자이면서 기본키이고 {성적, 지도교수명, 학과명}은 종속자이다. 속성 중 과목번호가 결정자이고 {지도교수명, 학과명}이 과목번호에만 함수적 종속성을 가진다면 이는 몇 차정규형에 속하고 몇 차정 규화의 대상인가?

[ERD]

① 2차정규형 – 3차정규화 대상
② 1차정규형 – 2차정규화 대상
③ 3차정규형 – 보이스–코드 정규화 대상
④ 보이스–코드 정규화 – 4차정규화 대상

결정자 중 일부 속성에만 함수 종속성을 가지고 있는 'Partial Dependency Attribute'를 갖는 것은 2차정규형을 위반한 사례에 해당한다. 즉 1차정규형이면서 2차정규화의 대상이 된다.

20 다음 모델의 배송 엔터티에서 고객의 정보를 찾을 때, 성능 향상과 SQL 문장을 단순화하는 가장 적절한 반정규화 방법은 무엇인가? (단, 주문목록 엔터티에서는 고객의 주식별자를 상속받기를 원하지 않음, 배송 엔터티에서는 고객 엔터티의 모든 속성을 참조하기를 원함)

[ERD]

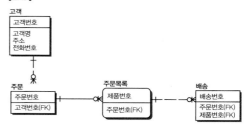

① 고객과 배송 엔터티의 관계를 추가(1:M 관계)하는 관계 반정규화
② 배송과 고객의 엔터티를 통합하는 반정 규화
③ 배송 엔터티와 주문목록 엔터티 관계를 식별자 관계로 수정
④ 고객의 모든 정보를 모두 배송 엔터티의 속성으로 반정규화

고객 엔터티의 모든 속성을 참조하기를 원할 때 가장 효율성이 좋은 반정규화 기법은 관계를 중복하는(관계의 반정규화) 방법이며 이를 적용하면 두 테이블의 조인 경로를 단축하게 되고 SQL 문장을 단순하게 구성할 수 있다.

21 다음 중 엔터티와 주식별자 도출에 대한 설명으로 가장 올바르지 않은 것은?

① 단일 주식별자가 존재하지 않는 경우 복합 주식별자를 사용할 수 있다. 단, 복합 주식별자는 너무 많은 속성이 포함되지 않도록 해야 한다.

② 주식별자로 지정된 속성은 자주 변경되지 않아야 한다. 만약 자주 변경되는 것이 주식별자로 지정되는 경우 대리키 사용을 검토해야 한다.

③ 관련된 업무에서 자주 사용되는 속성을 주식별자로 지정한다.

④ 회사명과 같은 명칭, 내역 등과 같은 이름을 주식별자로 한다.

주식별자는 유일성을 만족해야 한다. 명칭과 이름은 중복이 가능하기 때문에 주식별자로 사용할 수가 없다.

22 다음 슈퍼타입/서브타입 모델에서 설계 단계에서 변환할 수 있는 테이블의 형태가 아닌 것은?

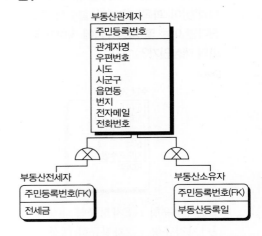

① 전체가 하나의 테이블인 부동산관계자로 통합하는 All in One 타입

② 슈퍼타입(부동산관계자)과 서브타입(부동산전세자, 부동산소유자)을 슈퍼+서브타입인 부동산전세자, 부동산소유자 2개 테이블로 만든 타입

③ 부동산관계자의 일부 속성은 부동산전세자에게, 일부 속성은 부동산소유자에게 할당하여 배치하는 수평 분할 타입

④ 슈퍼타입(부동산관계자)과 서브타입(부동산전세자, 부동산소유자)을 모두 1:1 관계로 해체하여 개별로 테이블을 만드는 타입

논리적인 데이터 모델에서 이용이 되는 슈퍼/서브 타입의 데이터 모델을 성능을 고려한 물리적인 데이터 모델에서 변환하는 방법은 세 가지(1:1타입, 슈퍼+서브타입, All in One 타입)가 있다.

23 다음 중 ERD의 관계 표기법으로 올바르지 않은 것은?

① 관계명
② 관계분류
③ 관계차수
④ 관계 선택사항

관계명은 관계를 나타내는 이름이고 관계차수는 관련된 관계의 인스턴스 수이다. 선택사항은 관계가 필수인지 선택적인지 나타낸다.

24 테이블의 반정규화 기법 중 데이터 무결성을 깨뜨릴 위험을 갖지 않고서도 데이터 처리의 성능을 향상 시킬 수 있는 기법은?

① 테이블 반정규화
② 중복관계 추가
③ 칼럼 반정규화
④ 데이터 반정규화

• 테이블과 칼럼의 반정규화는 데이터 무결성에 영향을 미치지만 관계의 반정규화 기법 중 중복관계 추가는 데이터 무결성을 깨뜨릴 위험을 갖지 않고서도 데이터처리의 성능을 향상시킬 수 있다.
• 데이터 모델 전체가 관계로 연결되어 있고 관계가 서로 먼 친척 간에 조인관계가 빈번하게 되어 성능저하가 예상된다면 관계의 반정규화를 통해 성능향상을 도모할 필요가 있다.

25 다음 주어진 ERD 관계에 대한 설명으로 옳은 것을 고르시오.

[ERD]

① 계정은 다수의 계정 그룹을 가질 수 있다.
② 계정 그룹은 다수의 사용자를 가질 수 없다.
③ 계정 그룹은 사용자를 반드시 가져야 한다.
④ 계정은 반드시 계정 그룹을 가져야 한다.

• ERD 관계에서 계정 그룹은 다수의 계정을 포함할 수도 있고 안 할 수도 있다(Optional).
• 계정은 반드시 단 하나의 계정 그룹에 소속되어야 한다(Mandatory).

26 다음 중 데이터베이스 3층 스키마가 아닌 것은?

① 외부 스키마
② 응용 스키마
③ 내부 스키마
④ 개념 스키마

데이터베이스 3층 스키마는 모델의 유연성을 향상시키기 위해서 외부, 개념, 내부 스키마로 분류된다.

27 발생 시점에 따른 엔터티 분류에 의한 중심 엔터티가 아닌 것은?

① 매출
② 주문
③ 사원
④ 계약

사원, 부서, 고객, 상품, 자재 등이 기본 엔터티가 될 수 있다.

28 데이터 모델링이 최종적으로 완료된 상태라고 정의할 수 있는, 즉 물리적인 스키마 설계를 하기 전 단계를 가리키는 말은?

① 물리적 데이터 모델링
② 논리적 데이터 모델링
③ 개괄 데이터 모델링
④ 개념적 데이터 모델링

논리적 데이터 모델링의 결과로 얻어지는 논리 데이터 모델은 데이터 모델링이 최종적으로 완료된 상태라고 정의할 수 있다. 즉 물리적인 스키마 설계를 하기 전 단계의 '데이터 모델' 상태를 일컫는 말이다.

29 엔터티에 대한 개념 중 엔터티 정의의 공통점 3가지가 아닌 것은?

① 데이터베이스 내에서 변별 가능한 객체이다.
② 엔터티는 사람, 장소, 물건, 사건, 개념 등의 명사에 해당된다.
③ 저장되기 위한 어떤 것(Thing)이다.
④ 업무상 관리가 필요한 관심사에 해당된다.

엔터티(Entity)의 3가지 공통점은 다음과 같다.
· 개념, 사건, 사람, 장소 등과 같이 명사이다.
· 비즈니스 프로세스에서 관리되어야 하는 정보이다.
· 저장이 필요한 어떤 것이다.

30 다음은 ERD(Entity Relationship Diagram) 작성 순서이다. 올바른 것을 고르시오.

가) 엔터티를 그린다.
나) 엔터티를 적절하게 배치한다.
다) 엔터티 간에 관계를 설정한다.
라) 관계명을 기술한다.
마) 관계의 참여도를 기술한다.
바) 관계의 필수 여부를 기술한다.

① 나)→가)→다)→라)→마)→바)
② 가)→나)→다)→라)→마)→바)
③ 가)→나)→라)→다)→마)→바)
④ 가)→나)→다)→마)→바)→라)

ERD(Entity Relationship Diagram) 작성 절차
① 엔터티를 그린다.
② 엔터티를 적절하게 배치한다.
③ 엔터티 간의 관계를 설정한다.
④ 관계명을 기술한다.
⑤ 관계의 참여도를 기술한다.
⑥ 관계의 필수 여부를 기술한다.

정답 27 ③ 28 ② 29 ① 30 ②

2과목 SQL 기본 및 활용

31 다음 설명 중 옳은 것은 무엇인가?

① 모든 자료는 실질적으로 테이블에 저장되며 테이블에 있는 자료들을 꺼내 볼 수 있다.
② 데이터베이스 내에 테이블이란 존재하지 않는다.
③ 아주 복잡한 자료도 테이블은 하나만 만드는 것이 바람직하다.
④ 데이터베이스에는 단 한 개의 테이블만 존재할 수 있다.

데이터베이스에는 자료의 성격에 따라 N개의 테이블을 생성한다. 모든 자료들은 테이블에 입력되며 조회, 수정, 삭제할 수 있다.

32 데이터 유형에 대한 설명 중 틀린 것은 무엇인가?

① VARCHAR 유형은 가변 길이 숫자형이다.
② CHAR 유형은 고정 길이 문자형이다.
③ NUMERIC 유형은 숫자형 데이터를 표현한다.
④ DATE 유형은 날짜 데이터를 다룰 때 사용한다.

VARCHAR 유형은 가변 길이 문자형이다.

33 다음 중 테이블명으로 가능한 것은 무엇인가?

① EMP-100
② 100EMP
③ EMP100
④ 100_EMP

테이블명과 칼럼명은 반드시 문자로 시작해야 한다.

34 데이터를 입력하기 위해 사용하는 SQL 명령어는 무엇인가?

① CREATE
② INSERT
③ UPDATE
④ ALTER

데이터를 입력하기 위해서 "INSERT" 명령어를 사용한다.

35 Commit과 Rollback의 장점으로 적합하지 않은 것은 무엇인가?

① 데이터 무결성을 보장한다.
② 영구적인 변경을 할 수 없게 한다.
③ 영구적인 변경을 하기 전에 데이터의 변경 사항 확인이 가능하다.
④ 논리적으로 연관된 작업을 그룹핑하여 처리 가능하다.

Commit과 Rollback의 장점
• 데이터 무결성 보장
• 영구적인 변경을 하기 전에 데이터의 변경 사항 확인 가능
• 논리적으로 연관된 작업을 그룹핑하여 처리 가능

정답 31 ① 32 ① 33 ③ 34 ② 35 ②

36 다음 SQL 문장의 결과로 출력되는 데이터는 무엇인가?

```
SELECT PLAYER_NAME 선수명,
       E_PLAYER_NAME 선수영문명
FROM PLAYER
WHERE E_PLAYER_NAME LIKE '_A%';
```

① 선수의 영문 이름의 두 번째 문자가 A인 선수들의 이름
② 선수의 영문 이름이 A나 a로 시작하는 선수들의 이름
③ 선수의 영문 이름이 A로 시작하는 선수들의 이름
④ 위치에 상관없이 선수의 영문 이름에 A를 포함하는 선수들의 이름

"_" 와 "%"는 와일드카드(WILD CARD)로 하나의 글자 또는 모든 문자를 대신하여 사용이 되므로 두 번째 문자가 대문자 A인 경우만 출력된다.

37 어떠한 데이터 타입도 사용이 가능한 집계 함수는 어느 것인가?

① AVG
② SUM
③ COUNT
④ STDDEV

집계 함수는 집합에 대한 정보를 제공하므로 주로 숫자 유형에 사용된다. 추가로 MAX, MIN, COUNT 함수는 숫자 유형만 아니라 문자 유형, 날짜 유형에도 적용이 가능한 함수이다.

38 SQL 문장에서 집합별로 집계된 데이터에 대한 조회 조건을 제한하기 위해서 사용하는 절은 어느 것인가?

① HAVING절
② GROUP BY절
③ WHERE절
④ FROM절

일반적인 SQL 문장에서 조회하는 데이터를 제한하기 위해서는 WHERE절을 사용하지만 그룹별로 조회할 때 집계 데이터에 대한 제한 조건을 사용하기 위해서는 HAVING절을 사용한다.

39 다음과 같은 SQL 문장이 있다. 예제의 ORDER BY절과 같은 결과를 갖는 구문은 어떤 것인가?

```
SELECT PLAYER_NAME 선수명,
       POSITION 포지션, BACK_NO 백넘버
FROM PLAYER
ORDER BY PLAYER_NAME, POSITION,
         BACK_NO DESC;
```

① ORDER BY 선수명 ASC, 포지션, 3 DESC
② ORDER BY 선수명, 2, DESC 백넘버
③ ORDER BY PLAYER_NAME ASC, 2, 3
④ ORDER BY 1 DESC, 2, 백넘버

ORDER BY절에서 정렬 기준이 생략되면 Default로 ASC(오름차순) 정렬이 된다. ORDER BY절에는 칼럼명 대신에 SELECT절에 기술한 칼럼의 순서 번호나 칼럼의 ALIAS명을 사용할 수 있다.

정답 36 ① 37 ③ 38 ① 39 ①

40 다음 SQL 문장에서 틀린 부분은 어디인가?

① SELECT PLAYER.PLAYER_NAME 선수명, TEAM.TEAM_NAME 팀명
② FROM PLAYER P, TEAM T
③ WHERE P.TEAM_ID = T.TEAM_ID
④ ORDER BY 선수명;

FROM절에 테이블에 대한 ALIAS를 사용했을 때 SELECT 절에서는 반드시 테이블명 아닌 ALIAS명을 사용해야 한다.

41 JOIN의 종류에 대한 설명으로 틀린 것은 무엇 인가?

① NON-EQUI JOIN은 등가 조건이 성 립되지 않은 테이블에 JOIN을 걸어주 는 방법이다.
② EQUI JOIN은 반드시 기본키, 외래키 관계에 의해서만 성립된다.
③ OUTER JOIN은 JOIN 조건을 만족하 지 않는 데이터도 볼 수 있는 JOIN 방 법이다.
④ SELF JOIN은 하나의 테이블을 논리적 으로 분리시켜 EQUI JOIN을 이용하는 방법이다.

EQUI JOIN은 반드시 기본키, 외래키 관계에 의해서만 성 립되는 것은 아니다. 조인 칼럼이 1:1로 맵핑이 가능하면 사 용할 수 있다.

42 4개의 테이블로부터 필요한 칼럼을 조회하려 고 한다. 최소 몇 개의 JOIN 조건이 필요한가?

① 2개   ② 3개
③ 4개   ④ 5개

여러 테이블로부터 원하는 데이터를 조회하기 위해서는 전 체 테이블 개수에서 최소 N-1개 만큼의 JOIN 조건이 필요 하다.

43 다음 설명 중 올바르지 않은 것은?

① UNION ALL 연산자는 조회 결과를 정 렬하고 중복되는 데이터를 한 번만 표현 한다.
② UNION 연산자는 조회 결과에 대한 합 집합을 나타내며 자동으로 정렬을 해준 다.
③ INTERSECT 연산자는 조회 결과에 대 한 교집합을 의미한다.
④ EXCEPT 연산자는 조회 결과에 대한 차 집합을 의미한다.

UNION ALL 연산자는 조회 결과에 대해 별도의 정렬 작업 을 하지 않는다. 또한 중복 데이터에 대해서도 삭제하지 않 고 여러 번 중복 표현한다.

44 다음 중 SELF JOIN을 수행해야 할 때는 어떤 경우인가?

① 한 테이블 내에서 두 칼럼이 연관 관계 가 있다.
② 두 테이블에 연관된 칼럼은 없으나 JOIN 을 해야 한다.
③ 두 테이블에 공통 칼럼이 존재하고 두 테 이블이 연관 관계가 있다.
④ 한 테이블 내에서 연관된 칼럼은 없으나 JOIN을 해야 한다.

SELF JOIN은 하나의 테이블에서 두 개의 칼럼이 연관 관 계를 가지고 있는 경우에 사용한다.

45 일반적으로 FROM절에 정의된 후 먼저 수행되어 SQL 문장 내에서 절차성을 주는 효과를 볼 수 있는 것은 어떤 유형의 서브쿼리 문장인가?

① SCALAR SUBQUERY
② INLINE VIEW
③ CORRELATED SUBQUERY
④ NESTED SUBQUERY

FROM절에 정의된 서브쿼리는 INLINE VIEW이다. INLINE VIEW는 일반적으로 메인쿼리보다 먼저 수행되므로 SQL 문장 내에서 절차성을 주는 효과를 얻을 수 있다.

46 다음 서브쿼리에 대한 설명 중 틀린 것을 고르시오.

① 상호연관 서브쿼리는 처리 속도가 가장 빠르기 때문에 최대한 활용하는 것이 좋다.
② TOP-N 서브쿼리는 INLINE VIEW의 정렬된 데이터를 ROWNUM을 이용해 결과 행 수를 제한하거나 TOP (N) 조건을 사용하는 서브쿼리이다.
③ INLINE VIEW는 FROM절에 사용되는 서브쿼리로서 실질적인 OBJECT는 아니지만, SQL 문장에서 마치 VIEW나 테이블처럼 사용되는 서브쿼리이다.
④ 다중행 연산자는 IN, ANY, ALL이 있으며 서브쿼리의 결과로 하나 이상의 데이터가 RETURN되는 서브쿼리이다.

상호 연관 서브쿼리는 서브쿼리가 메인쿼리의 행 수 만큼 실행되는 쿼리로서 실행 속도가 상대적으로 떨어지는 SQL 문장이다. 그러나 복잡한 일반 배치 프로그램을 대체할 수 있기 때문에 조건에 맞는다면 적극적인 검토가 필요하다.

47 소계, 중계, 합계처럼 계층적 분류를 포함하고 있는 데이터의 집계에 적합한 GROUP 함수 두 가지는 무엇인가?

① ROLLUP, SUM
② GROUPING, SUM
③ ROLLUP, CUBE
④ CUBE, SUM

ROLLUP, CUBE는 GROUP BY의 확장된 형태로 병렬로 수행이 가능하고 사용하기가 쉽기 때문에 효과적이다. 다차원적인 집계가 필요한 경우는 CUBE를 사용한다.

48 그룹 내 순위 관련 WINDOW 함수의 특징으로 틀린 것은?

① RANK 함수는 동일한 값에 대해서는 동일한 순위를 부여한다(같은 등수에 여럿이 존재하는 경우 등수가 SKIP될 수 있음).
② DENSE_RANK 함수는 RANK 함수와 흡사하나 동일한 순위를 하나의 건수로 취급하는 것이 틀린 점이다(같은 등수에 여럿이 존재하는 경우에도 등수가 SKIP되지 않음).
③ RANK 함수가 동일한 값에 대해서는 동일한 순위를 부여하는 데 반해 ROW_NUMBER 함수는 고유한 순위를 부여한다(같은 등수가 존재할 수 없음).
④ CUMM_RANK 함수는 누적된 순위를 부여할 수 있다(등수를 누적 순위로 표현함).

그룹 내 순위 관련 WINDOW FUNCTION으로는 RANK, DENSE_RANK, ROW_NUMBER 함수가 있고, ④번은 DENSE_RANK 함수에 대한 설명이며, CUMM_RANK 함수는 존재하지 않는다.

정답 45 ② 46 ① 47 ③ 48 ④

49 다음 중 옳은 것은 무엇인가?

① 유저를 생성하면 생성한 유저로 바로 로그인할 수 있다.
② 새롭게 생성된 유저라면 조건 없이 새로운 유저를 만들 수 있다.
③ 다른 유저의 테이블은 그 테이블에 대한 권한 없이는 조회할 수 없다.
④ 유저 생성은 누구나 할 수 있지만 권한 설정은 데이터베이스 관리자만 가능하다.

테이블에 대한 권한은 각 테이블의 소유자가 가지고 있기 때문에 소유자로부터 권한을 받지 않으면 다른 유저의 테이블에 접근할 수 없다.

50 다음 중 절차형 SQL을 이용하여 주로 만드는 것이 아닌 것은?

① PROCEDURE
② TRIGGER
③ BUILT-IN FUNCTION
④ USER DEFINED FUNCTION

절차형 SQL을 이용하여 PROCEDURE, TRIGGER, USER DEFINED FUNCTION을 만들 수 있다.

51 다음 SQL문의 실행 결과로 올바른 것은?

[SQLTEST]

C1	C2
A	100
B	200
B	100
B	
	200

[VIEW 생성]

```
CREATE VIEW V_SQLTEST
AS
SELECT * FROM SQLTEST
WHERE C1 = 'B' OR C1 IS NULL;
```

[SQL문]

```
SELECT SUM(C2) C2
FROM V_SQLTEST
WHERE C2 >= 200 AND C1 = 'B';
```

① 100
② NULL
③ 200
④ 300

View 생성 시 조건이 "WHERE C1 = 'B' OR C1 IS NULL" 이므로 View는 다음과 같이 생성된다.

[V_SQLTEST]

C1	C2
A	100
B	200
B	100
B	
	200

View에서 C2가 200 이상이고 C1이 'B'인 것은 첫 행만 해당한다. 따라서 sum(C2)의 결과는 200이 된다.

C2
200

정답 49 ③ 50 ③ 51 ③

52 다음 중 CONNECT BY 문에서 역방향 조회와 관련이 있는 것은?

① START WITH
② PRIOR
③ ORDER SIBLINGS BY
④ CONNECT_BY_ROOT

계층형 조회

구분	설명
START WITH 조건	CONNECT BY이 시작 위치를 지정한다.
PRIOR 자식=부모	부모에서 자식방향으로 순방향 전개를 한다.
PRIOR 부모=자식	자식에서 부모방향으로 역방향 전개를 한다.
ORDER SIBLINGS BY 컬럼명	동일한 레벨(LEVEL)인 형제 노드를 정렬한다.

53 SQL 처리 흐름도에 대한 설명으로 적절하지 않은 것은?

① 실행 계획을 시각화한 것이다.
② SQL문의 처리 절차를 시각적으로 표현한 것이다.
③ 인덱스 스캔 및 전체 테이블 스캔 등의 액세스 기법을 표현할 수 있다.
④ 성능적인 측면의 표현은 고려하지 않는다.

SQL 처리 흐름도에서는 성능적인 측면도 표현할 수 있다. 일량적인 측면의 표현과 인덱스 스캔 또는 테이블 스캔 등을 표현할 수 있다.

54 EMP 테이블에는 총 14개의 행이 있다. 다음 SQL문 실행결과의 행 수로 올바른 것은?

1번 SQL문

```
SELECT ename FROM Emp
MINUS
SELECT ename FROM Emp;
```

2번 SQL문

```
SELECT ename FROM Emp
INTERSECT
SELECT ename FROM Emp;
```

① 1번: 1건, 2번: 28건
② 1번: 0건, 2번: 14건
③ 1번: 1건, 2번: 14건
④ 1번: 0건, 2번: 28건

• intersect는 교집합을 검색하기 때문에 14개 테이블을 교집합으로 조인하면 14개가 된다.
• minus와 except는 차집합을 검색한다. 동일한 테이블의 차집합을 검색하므로 0건이 된다.

55 트랜잭션 간에 서로 영향을 받지 않고 독립적으로 실행되어야 한다는 트랜잭션의 특징은 무엇인가?

① 원자성
② 일괄성
③ 고립성
④ 지속성

여러 트랜잭션이 동시에 실행되어도 각기 개별로 수행되는 것과 동일함을 말하는 것은 고립성(isolation)이다.

56 다음 중에서 DDL(Data Definition Language)에 해당되지 않는 것은?

① REVOKE
② CREATE INDEX
③ DROP TABLE
④ ALTER TABLE

- DDL(Data Definition Language)은 SQL문 중에서 생성에 관련된 것으로 CREATE TABLE, ALTER TABLE, DROP TABLE, CREATE VIEW, DROP VIEW가 있다.
- REVOKE는 권한을 삭제하는 것으로 DCL(Data Control Language)이다.

57 다음의 설명으로 올바른 것은?

조인되는 N개의 테이블을 모두 정렬한 후에 조인을 수행한다.

① Hash Join
② Inner Join
③ Nested Loop Join
④ Sort Merge

Sort Merge 조인(Join)은 테이블을 정렬(Sort)한 후에 정렬된 테이블을 병합(Merge)하면서 조인을 실행한다.

Sort Merge 조인

테이블

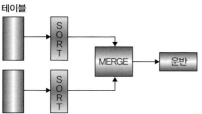

58 SELECT문의 처리 순서로 올바른 것은?

```
SELECT deptno, sum(sal)
FROM dept
WHERE deptno > 10
GROUP BY deptno
ORDER BY deptno;
```

① WHERE, GROUP BY, ORDER BY, FROM, SELECT
② FROM, WHERE, GROUP BY, SELECT, ORDER BY
③ SELECT, FROM, WHERE, GROUP BY, ORDER BY
④ ORDER BY, SELECT, WHERE, GROUP BY, FROM

SELECT문 실행 순서

실행 순서	설명
해당 테이블	FROM
조건	WHERE
그룹	GROUP BY
그룹조건	HAVING
해당 칼럼	SELECT
정렬	ORDER BY

59 다음의 SQL문에 대한 설명으로 올바르지 않은 것은?

가. 실제 데이터

DEPTNO	SAL
10	
10	1000
10	2000
20	
20	500

나. SELECT문

SELECT DEPTNO, SUM(NVL(SAL,0)) FROM DEPT GROUP BY DEPTNO;

① SELECT문에 WHERE 조건이 없으므로 연산에 참여하는 총 행 수는 5개이다.
② DEPTNO 10의 합계는 3000이고 20의 합계는 500이다.
③ NVL(SAL, 0)문에서 NVL은 NULL에 대한 합계오류를 예방한다.
④ 부서별 합계를 계산할 때 NULL값을 만나면 0으로 치환한다.

그룹 함수를 사용하는 경우 NULL값은 연산에서 제외된다. 그래서 NVL 함수를 사용하는 것은 합계오류 예방과는 전혀 관계가 없다.

60 데이터베이스 사용자 PSJ에 CREATE TABLE 권한이 부여되었다. (   )에 들어가야 하는 것은 무엇인가?

(   ) CREATE TABLE TO PSJ

① GRANT
② REVOKE
③ INSERT
④ COMMIT

GRANT는 권한을 부여하는 SQL문이다. 반대로 권한을 취소하는 것은 REVOKE이다.

GRANT 문법

GRANT privileges **ON** object **TO** user;

위의 문법에서 privileges는 권한을 의미한다. 예를 들어 SELECT, INSERT, UPDATE, DELETE 등이 있다. object는 데이터베이스에서 사용하는 자원을 의미한다. 이러한 자원 중에서 가장 많이 사용되는 것은 테이블이다. user는 권한을 부여할 데이터베이스 사용자 ID이다.

GRANT 사용

EMP 테이블에 대한 모든 권한을 SYSTEM 사용자에게 부여한다.

61 다음 주어진 SQL문을 수행한 결과 영구적으로 반영되는 것은 무엇인가?

```
INSERT INTO TAB1 VALUES(1);
INSERT INTO TAB1 VALUES(2);
SAVEPOINT SV1;
UPDATE TAB1 SET COL1=7 WHERE COL1=2;
INSERT INTO TAB1 VALUES(9);
SAVEPOINT SV2;
DELETE TAB1 WHERE COL1 =7;
INSERT INTO TAB1 VALUES(11);
SAVEPOINT SV3;
INSERT INTO TAB1 VALUES(9);
ROLLBACK TO SV2;
COMMIT;
```

① 1, 7, 9
② 1, 9, 11
③ 1, 9, 11, 9
④ 1, 2

SQL문의 맨 하단에서 ROLLBACK TO SV2 명령어를 수행하면 SAVEPOINT SV2 지점까지 변경된 것을 모두 취소한다.

	COL1
▶	1
	7
	9

62 다음 주어진 그룹 함수와 동일한 결괏값을 반환하는 그룹 함수를 고르시오.

```
GROUP BY CUBE(DEPTNO, JOB);
```

① GROUP BY ROLLUP(DEPTNO, JOB);
② GROUP BY (DEPTNO, JOB, (DEPT-NO, JOB), ());
③ GROUP BY DEPTNO UNION ALL GROUP BY JOB UNION ALL GROUP BY (DEPTNO, JOB);
④ GROUP BY GROUPING SETS (DEPTNO, JOB, (DEPTNO, JOB), ());

그룹 함수 중 CUBE는 CUBE 함수에 제시된 칼럼에 대해서 결합 가능한 모든 집계를 계산한다.

CUBE

```
SELECT deptno, job, SUM(sal)
FROM scott.Emp
GROUP BY CUBE(deptno, job);
```

DEPTNO	JOB	SUM(SAL)
-	-	29025
-	CLERK	4150
-	ANALYST	6000
-	MANAGER	8275
-	SALESMAN	5600
-	PRESIDENT	5000
10	-	9300
10	CLERK	1300
10	ANALYST	3000
10	PRESIDENT	5000
20	-	10325
20	CLERK	1900
20	ANALYST	3000
20	MANAGER	5425
30	-	9400
30	CLERK	950
30	MANAGER	2850
30	SALESMAN	5600

GROUPING SETS

```
SELECT deptno, job, SUM(sal)
FROM scott.Emp
GROUP BY GROUPING SETS(deptno, job,
(deptno, job), () );
```

DEPTNO	JOB	SUM(SAL)
10	CLERK	1300
20	CLERK	1900
30	CLERK	950
10	ANALYST	3000
20	ANALYST	3000
20	MANAGER	5425
30	MANAGER	2850
30	SALESMAN	5600
10	PRESIDENT	5000
10	-	9300
20	-	10325
30	-	9400
-	-	29025
-	CLERK	4150
-	ANALYST	6000
-	MANAGER	8275
-	SALESMAN	5600
-	PRESIDENT	5000

정답 61 ① 62 ④

63 다음 주어진 테이블에 대해서 아래와 같은 SQL문을 수행하였을 때 반환되는 ROW 값의 수는 무엇인가?

[A]	[B]	[C]
COL1	COL1	COL1
1	4	2
2	5	
3		
4		

```
SELECT * FROM A
UNION SELECT * FROM B
MINUS SELECT * FROM C;
```

① 1
② 2
③ 3
④ 4

주어진 SQL문에서 앞에 UNION 연산을 수행하면 1, 2, 3, 4, 5가 반환되고 이어서 minus를 수행하면 1, 3, 4, 5가 반환된다.

	COL1
▶	1
	3
	4
	5

64 다음 주어진 테이블에서 아래와 같은 결과가 반환되도록 SQL문의 빈칸에 들어갈 올바른 것을 고르시오.

[SQLD_64]

남성의류	여성의류	의류번호
아웃솔더	양말	1
가디건	아웃솔더	2
겨울외투	가디건	3
자켓	겨울외투	4
	자켓	5
숏바지	롱바지	6
양말	숏바지	7

[결과]

남성의류	여성의류	의류번호
	자켓	5
자켓	겨울외투	4
겨울외투	가디건	3
가디건	아웃솔더	2
아웃솔더	양말	1
양말	숏바지	7
숏바지	롱바지	6

```
SELECT * FROM SQLD_64
START WITH (   ㄱ   )
CONNECT BY PRIOR (   ㄴ   );
```

① (ㄱ) 남성의류, (ㄴ) 남성의류 = 여성의류;
② (ㄱ) 여성의류, (ㄴ) 여성의류 = 남성의류;
③ (ㄱ) 여성의류 IS NULL, (ㄴ) 남성의류 = 여성의류;
④ (ㄱ) 남성의류 IS NULL, (ㄴ) 여성의류 = 남성의류;

결괏값에서 남성의류 속성값이 NULL부터 시작하므로 ㄱ. 보기에는 남성의류 IS NULL이 와야 한다. 남성의류를 상위계층, 여성의류를 하위계층으로 하며 각 남성의류별 여성의류값이 계층적으로 조회되므로 ㄴ. 보기에는 여성의류 = 남성의류가 와야 한다.

```
SELECT * FROM SQLD_64
START WITH 남성의류 IS NULL
CONNECT BY PRIOR 여성의류=남성의류;
```

65 다음 주어진 테이블에서 부서코드 100의 상위 부서코드를 찾는 SQL문을 만들도록 빈칸을 채워 넣으시오.

[SQLD_65]

부서id	부서코드	상위부서코드
10	50	0
20	100	50
30	150	100
40	200	150
50	250	200

```
SELECT 상위부서코드
FROM SQLD_65
(  ㄱ  ) 부서코드 = 100
(  ㄴ  ) 상위부서코드 = 0
(      ㄷ      ) 부서코드 = 상위부서코드;
```

① ㄱ: WHERE, ㄴ: START,
　ㄷ: CONNECT BY
② ㄱ: WHERE, ㄴ: START WITH,
　ㄷ: CONNECT BY PRIOR
③ ㄱ: WHERE, ㄴ: START,
　ㄷ: CONNECT BY PRIOR
④ ㄱ: WHERE, ㄴ: END WITH,
　ㄷ: CONNECT BY PRIOR

부서코드 100부터 시작하여 상위부서코드를 상위계층, 부서코드를 하위계층으로 하여 각 상위부서코드별 부서코드값이 계층적으로 조회되는데 Where 조건으로 부서코드 = 100에 대한 상위부서코드값이 조회된다.
START WITH 문법으로 상위부서코드가 0인 행부터 전개를 시작한다.
이 때 전개가 시작되는 행을 "기준행", 나머지 비교할 행들을 "나머지행" 이라고 한다면, 전개시 CONNECT BY 절에서 PRIOR가 붙은 부분은 기준행, 반대편을 나머지행으로 이해를 하면 쉽다.
예를 들어 전개를 시작하는 행이 상위부서코드가 0인 행이라면, PRIOR 부서코드 = 상위부서코드의 의미는 기준행의 100(부서코드)가 비교할 나머지 행들의 상위부서코드가 일치하면 전개를 하는 의미이다.
전개가 완료되면 그 다음 계층에서 똑같이 반복을 통해 계층 전개를 하게 되고, 전개가 완료된 후에 WHERE 절을 통해 필터링이 적용된다. 이 때 부서코드가 100인 행의 상위부서코드는 50이 된다.

```
SELECT 상위부서코드
FROM SQLD_65
WHERE 부서코드 = 100
START WITH 상위부서코드 = 0
CONNECT BY PRIOR 부서코드 = 상위부서코드
```

[결과]

	COL1
▶	50

정답 65 ②

66 다음 주어진 테이블에서 아래의 SQL문과 다른 값을 반환하는 SQL문을 고르시오.

[SQLD_66]

COL1	COL2
x	y
가	나
A	B
다	라
a	b
1	2

```
select * from SQLD_66 where (COL1, COL2) in
( ('x', 'y'), ('가', '나') );
```

① select * from SQLD_66 where (COL1= 'x' and COL2= '가') or (COL1= 'y' and COL2= '나');

② select * from SQLD_66 where (COL1 = 'x' and COL2 = 'y') or (COL1 = '가' and COL2 = '나');

③ select * from SQLD_66 where not (COL1, COL2) in (('A', 'B'),('다', '라'),('a', 'b'),('1', '2'));

④ select * from SQLD_66 where (COL1 = 'x' or COL1 = '가') and (COL2 = 'y' or COL2 = '나');

위의 SQL문은 COL1과 COL2 값으로 각각 (x, y) , (가, 나)를 갖는 행들이 반환되지만 ①번은 COL1과 COL2 값으로 각각 (x, 가), (y, 나) 값을 갖는 행들이 반환한다.
①번을 위의 SQL문과 동일한 결괏값을 반환하도록 하려면 ②번과 같이 select * from SQLD_66 where (COL1 = 'x' and COL2 = 'y') or (COL1 = '가' and COL2 = '나');로 변경시킨다.

주어진 SQL문을 수행한 결괏값

```
SELECT * FROM SQLD_66
WHERE (COL1, COL2) IN (('x', 'y'), ('가', '나'))
```

	COL1	COL2
▶	X	Y
	가	나

67 다음 주어진 테이블에서 아래와 같은 결괏값을 반환하는 SQL문을 고르시오.

[SQLD_67]

반	이름
1	꽁쥐
1	꽁쥐
1	꽁쥐
2	소태
2	룰라
3	소희
3	소희

[결과]

반	결괏값
1	1
2	2
3	1

①
```
select 반,
count(*) AS "결괏값"
from SQLD_67
group by 반;
```

②
```
select 반,
count(1) AS "결괏값"
from SQLD_67
GROUP BY 반;
```

③
```
select 반,
count(distinct 이름) AS "결괏값"
from SQLD_67
group by 반;
```

④
```
select
count(case when 반=1 then 1 end) as
"결괏값"
count(case when 반=2 then 1 end) as b,
count(case when 반=3 then 1 end) as c
from SQLD_67;
```

정답 66 ① 67 ③

③번에서 주어진 테이블을 '반' 속성별로 그룹화한 다음 각 '반' 속성별 행의 수를 count하는데 distinct 인자로 중복되는 이름값은 제외하고 count를 수행하여 결괏값과 같이 반환된다.

68 다음 주어진 테이블에서 아래와 같은 결괏값을 반환하도록 아래의 SQL문의 빈칸에 들어갈 올바른 것을 고르시오.

[Mytest]

이름	부서	직책	급여
'조조'	'경영지원부'	'부장'	300
'유비'	'경영지원부'	'과장'	250
'제갈량'	'인사부'	'대리'	250
'사마의'	'인사부'	'대리'	200
'관우'	'영업부'	'사원'	150
'장비'	'영업부'	'사원'	100

[결과]

순위	이름	부서	직책	급여
1	조조	경영지원부	부장	300
2	유비	경영지원부	과장	250
2	제갈량	인사부	대리	250
3	사마의	인사부	대리	200
4	관우	영업부	사원	150
5	장비	영업부	사원	100

```
SELECT (      ) OVER (ORDER BY 급여
desc) as 순위,
이름, 부서, 직책, 급여
FROM Mytest;
```

① RANK()
② NTILE()
③ ROW_NUMBER()
④ DENSE_RANK()

결괏값에서 중복된 등수 2등 다음에 바로 다음 등수인 3이 왔으므로 빈칸에는 DENSE_RANK가 와야 한다.

그룹 내 순위 함수

1) RANK() : 레코드 단위로 순차적으로 순위를 부여하며 같은 값에 대해서는 동일한 순위를 부여하고 중복된 순위 다음에는 해당 개수만큼 건너뛴 다음 순위를 부여한다.

2) ROW_NUMBER() : 레코드 단위로 동일한 값이라도 매번 새로운 순위를 부여한다.

3) DENSE_RANK() : 중복된 순위 다음에는 바로 다음 순위를 부여한다.

```
SELECT DENSE_RANK() OVER (ORDER
BY 급여 DESC)
AS 순위, 이름, 부서, 직책, 급여
FROM Mytest;
```

순위	이름	부서	직책	급여
1	조조	경영지원부	부장	300
2	유비	경영지원부	과장	250
2	제갈량	인사부	대리	250
3	사마의	인사부	대리	200
4	관우	영업부	사원	150
5	장비	영업부	사원	100

69 다음 주어진 테이블에서 SELECT문을 수행하였을 때 결괏값으로 다른 것을 고르시오.

[A]

COL1
NULL
0
NULL
0
NULL

① select case A.COL1 when null then −1 else 0 end as C1 from A;

② select case when A.COL1 is null then −1 else 0 end as C2 from A;

③ select decode(A.COL1, null, −1, A.COL1) as C3 from A;

④ select nvl(A.COL1, −1) as C4 from A;

나머지 보기는 모두 COL1 값이 NULL일 때 −1을 반환하는데 ①번 보기만 COL1 값이 NULL일 때 0을 반환한다.
null은 어떤 값과 비교하면 알수 없음이므로 is null을 사용해야 한다.

①번 결과

	C1
▶	0
	0
	0
	0
	0

②번 결과

	C2
▶	−1
	0
	−1
	0
	−1

③번 결과

	C3
▶	−1
	0
	−1
	0
	−1

④번 결과

	C4
▶	−1
	0
	−1
	0
	−1

70 주어진 테이블에서 아래와 같은 결괏값을 반환하는 SQL문을 고르시오.

[SQLD_70]

회원번호	주문일자	주문금액
100	20181101	10000
100	20181102	20000
100	20181103	30000
101	20181101	10000
101	20181102	20000
101	20181110	15000
101	20181201	18000
104	20181201	5000
104	20181103	1000

[결과]

회원번호	주문일자	주문금액
101	20181102	20000
101	20181201	18000
101	20181110	15000
101	20181101	10000

① select * from SQLD_70 order by 주문금액 desc;
② select * from SQLD_70 where 회원번호 = 101 order by 주문금액 desc;
③ select * from SQLD_70 where 회원번호 = 101 order by 주문금액;
④ select * from SQLD_70 where 회원번호 = 101;

위의 결괏값은 주어진 SQLD_70 테이블에서 회원번호 = 101에 해당하는 ROW들을 먼저 선택한 후 선택된 ROW에 대해서 주문금액을 기준으로 내림차순 정렬한 것이다.

71 다음 주어진 테이블에서 아래의 SQL문을 수행하였을 때의 결괏값으로 올바른 것을 고르시오.

[SQLD_71]

COL1	COL2	COL3
1	null	1
2	10	13
2	10	12

select * from SQLD_71 order by COL1 desc, COL2 desc, COL3 desc;

①

COL1	COL2	COL3
1	null	1
1	10	12
2	10	13

②

COL1	COL2	COL3
2	null	13
2	10	12
1	10	1

③

COL1	COL2	COL3
2	10	13
2	10	12
1	null	1

④

COL1	COL2	COL3
2	10	1
2	10	12
1	null	13

해당 SQL문은 주어진 테이블인 SQLD_71에서 COL1, COL2, COL3 속성 순서대로 내림차순 정렬을 수행한다. 그래서 먼저 COL1에 대해서 내림차순 정렬을 수행하고 같은 COL1 값에 대해서는 COL2의 내림차순 정렬을 수행하고 같은 COL2 값에 대해서는 COL3을 기준으로 내림차순 정렬한다.

72 다음 주어진 테이블에 대해서 아래와 같은 결과값이 반환되도록 아래 SQL문의 빈칸에 들어갈 것을 고르시오.

[SQLD_72]

COL1	COL2	COL3
null	0	30
0	null	0
10	20	null
11	21	31
12	22	32

[결과]

A	B	C
12	0	33

```
select
(      ) AS A,
(      ) AS B,
(      ) AS C
from SQLD_72;
```

① max(COL2), min(COL2), sum(COL1)
② max(COL1), min(COL2), sum(COL2)
③ max(COL1), min(COL2), sum(COL1)
④ min(COL1), max(COL2), max(COL1)

···

A 속성은 COL1의 최댓값, B 속성은 COL2의 최솟값, C 속성은 COL1 속성의 합이다.

73 아래의 결괏값을 보고 SQL문의 빈칸에 들어갈 수 있는 내용을 고르시오.

[결과]

DEPTNO	JOB	SUM(SAL)
10	CLERK	1300
10	MANAGER	2450
10		3750
20	CLERK	1900
20	ANALYST	6000
20	MANAGER	2975
20		10875
		14625

```
SELECT DEPTNO, JOB, SUM(SAL)
FROM SQLD_73
GROUP BY (      );
```

① ROLLUP(DEPTNO, JOB)
② GROUPING SETS(DEPTNO, JOB)
③ DEPTNO, JOB
④ CUBE(DEPTNO, JOB)

···

주어진 결괏값을 보면
1. DEPTNO별 합계, 2. DEPTNO, JOB별 합계, 3. 전체 합계가 조회되므로 빈칸에는 그룹 함수 중 ROLLUP이 와야 한다.

74 다음 SQL문의 실행 결과로 올바른 것을 고르시오.

DEPARTMENT_ID
NULL
10
20
30
40
50
220
230

```
SELECT DISTINCT DEPARTMENT_ID
FROM EMPLOYEES A
WHERE A.DEPARTMENT_ID <= ALL (30,50);
```

① 10,20
② 10,20,30
③ 10,20,30,40
④ 10,20,30,40,50

ALL 연산자는 서브쿼리(Subquery) 값 모두가 조건에 만족하면 True를 반환한다.

ALL 조건의 실행

```
SELECT DISTINCT DEPARTMENT_ID
FROM EMPLOYEES A
WHERE A.DEPARTMENT_ID <= ALL (30,50);
```

DEPARTMENT_ID
30
10
20

75 아래와 같은 테이블에 데이터가 있다. 각 SQL에 대한 결괏값이 잘못된 것은?

TABLE Mytest_01		TABLE Mytest_02	
N1	V1	N1	V1
1	A	1	A
2		2	
3	B	3	B
4	C		

① SELECT * FROM Mytest_01 WHERE V1 IN (SELECT V1 FROM Mytest_02);

N1	V1
1	A
3	B

② SELECT * FROM Mytest_01 WHERE V1 NOT IN (SELECT V1 FROM Mytest_02);

N1	V1
4	C

③ SELECT * FROM Mytest_01 A WHERE EXISTS (SELECT 'X' FROM Mytest_02 B WHERE A.V1 = B.V1);

N1	V1
1	A
3	B

④ SELECT * FROM Mytest_01 A WHERE NOT EXISTS (SELECT 'X' FROM Mytest_02 B WHERE A.V1 = B.V1);

N1	V1
2	
4	C

정답 74 ② 75 ②

NOT IN은 지정된 값 목록이나 서브쿼리 결과에 값이 포함되지 않는 경우를 찾지만, NULL값이 포함된 경우에는 전체 조건이 항상 거짓이 되어 아무 행도 반환하지 않는다.

```
SELECT * FROM Mytest_01
WHERE v1 NOT IN (SELECT v1 FROM
Mytest_02);
```

no data found

테스트 테이블 생성

```
CREATE TABLE Mytest_01 (
    n1 NUMBER,
    v1 VARCHAR2(10)
);
INSERT INTO Mytest_01 VALUES (1, 'A');
INSERT INTO Mytest_01 VALUES (2, NULL);
INSERT INTO Mytest_01 VALUES (3, 'B');
INSERT INTO Mytest_01 VALUES (4, 'C');

CREATE TABLE Mytest_02 (
    n1 NUMBER,
    v1 VARCHAR2(10)
);
INSERT INTO Mytest_02 VALUES (1, 'A');
INSERT INTO Mytest_02 VALUES (2, NULL);
INSERT INTO Mytest_02 VALUES (3, 'B');
```

76 아래의 계층형 SQL에서 리프 데이터이면 1, 그렇지 않으면 0을 출력하고 싶을 때 빈칸에 들어갈 키워드로 알맞은 것은?

```
SELECT LEVEL,
LPAD(' ',4 * (LEVEL -1)) || EMPNO,
MGR, ( 빈칸 ) FROM SCOTT.EMP
START WITH MGR IS NULL
CONNECT BY PRIOR EMPNO = MGR;
```

① CONNECT_BY_ISLEAF
② CONNECT_BY_ISCYCLE
③ SYS_CONNECT_BY_PATH
④ CONNECT_BY_ROOT

CONNECT BY 키워드

키워드	설명
LEVEL	검색 항목의 깊이를 의미한다. 즉, 계층구조에서 가장 상위 레벨이 1이 된다.
CONNECT_BY_ROOT	계층구조에서 가장 최상위 값을 표시한다.
CONNECT_BY_ISLEAF	계층구조에서 가장 최하위를 표시한다.
SYS_CONNECT_BY_PATH	계층구조의 전체 전개 경로를 표시한다.
NOCYCLE	순환구조가 발생 지점까지만 전개한다.
CONNECT_BY_ISCYCLE	순환구조 발생 지점을 표시한다.

```
SELECT LEVEL,
LPAD(' ',4 * (LEVEL -1)) || empno,
mgr, CONNECT_BY_ISLEAF FROM scott.
Emp
START WITH mgr IS NULL
CONNECT BY PRIOR empno = mgr;
```

LEVEL	LPAD('',4*(LEVEL-1))||EMPNO	MGR	CONNECT_BY_ISLEAF
1	7839	-	0
2	7566	7839	0
3	7788	7566	0
4	7876	7788	1
3	7902	7566	0
4	7369	7902	1
2	7698	7839	0
3	7499	7698	1
3	7521	7698	1
3	7654	7698	1
3	7844	7698	1
3	7900	7698	1
2	7782	7839	0
3	7934	7782	1

정답 76 ①

77 다음과 같은 테이블 Tab1, Tab2가 있을 때, 아래 SQL의 결과 건수를 알맞게 나열한 것을 고

[Tab1]

COL1	COL2	KEY1
BBB	123	B
DDD	222	C
EEE	233	D
FFF	143	E

[Tab2]

KEY2	COL1	COL2
A	10	BC
B	10	CD
C	10	DE

SELECT * FROM Tab1 a INNER JOIN Tab2 b ON (a.key1 = b.key2);

SELECT * FROM Tab1 a LEFT OUTER JOIN Tab2 b ON (a.key1 = b.key2);

SELECT * FROM Tab1 a RIGHT OUTER JOIN Tab2 b ON (a.key1 = b.key2);

SELECT * FROM Tab1 a FULL OUTER JOIN Tab2 b ON (a.key1 = b.key2);

SELECT * FROM Tab1 a CROSS JOIN Tab2 b;

① 2, 4, 3, 5, 12
② 2, 3, 4, 5, 12
③ 2, 4, 3, 5, 10
④ 2, 3, 4, 7, 10

Tab1 테이블에는 행이 4개, Tab2 테이블에는 행이 3개가 있다. KEY 칼럼을 사용해서 INNER JOIN을 하면 같은 것만 찾는다. Tab1와 Tab2 테이블의 KEY 칼럼에서 'B'와 'C'가 같기 때문에 2개의 행이 출력된다.

INNER JOIN

SELECT * FROM Tab1 a
INNER JOIN Tab2 b ON (a.key1 = b.key2);

COL1	COL2	KEY1	KEY2	COL1	COL2
BBB	123	B	B	10	CD
DDD	222	C	C	10	DE

LEFT OUTER JOIN은 INNER JOIN을 하고 왼쪽 테이블에 있는 것도 모두 출력한다. 왼쪽 테이블 Tab1의 데이터 중 INNER JOIN으로 출력된 2건 이외에도 2건이 더 있다. 결과적으로 총 4건의 행이 출력된다.

LEFT OUTER JOIN

SELECT * FROM Tab1 a
LEFT OUTER JOIN Tab2 b ON (a.key1 = b.key2);

COL1	COL2	KEY1	KEY2	COL1	COL2
BBB	123	B	B	10	CD
DDD	222	C	C	10	DE
FFF	143	E	-	-	-
EEE	233	D	-	-	-

RIGHT OUTER JOIN은 오른쪽에 있는 테이블 Tab2가 기준이 된다. Tab2는 총 3건의 행이 있으므로 RIGHT OUTER JOIN의 결과는 3건이 된다.

RIGHT OUTER JOIN

SELECT * FROM Tab1 a
RIGHT OUTER JOIN Tab2 b ON (a.key1 = b.key2);

COL1	COL2	KEY1	KEY2	COL1	COL2
BBB	123	B	B	10	CD
DDD	222	C	C	10	DE
-	-	-	A	10	BC

FULL OUTER JOIN은 두 개의 테이블 모두를 OUTER JOIN 한다. 그래서 INNER JOIN의 결과 2건과 Tab1의 2건, Tab2의 1건을 모두 출력해서 총 5건이 된다.

FULL OUTER JOIN

SELECT * FROM Tab1 a
FULL OUTER JOIN Tab2 b ON (a.key1 = b.key2);

COL1	COL2	KEY1	KEY2	COL1	COL2
BBB	123	B	B	10	CD
DDD	222	C	C	10	DE
EEE	233	D	-	-	-
FFF	143	E	-	-	-
-	-	-	A	10	BC

CROSS JOIN은 조인 키가 없이 조인을 실행한다. 그래서 Tab1의 행 4건과 Tab2의 행 3건을 조인해서 4*3=12건이 출력된다.

CROSS JOIN

SELECT * FROM Tab1 a
CROSS JOIN Tab2 b;

COL1	COL2	KEY1	KEY2	COL1	COL2
BBB	123	B	A	10	BC
DDD	222	C	A	10	BC
EEE	233	D	A	10	BC
FFF	143	E	A	10	BC
BBB	123	B	B	10	CD
DDD	222	C	B	10	CD
EEE	233	D	B	10	CD
FFF	143	E	B	10	CD
BBB	123	B	C	10	DE
DDD	222	C	C	10	DE
EEE	233	D	C	10	DE
FFF	143	E	C	10	DE

테스트 테이블 생성

```
CREATE TABLE Tab1 (
    col1 VARCHAR2(10),
    col2 NUMBER(10),
    key1 VARCHAR2(10)
);
INSERT INTO Tab1 VALUES ('BBB', 123, 'B');
INSERT INTO Tab1 VALUES ('DDD', 222, 'C');
INSERT INTO Tab1 VALUES ('EEE', 233, 'D');
INSERT INTO Tab1 VALUES ('FFF', 143, 'E');

CREATE TABLE Tab2 (
    key2 VARCHAR2(10),
    col1 NUMBER(10),
    col2 VARCHAR2(10)
);
INSERT INTO Tab2 VALUES ('A', 10, 'BC');
INSERT INTO Tab2 VALUES ('B', 10, 'CD');
INSERT INTO Tab2 VALUES ('C', 10, 'DE');
```

78 아래 SQL에서 출력되는 ROWS의 개수를 구하시오.

[EMP TABLE]

DEPTNO	JOB	SAL
20	CLERK	800
30	SALESMAN	1600
30	SALESMAN	1250
20	MANAGER	2975
30	SALESMAN	1250
30	MANAGER	2850
10	MANAGER	2450
20	ANALYST	3000
10	PRESIDENT	5000
30	SALESMAN	1500
20	CLERK	1100
30	CLERK	950
20	ANALYST	3000
10	CLERK	1300

[DEPT TABLE]

DEPTNO	DNAME
10	ACCOUNTING
20	RESEARCH
30	SALES
40	OPERATIONS

```
SELECT DNAME,JOB, COUNT(*) "Total
Emp", SUM(SAL) "Total Sal"
FROM SCOTT.EMP A, SCOTT.DEPT B
WHERE A.DEPTNO = B.DEPTNO
GROUP BY CUBE(DNAME,JOB);
```

① 10건
② 14건
③ 18건
④ 20건

DEPTNO로 조인을 하고 DNAME과 JOB으로 CUBE를 실행한다. CUBE는 전체합계와 각 칼럼별로 부분합계를 출력한다.

```
SELECT dname, job, COUNT(*) "Total Emp",
    SUM(sal) "Total Sal"
FROM scott.Emp a, scott.Dept b
WHERE a.deptno = b.deptno
GROUP BY CUBE(dname, job);
```

DNAME	JOB	Total Emp	Total Sal
-	-	14	29025
-	CLERK	4	4150
-	ANALYST	2	6000
-	MANAGER	3	8275
-	SALESMAN	4	5600
-	PRESIDENT	1	5000
SALES	-	6	9400
SALES	CLERK	1	950
SALES	MANAGER	1	2850
SALES	SALESMAN	4	5600
RESEARCH	-	5	10325
RESEARCH	CLERK	2	1900
RESEARCH	ANALYST	1	3000
RESEARCH	MANAGER	2	5425
ACCOUNTING	-	3	9300
ACCOUNTING	CLERK	1	1300
ACCOUNTING	ANALYST	1	3000
ACCOUNTING	PRESIDENT	1	5000

CUBE는 입력된 칼럼들의 모든 조합으로 집계를 출력한다. 예를 들어 CUBE(A,B)는 A, B, (A, B), ( )에 대한 집계 조합을 생성한다. 즉 CUBE별 부분합계와 총합계가 출력된다.

79 다음 SQL문의 실행 결과 괄호에 들어갈 것으로 올바른 것은?

[SQL문]

```
SELECT c.*, DENSE_RANK() OVER (PAR-
TITION BY deptno ORDER BY
sal DESC) AS  rnk  FROM Emp c;
```

[결과]

EMPNO	ENAME	DEPTNO	MGR	JOB	SAL	RNK
1006	test7	10	1001	MANAGER	2450	1
1013	test14	10	1000	CLERK	1300	2
1007	test8	20	1006	ANALYST	3000	1
1012	test13	20	1000	ANALYST	3000	(ㄱ)
1003	test4	20	1000	MANAGER	2975	2
1010	test11	20	1002	CLERK	1100	3
1000	test1	20		CLERK	800	4
1008	test9	30	1006	PRESIDENT	5000	(ㄱ)
1005	test6	30	1001	MANAGER	2850	2
1001	test2	30	1000	SALESMAN	1600	3
1009	test10	30	1002	SALESMAN	1500	4
1002	test3	30	1000	SALESMAN	1250	5
1004	test5	30	1000	SALESMAN	1250	5
1011	test12	30	1001	CLERK	950	6

① 1
② 2
③ 3
④ 4

- DENSE_RANK()은 동일한 순위를 하나의 건 수씩 인식해서 출력한다.
- ANALYST의 3000이 2명 있다. 순위는 동일하게 1이다.

80 각각 학생과 학과의 정보를 저장하는 릴레이션 student와 department가 있다고 가정하자. 이때 "2명 이상의 학생을 갖는 학과에 대해 성적(score) 평균이 80 이상인 학과의 학과코드(dno), 학과명(dname), 학생수를 검색하시오"라는 질의를 SQL문으로 바르게 표현한 것은?

[student]

sno	sname	address	score	dno
100	HONG	Seoul	95	100
300	LEE	Busan	90	200
200	KIM	Jeju	85	100
500	HONG	Busan	95	300
400	SON	Seoul	80	300

[department]

dno	dname
100	computer
200	electronics
300	MIS

① SELECT d.dno, d.dname, count(*)
FROM student s, department d
WHERE s.dno = d.dno and avg(score) >= 80
GROUP BY d.dno, d.dname
HAVING count(*) >= 2;

② SELECT d.dno, d.dname, count(*)
FROM student s, department d
WHERE s.dno = d.dno
GROUP BY d.dno, d.dname
HAVING count(*) >= 2 and avg(score) >= 80;

③ SELECT d.dno, d.dname, count(*)
FROM student s, department d
WHERE s.dno = d.dno and
s.dno = (SELECT dno FROM student
GROUP BY dno
HAVING avg(score) >= 80)
GROUP BY d.dno, d.dname;

④ SELECT d.dno, d.dname, count(*)
FROM student s, department d
WHERE s.dno = d.dno and
dno IN (SELECT dno, dname
FROM student
GROUP BY dno
HAVING avg(score) >= 80)
GROUP BY d.dno, d.dname;

WHERE절에 집계함수를 사용할 수 없다.

WHERE절에 avg()를 사용해서 오류 발생

```
SELECT d.dno, d.dname, count(*)
FROM student s, department d
WHERE s.dno = d.dno
and avg(score) >= 80
GROUP BY d.dno, d.dname
HAVING count(*) >= 2;
```

서브쿼리가 멀티 행(Multi Row)을 리턴(Return)하기 때문에 "=" 절로 받을 수가 없다.

멀티 행 서브쿼리

```
SELECT d.dno, d.dname, count(*)
FROM student s, department d
WHERE s.dno = d.dno and
s.dno = (SELECT dno
FROM student
GROUP BY dno
HAVING avg(score) >= 80)
GROUP BY d.dno, d.dname;
```

GROUP BY에서 dno가 어느 테이블의 칼럼인지 알 수가 없다.

GROUP BY 오류

```
SELECT d.dno, d.dname, count(*)
FROM student s, department d
WHERE s.dno = d.dno and dno IN
(SELECT dno, dname FROM student
GROUP BY dno
HAVING avg(score) >= 80)
GROUP BY d.dno, d.dname;
```

81 다음 중 인덱스를 사용할 수 없는 조건에 해당되지 않는 것은?

① 인덱스가 사용되는 칼럼에 NVL(Key, 0)을 사용했다.
② 인덱스가 사용되는 칼럼에 to_char(vintagedate, 'yyyymmdd') = sysdate를 사용했다.
③ 인덱스가 사용되는 칼럼에 vintageyear = to_char(sysdate, 'yyyy')를 사용했다.
④ 인덱스가 사용되는 칼럼에 name||'' = 'lim'을 사용했다.

③번의 경우 sysdate를 to_char() 함수를 사용해서 vintageyear로 형변환을 수행했기 때문에 vintageyear가 형변환이 발생하지 않는다. 그래서 인덱스를 사용할 수 있다.

인덱스 실행

SQL문	Index를 사용할 수 없는 이유
NVL(Key, 0)	– NVL() 함수로 NULL 값을 검사하였다. – 따라서 Key 칼럼의 인덱스를 사용할 수가 없다.
to_char(vintagedate, 'yyyymmdd') = sysdate	to_char() 함수로 인덱스 키 칼럼을 형변환하면 인덱스를 사용할 수가 없다.
name||'' = 'lim'	"||"는 문자열을 결합하는 것으로 name의 인덱스를 변경하였으므로 인덱스를 사용할 수가 없다.

82 다음 SQL문의 실행결과로 올바른 것은?

```
SELECT SUM(COALESCE(A1,A2))
FROM (
SELECT NULL AS A1, 1 AS A2 FROM DUAL
UNION ALL
SELECT 1 AS A1, 2 AS A2 FROM DUAL) A;
```

① null
② 1
③ 0
④ 2

COALESCE함수는 NULL이 아닌 인자 값을 반환하는 함수이다. COALESCE 함수 결과는 1, 1이 출력되고 이것에 대해서 SUM을 수행하기 때문에 2가 된다.

83 다음 SQL문의 결과로 괄호에 올바른 것은?

```
SELECT JOB, SAL, SUM(SAL)
OVER (PARTITION BY JOB ORDER BY
SAL DESC ( ㄱ ) 1 PRECEDING) AS TOTAL
FROM EMP ;
```

[결과]

JOB	SAL	TOTAL
ANALYST	3000	3000
ANALYST	3000	(ㄴ)
CLERK	1300	1300
CLERK	1100	2400
CLERK	950	2050
CLERK	800	1750
MANAGER	2975	2975
MANAGER	2850	5825
MANAGER	2450	5300
PRESIDENT	5000	5000
SALESMAN	1600	1600
SALESMAN	1500	3100
SALESMAN	1250	2750
SALESMAN	1250	2500

① ㄱ–RANGE, ㄴ–6000
② ㄱ–RANGE, ㄴ–3000
③ ㄱ–ROWS, ㄴ–3000
④ ㄱ–ROWS, ㄴ–6000

파티션을 만들 때 ROWS 1은 현재 행을 기준으로 바로 앞에 행과 SUM을 하게 된다. 따라서 6000 = 3000(앞 행) + 3000(현재 행)이 된다.

84 윈도우 함수 WINDOWING절에서 이전 행을 의미하는 것은?

① UNBOUNDED PRECEDING
② PRECEDING
③ FOLLOWING
④ UNBOUNDED FOLLOWING

PRECEDING은 이전 행을 의미하고 FOLLOWING은 다음 행을 의미한다.

85 다음 SQL문의 실행 결과로 올바른 것은?

[DATA1]

C1	C2
A	1
B	2
C	3
D	4
E	5

[DATA2]

C1	C2
B	2
C	3
D	4

```
SELECT * FROM DATA1 A
LEFT OUTER JOIN DATA2 B
ON (A.C1 = B.C1 AND B.C2 BETWEEN 1 AND
3);
```

①

C1	C2	C1_1	C2_1
B	2		
C	3		
E	5	B	2
D	4	C	3
A	1		

②

C1	C2	C1_1	C2_1
B	2	B	2
C	3	C	3
E	5	E	5
D	4		
A	1		

③

C1	C2	C1_1	C2_1
B	2	B	2
C	3	C	3
E	5		
D	4		
A	1	A	1

④

C1	C2	C1_1	C2_1
B	2	B	2
C	3	C	3
E	5		
D	4		
A	1		

DATA1과 DATA2의 LEFT OUTER JOIN이다. 우선 교집합인 B, C, D 행이 조인된다. 그 다음 왼쪽에 있는 DATA1의 A, E 행이 연결된다. BETWEEN 1~3이므로 DATA2에서 D 행이 제외된다. LEFT OUTER JOIN이므로 DATA2의 D 행은 NULL이 된다.

86 다음 정규 표현식으로 조회 되지 않는 것은?

```
REGEXP_LIKE(col1,'-[0-9]{4}')
```

① 1-112-3422
② 0-AA-123P
③ 0-00-0033
④ 11-11-1111

REGEXP_LIKE(col1,'-[0-9]{4}')은 "-" 기호 이후에 0~9까지의 4자리를 반환한다.
②번 보기는 문자 "AA"와 "P"가 존재하기 때문에 조회되지 않는다.

87 다음 중 자신과 성별이 같은 부양가족을 가진 직원의 이름을 검색하는 질의를 SQL로 적절하게 표현한 것을 고르시오.

① SELECT E.이름
FROM 직원 AS E
WHERE E.직원번호 LIKE (SELECT 직원번호 FROM 부양가족 WHERE E.성별 = 성별);

② SELECT E.이름
FROM 직원 AS E WHERE NOT EXISTS (SELECT * FROM 부양가족 WHERE E.직원번호 = 직원번호);

③ SELECT E.이름
FROM 직원 AS E
WHERE EXISTS (SELECT * FROM 부양가족 WHERE E.직원번호 = 직원번호 AND E.성별 = 성별);

④ SELECT E.이름
FROM 직원 AS E
WHERE NOT EXISTS (SELECT * FROM 부양가족 WHERE E.직원번호 = 직원번호 AND E.성별 = 성별);

① LIKE는 단일 비교연산자이므로 LIKE 문이 IN으로 변경되어야 한다.
② 부양가족이 존재하지 않는 직원 이름을 조회한다.
④ 부양가족이 없거나, 부양가족이 있더라도 직원과 성별이 동일한 부양가족이 없는 경우 해당 직원의 이름을 결과에 포함한다.

다중 행 쿼리 기법 : all, any
• all : 서브쿼리의 결괏값 중 모든 값이 만족되어야 결과값을 반환한다.
• any : 서브쿼리의 결괏값 중 어느 하나의 값이라도 만족이 되면 결괏값을 반환한다.

88 주식의 정보를 조회하는 프로그램이 있다. 이때, 일자(BASE_DATE)와 종가(LAST_JUKA), 전일대비(DEBI_VAL)를 출력하는 SQL문으로 올바른 것을 고르시오.

[결과]

BASE_DATE	LAST_JUKA	DEBI_VAL
20230105	635.99	−39.18
20230106	596.81	−49.6
20230107	547.21	12.18

[기초 데이터]

```
SELECT BASE_DATE, LAST_JUKA
FROM TEST_A A;


BASE_DATE        LAST_JUKA
─────────────────────────────
20230104         638.86
20230105         635.99
20230106         596.81
20230107         547.21
20230108         559.39
```

①
```
SELECT  A.BASE_DATE,
        A.LAST_JUKA,
        B.LAST_JUKA−A.LAST_JUKA DEBI_VAL
FROM
(SELECT ROWNUM ROW1,
        BASE_DATE,
        LAST_JUKA
FROM TEST_A
) a,
(SELECT ROWNUM ROW1,
        BASE_DATE,
        LAST_JUKA
FROM TEST_A
WHERE BASE_DATE 〉 '20230104'
) b
WHERE A.ROW1 = B.ROW1;
```

②
```
SELECT  A.BASE_DATE,
        A.LAST_JUKA
FROM
(SELECT ROWNUM ROW1,
        BASE_DATE,
        LAST_JUKA
FROM TEST_A
) a,
(SELECT ROWNUM ROW1,
        BASE_DATE,
        LAST_JUKA
FROM TEST_A
WHERE BASE_DATE > '20230104'
) b
WHERE A.ROW1 = B.ROW1
AND A.BASE_DATE > '20230104';
```

③
```
SELECT  A.BASE_DATE,
        A.LAST_JUKA,
        B.LAST_JUKA-A.LAST_JUKA  DEBI_VAL
FROM
(SELECT ROWNUM ROW1,
        BASE_DATE,
        LAST_JUKA
FROM TEST_A
) a,
(SELECT ROWNUM ROW1,
        BASE_DATE,
        LAST_JUKA
FROM TEST_A
WHERE BASE_DATE > '20230104'
) b
WHERE A.BASE_DATE > '20230104';
```

④
```
SELECT  A.BASE_DATE,
        A.LAST_JUKA,
        B.LAST_JUKA-A.LAST_JUKA DEBI_VAL
FROM
(SELECT ROWNUM ROW1,
        BASE_DATE,
        LAST_JUKA
FROM TEST_A
) a,
(SELECT ROWNUM ROW1,
        BASE_DATE,
        LAST_JUKA
FROM TEST_A
WHERE BASE_DATE > '20230104'
) b
WHERE A.ROW1 = B.ROW1
AND A.BASE_DATE > '20230104';
```

LAG 및 LEAD 함수를 사용하지 않고 이전 행과 다음 행의 값을 구하는 SQL문이다. 만약 LAG 함수와 LEAD 함수를 사용한다면 좀 더 쉽게 SQL문을 작성할 수가 있다. LAG 함수는 이전 행의 값을 구하고 LEAD 함수는 다음 행의 값을 구한다.

ROWNUM을 사용해서 조인을 한다.
즉, 현재일, 이전일, 현재가, 전일가가
존재하는 행으로 변환된다.

89 다음 중 홍길동 사용자에게 아래의 작업을 실행할 수 있도록 권한을 부여한 것으로 올바른 것은 무엇인가?

> Update emp set sal=1000
> where deptno=100;

① grant select, update on emp to 홍길동;
② grant select, update on emp;
③ revoke select, update on emp;
④ grant create table on 홍길동 on emp;

Grant는 권한을 부여하는 SQL문이고 Revoke는 권한을 삭제하는 SQL문이다. Grant구의 문법은 'Grant 권한 on 테이블 to 사용자'이다.

권한 부여

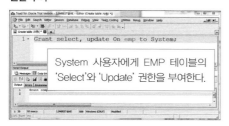

System 사용자에게 EMP 테이블의 'Select'와 'Update' 권한을 부여한다.

DBA_ROLE_PRIVS Dictionary를 확인해서 데이터베이스 사용자에게 부여된 Role을 확인할 수 있다.

사용자에게 부여된 롤(Role) 확인

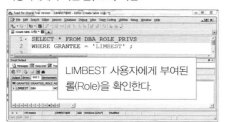

LIMBEST 사용자에게 부여된 롤(Role)을 확인한다.

90 다음 SQL문에 대한 설명으로 올바른 것은?

> SELECT *
> FROM SQLD_90
> WHERE EMP_NAME LIKE 'A%'

① 테이블의 EMP_NAME이 A 또는 a로 시작하는 모든 ROW
② 테이블의 EMP_NAME이 A로 시작하는 모든 ROW
③ 테이블의 EMP_NAME이 A로 끝나는 모든 ROW
④ 테이블의 EMP_NAME이 A 또는 a로 끝나는 모든 ROW

특정 문자로 시작하는 것을 조회하기 위해서는 LIKE문을 사용해야 한다. 그리고 'A%'는 A로 시작하는 것을 조회한다.

91 릴레이션 'employee'와 'department'에서 다음 SQL 질의문의 수행 결과는?

employee				
eno	ename	address	score	dno
10	Hong	서울	80	100
20	Kim	대전	90	200
30	Lee	강릉	90	100
40	Kim	대전	95	200
50	Hong	서울	65	300

department	
dno	dname
100	영업
200	개발
300	서비스

```
SELECT e.dno, d.dname, e.ename, e.score
FROM employee e, department d
WHERE e.dno = d.dno AND (e.dno, score) IN
        (SELECT dno, MAX(score)
        FROM employee GROUP BY dno);
```

① {(100, 영업, Lee, 90), (200, 개발, Kim, 95), (300, 서비스, Hong, 65)}

② {(100, 영업, Lee, 90), (200, 개발, Kim, 95)}

③ {(100, 영업, Lee, 90)}

④ {(100, 영업, Hong, 80), (100, 영업, Lee, 90), (200, 개발, Kim, 90), (200, 개발, Kim, 95), (600, null, Hong, 65)}

전체 실행

```
SELECT e.dno, d.dname, e.ename, e.score
FROM Employee e, Department d
WHERE e.dno = d.dno AND (e.dno, score)
IN
(SELECT dno, MAX(score)
FROM employee GROUP BY dno);
```

DNO	DNAME	ENAME	SCORE
100	영업	Lee	90
200	개발	Kim	95
300	서비스	Hong	65

서브쿼리만 실행

```
SELECT dno, MAX(score)
FROM employee GROUP BY dno;
```

DNO	MAX(SCORE)
200	95
300	65
100	90

주어진 SQL문에서 WHERE절에 있는 서브쿼리만 실행하면 DNO와 MAX(SCORE) 값이 {200, 95}, {300, 65}, {100, 90}이다.

위의 결과에 대해서 특정 칼럼의 값이 같은지 비교하는 "IN"을 사용해서 조인을 하므로 {(100, 영업, Lee, 90), (200, 개발, Kim, 95), (300, 서비스, Hong, 65)}가 조회된다.

테스트 테이블 생성

```
CREATE TABLE employee (
    eno NUMBER(10),
    ename VARCHAR2(20),
    address VARCHAR2(100),
    score NUMBER(5),
    dno NUMBER(3)
);
CREATE TABLE DEPARTMENT (
    dno NUMBER(3),
    dname VARCHAR2(20)
);

INSERT INTO employee VALUES (10, 'Hong', '서울', 80, 100);
INSERT INTO employee VALUES (20, 'Kim', '대전', 90, 200);
INSERT INTO employee VALUES (30, 'Lee', '강릉', 90, 100);
INSERT INTO employee VALUES (40, 'Kim', '대전', 95, 200);
INSERT INTO employee VALUES (50, 'Hong', '서울', 65, 300);
INSERT INTO department VALUES (100, '영업');
INSERT INTO department VALUES (200, '개발');
INSERT INTO department VALUES (300, '서비스');
COMMIT;
```

92 다음의 데이터베이스에서 '부양가족을 2명 이상 가진 사원의 사번(eno), 성명(ename), 부양가족 수를 검색'하는 질의를 SQL로 적절하게 표현한 것은?

employee(eno, ename, adddress, score, dno)
dependent(eno, ename, birthday, relation)

① SELECT eno, ename, count(*)
 FROM employee e, dependent d
 WHERE e.eno = d.eno and count(*)
 >= 2
 GROUP BY d.eno;

② SELECT e.eno, e.ename, count(*)
 FROM employee e, dependent d
 WHERE EXISTS (SELECT * FROM dependent
  GROUP BY eno
  HAVING count(*) >= 2)
 GROUP BY e.eno, e.ename;

③ SELECT e.eno, e.ename, t.cnt
 FROM employee e,
  (SELECT eno, count(*) as cnt
  FROM dependent GROUP BY
  eno HAVING count (*) >= 2) t
 WHERE e.eno = t.eno;

④ SELECT e.eno, e.ename, count(*)
 FROM employee e, dependent d
 WHERE e.eno = d.eno
 GROUP BY e.eno, e.ename
 HAVING count(*) >= 3;

위의 문제는 GROUP BY ~ HAVING절을 파악하는 것으로 GROUP BY에 조건을 걸기 위해서는 HAV-ING절을 사용해야 하며 ①번의 경우 count(*) 조건을 사용하기 위해서 HAVING절을 사용해야 한다. ②번은 서브쿼리 SELECT문에 집계함수가 존재하지 않는다. ④번은 HAVING count(*)의 "3"이 2가 되면 올바르게 실행된다.

93 정규표현식에서 중간에 어떤 문자가 0개 이상 존재하는 것을 출력하는 것은?

① ^[aio]
② .*
③ *.$
④ $

중간에 어떤 문자가 0개 이상 존재하는지 찾는 것은 .*이다.

SQLD 과목별 핵심 150제

정답 92 ③ 93 ②

SQLD 과목별 핵심 150제 **265**

94 다음 테이블에 대한 매출 누적을 구하는 SQL 문을 작성하시오. (윈도우 함수 사용)

[데이터, 테이블명 : 매출]

영업사원	판매월	매출
홍길동	1	1000
홍길동	2	2000
갑순이	1	3000
갑순이	2	2000

[결과]

영업사원	판매월	누적매출
홍길동	1	1000
홍길동	2	3000
갑순이	1	3000
갑순이	2	5000

① Select 영업사원, 판매월, sum(매출) over (partition by 영업사원 order by 판매월 range between unbounded preceding and current row) 누적매출 from 매출;

② Select 영업사원, 판매월, sum(매출) over (partition by 영업사원 order by 판매월 range between unbounded preceding) 누적매출 from 매출;

③ Select 영업사원, 판매월, sum(매출) over (partition by 판매월 range between unbounded preceding and current row) 누적매출 from 매출;

④ Select 영업사원, 판매월, sum(매출) from group by 영업사원, 판매월;

영업사원별 누적 매출이므로 "partition by 영업사원"을 사용해야 한다. 그리고 unbounded preceding와 current row는 시작부터 현재행까지를 의미한다.

```
SELECT 영업사원, 판매월,
    SUM(매출) OVER (PARTITION BY 영업사원
    ORDER BY 판매월 RANGE BETWEEN
    UNBOUNDED PRECEDING AND
    CURRENT ROW) 누적매출
FROM 매출;
```

영업사원	판매월	누적매출
갑순이	1	3000
갑순이	2	5000
홍길동	1	1000
홍길동	2	3000

테스트 테이블 생성

```
CREATE TABLE 매출(
    영업사원 VARCHAR2(20),
    판매월   CHAR(1),
    매출     NUMBER(5)
);

INSERT INTO 매출 VALUES('홍길동','1',1000);
INSERT INTO 매출 VALUES('홍길동','2',2000);
INSERT INTO 매출 VALUES('갑순이','1',3000);
INSERT INTO 매출 VALUES('갑순이','2',2000);
COMMIT;
```

95 다음 SQL문의 실행 결과는 무엇인가?

SELECT COALESCE(NULL, '2', '1') FROM DUAL;

① 1　　　　　　　② 2
③ 3　　　　　　　④ NULL

COALESCE 함수는 NULL이 아닌 첫 번째 값을 리턴하는 함수이다. 위의 문제에서 첫 번째는 NULL이고 두 번째는 '2'이다. 따라서 '2'가 리턴된다.

SELECT COALESCE(NULL, '2', '1') FROM DUAL;

COALESCE(NULL,'2','1')
2

96 다음의 SQL문 실행 결과는 무엇인가?

SELECT * FROM dual WHERE NULL = NULL;

① NULL
② 1
③ X
④ 공집합

SQL문에서 NULL과 NULL을 비교할 수가 없다. 만약 NULL 값을 조회하려면 is null을 사용해야 하고 NULL이 아닌 것을 조회하려면 is not null을 사용해야 한다.

SELECT * FROM DUAL WHERE NULL = NULL;

no data found

NULL 조회

SELECT * FROM scott.Emp WHERE mgr IS NULL;

EMPNO	ENAME	JOB	MGR	HIREDATE	SAL	COMM	DEPTNO
7839	KING	PRESIDENT	-	17-Nov-81	5000	-	10

97 그룹 내 행 순서 관련 함수에 속하지 않는 함수를 모두 고르시오.

① FIRST_VALUE
② LAST_VALUE
③ RANK
④ LAG

RANK 함수는 순위를 구하는 윈도우 함수로 행의 순서와는 관련이 없다.

RANK 함수 사용

SELECT job, ename, sal,
RANK() OVER
(ORDER BY sal DESC) ALL_RANK
FROM scott.Emp;

JOB	ENAME	SAL	ALL_RANK
PRESIDENT	KING	5000	1
ANALYST	SCOTT	3000	2
ANALYST	FORD	3000	2
MANAGER	JONES	2975	4
MANAGER	BLAKE	2850	5
MANAGER	CLARK	2450	6
SALESMAN	ALLEN	1600	7
SALESMAN	TURNER	1500	8
CLERK	MILLER	1300	9
SALESMAN	MARTIN	1250	10
SALESMAN	WARD	1250	10
CLERK	ADAMS	1100	12
CLERK	JAMES	950	13
CLERK	SMITH	800	14

98 다음은 윈도우 함수에 대한 설명이다. 현재 행을 기준으로 파티션 내에서 앞의 한 건, 현재행, 뒤의 한 건을 범위를 지정하는 Over의 옵션은?

① ROWS BETWEEN 1 PRECEDING AND 1 FOLLOWING
② RANGE UNBOUNDED PRECEDING
③ ROWS BETWEEN CURRENT ROW AND UNBOUNDED FOLLOWING
④ ROWS BETWEEN 1 AND 2

윈도우 함수의 의미는 다음과 같다.

윈도우 함수 구성

윈도우 함수	내용
ROWS	물리적 단위로 행을 지정한다.
RANGE	논리적 주소에 의한 행 집합을 지정한다.
BETWEEN ~ AND	윈도우의 시작과 끝을 지정한다.
UNBOUNDED PRECEDING	윈도우의 시작 위치가 첫 번째 행임을 의미한다.
UNBOUNDED FOLLOWING	윈도우의 마지막 위치가 마지막 행임을 의미한다.
CURRENT ROW	윈도우 시작 위치가 현재 행임을 의미한다.

99 CONNECT BY에 대한 설명으로 맞지 않은 것은?

① CONNECT_BY_ISLEAF는 전개과정에서 LEAF 데이터이면 0, 아니면 1을 가진다.
② CONNECT_BY_ISCYCLE는 ROOT까지의 경로에 존재하는 데이터를 의미한다.
③ CONNECT_BY_ROOT는 ROOT 노드의 정보를 표시한다.
④ SYS_CONNECT_BY_PATH는 하위 레벨의 칼럼까지 모두 표시한다.

CONNECT_BY_ISLEAF는 전개과정에서 LEAF 데이터이면 1, 아니면 0을 가진다.

100 그룹 내 순위 관련 WINDOW 함수의 특징으로 올바르지 않은 것을 고르시오.

① RANK 함수는 동일한 값에 대해서는 동일한 순위를 부여한다.
② DENSE_RANK 함수는 RANK 함수와 흡사하며, 동일한 순위를 하나의 건수로 취급한다.
③ RCUMM_RANK 함수는 누적된 순위를 부여한다.
④ RANK 함수가 동일한 값에 대해서는 동일한 순위를 부여하는 데 반해, ROW_NUMBER 함수는 고유한 순위를 부여한다.

RCUMM_RANK는 존재하지 않는 함수이다.

98 ① 99 ① 100 ③

101 다음은 Order by에 대한 설명이다. 올바르지 않은 것은?

① 기본적으로 정렬순서는 오름차순으로 정렬되지만 DESC를 사용하면 내림차순으로 정렬한다.

② 오름차순으로 숫자형 데이터 타입을 정렬하면 가장 작은 값부터 출력된다.

③ SQL Server에서 오름차순으로 정렬하면 NULL 값이 가장 먼저 나온다.

④ 날짜형 데이터 타입을 오름차순으로 정렬하면 날짜 값이 가장 늦은 날짜가 먼저 출력된다.

날짜형 데이터를 오름차순으로 출력하며 다음과 같다. 날짜형 데이터를 출력하기 위해서 sysdate를 사용하고 어제 날짜를 구하기 위해서 sysdate−1을 한다. 이것을 Union all로 합집합을 만든 다음에 Order by로 정렬을 한다.

날짜형 데이터 오름차순 정렬

```
SELECT * FROM (
    SELECT SYSDATE TODAY FROM DUAL
    UNION ALL
    SELECT SYSDATE−1 TODAY FROM DUAL
)
ORDER BY TODAY ASC;
```

TODAY
25-Jun-24
26-Jun-24

102 CASE문에서 ELSE를 생략하면 어떤 현상이 발생되는가?

① ELSE를 생략하고 작성하면 실행 시 ELSE 조건이 참이 되며 오류가 발생한다.

② ELSE 조건이 만족하게 되면 공집합이 리턴 된다.

③ ELSE 조건을 만족하게 되면 무시된다.

④ ELSE 조건이 만족하게 되면 NULL이 된다.

CASE문은 IF~THEN~ELSE를 구현할 수 있는 SQL문이다. 즉, 어떤 조건이 참이면 A를 실행하고 그렇지 않으면 B를 실행하라는 것이다. CASE문에서 ELSE 조건을 생략하면 NULL이 되돌려진다.

CASE문

구분	설명
문법	CASE [expression] WHEN condition_1 THEN result_1 WHEN condition_2 THEN result_2 ... WHEN condition_n THEN result_n ELSE result END
예제	SELECT table_name, CASE WHEN owner='SYS' THEN 'The owner is SYS' WHEN owner='SYSTEM' THEN 'The owner is SYSTEM' ELSE 'The owner is another value' END FROM all_tables;

정답 101 ④ 102 ④

103 다음의 SQL문과 동일한 것을 고르시오.

> SELECT NVL(name,'없음') FROM Emp;

① SELECT CASE WHEN name IS
   NOT NULL THEN name ELSE '0'
   END AS user_name
   FROM Emp;

② SELECT CASE WHEN name IS
   NOT NULL THEN '0' ELSE name
   END AS user_name
   FROM Emp;

③ SELECT CASE WHEN name IS
   NULL THEN '없음' ELSE name
   END AS user_name
   FROM Emp;

④ SELECT CASE WHEN name IS
   NULL THEN '없음' ELSE '0' END
   AS user_name
   FROM Emp;

IS NULL은 만약 NULL이면 "없음"을 출력하고 그렇지 않으면 NAME 칼럼의 값을 출력하는 것이다.

104 우선순위를 계산하는 윈도우 함수에서 동일한 우선순위가 나와도 고유의 값을 부여하기 위한 방법으로 올바른 것은 무엇인가?

① SELECT RANK( ) OVER
   (PARTITION BY deptno
   ORDER BY sal DESC)
   dept_rank;

② SELECT DENSE_RANK( ) OVER
   (PARTITION BY deptno
   ORDER BY sal DESC)
   dept_rank;

③ SELECT ROW_NUMBER( ) OVER
   (PARTITION BY deptno
   ORDER BY sal DESC)
   dept_rank;

④ SELECT UNIQUE_RANK( ) OVER
   (PARTITION BY deptno
   ORDER BY sal DESC)
   dept_rank;

ROW_NUMBER( ) 함수는 동일한 순위가 나올 때 고유값을 부여한다.

ROW_NUMBER( ) 윈도우 함수

> SELECT deptno, ROW_NUMBER() OVER
> (PARTITION BY deptno ORDER BY sal DESC)
> dept_rank
> FROM scott.Emp;

DEPTNO	DEPT_RANK
10	1
10	2
10	3
20	1
20	2
20	3
20	4
20	5
30	1
30	2
30	3
30	4
30	5
30	6

105 서브쿼리의 종류 중에 서브쿼리를 실행하고 한 행, 한 칼럼을 반환하는 서브쿼리를 무엇이라고 하는가?

① Looping
② Scala Subquery
③ Associative Subquery
④ Access Subquery

스칼라 서브쿼리(Scala Subquery)는 SELECT문에서 사용하는 서브쿼리로 한 행만 반환한다.

스칼라 서브쿼리 사용

```
SELECT ename,
(SELECT dname FROM scott.Dept d
    WHERE d.deptno=e.deptno)
dname, job
FROM scott.Emp e
WHERE job='MANAGER';
```

ENAME	DNAME	JOB
BLAKE	SALES	MANAGER
CLARK	RESEARCH	MANAGER
JONES	RESEARCH	MANAGER

위치에 따른 서브쿼리 명칭

서브쿼리	특징
스칼라 서브쿼리	SELECT문에서 사용하는 서브쿼리로 한 행만 반환한다.
인라인 뷰	FROM절에 있는 서브쿼리를 의미한다.
서브쿼리	WHERE절에 있는 서브쿼리이다.

106 다음의 내용 중에서 ROWNUM을 올바르게 사용하지 않은 것은?

① SELECT ROWNUM, ENAME FROM EMP;
② SELECT EMPNO FROM EMP WHERE ROWNUM=1;
③ SELECT ENAME FROM EMP WHERE ROWNUM=2;
④ SELECT DEPTNO FROM EMP WHERE ROWNUM 〈 10;

ROWNUM은 SELECT문에서 행이 조회될 때, 행에 부여되는 일렬번호이다. 보기 ③은 1행을 건너뛰고 2행만 출력하라고 해석할 순 있지만, 출력되는 그 행이 다시 또 1행이 되어버려서 결국 출력이 안된다. 즉 ROWNUM은 =1 또는 〈5 와 같은 방식으로 사용해야 한다.
결국 ③과 같은 조건을 부여하려면 인라인 뷰를 사용해야 한다.

ROWNUM과 인라인 뷰

```
SELECT * FROM (
        SELECT ROWNUM top,
        ename FROM scott.Emp) a
WHERE a.top=2;
```

TOP	ENAME
2	BLAKE

107 Subquery의 종류 중에서 Subquery가 Main-query의 제공자 역할을 하고 Mainquery의 값이 Subquery에 주입되지 않는 유형은 무엇인가?

① Filter형 Subquery
② Early Filter형 Subquery
③ Associative Subquery
④ Access Subquery

Access Subquery는 제공자 역할을 하는 서브쿼리이다.

SQL 개선 측면에서 서브쿼리의 종류

서브쿼리	특징
Access Subquery	쿼리의 변형이 없고 제공자의 역할을 하는 서브쿼리이다.
Filter Subquery	쿼리의 변형이 없고 확인자 역할을 하는 서브쿼리이다.
Early Filter Subquery	쿼리의 변형이 없고 서브쿼리가 먼저 실행하여 데이터를 걸러낸다.

108 다음 중에서 집합 연산자의 종류에 해당되지 않은 것을 고르시오.

① Union all
② Union
③ Project
④ Except

집합 연산자(SET OPERATOR)는 두 개 이상의 테이블에서 조인을 하지 않고 관련된 데이터를 조회한다.

집합 연산자 종류

집합 연산자	특징
UNION	중복된 행을 제거하고 합집합을 만든다.
UNION ALL	중복된 행을 제거하지 않고 합집합을 만든다.
INTERSECT	여러 개의 SQL문에 대해서 교집합을 만든다.
EXCEPT	SQL문에 대해서 차집합을 만든다. EXCEPT와 동일한 것은 MINUS이다. 즉, MS-SQL은 EXCEPT를 사용하고 ORACLE은 MINUS를 사용한다.

109 ANSI/ISO 표준 SQL에서 두 테이블 간에 동일한 칼럼 이름을 가지는 것을 모두 출력하는 조인 방식은 무엇인가?

① Inner Join
② Cross Join
③ Natural Join
④ Using

NATURAL JOIN은 두 테이블 간에 동일한 칼럼 이름을 가진 것을 모두 출력하는 조인 방법이다.
동일한 칼럼이 두 개 이상일 경우 JOIN~USING 문장을 사용한다.

NATURAL JOIN 특징
• Alias를 사용할 수 없다.
• 두 테이블에서 동일한 칼럼 이름을 가지는 칼럼은 모두 조인된다.

```
SELECT empno, ename, deptno
FROM scott.Emp
NATURAL JOIN scott.Dept;
```

EMPNO	ENAME	DEPTNO
7839	KING	10
7698	BLAKE	30
7782	CLARK	20
7566	JONES	20
7788	SCOTT	20
7902	FORD	10
7369	SMITH	20
7499	ALLEN	30
7521	WARD	30
7654	MARTIN	30
7844	TURNER	30
7876	ADAMS	20
7900	JAMES	30
7934	MILLER	10

Emp와 Dept 테이블은 deptno라는 같은 이름의 칼럼을 가지고 있으므로 NATURAL JOIN을 하면 자동으로 조인이 된다.

110 두 개 릴레이션 Student와 Department가 있을 때, 질의문 "SELECT * FROM Student s, Department d WHERE s.dept 〉 100;"을 수행하려고 한다. 이 질의 수행으로 생성되는 결과 릴레이션의 차수(Degree)와 카디널리티(Cardinality)는 각각 얼마인가? (단, 릴레이션 Student의 애트리뷰트 '소속(dept)'은 릴레이션 Department의 애트리뷰트 '코드(dno)'를 외부키로 참조한다.)

[Student]

학번 (sno)	성명 (sname)	주소 (address)	성적 (score)	소속 (dept)
9801	홍길동	서울	80	100
9802	김철수	대전	90	200
9803	이순자	강릉	90	100
9805	이원영	부산	95	200
9806	홍남순	서울	65	300

[Department]

코드(dno)	학과명(dname)	학과장(manager)
100	정통	이순신
200	전자	강감찬
300	기계	김유신

① 차수=5, 카디널리티=3
② 차수=5, 카디널리티=2
③ 차수=8, 카디널리티=9
④ 차수=8, 카디널리티=3

차수(Degree)와 카디널리티(Cardinality)를 구하는 문제로 차수는 결과 릴레이션의 칼럼 수이다. 그래서 Student와 dept 테이블을 조인하여 모든 컬럼을 출력하기 때문에 (SELECT *) 각각 Student 테이블에서 5개, dept 테이블에서 3개, 총 8개의 컬럼(=차수)을 가지게 된다.
카디널리티는 선택된 행들의 개수이다. Where문을 보면 결과 릴레이션에서 Student 릴레이션의 dept값이 100보다 큰 것만 조회한다.
위 조건에 부합하는 결과 행수는 9건이므로 카디널리티는 9가 된다.
(Student와 Dept를 카티션곱 조인하면 15개의 행이 나오고, 이 중 where 조건에 부합하는 대상은 9건)

111

다음 student 테이블을 이용하여 아래의 SQL을 수행하였을 때 실행 결과는?

[student]

name	term	degree	department
Kim	5	3.5	computer
Lee	5	4	computer
Park	7	2.5	physics
Choi	7	2.8	physics
Ryu	6	3	math
Jo	3	3.5	math
Yang	1	2	math

```
SELECT count ( * )
FROM student
GROUP BY department
HAVING count( * ) 〉 2 ;
```

① 0   ② 1
③ 2   ④ 3

SELECT문을 보면 department로 GROUP BY한다. 그리면 총 3개의 그룹이 만들어진다. computer, physics, math이다. 3개의 그룹 중에서 개수가 2개 초과인 것을 조회하기 위해서 "HAVING count(*) 〉 2"문을 사용했다. 따라서 2개 초과인 것은 math이고 math는 총 3개가 있으므로 3이 된다.

112

다음 7개의 SQL 문장이 성공적으로 수행되었다고 하자.

```
create table 학과
(학과번호    char(10) primary key,
 학과명     char(10));
create table 학생
(학번      char(10) primary key,
 소속학과    char(10),
foreign key  (소속학과) references 학과(학과
번호)
on delete cascade
);
insert into 학과 values ('1', '전산과');
insert into 학과 values ('2', '전기과');
insert into 학생 values ('100', '1');
insert into 학생 values ('200', '2');
insert into 학생 values ('300', '2');
```

세 개의 SQL 문장이 성공적으로 실행되었을 때, select 문장의 결과는 각각 무엇인가?

```
select count(학번) from 학생;
delete from 학과 where 학과번호 = '2';
select count(학번) from 학생;
```

① 3, 1   ② 3, 2
③ 3, 3   ④ 3, null

"select count(학번) from 학생"은 학생 테이블에 총 3개를 삽입(Insert)했으므로 3이 된다. 그리고 "delete from 학과 where 학과번호 = '2'"를 삭제한다. 학과 테이블에서 학과번호 "2"를 삭제하면 학생 테이블과 외래키 관계로 있고 "on delete cascade"가 설정되어 있다. 따라서 학생 테이블에 학과번호 2번은 모두 자동 삭제된다. 그러면 학생 테이블에는 학과번호 "1"번만 남게 되기 때문에 1개이다.

113 다음과 같은 문장으로 사원 테이블을 생성하였다.

> create table 사원 (번호 char(10) primary key,
> 월급 integer);

사원 테이블에 유효한 데이터를 로드한 후, 아래 두 SQL문을 성공적으로 실행하였다. SQL A와 SQL B의 실행 결과로 옳은 것은?

> SQL A : select count(번호) from 사원 where
>   월급 >= 100000 or 월급 < 100000;
> SQL B : select count(번호) from 사원;

① SQL A와 SQL B의 결과는 항상 같다.

② SQL A와 SQL B의 결과는 항상 다르다.

③ SQL A와 SQL B의 결과는 다를 수 있으며, 그 이유는 월급 필드에 널(NULL) 값이 존재할 수 있기 때문이다.

④ SQL A와 SQL B의 결과는 다를 수 있으며, 그 이유는 번호 필드에 널(NULL) 값이 존재할 수 있기 때문이다.

Count()는 행 수를 계산하는 집계함수이다. 집계함수의 특성은 NULL 값을 제외한다는 것이다. 그래서 NULL 값이 존재하는 경우 집계 결과는 달라질 수 있다. 번호 칼럼은 PK이므로 값이 무조건 들어있다. 즉, COUNT(번호)는 모든 행의 개수를 출력한다. 반면에 월급 칼럼에 NULL이 들어있을 경우에는 WHERE 월급 >= 100000 OR 월급 < 100000 이 부분에서 NULL은 정상적인 비교가 되지않아 행이 조회되지 않는다. 즉 출력되는 행의 개수가 달라질 수 있다는 의미이다.

114 다음 SQL 문장 중 COLUMN1의 값이 널(NULL)이 아닌 경우를 찾아내는 문장으로 가장 적절한 것은?

① SELECT * FROM T_TEST WHERE COLUMN1 IS NOT NULL;

② SELECT * FROM T_TEST WHERE COLUMN1 < > NULL;

③ SELECT * FROM T_TEST WHERE COLUMN1 != NULL;

④ SELECT * FROM T_TEST WHERE COLUMN1 NOT NULL;

SELECT문으로 NULL 값을 조회하려면 IS NULL을 사용하고 NULL이 아닌 것을 조회하려면 IS NOT NULL을 사용해야 한다.

115 숫자형 함수 적용과 그 결괏값이 올바르지 않은 것은?

① ABS(−30) = 30
② SIGN(−50) = −1
③ MOD(7,3) = 2
④ CEIL(38.12) = 39

단일행 숫자형 함수

숫자형 함수	주요 내용
ABS(숫자)	– 절대값을 되돌려 준다. – 예 SELECT ABS(−3.46) FROM DUAL; 이면 3.46을 되돌려 준다.
SIGN(숫자)	– 양수, 음수, 0을 구분한다. – 예 SELECT SIGN(3.46) FROM DUAL; 이면 1(양수)을 되돌려 준다.
CEIL/CEILING (숫자)	숫자보다 크거나 같은 최소의 정수를 되돌려 준다.
FLOOR(숫자)	– 숫자보다 작거나 같은 최소의 정수를 되돌려 준다. – 예 SELECT Floor(3.46) FROM DUAL; 이면 3을 되돌려 준다.
ROUND (숫자 [,m])	– m의 기본값은 0이고 m+1 자리에서 반올림한다. – 예 SELECT Round(3.46) FROM DUAL; 이면 3을 되돌려 준다.
TRUNC (숫자 [,m])	– m의 기본값은 0이고 m+1 자리를 자른다. – 예 SELECT Trunc(3.46) FROM DUAL; 이면 3을 되돌려 준다.

SQL문 실행

```
SELECT ABS(−30), sIGN(−50),
    MOD(7, 3), CEIL(38.12)
FROM DUAL;
```

ABS(-30)	SIGN(-50)	MOD(7,3)	CEIL(38.12)
30	-1	1	39

---

116 다음 SQL문의 결과로 출력되는 데이터는 무엇인가?

```
SELECT NEXT_DAY
(ADD_MONTHS (sysdate,6),'월요일')
FROM dual;
```

① 오늘 날짜로부터 6일 후 첫 번째 월요일을 출력한다.
② 오늘 날짜로부터 6개월 후 두 번째 월요일을 출력한다.
③ 오늘 날짜로부터 6개월 후 첫 번째 월요일을 출력한다.
④ 오늘 날짜로부터 6일 후 두 번째 월요일을 출력한다.

ADD_MONTHS 함수는 6개월을 더하고 NEXT_DAY 함수는 지정된 요일의 첫 번째 날짜를 출력한다. 즉, 문제에서는 6개월 후 첫 번째 월요일을 출력한다.

SQL문 실행

```
SELECT SYSDATE,
    NEXT_DAY(ADD_MONTHS(SYSDATE, 6),
    'MONDAY')
FROM DUAL;
```

SYSDATE	NEXT_DAY(ADD_MONTHS(SYSDATE,6),'MONDAY')
26-Jun-24	30-Dec-24

117 다음 중 옳지 않은 것은?

① LENGTH('youngjin')은 9를 반환한다.
② CASE 문은 If – Then – Else를 구현할 수 있다.
③ (날짜1 – 날짜2)로 계산한 결과는 일 수로 반환된다.
④ COUNT(표현식)은 표현식의 값이 NULL 값인 것을 제외한 행 수를 출력한다.

LENGTH 함수는 문자열의 길이를 반환한다. ①의 길이는 8이다.

일 수 반환 예시

```
SELECT SYSDATE–(SYSDATE–1)
FROM DUAL;
```

SYSDATE-(SYSDATE-1)
1

118 다음 결과는 2개의 테이블을 어떤 Join으로 진행한 것인가?

EMPNO	DEPTNO
7902	20
7934	10
	40
8031	

① Natural Join
② Right Outer Join
③ Left Outer Join
④ Full Outer Join

위의 결과를 보면 EMPNO와 DEPTNO 각각에 서로 없는 것이 있다. 그래서 FULL OUTER JOIN이 된다.

119 다음 설명 중 옳지 않은 것은?

① Union과 Union All은 성능 차이가 없다.
② Natural 조인에 해당하는 칼럼은 테이블의 칼럼명이 동일하다.
③ View는 실제 데이터를 가지고 있지 않는다.
④ 서브쿼리는 Order by절에 사용할 수 있다.

성능 측면에서는 Union보다 Union All이 우수하다. 그 이유를 알기 위해서 SQL을 만들고 실행 계획을 확인하면 다음과 같다.

다음의 결과를 확인해보면 UNION은 내부적으로 SORT(정렬)가 발생하는 것을 확인할 수가 있다. 하지만 UNION ALL은 SORT가 발생하지 않는다. 즉, 성능 측면에서는 UNION ALL이 유리하다는 것이다.

UNION 실행 계획

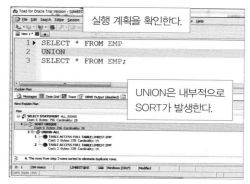

UNION ALL 실행 계획

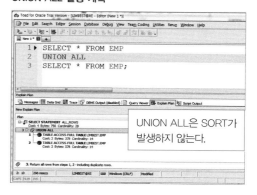

---

120 테이블 3개를 조인하려면 최소 몇 개의 조건절이 필요한가?

① 1　　　　　　② 2
③ 3　　　　　　④ 4

테이블 3개를 조인하려면 최소 2개의 조건절이 필요하다.
select *
from a, b, c
where a.no=b.no
and b.no=c.no;

121 다음 SQL문에서 (　　　)에 들어갈 알맞은 명령어는 무엇인가?

SELECT * FROM Emp a (　　　　　　) Dept b
ON a.deptno=b.deptno;

[결과]

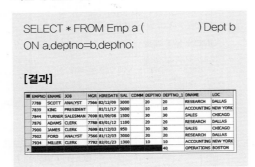

① FULL OUTER JOIN
② LEFT OUTER JOIN
③ RIGHT OUTER JOIN
④ CROSS JOIN

DEPT 테이블에 있는 40번이 조회되고 EMP 테이블은 NULL로 조회되므로 RIGHT OUTER JOIN이다.

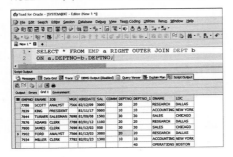

122 다음의 SQL 실행 결과를 한 행으로 1, 1이 조회되게 변경하시오.

SELECT 1, 0 FROM DUAL
UNION ALL
SELECT 0, 1 FROM DUAL;

1	0
1	0
0	1

① 전체 SQL을 INLINE 뷰로 해서 SUM 함수를 사용한다.
② 전체 SQL을 INLINE 뷰로 해서 MIN 함수를 사용한다.
③ 전체 SQL을 INLINE 뷰로 해서 COUNT 함수를 사용한다.
④ 전체 SQL을 INLINE 뷰로 해서 NVL 함수를 사용한다.

서브쿼리를 사용하고 집계 함수로 SUM을 하면 된다.

SELECT SUM(x1), SUM(x2)
FROM (SELECT 1 x1, 0 x2 FROM DUAL
　　　UNION ALL
　　　SELECT 0 x1, 1 x2 FROM DUAL) a;

SUM(X1)	SUM(X2)
1	1

123 다음 SQL문의 실행결과로 올바른 것은?

[mytest]

C1	C2
Y	20
X	30
A	40
A	50
	10
	80

```
SELECT NVL(COUNT(*), 9999)
FROM mytest
WHERE 1=2;
```

① 0
② 1
③ NULL
④ 9999

조건 WHERE 1=2는 항상 거짓이므로 선택되는 행이 없다.
따라서 0을 반환한다.

124 서브쿼리와 ROWNUM을 사용하여 Emp 테이블에서 empno 열의 처음 5개의 행만 조회하는 SQL문으로 올바른 것을 고르시오.

① SELECT * FROM (SELECT ROWNUM AS LIST, EMPNO FROM EMP) WHERE LIST <=5;
② SELECT * FROM (SELECT ROWNUM AS LIST, EMPNO FROM EMP WHERE ROWNUM <=5);
③ SELECT ROWNUM AS LIST, EMPNO FROM EMP WHERE ROWNUM <=5;
④ SELECT * FROM (SELECT ROWNUM AS LIST, EMPNO FROM EMP);

서브쿼리에서 가상 열 ROWNUM을 생성하여 행 번호를 부여하고 list로 별칭 지정한다. WHERE 절에서 list가 5 이하인 행만 선택하여 반환한다.

```
SELECT *
FROM (SELECT ROWNUM AS list, empno
        FROM scott.Emp)
WHERE list <=5;
```

LIST	EMPNO
1	7369
2	7499
3	7521
4	7566
5	7654

125 릴레이션 Emp, Dept가 다음과 같이 정의되어 있다. 부서에 사원이 한 명도 없는 부서(dept-no)를 검색하는 질의를 작성했을 때, 가장 거리가 먼 것은? (단, Emp의 deptno는 Dept의 deptno를 참조하는 외래키이며, 모두 값이 존재)

> Emp(empno, ename, job, mgr, hiredate, sal, comm, deptno)
> Dept(deptno, dname, loc)

① SELECT deptno FROM Dept WHERE deptno NOT IN (SELECT deptno FROM Emp);
② SELECT deptno FROM Dept a WHERE NOT EXISTS (SELECT * FROM Emp b WHERE a.deptno =b.deptno);
③ SELECT b.deptno FROM Emp a RIGHT OUTER JOIN Dept b ON a.deptno = b.deptno WHERE empno IS NULL;
④ SELECT deptno FROM Dept WHERE deptno 〈 〉 ANY (SELECT deptno FROM Emp);

Dept 구조

> SELECT * FROM scott.Dept;

DEPTNO	DNAME	LOC
10	ACCOUNTING	NEW YORK
20	RESEARCH	DALLAS
30	SALES	CHICAGO
40	OPERATIONS	BOSTON

Emp 구조

> SELECT deptno, ename FROM scott.Emp;

DEPTNO	ENAME
10	KING
30	BLAKE
20	CLARK
20	JONES
20	SCOTT
10	FORD
20	SMITH
30	ALLEN
30	WARD
30	MARTIN
30	TURNER
20	ADAMS
30	JAMES
10	MILLER

Dept의 부서번호(deptno)를 조회하되 Emp에 존재하지 않는 deptno를 반환해야 한다.

①번 SQL문

> SELECT deptno FROM scott.Dept
> WHERE deptno NOT IN
> (SELECT deptno FROM scott.Emp);

DEPTNO
40

②번 SQL문

> SELECT deptno FROM scott.Dept a
> WHERE NOT EXISTS
> (SELECT * FROM scott.Emp b
> WHERE a.deptno = b.deptno);

DEPTNO
40

③번 SQL문

```
SELECT b.deptno FROM scott.Emp a
RIGHT OUTER JOIN scott.Dept b
ON a.deptno = b.deptno
WHERE empno IS NULL;
```

DEPTNO
40

④번 SQL문

```
SELECT deptno FROM scott.Dept
WHERE deptno <> ANY
(SELECT deptno FROM scott.Emp);
```

DEPTNO
10
20
30
40

④는 Emp 테이블의 deptno 값이 하나라도 Dept의 deptno와 일치하지 않으면 조건이 참이 되기 때문에 10, 20, 30, 40 모두가 반환된다.

126 다음 SQL문의 실행결과로 올바른 것은?

```
SELECT
SUBSTR('abcdefg', LENGTH('abcdefg') - 3)
FROM DUAL;
```

① 'abcdefg'
② 'defg'
③ 'abcd'
④ 'cdefg'

LENGTH('abcdefg')는 7이므로 'abcdefg'의 왼쪽에서 7 − 3 = 4번째부터 SUBSTR로 잘라 'defg'가 출력된다.

127 테이블 R과 S가 다음과 같을 때, 아래 SQL문의 실행 결과로 옳은 것은?

[R]

EID	ENAME	PHONE	SEX	DID
823	Kim	8491	M	100
434	Park	8488	F	101
180	Lee	8592	M	101
510	Choi	8598	F	100

[S]

DID	DNAME	ROOM
100	Head	A403
101	Sales	A401
102	Proj1	A301
103	Proj2	B101
104	AS	B102

```
SELECT COUNT(*) FROM R, S;
```

① 4
② 5
③ 9
④ 20

SQL문에서 COUNT() 함수는 행 수를 확인하는 집계 함수이다. 그런데 R 테이블과 S 테이블에 조인 조건이 없어서 카텐시안 곱이 발생한다. 즉, R 테이블의 행 수가 4개이고 S 테이블의 행 수가 5개이므로 4*5=20이 조회된다.

정답 125 ④ 126 ② 127 ④

128 다음의 SQL문에 대한 설명으로 올바르지 않은 것은?

```
SELECT JOB, ENAME, SAL,
    RANK( ) OVER (ORDER BY SAL DESC)
    ALL_RANK,
    RANK( ) OVER (PARTITION BY JOB
    ORDER BY SAL DESC) JOB_RANK
FROM EMP;
```

① SAL칼럼은 급여가 큰 순으로 조회된다.
② JOB별로 SAL이 큰 등수가 조회된다.
③ RANK( ) 함수를 사용했으므로 급여가 동일한 사람이 있다면, 조회 순서에 따라서 1등과 2등으로 표시된다.
④ PARTITION문을 사용해서 해당 파티션 내에서 순위를 계산한다.

RANK() 함수를 사용할 경우 급여가 동일한 사람이 있을 때 같은 등수로 조회된다.

129 다음의 SQL문에 대한 설명으로 올바르지 않은 것은?

```
SELECT ENAME, SAL
    , NTILE(4) OVER (ORDER BY SAL DESC)
    as DATA
FROM EMP;
```

① DATA 필드가 가질 수 있는 값의 범위는 0~3까지이다.
② SAL이 큰 순으로 조회된다.
③ SAL의 값에 따라서 데이터를 4등분으로 분류해서 DATA 필드로 조회된다.
④ SAL의 마지막 행은 급여가 가장 작은 사람이다.

NTILE(ARGUMENT) 원도우 함수는 데이터를 ARGU-MENT 값으로 N등분하는 함수이다. 위의 예처럼 NTILE(4)는 1부터 4까지 4등분한다.

130 다음의 PREV_SAL은 어떤 윈도우 함수를 사용해야 하는가?

ENAME	HIREDATE	SAL	PREV_SAL
ALLEN	20-FEB-81	1600	
WARD	22-FEB-81	1250	1600
TURNER	08-SEP-81	1500	1250
MARTIN	28-SEP-81	1250	1500

① LEAD
② LAG
③ NTILE
④ LAST_VALUE

LAG() 윈도우 함수는 이전 행의 몇 번째 행 값을 가지고 올 수 있다.

131 다음 과일 테이블에 대한 SQL문 내의 비교조건을 해석한 것으로 올바르지 않은 것은?

[과일]

과일코드	과일명
10	오렌지
15	키위
19	파인애플

① "21 NOT IN (SELECT 과일코드 FROM 과일)"은 참이다.
② "19 〈 ANY (SELECT 과일코드 FROM 과일)"은 거짓이다.
③ "15 〈 ALL (SELECT 과일코드 FROM 과일)"은 참이다.
④ "19=ALL(SELECT 과일코드 FROM 과일)" 거짓이다.

ALL은 전부 일치하는 것만 출력하는 것으로 AND라고 생각하면 되고 ANY는 OR로 생각하면 된다. 그러므로 보기 ③번은 15보다 큰 것이 모두 일치해야 하는데 과일 테이블에 있는 15, 키위는 값이 크지 않고 같다.

132 부서와 사원 테이블을 생성하는 SQL 문장을 수행한 후 튜플 삽입으로 두 테이블의 상태가 다음과 같을 때, 테이블 연산 수행에 대한 설명으로 올바르지 않은 것은?

```
CREATE TABLE 부서 (
    부서번호 INT NOT NULL,
    부서명 VARCHAR(20),
    PRIMARY KEY(부서번호));

CREATE TABLE 사원 (
    사번 INT NOT NULL,
    이름 VARCHAR(20),
    부서번호 INT,
    PRIMARY KEY(사번),
    FOREIGN KEY(부서번호)
    REFERENCES 부서(부서번호));
```

[부서]

부서번호	부서명
1	자재부
2	영업부

[사원]

사번	이름	부서번호
11	홍길동	1
12	이순신	2

① 부서 테이블에서 (2, '영업부') 튜플을 삭제한다면 참조 무결성 제약조건을 위배한다.

② 사원 테이블에 (13, '강감찬', 'A1') 튜플을 삽입한다면 도메인 무결성 제약조건을 위배한다.

③ 사원 테이블에 (14, '김유신', 0) 튜플을 삽입한다면 참조 무결성 제약조건을 위배한다.

④ 부서 테이블에 (1, '연구부') 튜플을 삽입한다면 참조 무결성 제약조건을 위배한다.

부서 테이블은 마스터 테이블이므로 사원 테이블에 없는 부서번호 등을 자유롭게 입력할 수 있다. 단, 부서테이블에 부서번호 칼럼은 PRIMARY KEY이므로 중복값이 입력되면 안된다. 즉, 이미 부서번호가 1인 대상이 있으므로, 무결성 제약 조건(PK중복)에 위배된다. 따라서 부서 테이블에 (1, '연구부')을 입력하는 것은 참조 무결성 위배는 아니다.

---

133 다음의 예에서 결괏값이 다른 하나는?

[SQLD_13]

고객	거래내역
철수	100
민정	
아름	300
예진	

① SELECT NULL*2 FROM SQLD_13;

② SELECT NULL*3 FROM SQLD_13;

③ SELECT NULL * NULL FROM SQLD_13;

④ SELECT count(고객) FROM SQLD_13 WHERE 거래내역 IS NULL;

---

①, ②, ③번은 모두 SELECT NULL FROM SQLD_13; 과 같은 SQL문으로 모두 NULL을 반환하는데 ④번은 거래내역이 NULL인 고객의 수를 구하는 SQL문으로 결괏값 2를 반환한다.

정답 132 ④ 133 ④

134 도서(도서번호, 도서제목, 출판사명, 발행연도) 테이블에서, 2000년 이후에 10권 이상의 책을 발행한 출판사의 이름을 중복 없이 출력하는 SQL문으로 옳은 것은? (단, 출판사명이 동일한 출판사는 존재하지 않는 것으로 가정한다. 도서번호는 도서 테이블의 기본키이다)

① SELECT 출판사명 FROM 도서
   WHERE 발행연도 >= 2000
   ORDER BY COUNT(도서번호) >= 10;

② SELECT 출판사명 FROM 도서
   WHERE 발행연도 >= 2000
   AND COUNT(도서번호) >= 10
   GROUP BY 출판사명;

③ SELECT 출판사명 FROM 도서
   WHERE COUNT(도서번호) >= 10
   GROUP BY 출판사명
   HAVING 발행연도 >= 2000;

④ SELECT 출판사명 FROM 도서
   WHERE 발행연도 >= 2000
   GROUP BY 출판사명
   HAVING COUNT(도서번호) >= 10;

문제에서 10권 이상 구매한 사람을 출력하기 위해서 "HAVING COUNT(도서번호)>=10"의 HAVING절을 추가하고 발행연도가 2000 이후 이므로 WHERE절에 "발행연도 >=2000"을 넣어야 한다. 또한 출판사명은 이름에 중복이 없어야 하므로 GROUP BY구로 "출판사명"을 추가하면 된다.

135 다음의 SQL문이 실행되었을 때 결과 건수는?

[TEST] (num1: 계층번호, num2: 상위 계층번호)

NUM1	NUM2
1	
2	
4	1
5	1
6	2
7	1
8	4
9	5
10	6
11	7

```
SELECT  LEVEL,
  LPAD('**', (LEVEL -1 )*2, ' ') || num1 AS 계
  층트리,
  num1, num2
FROM test
START WITH num2 IS NULL
CONNECT BY num1 = PRIOR num2;
```

① 0   ② 1
③ 2   ④ 4

테스트 테이블 생성

```
CREATE TABLE Test(
    num1 NUMBER(10),  /* 계층번호 */
    num2 NUMBER(10)  /* 상위 계층번호 */
);
INSERT INTO Test(num1) VALUES(1);
INSERT INTO Test(num1) VALUES(2);
INSERT INTO Test(num1, num2) VALUES(4, 1);
INSERT INTO Test(num1, num2) VALUES(5, 1);
INSERT INTO Test(num1, num2) VALUES(6, 2);
INSERT INTO Test(num1, num2) VALUES(7, 1);
INSERT INTO Test(num1, num2) VALUES(8, 4);
INSERT INTO Test(num1, num2) VALUES(9, 5);
INSERT INTO Test(num1, num2) VALUES(10, 6);
INSERT INTO Test(num1, num2) VALUES(11, 7);
```

```
SELECT LEVEL,
LPAD('** ', (LEVEL -1 )*2, ' ') || num1
AS 계층트리,
num1, num2
FROM Test
START WITH num2 IS NULL
CONNECT BY num1 = PRIOR num2;
```

LEVEL	계층트리	NUM1	NUM2
1	1	1	-
1	2	2	-

LEVEL은 가상의 열로, 트리의 각 노드가 트리의 어느 레벨에 있는지 나타낸다.
LPAD 함수는 각 레벨에 따라 앞에 공백을 추가하고 그 뒤에 **와 num1 값을 결합하여 트리 구조를 시각적으로 표현한다.
다만 위 SELECT 문에서 현재 노드의 num1 값이 이전 노드의 num2 값과 같을 때 트리를 구성하는데, 주어진 테이블은 루트 노드와 자식 노드와의 관계를 찾을 수 없어 num2가 NULL인 두 개의 루트 노드만 출력된다.

136 다음의 NOT EXISTS 구문을 동일한 결과가 출력되게 SQL문을 변경하시오.

```
SELECT ... FROM 급여이력 S
WHERE NOT EXISTS
(SELECT 'X'  FROM 사원 P
WHERE P.사원번호 = S.사원번호)
```

[SQL문]
```
SELECT .... FROM 급여이력 S
LEFT OUTER JOIN 사원 P
ON (S.사원번호 = P.사원번호) WHERE (        );
```

① P.사원번호 = NULL
② P.사원번호 > 0
③ P.사원번호 IS NOT NULL
④ P.사원번호 IS NULL

P.사원번호 IS NULL
NOT EXISTS는 OUTER JOIN으로 변경할 경우 NOT NULL 칼럼에 대해서 IS NULL로 검사하여 NOT EXISTS를 구현한다.

137 서브쿼리에 대한 설명으로 올바르지 않은 것은?

① 서브쿼리는 괄호를 사용해서 SELECT 문을 감싸서 사용하는 것이다.
② 서브쿼리는 비교 연산자와 함께 사용이 가능하다.
③ 메인쿼리는 스칼라 서브쿼리의 칼럼을 쓸 수 없다.
④ 서브쿼리는 SELECT, FROM, WHERE 등에서 사용이 가능하다.

서브쿼리의 한 종류인 인라인뷰(Inline view)의 칼럼을 메인쿼리에서 사용이 가능하다. 서브쿼리는 메인쿼리의 칼럼을 사용할 수 있다. 반대로 메인쿼리는 서브쿼리의 칼럼을 쓸 수 없으므로 스칼라 서브쿼리 등을 사용해야 한다.

138 "TEST" 테이블에 있는 NUM2 칼럼의 총 행은 10개이고 2개의 NULL 값이 있다. 다음의 SQL문을 실행할 경우 결괏값은?

> ㄱ : SELECT COUNT(*) FROM TEST;
> ㄴ : SELECT COUNT(NUM2) FROM TEST;

① ㄱ : 10, ㄴ : 10
② ㄱ : 10, ㄴ : 8
③ ㄱ : 8, ㄴ : 10
④ ㄱ : 8, ㄴ : 8

......

COUNT(칼럼명)을 실행하면 NULL 값은 제외된다.

> SELECT COUNT(*) FROM Test
> UNION ALL
> SELECT COUNT(num2) FROM Test;

COUNT(*)
10
8

139 다음의 SQL문을 사용할 때, 날짜형 변수를 문자형으로 바꿀 수 있는 것은?

> SELECT SYSDATE FROM DUAL;

① TO_NUMBER
② TO_DATE
③ TO_CHAR
④ CONVERT

......

TO_CHAR문을 사용하면 문자형 타입으로 변환한다.

TO_CHAR 사용

> SELECT TO_CHAR(SYSDATE, 'YYYYMMDD')
> FROM DUAL;

TO_CHAR(SYSDATE,'YYYYMMDD')
20240722

140 다음의 SQL문에 대한 설명으로 올바르지 않은 것은?

> ㄱ : SELECT SUM(SAL) FROM EMP
> GROUP BY DEPTNO;
> ㄴ : SELECT SUM(SAL) FROM EMP
> GROUP BY ROLLUP(DEPTNO);

① ㄱ은 부서별 합계를 출력한다.
② ㄱ과 ㄴ의 결과 행 수는 동일하다.
③ ㄴ은 부서별 합계와 전체합계가 출력된다.
④ ㄱ의 SQL문은 전체합계는 출력되지 않는다.

......

ㄱ과 ㄴ의 SQL문의 행 수는 다르다. 왜냐하면 ROLLUP은 전체합계가 추가적으로 출력된다.

SQL 실행 결과(ROLLUP)

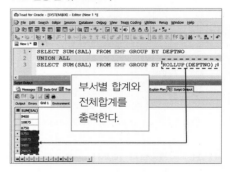

141 다음의 SQL문에 대한 설명으로 올바른 것은?

```
SELECT 'A', 1 FROM DUAL
UNION ALL
SELECT 1, 'A' FROM DUAL;
```

① 위의 SQL문 실행 결과는 A, 1 , 1 A가 조회된다.
② UNION ALL을 사용해서 합집합을 만들고 중복을 제거한다.
③ 위의 SQL문은 실행되지 않는다.
④ 실행 결과로 아무것도 출력되지 않는다.

- -

① 조회되는 데이터의 구조가 다르기 때문에 오류가 발생한다.
② UNION의 설명이다.
④ 오류 발생으로 실행되지 않는다.

142 다음의 SQL문을 CASE문을 사용해서 변경하시오.

```
SELECT DECODE(EMPNO, 1, 'A', 'B') FROM EMP;
```

① SELECT CASE EMPNO WHEN 'A' THEN 'B' END FROM EMP;
② SELECT CASE EMPNO WHEN 1 THEN 'A' ELSE 'B' END FROM EMP;
③ SELECT CASE EMPNO WHEN 1 THEN 'B' ELSE 'A' END FROM EMP;
④ SELECT CASE EMPNO WHEN 'A' ELSE 'B' END FROM EMP;

위의 DECODE문은 EMPNO가 1과 같으면 'A'를 출력하고 그렇지 않으면 'B'를 출력한다.

CASE문 사용

143 학생(STUDENT) 테이블에 영문학과 학생 50명, 법학과 학생 100명, 수학과 학생 50명의 정보가 저장되어 있을 때, 다음 SQL문의 실행 결과 튜플 수는 각각 얼마인가? (단, DEPT필드는 학과명, NAME필드는 이름을 의미한다)

```
ㄱ : SELECT DEPT FROM STUDENT;
ㄴ : SELECT DISTINCT DEPT
     FROM STUDENT;
ㄷ : SELECT NAME FROM STUDENT
     WHERE DEPT='영문학과';
```

① ㄱ : 3,   ㄴ : 3,   ㄷ : 1
② ㄱ : 200, ㄴ : 3,   ㄷ : 1
③ ㄱ : 200, ㄴ : 3,   ㄷ : 50
④ ㄱ : 200, ㄴ : 200,   ㄷ : 50

- -

ㄱ은 STUDENT 테이블을 조건없이 조회하는 것이므로 200=50+100+50이 된다. 그리고 ㄴ은 "DISTINCT"를 사용했으므로 학과명이 중복되면 한 번만 출력한다. 문제에서는 영문학과, 법학과, 수학과가 있으므로 3이 되고 ㄷ은 WHERE절에 "영문학과"만 조회하므로 50이 된다.

144 다음의 SQL문은 파티션별 윈도우의 전체건수에서 현재 행보다 작거나 같은 건수에 대해서 누적백분율을 구하는 SQL문이다. (ㄱ)에 올바른 윈도우 함수는?

```
SELECT DEPTNO, ENAME, SAL,
    ( ㄱ ) OVER(PARTITION BY DEPTNO
ORDER BY SAL DESC) as PCT
FROM EMP;
```

① NTILE( )
② LEAD( )
③ LAG( )
④ CUME_DIST( )

CUME_DIST 함수는 주어진 그룹에 대한 상대적인 누적분포도 값을 반환하는 것으로 분포도 값(비율)은 0 초과 1 이하 사이의 값이다.

145 윈도우 함수 중에서 윈도우에서 제일 먼저 나오는 것을 0으로 하고 제일 늦게 나오는 것을 1로 해서 행 순서별 백분율을 구하는 것은?

① FIRST_VALUE
② LAST_VALUE
③ PERCENT_RANK
④ CUME_DIST

위의 문제는 PERCENT_RANK()라는 윈도우 함수에 대한 것이다.
PERCENT_RANK() 함수는 인수로 지정한 값의 그룹 내의 위치를 백분위로 나타낸다.
CUME_DIST() 함수는 인수로 지정한 값의 그룹 내 누적분포를 계산한다.

146 test1 테이블의 user_id 칼럼 속성을 수정하려 한다. 해당 칼럼을 NOT NULL로 설정하고 기본값을 2로 지정하는 SQL문은?

① ALTER TABLE test1
  ADD user_id VARCHAR DEFAULT 2;
② ALTER TABLE test1
  MODIFY user_id VARCHAR(5)
  NOT NULL DEFAULT 2;
③ ALTER TABLE test1
  MODIFY user_id VARCHAR
  DEFAULT 2;
④ ALTER TABLE test1
  ADD user_id VARCHAR(5) NOT
  NULL DEFAULT 2;

MODIFY는 기존 칼럼의 데이터 타입이나 제약 조건을 변경할 때 사용한다. user_id 칼럼에 NOT NULL과 기본값 2 조건을 설정하는 것은 ②번 보기이다.

147 다음의 SQL문에 대한 설명 중 옳지 않은 것은? (EMPNO는 기본키이고 숫자 칼럼)

```
SELECT * FROM EMP
WHERE EMPNO LIKE '100%';
```

① 내부적으로 형변환이 발생했다.
② LIKE 조건을 사용하지 말고 ">"를 사용해야 한다.
③ EMP 테이블을 FULL SCAN한 것은 인덱스가 없어서이다.
④ 기능상으로는 문제가 없지만 성능 문제가 있다.

EMPNO는 기본키이므로 자동으로 인덱스가 생성된다. FULL SCAN이 된 것은 LIKE 조건에서 숫자 칼럼과 문자값 간에 형변환이 발생해서이다.

정답 144 ④ 145 ③ 146 ② 147 ③

148 다음 설명 중 올바르지 않은 것은?

① SQL Server는 null 값을 인덱스 맨 뒤에 저장한다.
② Oracle에서 인덱스 구성 칼럼 중 하나라도 null이 아닌 레코드는 인덱스에 저장한다.
③ SQL Server는 인덱스 구성 칼럼이 모두 null인 레코드도 인덱스에 저장한다.
④ Oracle에서 인덱스 구성 칼럼이 모두 null인 레코드는 인덱스에 저장하지 않는다.

···

SQL Server는 null 값을 인덱스 맨 앞에 저장하고, Oracle은 맨 뒤에 저장한다.

149 다음 중 NATURAL JOIN에 대한 설명으로 올바르지 않은 것은?

① NATURAL JOIN은 무조건 이름과 타입이 같은 열에 대해서 수행된다.
② NATURAL JOIN은 ON을 사용해서 JOIN 조건을 명시할 수가 없다.
③ NATURAL JOIN은 ALIAS를 사용할 수가 없다.
④ NATURAL JOIN은 등가조인과 비등가 조인이 가능하다.

···

Natural Join은 두 테이블 간 동일한 이름을 갖는 모든 컬럼에 대해서 등가조인을 수행한다. 비등가 조인은 지원하지 않는다.

150 다음 중 윈도우 함수에서 현재 행의 값을 기준으로 최대 50만큼 작은 값을 가지는 행을 선택하는 것은?

① RANGE 50 PRECEDING
② RANGE UNBOUNDED PRECEDING
③ RANGE BETWEEN 50 PRECEDING AND 50 FOLLOWING
④ RANGE BETWEEN UNBOUNDED PRECEDING AND CURRENT ROW

···

① 현재 행의 값을 기준으로 최대 50만큼 작은 값을 가지는 행을 선택한다.
② 현재 행을 기준으로 가장 처음 행까지 모든 행을 포함한다.
③ 현재 행의 값보다 50만큼 작은 값과 50만큼 큰 값 사이의 범위를 지정한다.
④ 현재 행까지의 모든 이전 행을 포함한다.

MEMO

SQLD
최신 기출문제

학습 방향

PART 05에서는 최근 SQLD 기출문제를 재구성하여 수험생들이 최신 SQLD 시험 트렌드를 알 수 있게 하였다.

1과목 **데이터 모델링의 이해**

01 다음은 분리되어 네트워크로 연결된 분산 데이터베이스에 대한 설명이다. 올바르지 않은 것은?

① 지역 데이터베이스에서 사용자 Query를 실행하고 빠르게 응답할 수 있다.
② 여러 개의 데이터베이스가 존재하므로 관리하기가 어렵다.
③ 보안 통제가 쉽고 비용이 절감된다.
④ 장애 시에 다른 데이터베이스가 서비스하게 하여 가용성이 좋아진다.

분산 데이터베이스는 여러 개의 데이터베이스가 존재하므로 중앙집중적인 보안 관리가 어렵고 처리 비용이 증가한다.

02 데이터베이스 모델링 관점 중에서 CRUD 메트릭스와 관련이 있는 것은?

① 프로세스 관점
② 데이터 관점
③ 데이터와 데이터 간의 상관 관점
④ 데이터와 프로세스의 상관 관점

데이터 모델링 관점

데이터 모델링 관점	내용	활동
데이터 관점	업무에서 사용하는 데이터	구조분석
프로세스 관점	하는 일	업무 시나리오 분석
데이터와 프로세스의 상관 관점	업무와 데이터 간의 관계	CRUD 메트릭스

03 다음 중 DELETE와 CREATE, DROP, TRUCATE에 대한 설명으로 올바르지 않은 것은?

① DELETE는 데이터를 삭제하며 WHERE 조건이 없으면 테이블의 모든 행을 삭제한다.
② CREATE문으로 생성된 테이블은 ROLLBACK으로 되돌릴 수 없다.
③ TRUCATE TABLE은 테이블의 모든 데이터를 삭제하고 COMMIT을 해야 한다.
④ DROP TABLE은 테이블의 구조와 행 모두를 삭제하며 자동으로 COMMIT이 수행된다.

TRUNCATE TABLE은 테이블의 모든 행을 삭제하고 테이블의 용량을 줄인다. 이런 DDL 작업은 COMMIT을 필요로 하지 않는다.

04 고객 엔터티에 고객 ID, 이름, 주소가 있다. 이때 주소는 어떤 속성인가?

① 파생 속성
② 일반 속성
③ 설계 속성
④ 복합 속성

속성의 종류

종류	설명
단일 속성	하나의 의미로 구성된 것으로 회원 ID, 이름 등이다.
복합 속성	• 여러 개의 의미가 있는 것으로 대표적으로 주소가 있다. • 주소는 시, 군, 동 등으로 분해될 수 있다.
다중값 속성	• 속성에 여러 개의 값을 가질 수 있는 것으로 예를 들어 상품리스트가 있다. • 다중값 속성은 엔터티로 분해된다.

정답 01 ③ 02 ④ 03 ③ 04 ④

05 데이터베이스 3층 스키마에 해당 되지 않는것은?

① 외부 단계
② 사용 단계
③ 개념 단계
④ 내부 단계

3층 스키마는 개념 스키마, 내부 스키마, 외부 스키마로 구성된다.

종류	설명

외부 레벨/
외부 스키마
(External
Schema)
	• 사용자 관점 또는 사용자 뷰
	  (User View)를 표현한다.
	• 업무상 관련이 있는 데이터만 접근(권한 설정)
	  한다.
	• 관련된 데이터베이스의 일부만 표시(View)
	  한다.

개념 레벨/
개념 스키마
(Conceptual
Schema)
	• 사용자 전체 집단의 데이터베이스 구조를 표
	  현한다.
	• 전체 데이터베이스 내의 모든 데이터에 관한
	  규칙과 의미를 묘사한다.

내부 레벨/ 내부 스키마 (Internal Schema)	• 데이터베이스의 물리적 저장 구조이다. • 데이터 저장 구조, 레코드의 구조, 필드의 정의, 색인과 해시를 생성한다. • 운영체제와 하드웨어에 종속적이다.

06 다음 중 반정규화를 적용하는 이유로 올바르지 않은 것은?

① 데이터를 조회할 때 디스크 입출력량이 많아서 성능이 저하되는 경우
② 여러 개의 테이블 조인으로 인한 성능저하가 예상되는 경우
③ 칼럼의 합계 및 평균 등을 계산하여 읽을 때 성능이 저하될 것이 예상되는 경우
④ 정규화의 함수적 종속 관계는 위반하지 않지만 데이터의 중복성을 감소시켜 데이터 조회의 성능을 향상시켜야 하는 경우

반정규화는 데이터를 중복시켜서 데이터베이스 성능을 향상시킨다. 데이터 중복을 감소시키는 것은 정규화이다.

07 다음 중 슈퍼타입과 서브타입 변환 방법의 종류에 해당하지 않는 것은?

① One To One Type
② Plus Type
③ Single Type
④ Integration Type

슈퍼타입 및 서브타입 변환 방법의 종류

종류	설명

OneToOne
Type
	• 슈퍼타입과 서브타입을 개별 테이블로 도출
	  한다.
	• 테이블의 수가 많아서 조인이 많이 발생하고
	  관리가 어렵다.

Plus Type	• 슈퍼타입과 서브타입 테이블로 도출한다. • 조인이 발생하고 관리가 어렵다.

Single
Type
	• 슈퍼타입과 서브타입을 하나의 테이블로 도
	  출한다.
	• 조인 성능이 좋고 관리가 편리하지만, 입출력
	  성능이 나쁘다.

08 다음 중 카디널리티를 계산하는 식으로 올바른 것은?

① 2 * 전체 레코드 수
② 0.5 * 전체 레코드 수
③ 선택도 * 전체 레코드 수
④ Blevel * 전체 레코드 수

• 카디널리티(Cardinality)는 두 개의 엔터티에서 관계에 참여하는 수이다. 1:1, 1:N, M:N이 있다.
• 카디널리티의 계산식 : 선택도 * 전체 레코드 수

09 데이터베이스 정규화 중에서 기본키를 제외하고 칼럼 간에 종속성이 발생하면 테이블을 분할하는 것은?

① 제1정규화
② 제2정규화
③ 제3정규화
④ 제4정규화

제3정규화는 이행 함수 종속성 제거로 칼럼 간에 종속성이 발생하면 테이블을 분할한다.

10 다음 주어진 ERD 관계에 대한 설명으로 옳은 것을 고르시오.

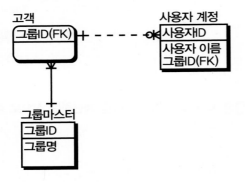

① 그룹마스터는 여러 개의 동일한 그룹ID를 가질 수 있다.
② 한 명의 사용자는 여러 개의 그룹에 속해야 한다.
③ 그룹 계정에 사용자 계정이 없을 수 있다.
④ 그룹 계정에 여러 명의 사용자가 반드시 속해야 한다.

그룹 계정과 사용자 계정 간의 관계는 Optional 관계이므로 그룹 계정에 사용자가 없을 수 있다.

11 다음에서 설명하는 DDL문으로 올바른 것은?

> Mytest 테이블 칼럼을 데이터 타입 조건으로 not null을 기본으로 수정하시오.

① ALTER table Mytest alter column 칼럼명 default not null
② ALTER table Mytest add column 칼럼명 default not null
③ ALTER table Mytest modify (칼럼명 default not null)
④ ALTER table Mytest add constraint column 칼럼명 default not null

테이블에 존재하는 칼럼의 데이터 유형, 디폴트(DEFAULT) 값, NOT NULL에 대한 제약조건을 변경하는 명령어는 ALTER문의 modify이다.

12 다음 중 DDL 문이 아닌 것은?

① CREATE TABLE
② RENAME
③ COMMIT
④ ALTER

COMMIT과 ROLLBACK문은 TCL(Transaction Control Language)이고 DDL에는 CREATE, ALTER, DROP, RENAME 등이 있다.

13 다음 중 Mytest 테이블에 JOB 칼럼을 추가하는 방법으로 올바른 것을 고르시오.(단, 데이터 타입, 제약조건 등은 따로 고려하지 않음)

① ALTER table Mytest alter add column JOB

② ALTER table Mytest modify add JOB

③ ALTER table Mytest add column JOB

④ ALTER table Mytest add constraint JOB

기존 테이블에 필요한 칼럼을 추가하는 명령어는 add이다.

14 다음 SQL문의 실행 결과로 올바른 것은?

```
Create table Mytest(COL1 number(10));
INSERT INTO Mytest VALUES(2);
INSERT INTO Mytest VALUES(2);
SAVEPOINT SV1;
UPDATE Mytest SET COL1=7 WHERE COL1=2;
INSERT INTO Mytest VALUES(9);
SAVEPOINT SV2;
DELETE Mytest WHERE COL1 =7;
INSERT INTO Mytest VALUES(11);
SAVEPOINT SV3;
INSERT INTO Mytest VALUES(20);
ROLLBACK TO SV2;
COMMIT;
SELECT * FROM mytest;
```

① 1, 2

② 7, 9, 11

③ 7, 9, 11, 9

④ 7, 7, 9

위의 SQL문 맨 하단에서 ROLLBACK TO SV2 명령어를 수행하면, SAVEPOINT SV2 지점까지 변경된 것을 모두 취소한다.

15 다음 주어진 CUBE문과 동일한 것은?

```
GROUP BY CUBE(DEPTNO, JOB);
```

① GROUP BY ROLLUP (DEPTNO, JOB);

② GROUP BY GROUPING SETS(DEPTNO, JOB, (DEPTNO, JOB), ());

③ GROUP BY DEPTNO UNION GROUP BY JOB UNION GROUP BY (DEPTNO, JOB)

④ GROUP BY (DEPTNO, JOB, (DEPTNO, JOB), ());

• 그룹 함수 중 CUBE는 CUBE 함수의 인자로 전달된 칼럼에 대해서 모든 결합 가능한 집계를 계산한다.
• GROUPING SETS 함수는 GROUP BY에 나오는 칼럼의 순서와 관계없이 다양한 소계를 만들 수 있다.
• GROUPING SETS 함수는 GROUP BY에 나오는 칼럼의 순서와 관계없이 개별적으로 모두 처리한다.

16 다음 주어진 테이블에 대해서 아래와 같은 SQL문을 수행하였을 때 반환되는 ROW 값의 수는 무엇인가?

```
select * from A1
union
select * from B1
minus
select * from C1;
```

[A1]

COL1
1
2
3
4

[B1]

COL1
3
5

[C1]

COL1
4
5

① 1　　　　　　② 2
③ 3　　　　　　④ 4

....

select * from A union select * from B를 실행하면 1, 2, 3, 4, 5가 반환된다. 해당 결과에 MINUS 조인을 하면 4, 5가 빠지기 때문에 최종적으로 1, 2, 3이 된다.

17 다음 중 계층형 쿼리에 대한 설명으로 올바르지 않은 것은?

① PRIOR 자식 = 부모 형태를 사용하면 계층 구조에서 순방향 전개를 수행한다.
② 계층형 쿼리는 계층형 형태로 데이터를 질의할 때 사용된다.
③ CONNECT BY는 부모 자식을 설명하는 것이다.
④ CONNECT_BY_ISLEAF에서 해당 데이터가 리프 데이터면 1, 그렇지 않으면 0을 반환한다.

....

CONNECT BY는 부모 계층형 쿼리에서 부모 노드와 자식 노드 사이의 특정한 관계를 나타내는데 사용된다.

18 다음은 계층형 쿼리를 수행하는 SQL문이다. ( )에 해당되는 것으로 올바른 것은?

[Mytest]

EMPID	NAME	TODAY	MGRID
1000	조조	2017-01-01	NULL
1001	유비	2017-01-01	1000
1002	관우	2020-01-01	1000
1003	조자룡	2020-01-01	1000
1004	여포	2020-01-01	NULL
1005	동탁	2022-01-01	1004
1006	사마위	2022-01-01	1004
1007	순욱	2022-01-01	1004

```
SELECT *
FROM Mytest
START WITH (  ㄱ  ) IS NULL
CONNECT BY PRIOR (  ㄴ  )
AND today BETWEEN '2017-01-01' AND
'2022-12-31'
ORDER SIBLINGS BY empid;
```

[결과]

EMPID	NAME	TODAY	MGRID
1000	조조	2017-01-01	
1001	유비	2017-01-01	1000
1002	관우	2020-01-01	1000
1003	조자룡	2020-01-01	1000
1004	여포	2020-01-01	
1005	동탁	2022-01-01	1004
1006	사마위	2022-01-01	1004
1007	순욱	2022-01-01	1004

① (ㄱ) empid   (ㄴ) empid = mgrid
② (ㄱ) empid   (ㄴ) mgrid = empid
③ (ㄱ) mgrid   (ㄴ) empid = mgrid
④ (ㄱ) mgrid   (ㄴ) mgrid = empid

mgrid가 NULL인 값을 시작해서 empid로 조회를 전개하는 순방향 조회를 하고 있다. 순방향 전개를 하면서 empid로 정렬한다.

19 다음 중 Mytest 테이블에서 부서코드 400부터 상위 부서를 찾는 SQL문은?

부서id	부서코드	상위부서코드
10	50	0
20	400	50
30	150	400
40	200	150
50	250	200

①
```
Select 상위부서코드
from Mytest
where 부서코드 = 400
start with 부서코드 = 50
connect by prior 상위부서코드 = 부서코드;
```

②
```
Select 상위부서코드
from Mytest
where 부서코드 = 400
start with 상위부서코드 = 0
connect by prior 상위부서코드 = 부서코드;
```

③
```
Select 상위부서코드
from Mytest
where 부서코드 = 400
start with 부서코드 = 0
connect by prior 부서코드 = 상위부서코드;
```

④
```
Select 상위부서코드
from Mytest
where 부서코드 = 400
start with 상위부서코드 = 0
connect by prior 부서코드 = 상위부서코드;
```

상위부서코드 0부터 시작하여 계층적으로 조회하는데 이 때 Where 조건으로 부서코드 = 400에 대한 상위부서코드 값을 찾을 수 있다.
계층 쿼리는 START WITH ... CONNECT BY ... 로 전개가 완료된 후에 WHERE 등의 필터링이 실행된다.

정답 19 ④

20 다음 중 계층형 쿼리문의 내장 함수가 아닌 것은 무엇인가?

① LEVEL
② TRIM
③ SYS_CONNECT_BY_PATH
④ CONNECT_BY_ROOT

TRIM은 계층형 쿼리문의 내장 함수가 아니고 문자열 함수이다.

CONNECT BY 키워드

키워드	설명
LEVEL	검색 항목의 깊이를 의미한다. 즉, 계층 구조에서 가장 상위 레벨이 1이 된다.
CONNECT_BY_ROOT	계층 구조에서 가장 최상위 값을 표시한다.
CONNECT_BY_ISLEAF	계층 구조에서 가장 최하위를 표시한다.
SYS_CONNECT_BY_PATH	계층 구조의 전체 전개 경로를 표시한다.
NOCYCLE	순환 구조가 발생 지점까지만 전개한다.
CONNECT_BY_ISCYCLE	순환 구조 발생 지점을 표시한다.

21 다음 중 SQL문의 실행 순서로 올바른 것은?

① FROM – WHERE – GROUP BY – HAVING – ORDER BY – SELECT
② FROM – WHERE – HAVING – GROUP BY – ORDER BY – SELECT
③ FROM – WHERE – GROUP BY – SELECT – HAVING – ORDER BY
④ FROM – WHERE – GROUP BY – HAVING – SELECT – ORDER BY

FROM구는 테이블을 선택하고 WHERE 조건을 만족하도록 필터링한다. 그 다음 GROUP BY와 HAVING구가 실행되고 SELECT구로 데이터를 인출한 후에 ORDER BY로 정렬한다.

22 주어진 테이블에서 아래의 SQL문과 다른 값을 반환하는 SQL문을 고르시오.

[Mytest]

COL1	COL2
x	y
A	B
a	b
KK	BB
1	2
x	KK
y	BB

SELECT * FROM Mytest WHERE (COL1, COL2) IN (('x', 'y'), ('KK', 'BB'))

① SELECT * FROM Mytest WHERE NOT (COL1, COL2) in (('A', 'B'), ('x', 'KK'), ('a', 'b'), ('1', '2'), ('y', 'BB'))
② SELECT * FROM Mytest WHERE (COL1 = 'x' and COL2 = 'y') or (COL1 = 'KK' and COL2 = 'BB');
③ SELECT * FROM Mytest WHERE (COL1 = 'x' and COL2 = 'KK') or (COL1 = 'y' and COL2 = 'BB')
④ SELECT * FROM Mytest WHERE (COL = 'x' or COL1 = 'KK') and (COL2 = 'y' or COL2 = 'BB')

위의 SQL문은 COL1과 COL2값으로 각각 (x, y), (KK, BB)를 갖는 행들이 반환되지만 ③번 보기는 COL1과 COL2 값으로 각각 (x, KK), (y, BB)값을 갖는 행들이 반환된다.
③번 보기를 위의 SQL문과 동일한 결괏값을 반환하도록 하려면 ②번 보기와 같이
SELECT * FROM Mytest WHERE (COL1 = 'x' and COL2 = 'y') or (COL1 = 'KK' and COL2 = 'BB');로 변경시킨다.

23 사용자 A가 어떤 릴레이션에 대한 SELECT 권한을 WITH GRANT OPTION과 함께 사용자 B에게 허가하고, 사용자 B가 그 릴레이션에 대한 SELECT 권한을 WITH GRANT OPTION과 함께 사용자 C에게 허가하고, 사용자 C가 그 릴레이션에 대한 SELECT 권한을 WITH GRANT OPTION과 함께 사용자 D에게 허가했을 때, 사용자 A가 사용자 B로부터 SELECT 권한을 취소하면 사용자 C와 D의 권한은 어떻게 되는가?

① C의 권한은 유지되고, D의 권한은 취소된다.
② C의 권한은 취소되고, D의 권한은 유지된다.
③ C와 D의 권한이 유지된다.
④ C와 D의 권한이 취소된다.

"WITH GRANT OPTION"은 권한을 부여할 수 있는 권한을 부여한 것이고, 먼저 권한을 할당 받은 사용자의 권한이 취소되면 연쇄 취소된다.

24 정규표현식에서 문자열의 시작과 끝을 의미하는 것은?

① ^, $
② $, ^
③ [,]
④ { , }

^는 문자열 시작, $는 문자열의 끝부분을 의미한다.

25 다음 중 DROP TABLE 테이블명 [CASCADE CONSTRAINT]에 대한 설명으로 옳은 것은?

① 테이블의 구조만 삭제된다.
② CASCADE는 Oracle, SQL Server, MySQL, PostgreSQL 모두 지원한다.
③ SQL Sever에서는 테이블을 먼저 삭제한 뒤 참조하는 FOREIGN KEY 제약조건, 참조하는 테이블을 삭제한다.
④ CASCADE CONSTRAINT 옵션은 해당 테이블에서 참조되는 제약조건도 삭제를 수행한다.

CASCADE CONSTRAINT 옵션은 해당 테이블과 관계가 있었던 참조되는 제약조건에 대해서도 삭제를 수행한다.
① DROP 명령어는 테이블의 모든 데이터 및 구조를 삭제한다.
② CASCADE는 Oracle에서만 옵션으로 존재하고 SQL Server에서는 존재하지 않는다.
③ SQL Server에서는 참조하는 FOREIGN KEY 제약조건, 참조하는 테이블을 먼저 삭제한 후에 해당 테이블을 삭제한다.

26 다음 중 SQL에 대한 설명으로 올바르지 않은 것은?

① DDL : 테이블과 같은 데이터 구조를 정의하거나 변경한다.
② DCL : 데이터베이스의 테이블에 있는 데이터를 변경한다.
③ DML : 테이블에 데이터를 입력하거나 변경, 삭제한다.
④ TCL : 트랜잭션을 제어하며 Commit과 Rollback이 있다.

②번은 DML에 대한 설명이다.

정답 23 ④ 24 ① 25 ④ 26 ②

27 다음 보기의 SELECT문을 실행했을 때 그 결과가 다른 하나는?

[Mytest]

ID	CNT
가	5
나	NULL
다	5
라	NULL
마	10

① SELECT COUNT(nvl(CNT, 0)) FROM Mytest;
② SELECT SUM(nvl(CNT, 0)) / 4 FROM Mytest;
③ SELECT AVG(nvl(CNT, 0)) FROM Mytest;
④ SELECT MIN(nvl(CNT, 5)) FROM Mytest;

----

①, ②, ④번 보기는 결괏값 5를 반환하고 ③번 보기만 결괏값 4(20/5)를 반환한다.

28 다음 문제에 주어진 결괏값을 반환하는 SQL문은?

[Mytest]

CLASS	NAME
A	조조
A	조조
A	조조
B	유비
B	관우
C	여포
C	여포

[결과]

CLASS	Result
A	1
B	2
C	1

①
```
SELECT CLASS, count(*) AS "Result"
FROM Mytest
GROUP BY CLASS;
```

②
```
SELECT CLASS,
count(distinct NAME) AS "Result"
FROM Mytest
GROUP BY CLASS;
```

③
```
Select CLASS,
count(1) AS "Result"
FROM Mytest
GROUP BY CLASS;
```

④
```
SELECT
COUNT(CASE WHEN CLASS ='A' THEN 1
END) AS "Result"
COUNT(CASE WHEN CLASS ='B' THEN 1
END) AS B,
COUNT(CASE WHEN CLASS ='C' THEN 1
END) AS C
FROM Mytest;
```

----

②번 보기에서 주어진 테이블을 'CLASS' 속성별로 그룹화한 다음 각 'CLASS' 속성별 행의 수를 count하는데 DISTINCT 인자로 중복되는 NAME 값은 제외하고 count를 수행하여 결괏값이 반환된다.

29 다음은 WINDOW 함수를 사용해서 순위를 구한 것이다. 다음 중 빈칸의 내용으로 올바른 것은?

[Mytest]

이름	급여
A	300
B	260
C	260
D	200
E	150
F	100

[결과]

순위	이름	급여
1	A	300
2	B	260
2	C	260
3	D	200
4	E	150
5	F	100

```
SELECT (        ) OVER
(ORDER BY 급여 desc)
as 순위, 이름, 급여
FROM Mytest;
```

① RANK()
② DENSE_RANK()
③ ROW_NUMBER()
④ ROW()

- 결괏값에서 중복된 등수 2등 다음에 바로 다음 등수인 3등이 왔으므로 빈칸에는 DENSE_RANK가 와야 한다.
- DENSE_RANK() : 중복된 순위 다음에는 바로 다음 순위를 부여한다.

30 다음 보기는 WINDOW 함수에 대한 사용 방법이다. 가장 올바르지 않은 SQL문은 무엇인가?

① SUM(급여) OVER()

② SUM(급여) OVER
(PARTITION BY JOB
ORDER BY EMPNO
RANGE BETWEEN
UNBOUNDED PRECEDING
AND UNBOUNDED FOLLOWING)
SAL

③ SUM(급여) OVER
(PARTITION BY JOB
ORDER BY EMPNO
RANGE BETWEEN
UNBOUNDED PRECEDING
AND UNBOUNDED PRECEDING)
SAL

④ SUM(급여) OVER
(PARTITION BY JOB ORDER BY
JOB
RANGE BETWEEN
UNBOUNDED PRECEDING
AND CURRENT ROW) SAL

③번 보기에서 UNBOUNDED PRECEDING 은 end point에 사용될 수 없다. 즉, UNBOUNDED PRECEDING은 윈도우의 시작 위치가 첫 번째 행이다.

RANGE BETWEEN start_point AND end_point

- start_point는 end_point와 같거나 작은 값이 들어간다.
- Default 값은 RANGE BETWEEN UNBOUNDED PRECEDING AND CURRENT ROW
- UNBOUNDED PRECEDING : start_point만 들어갈 수 있으며, 파티션의 first row
- UNBOUNDED FOLLOWING : end_point만 들어갈 수 있으며, 파티션의 last row
- CURRENT ROW : start, end_point 둘 다 가능하며, 윈도우는 CURRENT ROW에서 start하거나 end한다.

정답 29 ② 30 ③

31 다음 중 파티션에 대한 설명으로 올바르지 않은 것은?

① RANK() OVER
(PARTITION BY JOB
ORDER BY SAL ASC) JOB_RANK
: 각 JOB별 SAL이 낮은 순서대로 순위가 부여된다.

② SUM(SAL) OVER
(PARTITION BY MGR
ORDER BY SAL
RANGE UNBOUNDED
PRECEDING)
: 각 MGR별 현재 행부터 파티션 내 첫 번째 행까지의 SAL의 합계를 계산한다.

③ COUNT(*) OVER
(ORDER BY SAL)
RANGE BETWEEN
10 PRECEDING
AND 150 FOLLOWING)
: SAL을 기준으로 현재 행에서의 SAL의 −10에서 +150 사이의 급여를 가지는 행의 수를 계산한다.

④ AVG(SAL) OVER
(PARTITION BY MGR
ORDER BY TODAY
ROWS BETWEEN 1 PRECEDING
AND 1 FOLLOWING)
: 각 MGR별로 앞의 한 건, 현재 행, 뒤의 한 건 사이에서 SAL의 평균을 계산한다.

....

④번 보기는 각 MGR 별로 SAL의 평균을 계산하기 전에 TODAY를 기준으로 정렬을 수행한 다음에 SAL의 평균을 계산한다. 즉, 각 MGR별 TODAY 기준으로 정렬하였을 때 파티션 내에서 앞의 한 건, 현재 행, 뒤의 한 건 사이의 급여의 평균을 계산한다.

32 다음에서 주어진 Mytest 테이블에서 SQL문을 실행했을 때 결괏값과 같은 SQL문은?(단 union은 정렬도 진행하는 것으로 한다)

[Mytest]

JOB_ID	SALARY
manager	1300
manager	1500
manager	1900
helper	1000
helper	1500
helper	2500

[결과]

JOB_ID	SALARY
helper	1000
helper	2500
manager	1300
manager	1900

①
```
select *
    from ( select  job_id, max(salary) from
    Mytest
        group by job_id
        union
        select  job_id, min(salary) from
        Mytest
        group by job_id
    );
```

②
```
select *
    from ( select  job_id, max(salary) from
    Mytest
        group by salary
        union
        select  job_id, min(salary) from
        Mytest
        group by salary
    );
```

③

```
select *
    from ( select  job_id, max(salary) from
    Mytest
        group by job_id
        union all
        select job_id, min(salary) from
        Mytest
        group by job_id
    );
```

④

```
select *
    from ( select  job_id, max(salary) from
    Mytest
        group by salary
        union all
        select job_id, min(salary) from
        Mytest
        group by salary
    );
```

결괏값은 주어진 테이블에서 JOB_ID 별로 그룹화하였을
때 각 JOB_ID별 Salary의 최댓값과 최솟값이 반환되는 결
괏값이다. 그런데 JOB_ID별 SALARY 값이 하나의 속성값
으로 통일되었으므로 Union 연산자를 이용한다.
문제 조건에 "UNION은 정렬도 진행한다"는 조건이 있는
이유는 이전에는 UNION 기능이 SORT UNIQUE(정렬+
중복제거)였지만 오라클이 업그레이드 되면서(10.2버전)
HASH UNIQUE(중복제거+정렬 안할 수 있음)으로 변경되
었기 때문이다. 따라서 가급적 처리 후 ORDER BY를 해주
는 것이 좋다.

33 다음 보기의 SQL문을 실행 했을 때 결괏값이
다른 하나는?

[Mytest]

COL1
NULL
0
NULL
0
NULL

① select case a.COL1 when null then
   −1 else 0 end as data from Mytest
   a;
② select case when a.COL1 is null
   then −1 else 0 end as data from
   Mytest a;
③ select DECODE(a.COL1, null, −1,
   a.col1) as data from Mytest a;
④ select NVL(a.COL1, −1) as data
   from Mytest a;

나머지 보기는 모두 COL1값이 NULL일 때 −1을 반환하는
데 ①번 보기만 COL1값이 NULL일 때 0을 반환한다. 즉,
CASE문으로 NULL을 비교할 때 알 수 없음이 된다.

34 다음 보기의 결과값과 동일하게 반환하는 SQL문은?

[Mytest]

회원번호	주문일자	주문금액
100	20221101	10000
100	20221102	20000
100	20221103	30000
103	20221101	10000
103	20221102	30000
103	20221110	15000
101	20221201	18000
104	20221201	5000
104	20221103	1000

[결과]

회원번호	주문일자	주문금액
103	20221102	30000
103	20221110	15000
103	20221101	10000

① select * from Mytest order by 주문
  금액 asc
② select * from Mytest where 회원번
  호 = 103
③ select * from Mytest where 회원번
  호 = 103 order by 주문금액
④ select * from Mytest where 회원번
  호 = 103 order by 주문금액 desc

위의 결괏값은 주어진 테이블에서 회원번호 = 103에 해당
하는 ROW를 먼저 선택한 후 선택된 ROW에 대해서 주문
금액을 기준으로 내림차순 정렬한 것이다.

35 다음의 Mytest 테이블에 데이터를 입력 시 에러가 발생하는 것은?

[Mytest]

```
Create table Mytest
(
    A number(10) primary key,
    B number(10),
    C date,
    D varchar2(10)
);
```

① INSERT into Mytest values (1, 12,
  sysdate, 002)
② INSERT into Mytest val-
  ues (2, 1111, to_date('20230101',
  'YYYYMMDD'), '003')
③ INSERT into Mytest values (3,
  200, sysdate-10, '004')
④ INSERT into Mytest values (4, 32,
  20220420, '004')

---

①의 경우 002는 자동으로 형변환이 되어 TO_CHAR
(002)로 인해 D칼럼에 '002'로 들어간다.
②의 경우 가장 권장되는 입력 형태이다.
③의 경우 각 문자형에 맞게 잘 들어간다. SYSDATE −10
은 10일 전 날짜를 의미한다.
④의 경우 20220420이라는 숫자형 값을 바로 DATE
에 넣어 데이터타입 불일치 에러가 발생한다. TO_
DATE(20220420)으로 바꾸어야 한다.
즉, 기본적으로 테이블에 INSERT 시 어느정도 형변환을
해주지만, 안되는 경우도 있으며, 가급적 데이터타입을 맞
춰 INSERT하는 것을 권장한다.

36 다음의 SQL문이 반환하는 결괏값은?

[Mytest]

COL1	COL2	COL3
1	Null	1
2	10	14
2	10	12

```
select * from Mytest order by COL1 desc,
COL2 desc, COL3 desc;
```

①

COL1	COL2	COL3
1	Null	1
1	10	12
2	10	14

②

COL1	COL2	COL3
2	Null	14
2	10	12
1	10	1

③

COL1	COL2	COL3
2	10	14
2	10	12
1	Null	1

④

COL1	COL2	COL3
2	10	1
2	10	12
1	Null	14

해당 SQL문은 주어진 테이블인 Mytest에서 COL1, COL2,
COL3 속성 순서대로 내림차순 정렬을 수행한다.
(1, null, 1)은 COL1 desc에 의해 먼저 정렬되므로 마지막
행에 위치한다.
COL1을 정렬해서 값이 동일한 행은 COL2 desc를 수행
하는데, COL2 열도 동일한 행이 있으므로 그 행들에 대해
COL3 desc를 수행한다.

37 다음 보기의 결괏값을 얻기 위한 SQL문을 작
성하시오.

[Mytest]

COL1	COL2	COL3
null	0	30
0	null	0
10	20	null
11	21	31
13	22	32

[결과]

A	B	C
13	0	34

```
select
(     ) AS A,
(     ) AS B,
(     ) AS C
from Mytest
```

① max(COL2), min(COL2), sum(COL1)
② max(COL1), min(COL2), sum(COL1)
③ max(COL1), min(COL2), sum(COL2)
④ min(COL1), max(COL2), max(COL1)

A 속성은 COL1의 최댓값, B 속성은 COL2의 최솟값, C
속성은 COL1 속성의 합이다.

38 아래의 결괏값을 보고 SQL문의 빈칸에 들어갈 수 있는 내용을 고르시오.

[결과]

DEPTNO	JOB	SUM(SAL)
100	증권사	1,300
100	관리자	2,400
100		3,700
200	증권사	1,900
200	데이터분석가	6,000
200	관리자	2,975
200		10,875
		14,575

```
SELECT DEPTNO, JOB, SUM(SAL)
FROM Mytest
GROUP BY (        );
```

① DEPTNO, JOB
② GROUPING SETS(DEPTNO, JOB)
③ ROLLUP(DEPTNO, JOB)
④ CUBE(DEPTNO, JOB)

주어진 결괏값을 보면 1. DEPTNO별 합계, 2. DEPTNO, JOB별 합계, 3. 전체 합계가 조회되므로 빈칸에는 그룹 함수 중 ROLLUP이 와야 한다.

39 다음의 SQL문을 ANSI 표준 SQL문으로 올바르게 변환한 것은?

```
SELECT * FROM SCOTT.EMP A,
SCOTT.DEPT B
WHERE A.DEPTNO = B.DEPTNO
AND B.DNAME = 'SALES';
```

①
```
SELECT * FROM SCOTT.EMP A
LEFT OUTER JOIN SCOTT.DEPT B
ON ( A.DEPTNO = B.DEPTNO AND
B.DNAME ='SALES');
```

②
```
SELECT * FROM SCOTT.EMP A
RIGHT OUTER JOIN SCOTT.DEPT B
ON ( A.DEPTNO = B.DEPTNO AND
B.DNAME ='SALES');
```

③
```
SELECT * FROM SCOTT.EMP A
CROSS JOIN SCOTT.DEPT B
ON ( A.DEPTNO = B.DEPTNO AND
B.DNAME ='SALES');
```

④
```
SELECT * FROM SCOTT.EMP A
INNER JOIN SCOTT.DEPT B
ON A.DEPTNO = B.DEPTNO WHERE 1=1
AND B.DNAME ='SALES';
```

OUTER JOIN 혹은 CROSS JOIN이 아닌 INNER JOIN이므로 ④번이 된다.

40 아래와 같은 두 개의 테이블이 있을 때 아래의 SQL 결과 건수를 알맞게 나열한 것은?

[MytestA]

COL1	COL2	KEY1
관우	100	B
유비	200	C
조자룡	300	D
동탁	400	E

[MytestB]

KEY2	COL2	COL3
A	100	조조
B	200	관우
C	300	유비

```
SELECT * FROM MytestA A INNER JOIN
MytestB B ON (A.KEY1 = B.KEY2);
SELECT * FROM MytestA A LEFT OUTER
JOIN MytestB B ON (A.KEY1 = B.KEY2);
SELECT * FROM MytestA A RIGHT OUTER
JOIN MytestB B ON (A.KEY1 = B.KEY2);
SELECT * FROM MytestA A FULL OUTER
JOIN MytestB B ON (A.KEY1 = B.KEY2);
SELECT * FROM MytestA A CROSS JOIN
MytestB B;
```

① 2, 4, 3, 5, 12
② 2, 4, 5, 8, 12
③ 2, 3, 4, 5, 12
④ 2, 4, 3, 7, 12

- INNER JOIN은 B와 C가 같기 때문에 2건이다.
- LEFT OUTER JOIN은 같은 것 2건과 D, E까지 포함해서 4건이 된다.
- RIGHT OUTER JOIN은 같은 것 2건과 MytestB의 A까지 조회되어서 3건이 된다.
- FULL OUTER JOIN은 같은 것 2건과 MytestA의 2건, MytestB의 1건 포함해서 5건이 된다.
- CROSS JOIN은 MytestA의 4개의 행과 MytestB의 3개의 행을 곱해서 4*3=12건이다.

41 EMP 테이블의 급여합계에 대해서 결합 가능한 모든 조건의 합계를 계산하는 것은?

① GROUP BY DEPTNO, JOB
② GROUPING SETS(DEPTNO, JOB)
③ ROLLUP(DEPTNO, JOB)
④ CUBE(DEPTNO, JOB)

- CUBE는 CUBE 함수에 제시한 칼럼에 대해서 결합 가능한 모든 집계를 계산한다.
- 즉, 다차원 집계를 제공하여 다양하게 데이터를 분석할 수 있게 한다.
- 예를 들어 부서와 직업을 CUBE로 사용하면 부서별 합계, 직업별 합계, 부서별 직업별 합계, 전체합계가 조회되는 것이다.
- 즉, 조합할 수 있는 모든 경우의 수가 모두 조합되는 것이다.

42 다음 보기의 SQL을 실행하면 총 12개의 행이 조회된다. ( )에 올바른 것은?

[MytestA]

COL1	COL2
1	A1
2	
3	B1
4	C1

[MytestB]

COL1	COL2
1	A1
2	
3	B1

```
SELECT * FROM MytestA (          ) MytestB;
```

① INNER JOIN
② LEFT OUTER JOIN
③ CROSS JOIN
④ RIGHT OUTER JOIN

CROSS JOIN은 MytestA 테이블이 4행, MytestB 테이블이 3행이므로 4*3=12가 된다.

정답 40 ① 41 ④ 42 ③

43 다음은 Oracle 데이터베이스에서 사용하는 Outer Join의 예제이다. 빈칸을 채워 Oracle의 Outer Join을 표준 ANSI SQL로 변경하시오.

[Oracle OUTER JOIN]

```
SELECT *
FROM EMP, DEPT
WHERE EMP.부서코드(+) = DEPT.부서코드;
```

[ANSI JOIN]

```
SELECT *
FROM EMP (          ) DEPT
ON (EMP.부서코드 = DEPT.부서코드)
```

① FULL OUTER JOIN
② LEFT OUTER JOIN
③ RIGHT OUTER JOIN
④ CROSS JOIN

....

Oracle OUTER JOIN에서 (+)가 왼쪽 테이블 옆에 위치해 있으므로 우측 테이블에서는 조인을 수행하지 않는 테이블의 행들은 그대로 유지되며, 좌측 테이블에서는 조인을 수행하지 않는 테이블의 행들은 null값으로 추가되는 Right OUTER JOIN이 수행된다.

Oracle RIGHT OUTER JOIN

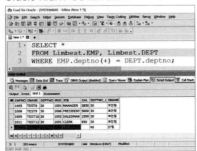

44 다음은 Oracle 데이터베이스에서 사용하는 OUTER JOIN의 예제이다. 빈칸을 채워 Oracle의 OUTER JOIN을 표준 ANSI SQL로 변경하시오.

[Oracle OUTER JOIN]

```
SELECT *
FROM EMP, DEPT
WHERE EMP.부서코드 = DEPT.부서코드(+)
AND DEPT.부서명(+) = '보안팀' AND 급여
>4000
```

[ANSI JOIN]

```
SELECT *
FROM EMP (          ) DEPT
ON (EMP.부서코드 = DEPT.부서코드
and DEPT.부서명 = '보안팀')
WHERE 1=1 AND 급여 > 4000;
```

① FULL OUTER JOIN
② LEFT OUTER JOIN
③ RIGHT OUTER JOIN
④ CROSS JOIN

....

LEFT OUTER JOIN
본 문제는 43번 풀이와 반대로 LEFT OUTER JOIN이다.

45 다음 보기에서 설명하고 있는 데이터베이스 키의 종류는 무엇인가?

> 데이터베이스 키의 종류 중에서 유일성과 최소성을 만족한다.

① 인조키
② 수퍼키
③ 후보키
④ 외래키

키의 종류

데이터베이스 키	설명
기본키 (Primary Key)	후보키 중에서 엔터티를 대표할 수 있는 키이다.
후보키 (Candidate Key)	후보키는 유일성과 최소성을 만족하는 키이다.
슈퍼키 (Super Key)	슈퍼키는 유일성은 만족하지만 최소성 (Not Null)을 만족하지 않는 키이다.
외래키 (Foreign Key)	하나 혹은 다수의 다른 테이블의 기본키 필드를 가리키는 것으로 참조 무결성 (Referential Integrity)을 확인하기 위해서 사용되는 키이다.

46 다음 보기의 SQL문을 실행했을 때의 결괏값은?

[Mytest]

NO	SCORE
001	150
NULL	250
003	50
004	150
NULL	600

```
SELECT SUM(SCORE) / COUNT(NO)
FROM Mytest
```

① 100
② 200
③ 300
④ 400

COUNT(칼럼명)으로 조회를 하는 경우는 NULL 값이 제외된다. 따라서 3이 된다. 즉, 합계 1200/3=400이다.

47 다음 SQL의 실행 결과는?

```
SELECT ROUND(10.51234, 1) FROM DUAL;
```

① 10
② 10.5
③ 10.51
④ 11

ROUND(숫자, 반올림 소수 자리)는 반올림하는 함수이다.

48 다음과 같은 결괏값을 조회하기 위해서 SQL 문의 ( )에 알맞은 것을 넣으시오.

[Mytest]

ENAME	SAL
유비	1000
관우	1100
장비	1200
제갈량	1300
조운	1400
황충	1500

[결과]

ENAME	SAL	CNT
유비	1000	2
관우	1100	2
장비	1200	2
제갈량	1300	2
조운	1400	2
황충	1500	1

```
SELECT ENAME, SAL,
(                    ) as CNT
FROM Mytest;
```

① MAX(SAL) OVER(ORDER BY SAL RANGE BETWEEN 50 PRECEDING AND 100 FOLLOWING)
② COUNT(*) OVER(ORDER BY SAL RANGE BETWEEN 50 PRECEDING AND 100 FOLLOWING)
③ COUNT(*) OVER(ORDER BY SAL RANGE BETWEEN 100 PRECEDING AND 50 FOLLOWING)
④ COUNT(*) OVER(ORDER BY CNT RANGE BETWEEN 50 PRECEDING AND 100 FOLLOWING)

먼저 위의 Mytest 테이블에서 결괏값과 같이 반환되도록 'SAL' 속성을 기준으로 정렬을 수행하고 각각의 행에서의 SAL 속성값을 기준으로 −50에서 +100 범위 사이에 포함되는 SAL값을 가지는 모든 행의 수를 COUNT하여 CNT 속성값으로 조회한다(RANGE는 현재 행의 데이터 값을 기준으로 앞뒤 데이터 값의 범위를 표시하는 것).

49 다음에서 설명하고 있는 식별자는?

데이터베이스 키는 생성 여부에 따라 (A) 식별자와 (B) 식별자로 분류된다.
(A) 식별자는 엔터티 스스로 생성되는 식별자이고 (B)식별자는 다른 엔터티 간의 관계에 의해서 만들어지는 식별자이다.

① A: 기본키, B: 대체키
② A: 외부 식별자, B: 내부 식별자
③ A: 내부 식별자, B: 외부 식별자
④ A: 인조 식별자, B: 본질 식별자

생성 여부에 따른 식별자의 종류

종류	설명
내부 식별자	• 내부 식별자는 엔터티 내부에서 스스로 생성되는 식별자이다. • 예를 들어 부서코드, 주문번호, 종목코드 등이 있다.
외부 식별자	• 다른 엔터티의 관계로 인하여 만들어지는 식별자이다. • 예를 들어 계좌 엔터티에 회원ID이다.

50 다음에 주어진 두 개의 테이블에 대해서 "SQL1"의 실행 결과와 동일한 "SQL2" 문을 완성하시오.

[MytestA]

COL1	COL2
1	200
2	310
3	400
4	500

[MytestB]

COL1	COL2	COL3
1	200	1000
2	350	2000
3	400	3000
4	550	4000

[SQL1]

```
SELECT * FROM MytestA a
WHERE (a.col1, a.col2)
IN (SELECT b.col1, b.col2 FROM MytestB b
WHERE b.col3 > 1400);
```

[SQL2]

```
SELECT * FROM MytestA a
WHERE EXISTS (              );
```

① SELECT 1 FROM MytestB b
WHERE a.col1=b.col1 AND
a.col2=b.col2 AND b.col3 > 1400
② SELECT 1 FROM MytestB b
WHERE a.col1=b.col1 AND
a.col2=b.col2 AND b.col3 < 1400
③ SELECT 1 FROM MytestB b
WHERE a.col1=b.col1 AND
a.col2=b.col2 AND b.col1 > 1400
④ SELECT 1 FROM MytestB b
WHERE a.col1=b.col1 AND
a.col2=b.col2 AND b.col1 < 1400

EXISTS 구문의 뒤의 조건에 일치하는 경우 해당 a 테이블의 행을 출력한다.
MytestA와 MytestB에서 같은 COL1, COL2 값을 가지는 행으로 MytestB에서 1, 3번째 행이 선택되고 그 중에서 COL3 속성값이 1400보다 큰 값을 가지는 행을 찾는다.
EXISTS 뒤에서 SELECT 1 ... 이 부분은 별 의미가 없이 문법을 지키기 위해 사용한 것이다. EXISTS (SELECT *... 또는 SELECT X' 등도 사용 가능하다.

정답 50 ①

최신 기출문제 02회

데이터 모델링의 이해

01 다음은 데이터베이스 파티션 기법에 대한 설명이다. 보기에서 설명하고 있는 파티션 기법은 무엇인가?

> • 파티셔닝 할 항목을 관리자가 직접 지정하는 방법으로 제품에 대해서 파티션을 생성하였다.
> • 데이터 보관 주기에 따라서 쉽게 데이터를 삭제할 수 없다.

① RANGE PARTITION
② HASH PARTITION
③ LIST PARTITION
④ HYBRID PARTITION

List Partition
Range Partition은 데이터 값의 범위를 기준으로 파티션을 수행하고 List Partition은 특정 값을 지정해서 파티션을 수행한다. 또한 Hash Partition은 해시 함수를 적용하여 파티션을 수행하는 것이다. Composite Partition은 범위와 해시를 복합적으로 사용해서 파티션을 수행한다.

02 속성의 특성에 따른 분류로 올바른 것은?

① 기본 속성, 일반 속성, 파생 속성
② 기본 속성, 설계 속성, 파생 속성
③ 기본 속성, 설계 속성, 일반 속성
④ 일반 속성, 설계 속성, 파생 속성

속성의 종류

속성	주요 내용
기본 속성 (Basic)	가장 일반적인 것으로 일련번호, 코드 데이터처럼 다른 속성에서 계산하거나 영향을 받은 것을 제외한 모든 속성이다.
설계 속성 (Design)	• 데이터 모델링 과정에서 생성되는 속성이다. • 예를 들어 일련번호와 같이 설계 과정에서 만들어지는 속성이다.
파생 속성 (Derived)	• 다른 속성으로부터 영향을 받아서 생성되는 속성이다. • 예를 들어 직원별 급여합계, 월별 생산량 등이다.

03 엔터티 간의 관계 중 비식별 관계에 대한 설명으로 올바르지 않은 것은?

① 약한 연결 관계를 표현하고 있다.
② 엔터티 간의 관계를 점선으로 표현한다.
③ 부모 쪽의 관계 참여가 선택적 관계이다.
④ 반드시 부모 엔터티에 종속한다.

식별 관계는 반드시 부모 엔터티에 종속하고 강한 연결 관계를 표현한다. 비식별 관계는 약한 연결 관계를 표현하고 자식이 일반 속성에 포함된다.

04 아래 ER 모델링의 표기법은 무엇인가?

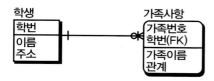

① Barker 표기법
② IE 표기법
③ UML 표기법
④ IDEF1X 표기법

위의 표기법은 정보공학 표기법인 IE 표기법 형식이다. 위의 모델링과 동일한 Barker의 표기법은 다음과 같다.

Barker 표기법

05 정규화를 수행하지 않고 엔터티에 데이터를 입력할 때 불필요한 데이터를 같이 입력하거나 삭제하면 다른 데이터까지 같이 삭제되는 문제는?

① 제3정규화
② 제2정규화
③ 이상현상
④ 연결 함정

정규화를 하지 않아서 발생하는 문제점을 이상현상(Anomaly)이라고 한다. 이상현상에는 삽입 이상현상, 갱신 이상현상, 삭제 이상현상이 있다.

06 다음 중 3차 정규화에 대한 설명으로 가장 올바른 것은?

① 속성의 원자값 제거
② 복합 속성으로 구성된 식별자에 대해 부분적인 속성으로도 식별이 되는 부분 종속성을 제거
③ 다치종속성을 제거
④ 이행함수 종속성을 제거

제3정규화는 일반 속성 간에 종속이 발생하는 이행함수 종속성을 제거하는 것이다.
• 속성의 중복값을 제거 → 1차 정규화
• 복합 속성으로 구성된 식별자에 대해 부분적인 속성으로도 식별이 되는 부분 종속성을 제거 → 2차 정규화
• 다치종속성을 제거 → 4차 정규화

07 키 엔터티라고도 하며 발생 시점에 따라서 엔터티를 분류할 때 독립적으로 생성되는 엔터티는 무엇인가?

① 기본 엔터티
② 중심 엔터티
③ 행위 엔터티
④ 종결 엔터티

엔터티의 특징

엔터티 특징	설명
기본 엔터티 (Basic Entity)	• 키 엔터티라고도 한다. • 다른 엔터티로부터 영향을 받지 않고 독립적으로 생성되는 엔터티이다. • 예를 들어 고객, 상품, 부서 등이 있다.
중심 엔터티 (Main Entity)	• 기본 엔터티와 행위 엔터티 간의 중간에 있는 것이다. • 즉, 기본 엔터티로부터 발생되고 행위 엔터티를 생성하는 것이다. • 예를 들어 계좌, 주문, 취소, 체결 등이다.
행위 엔터티 (Active Entity)	• 2개 이상의 엔터티로부터 발생된다. • 예를 들어 주문이력, 체결이력 등이다.

정답 04 ② 05 ③ 06 ④ 07 ①

PART **05** SQLD 최신 기출문제

08 데이터베이스 파티션 기법 중 날짜 및 숫자처럼 연속된 값을 기준으로 만드는 파티션 기법은?

① Range Partition
② List Partition
③ Hash Partition
④ Composite Partition

Range Partition은 날짜 및 숫자처럼 연속된 값을 기준으로 만든 파티션 테이블이다.

```
create table mytest
(
pdate varchar2(8),
psize number(3)
)
partition by range(pdate)
(
partition q1 values less than ('20220101')
tablespace ts_t1,
partition q2 values less than ('20230101')
tablespace ts_t2,
partition q5 values less than (maxvalue)
tablespace ts_t3
);
```

09 다음은 데이터베이스 모델링 단계에 대한 설명이다. 올바르지 않은 것은?

① 개념적 데이터베이스 모델링은 추상화 수준이 낮고 재사용성이 매우 높은 모델링 방법이다.
② 성능, 데이터 저장 방법 등을 고려하는 모델링은 물리적 모델링이다.
③ 데이터베이스 모델링 단계는 개념적, 논리적, 물리적 단계로 수행하고 개념적 단계부터 물리적 모델링이 진행될수록 상세화된다.
④ 개념적 모델링 이후에 구체적인 업무 중심의 모델링과 정규화를 수행하는 단계가 논리적 모델링 단계이다.

• 개념적 모델링은 추상화 수준이 높고 업무에 대한 엔터티를 도출하고 관계를 정의하는 단계이다.
• 재사용성이 높은 단계는 논리적 모델링 단계이다.

10 다음 중 엔터티, 인스턴스, 속성, 속성 값의 관계로 올바르지 않은 것은?

① 한 개의 엔터티에는 두 개 이상의 속성이 있다.
② 한 개의 속성은 한 개의 속성값을 가지고 있다.
③ 한 개의 엔터티에는 두 개 이상의 인스턴스가 있다.
④ 한 개의 엔터티는 한 개의 속성만 가지고 있다.

한 개의 엔터티(Entity)는 두 개 이상의 속성(Attribute)과 두 개 이상의 인스턴스(Instance)를 가진다.

정답 08 ① 09 ① 10 ④

11 다음 중 서브쿼리(Subquery)에 대한 설명으로 올바르지 않은 것은?

① 서브쿼리에는 Order by구를 사용할 수 없다.

② 서브쿼리에서 여러 개의 행이 반환되면 IN, ANY, ALL과 같은 다중행 서브쿼리 함수를 사용해야 한다.

③ FROM구에 사용되면 인라인 뷰이고 WHERE절에 사용되면 서브쿼리이다.

④ 서브쿼리에서 메인쿼리의 칼럼을 사용할 수 있고 메인쿼리에서도 서브쿼리의 칼럼을 사용할 수 있다.

서브쿼리는 메인쿼리의 칼럼을 모두 사용할 수 있지만, 메인쿼리는 서브쿼리의 칼럼을 사용할 수 없으므로 스칼라 서브쿼리 등을 사용해야 한다.

12 다음 중 Mytest 테이블에서 주어진 결과를 반환하는 SQL문으로 올바른 것은?

[Mytest]

DNAME	YEAR	SAL
빅데이터팀	2010	1000
빅데이터팀	2011	2000
빅데이터팀	2012	3000
인프라운영팀	2010	1000
인프라운영팀	2011	2000
인프라운영팀	2012	3000

[결과]

DNAME	YEAR	SUM(SAL)
빅데이터팀	2010	1,000
빅데이터팀	2011	2,000
빅데이터팀	2012	3,000
빅데이터팀		6,000
인프라운영팀	2010	1,000
인프라운영팀	2011	2,000
인프라운영팀	2012	3,000
인프라운영팀		6,000
		12,000

① SELECT DNAME, YEAR, SUM(SAL) FROM Mytest GROUP BY ROLLUP ((DNAME, DNAME), NULL);

② SELECT DNAME, YEAR, SUM(SAL) FROM Mytest GROUP BY ROLLUP (DNAME, (DNAME, YEAR));

③ SELECT DNAME, SUM(SAL) FROM Mytest GROUP BY ROLLUP ((DNAME, YEAR));

④ SELECT DNAME, SUM(SAL) FROM Mytest GROUP BY ROLLUP (DNAME, YEAR, (DNAME, YEAR));

NO	DNAME	YEAR	SUM(SAL)
1	빅데이터팀	2010	1,000
2	빅데이터팀	2011	2,000
3	빅데이터팀	2012	3,000
4	빅데이터팀		6,000
5	인프라운영팀	2010	1,000
6	인프라운영팀	2011	2,000
7	인프라운영팀	2012	3,000
8	인프라운영팀		6,000
9			12,000

위의 내용은 DNAME별 합계이다.

1. DNAME별 소계(4, 8행)

2. DNAME, SAL별 소계(1, 2, 3, 5, 6, 7행)

3. 전체 집계(9행)가 계산된 것이므로 해당하는 SQL문은

SELECT DNAME, YEAR, SUM(SAL) FROM Mytest GROUP BY ROLLUP (DNAME, (DNAME, YEAR));

이 된다.

정답 11 ④ 12 ②

13 다음 SQL문의 실행 결과로 올바른 것은?

① SELECT FLOOR(35.8)
FROM DUAL → 36
② SELECT CEIL(35.8)
FROM DUAL → 36
③ SELECT ROUND(36.8, 0)
FROM DUAL → 36
④ SELECT TRUNC(35.8)
FROM DUAL → 36

CEIL은 35.8보다 크거나 같은 최소의 정수를 되돌려 주기 때문에 36이 된다.

14 다음 중 SQL문의 실행 순서로 올바른 것은?

① FROM → WHERE → GROUP BY → HAVING → ORDER BY → SELECT
② FROM → WHERE → GROUP BY → HAVING → SELECT → ORDER BY
③ FROM → WHERE → HAVING → GROUP BY → ORDER BY → SELECT
④ FROM → WHERE → GROUP BY → SELECT → HAVING → ORDER BY

SELECT문은 FROM, WHERE, GROUP BY, HAVING, SELECT, ORDER BY 순으로 실행된다.

SELECT문의 실행 순서

15 다음 중 Oracle과 SQL Server의 트랜잭션 처리 방식에 대한 설명으로 올바르지 않은 것은?

① SQL의 DML과 DDL을 실행할 때 COMMIT을 자동으로 처리하는 것이 AUTO COMMIT이다.
② 명시적 트랜잭션의 시작과 끝은 모두 SQL을 실행하는 사용자가 지정한다.
③ 암시적(묵시적) 트랜잭션 처리는 트랜잭션이 자동으로 시작되며 자동으로 완료 혹은 취소되는 것이다.
④ Oracle에서 INSERT를 실행하면 자동적으로 COMMIT까지 완료된다.

오라클에서 기본적으로 AUTO COMMIT은 설정되지 않는다. SQL Server는 기본 설정이 AUTO COMMIT이다.

16 윈도우 함수에서 칼럼의 값을 기준으로 행을 선택하는 것은?

① ROWS
② RANGE
③ PRECEDING
④ FOLLOWING

윈도우 함수에서 ROWS는 행을 기준으로 선택하고 RANGE는 값을 기준으로 선택한다.

17 PL/SQL에서 FETCH 이후에 수행해야 하는 것은?

① Cursor DEFINE
② Cursor EXPTION
③ Cursor CLOSE
④ EXIT

PL/SQL의 사용 순서는 Cursor 선언, Cursor Open, FETCH, Cursor Close이다.
PL/SQL에서 선언구는 다음과 같다.

커서의 선언구

```
DECLARE CURSOR 〈 커서명 〉 IS SELECT
〈 컬럼명 〉 FROM 〈 테이블명 〉;
```

커서가 선언되면 OPEN 문을 사용해서 해당 커서를 열어야 사용이 가능하다.

커서의 열기

```
OPEN 〈 커서명 〉;
```

커서가 열려지면 FETCH 문을 사용해서 데이터를 읽어 올 수 있다.

커서의 인출

```
FETCH 〈 커서명 〉 INTO 변수1, 변수2…;
```

마지막으로 인출이 종료되면 사용된 커서는 반드시 닫아야 한다.

커서의 닫기

```
CLOSE 〈 커서명 〉;
```

18 SQL SERVER에 구축된 TEAMSCORE 테이블에서 WINCNT가 가장 높은 4위까지 조회한다. 단, WINCNT에 동일한 순위 팀이 있으면 같이 조회하는 SQL문으로 올바른 것은?

[TEAMSCORE]

TEAMNAME	WINCNT	FAILCNT
A팀	124	90
B팀	20	11
C팀	12	21
D팀	102	100
E팀	110	111
F팀	100	200
G팀	71	30

①
```
SELECT TOP(4) TEAMNAME, WINCNT
  FROM TEAMSCORE
  ORDER BY WINCNT ASC;
```

②
```
SELECT TOP(4) TEAMNAME, WINCNT
  FROM TEAMSCORE;
```

③
```
SELECT TEAMNAME, WINCNT
  FROM TEAMSCORE
  WHERE ROWNUM <= 4
  ORDER BY WINCNT DESC;
```

④
```
SELECT TOP(4) WITH TIES TEAMNAME,
WINCNT
  FROM TEAMSCORE
  ORDER BY WINCNT DESC;
```

③번의 ROWNUM은 ORACLE 데이터베이스에서 사용하는 것이고 SQL SERVER는 TOP구를 사용한다. TOP구에 WITH TIES를 같이 사용하면 동일한 데이터가 있을 때 함께 조회된다.

정답 17 ③ 18 ④

19 다음 중 LIKE문에서 세 번째 문자가 'K'인 문자열을 조회하는 것으로 가장 올바른 것은?

① SELECT * FROM EMP WHERE like 'K%'
② SELECT * FROM EMP WHERE like '%K%'
③ SELECT * FROM EMP WHERE like '[_ _K]%'
④ SELECT * FROM EMP WHERE like '_ _K%'

---

① K로 시작하는 문자열
② K 문자가 포함된 모든 문자열
③ 첫 번째 문자가 _ 또는 K인 모든 문자열을 검색하는 조건이다. 단, 이 방식은 SQL Server 방식이며, Oracle에서는 regexp_like 정규식을 활용할 수 있다.

20 다음 보기 중 올바르지 않은 것은?

① SQL을 사용해 구조적 질의를 할 수가 있다.
② SQL은 질의만 수행하는 것이 아니라 데이터베이스 관련 모든 작업을 관리할 수가 있다.
③ SQL문은 절차적 언어로 순서적으로 실행된다.
④ SQL문은 선언적 질의 언어이다.

SQL문은 구조화된 질의 언어로 데이터베이스의 모든 작업을 통제하는 비절차적 언어이다.

21 다음 중 세 번째 문자가 'N'인 문자열을 검색하는 조건으로 적절한 것은?

① SELECT * FROM 테이블명 WHERE like LIKE 'N%'
② SELECT * FROM 테이블명 WHERE like '%N%'
③ SELECT * FROM 테이블명 WHERE like '[_ _N]%'
④ SELECT * FROM 테이블명 WHERE like '_ _N%'

---

①번은 N으로 시작하는 문자열, ②번은 N 문자가 포함된 모든 문자열, ③번은 첫 번째 문자가 _ 또는 N인 모든 문자열을 검색하는 조건이다.

22 다음 SQL문과 동일한 결과를 반환하는 SQL문은?

```
select * from Mytest
where (COL1 = 1 and COL2 =3) or (COL1 = 1
and COL2 = 4);
```

① select * from Mytest where COL1 = 1 and (COL2 = 3 or COL2 = 4);
② select * from Mytest where COL1 in (1, 3) and COL2 in (1, 4);
③ select * from Mytest where COL1 in (1, 3) or COL2 in (1, 4);
④ select * from Mytest where COL1 = 1 or (COL2 = 3 or COL2 = 4);;

주어진 SQL문은 COL1, COL2 값이 각각 (1, 3) (1, 4)인 행들만 조회되는 SQL문이다.
이와 같은 값을 반환하는 보기는 COL1이 1이면서 COL2가 3 또는 4인 값을 조회하는 ①번 보기이다.

COL1	COL2
1	1
1	2
1	3
1	4
2	1
2	2
2	3
2	4

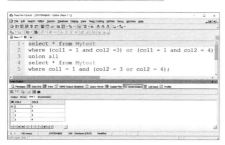

23 다음 WINDOW FUNCTION이 포함된 SQL문의 실행 결과로 올바른 것은?

[Mytest]

MGR	ENAME	HIREDATE	SAL
유비	관우	2017	1000
유비	조자룡	2018	1500
유비	제갈량	2015	2000
조조	하후돈	2016	2000
조조	하후연	2017	3500
조조	순욱	2015	3000
손권	주유	2015	2500
손권	황개	2019	3000
손권	노숙	2013	2000

```
SELECT MGR, ENAME, SAL,
    SUM(SAL) OVER (PARTITION BY MGR
ORDER BY HIREDATE
        ROWS BETWEEN 1 PRECEDING
AND 1 FOLLOWING) AS MGR_SUM
FROM Mytest;
```

[결과]

MGR	ENAME	SAL	MGR_SUM
손권	노숙	2000	?
손권	주유	2500	?
손권	황개	3000	?
유비	제갈량	2000	?
유비	관우	1000	?
유비	조자룡	1500	?
조조	순욱	3000	?
조조	하후돈	2000	?
조조	하후연	3500	?

① 2000, 2500, 3000, 2000, 1000, 1500, 3000, 2000, 3500
② 2000, 4500, 7500, 2000, 3000, 4500, 3000, 5000, 8500
③ 4500, 7500, 5500, 3000, 4500, 2500, 5000, 8500, 5500
④ 4500, 7500, 7500, 3000, 4500, 4500, 5000, 8500, 8500

정답 22 ① 23 ③

위의 Mytest 테이블에서 MGR 속성별로 파티션을 분할했을 때 각각의 파티션 내에서 HIREDATE 속성값 기준으로 오름차순 정렬하고 그때 같은 파티션 내에서 현재 행을 기준으로 바로 이전 행부터 바로 다음 행까지의 급여의 합계를 계산하여 MGR_SUM 속성값으로 조회한다.

24 다음 주어진 SQL문을 수행하였을 때 최종적으로 반영되는 값은 무엇인가?

```
INSERT INTO Mytest VALUES(1);
INSERT INTO Mytest VALUES(2);
SAVEPOINT SV1;
UPDATE Mytest SET COL1=8 WHERE
COL1=2;
INSERT INTO Mytest VALUES(9);
SAVEPOINT SV2;
DELETE Mytest WHERE COL1=8;
INSERT INTO Mytest VALUES(11);
SAVEPOINT SV3;
INSERT INTO Mytest VALUES(9);
ROLLBACK TO SV2;
COMMIT;
```

① 1, 2
② 1, 8, 11
③ 1, 8, 11, 8
④ 1, 8, 9

위의 SQL문의 맨 하단의 ROLLBACK TO SV2 명령어를 수행하면 SAVEPOINT SV2 지점까지 변경된 것을 모두 취소한다.

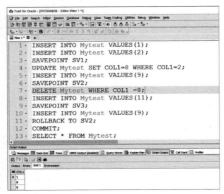

25 다음 SQL문의 실행결과로 올바른 것은?

```
SELECT COALESCE(A1,A2)
FROM (
SELECT NULL AS A1, 1 AS A2 FROM
DUAL
UNION ALL
SELECT 1 AS A1, 2 AS A2 FROM DUAL) A;
```

① NULL
  1
② 1
  2
③ 1
  1
④ NULL
  2

COALESCE 함수는 주어진 인수들 중 첫 번째로 NULL이 아닌 값을 반환한다.
즉 COALESCE(NULL,1)의 결과는 1, COALESCE(1,2)의 결과도 1이다.

26 다음 중 해시 조인(HASH JOIN)에 대해서 올바르지 않은 것은?

① 해시 조인 시에 선행 테이블은 작은 테이블이 먼저와야 한다.
② 해시 조인을 위해서 해시 함수를 사용하기 때문에 CPU를 많이 사용한다.
③ Equal Join과 Non-Equal Join 모두 사용이 가능하다.
④ 조인 칼럼에 인덱스가 없어도 사용이 가능하다.

해시 조인은 해시 함수를 사용하기 때문에 동등조인(Equal Join)에만 할 수 있다.

27 다음 중 CUBE 함수에 대한 설명으로 올바르지 않은 것은?

① CUBE는 칼럼에서 결합이 가능한 모든 다차원 집계를 생성한다.

② CUBE는 ORDER BY를 사용해서 정렬할 수 있다.

③ CUBE 함수를 사용해서 계층별 집계를 구할 수 있다.

④ ROLLUP에 비해서 시스템 연산이 적은 장점이 있다.

CUBE는 결합 가능한 모든 다차원 집계를 생성하기 때문에 ROLLUP에 비해서 많은 연산을 발생시킨다.

28 다음 중 데이터베이스 관리 언어에 대한 설명으로 올바르지 않은 것은?

① DDL은 테이블, 뷰, 인덱스 등을 생성하거나 변경하는 것으로 CREATE, ALTER, DROP, RENAME 등이 있다.

② DML은 질의를 실행하여 데이터를 조작할 수 있으며 INSERT, UPDATE, SELECT, DELETE구가 있다.

③ COMMIT과 ROLLBACK, SAVEPOINT는 TCL 명령어이다.

④ DML은 비절차형 언어로 데이터를 조작할 수 있다.

DML은 INSERT, UPDATE, SELECT, DELETE 등이 있고 TCL은 COMMIT, ROLLBACK, SAVEPOINT가 있다. 일반적으로 사용하는 DML은 무슨 데이터를 가져 오는지만 기술하면 되는 비절차적 언어로 볼 수 있으나 프로시저 등 절차적 기술을 할 수 있으므로 관점에 따라 절차적 언어로 볼 수도 있다.

29 SQL문을 ANSI 표준 SQL문으로 변환한 것으로 올바른 것은?

```
SELECT *
FROM SCOTT.EMP A, SCOTT.DEPT B
WHERE A.DEPTNO = B.DEPTNO
AND B.DNAME = 'KIM'
```

①
```
SELECT *
FROM SCOTT.EMP A  LEFT OUTER JOIN
SCOTT.DEPT B
ON (A.DEPTNO = B.DEPTNO AND
B.DNAME = 'KIM')
```

②
```
SELECT *
FROM SCOTT.EMP A  RIGHT OUTER JOIN
SCOTT.DEPT B
ON (A.DEPTNO = B.DEPTNO AND
B.DNAME = 'KIM') WHERE 1 = 1;
```

③
```
SELECT * FROM SCOTT.EMP A  INNER
JOIN SCOTT.DEPT B
ON (A.DEPTNO = B.DEPTNO AND
B.DNAME = 'KIM') WHERE 1 = 1;
```

④
```
SELECT * FROM SCOTT.EMP A  INNER
JOIN SCOTT.DEPT B
ON A.DEPTNO = B.DEPTNO WHERE 1 = 1
AND B.DNAME = 'KIM';
```

• 조인 조건과 조회 조건이 분리되어야 하므로 조회 조건은 WHERE절로 분리되어야 한다. OUTER JOIN이 아닌 INNER JOIN이므로 INNER JOIN에 조회 조건 분리가 된 ④번이 맞다.
• ANSI SQL에서 조인 조건절(ON 절)에 사용된 조건절은 조인 전 조건으로 작용한다. ON절 이후 WHERE절에서 쓰인 조건절은 조인 후 조건절로 사용된다.

정답 27 ④ 28 ④ 29 ④

30 두 개의 테이블에 대해서 UNION ALL을 실행 했을 때 조회되는 행 수는?

[MytestA]

COL1	COL2
1	2
1	2
1	3

[MytestB]

COL1	COL2
1	2
1	4
1	5

```
SELECT DISTINCT COL1, COL2
FROM MytestA
UNION ALL
SELECT COL1, COL2
FROM MytestB;
```

① 2
② 5
③ 4
④ 7

첫 번째 테이블에서 DISTINCT로 중복된 행이 제외되어 (1, 2), (1, 3) 두개의 행만 남고

COL1	COL2
1	2
1	3

두 번째 테이블과 UNION ALL로 중복을 포함하여 합 쳐져 (1, 2), (1, 3), (1, 2), (1, 4), (1, 5) 5개의 행이 조회된다.

31 다음의 계층형 질의에서 리프(Leaf) 노드 여부를 출력하려고 한다. ( )에 올바른 것은?

```
SELECT LEVEL, LPAD(' ',4 * (LEVEL −1) ) ||
EMPNO, MGR, (    ) AS ISLEAF
FROM Mytest
START WITH MGR IS NULL
CONNECT BY PRIOR EMPNO = MGR;
```

① CONNECT_BY_ISLEAF
② CONNECT_BY_ISCYCLE
③ SYS_CONNECT_BY_PATH
④ CONNECT_BY_LEAF

• CONNECT_BY_ISLEAF : 전개 과정에서 해당 데이터가 리프 데이터면 1, 아니면 0을 반환한다.
• CONNECT_BY_ISCYCLE : 전개 과정에서 자식을 갖는데, 해당 데이터가 조상으로 존재하면 1, 그렇지 않으면 0을 반환한다. 여기서 조상이란 자신으로부터 루트까지의 경로에 존재하는 데이터를 말한다.
• SYS_CONNECT_BY_PATH : 하위 레벨의 칼럼까지 모두 표시해준다(구분자 지정 가능).

계층형 질의

MGR	EMPNO	SAL
100	200	1000
	100	2000
300	400	3000
200	300	4000
400	500	5000

32 다음 SQL문을 실행한 결과로 올바른 것은?

[MytestA]

N1	V1
1	A
2	
3	B
4	C

[MytestB]

N1	V1
1	A
2	
3	B

```
SELECT SUM(A.N1)
FROM MytestA  A, MytestB  B
WHERE A.V1 ◇ B.V1;
```

① 10
② 32
③ 12
④ 9

Cross Join 결과에서 NULL 값을 제외하고 조건을 체크하면 아래와 같다.

A.V1	B.V1	A.N1
A	A	1
A		1
A	B	1
	A	2
		2
	B	2
B	A	3
B		3
B	B	3
C	·A	4
C		4
C	B	4

33 다음 중 서브쿼리(SubQuery)에 대한 설명으로 올바르지 않은 것은?

① 서브쿼리는 SQL문의 SELECT구, FROM구, WHERE구 모두 사용이 가능하다.
② 서브쿼리는 단일행 서브쿼리와 다중행 서브쿼리로 분리되고 다중행 서브쿼리의 경우 IN, ANY, EXISTS, ALL과 같은 함수를 사용해야 한다.
③ 메인쿼리에서 서브쿼리 내에 있는 칼럼을 사용할 수 없다.
④ 서브쿼리는 SELECT절, FROM절, WHERE절 등에서 사용 가능하다.

서브쿼리 중에서 INLINE VIEW의 칼럼은 메인 쿼리에서도 사용 가능하다.

34 윈도우 함수와 GROUP BY에 대한 설명으로 올바르지 않은 것은?

① 윈도우 함수는 PARTITION BY구에 지정된 컬럼으로 데이터를 자른다.
② 윈도우 함수를 사용하면 행 수가 줄어든다.
③ GROUP BY는 집계함수로 집약된다.
④ 윈도우 함수는 SORT를 유발한다.

윈도우 함수는 행의 수를 줄이지 않는다. 각 행에 대해 계산된 값을 새로운 칼럼으로 추가하는 방식으로 작동한다.

35

다음 중 SQL문을 가장 잘 설명하고 있는 것은?

[MytestA]

EMPLOYEE_ID	MANAGER_ID	SALARY
A1	B1	400
A2	B2	8000
A3	B3	9000
A4	B4	4000
A5	B5	5000

[MytestB]

EMPLOYEE_ID	MANAGER_ID	SALARY
B1	C1	2000
B2	C2	7000
B3	C3	10000
B4	C4	3000
B5	C5	6000

```
SELECT A.* FROM MytestA A, MytestB B
WHERE A.MANAGER_ID = B.EMPLOYEE_ID
AND B.SALARY >= ANY A.SALARY;
```

① 상사보다 연봉이 작거나 같은 부하직원
② 상사보다 연봉이 크거나 같은 부하직원
③ 어떤 상사보다도 연봉이 높은 부하 직원
④ 어떤 상사보다도 연봉이 낮은 부하 직원

A 테이블의 매니저 아이디가 B 테이블의 직원 아이디이므로 ⇒ A가 부하직원, B가 상사라고 볼 수 있다. 그러므로 상단의 SQL문은 상사보다 연봉이 작거나 같은 부하직원의 데이터를 조회하는 SQL문이라 할 수 있다.

[결과]

EMPLOYEE_ID	MANAGER_ID	SALARY
A1	B1	400
A3	B3	9000
A5	B5	5000

36

다음 중 데이터베이스 관리 언어를 올바르게 매핑한 것은?

① DML – RENAME
② TCL – COMMIT
③ DCL – DROP
④ DML – ALTER

- DDL(Data Definition Language) :
  CREATE, DROP, ALTER, RENAME
- DML(Data Modification Language) :
  SELECT, INSERT, UPDATE, DELETE
- DCL(Data Control Language) :
  GRANT, REVOKE
- TCL(Transaction Control Language) :
  COMMIT, ROLLBACK

37

다음 중 아래의 데이터 모델과 같은 테이블 및 PK 제약조건을 생성하는 DDL 문장으로 올바른 것은? (단, DBMS는 Oracle을 기준으로 한다)

테이블명 : T_PRODUCT(기본키 : PRODUCT_ID)

```
PRODUCT_ID VARCHAR2(10) NOT NULL
PRODUCT_NAME VARCHAR2(100) NOT
NULL
REGISTER_DATE DATE NOT NULL
REGISTER_NO NUMBER(10) NULL
```

① CREATE TABLE T_PRODUCT
(PRODUCT_ID VARCHAR2(10)
NOT NULL,
PRODUCT_NAME VAR-
CHAR2(100) NOT NULL,
REGISTER_DATE DATE NOT
NULL,
REGISTER_NO NUMBER(10),
CONSTRAINT PRODUCT_PK
PRIMARY KEY (PRODUCT_ID));

② CREATE TABLE T_PRODUCT
(PRODUCT_ID VARCHAR2(10)
NOT NULL,

PRODUCT_NAME VAR-
CHAR2(100) NOT NULL,
REGISTER_DATE DATE NOT
NULL,
REGISTER_NO NUMBER(10)
NULL);
ALTER TABLE T_PRODUCT ADD
PRIMARY KEY PRODUCT_PK ON
(PROD_ID);

③ CREATE TABLE T_PRODUCT
(PRODUCT_ID VARCHAR2(10),
PRODUCT_NAME VAR-
CHAR2(100),
REGISTER_DATE DATE,
REGISTER_NO NUMBER(10));
ALTER TABLE T_PRODUCT ADD
CONSTRAINT PRODUCT_PK
PRIMARY KEY (PROD_ID)

④ CREATE TABLE T_PRODUCT
(PRODUCT_ID VARCHAR2(10)
NOT NULL,
PRODUCT_NAME VAR-
CHAR2(100) NOT NULL,
REGISTER_DATE DATE NOT
NULL,
REGISTER_NO NUMBER(10)
NULL, ADD CONSTRAINT PRI-
MARY KEY (PRODUCT_ID));

②번 보기는 PK를 지정하는 ALTER TABLE 문장에 문법
오류가 있다.
→ (오류 수정) ALTER TABLE T_PRODUCT ADD CON-
STRAINT PRODUCT_PK PRIMARY KEY (PRODUCT_
ID);
③번 보기는 NOT NULL 칼럼에 대해서 NOT NULL 제약
조건을 지정하지 않았다.
④번 보기는 테이블을 생성할 때 PK를 지정하는 문장에 문
법 오류가 존재한다.

38 테이블 A, B, C가 있다. 다음 중 DELETE
FROM A 쿼리를 수행한 후에 테이블 C 테이
블에 남아 있는 데이터로 가장 올바른 것은?

A

C	D
1	1
2	1

B

B	C
3	1
4	1

C

A	B
1	3
2	4

```
CREATE TABLE A
(C INTEGER PRIMARY KEY,
D INTEGER);

CREATE TABLE B
(B INTEGER PRIMARY KEY,
C INTEGER REFERENCES A(C) ON DE-
LETE CASCADE);

CREATE TABLE C
(A INTEGER PRIMARY KEY,
B INTEGER REFERENCES B(B) ON DE-
LETE SET NULL);
```

① (1, NULL)과 (2, 2)
② (1, NULL)과 (2, NULL)
③ (2, 2)
④ (1, 1)

DELETE FROM A 이후 A 테이블은 모두 삭제된다. C 테
이블은 Cascade 옵션에 의해서 A의 첫 번째 행을 참조하
는 두 건 모두 삭제된다. 그리고 B 테이블이 삭제됨에 따
라 B 테이블의 B 칼럼을 참조하는 C 테이블의 B 칼럼값은
SET NULL 옵션에 의해서 NULL 값으로 변경된다.

39 다음은 테이블 생성 시 사용하는 제약조건(Constraints)에 대한 설명이다. 가장 올바르지 않은 것은?

① UNIQUE : 칼럼에 중복된 값이 없을 때도 NULL 값은 입력되지 않는다.

② PRIMARY KEY : 기본키로 테이블당 한 개만 생성이 가능하고 자동으로 인덱스가 생성된다.

③ FOREIGN KEY : 다른 테이블의 기본키를 참조한다.

④ NOT NULL : 칼럼에 NULL 값을 입력할 수 없도록 한다. 기본키의 경우 별도로 지정하지 않아도 된다.

....

UNIQUE 제약조건은 칼럼에 중복된 값을 허용하진 않지만, NULL 값은 포함한다.

40 다음 SQL 중에서 실행 결과가 같은 것은? (출력되는 행의 순서는 고려하지 않음)

[MytestA]

ID	NAME
1	A
2	B
3	C
4	D
5	E
6	F

[MytestB]

ID	NAME
1	G
3	H
5	I
6	J
7	K
8	L

(1)
```
SELECT A. ID, B.ID
FROM MytestA A FULL OUTER JOIN
MytestB B
ON A.ID = B.ID
```

(2)
```
SELECT A.ID, B.ID
FROM MytestA A LEFT OUTER JOIN
MytestB B
ON A.ID = B.ID
UNION
SELECT A.ID, B.ID
FROM MytestA A RIGHT OUTER JOIN
MytestB B
ON A.ID = B.ID
```

(3)
```
SELECT A.ID, B.ID
FROM MytestA A, MytestB B
WHERE A.ID = B.ID
UNION ALL
SELECT A.ID, NULL FROM MytestA A
WHERE NOT EXISTS (SELECT 1 FROM
MytestB B WHERE A.ID = B.ID)
UNION ALL
SELECT NULL, B.ID
FROM MytestB B
WHERE NOT EXISTS (SELECT 1 FROM
MytestA A WHERE B.ID = A.ID)
```

① (1), (2)
② (1), (3)
③ (2), (3)
④ (1), (2), (3)

....

보기 3개 모두 FULL OUTER JOIN과 동일한 결과를 반환한다. 즉, 교집합과 MytestA 및 MytestB의 차집합 모두가 조회된다.

정답 39 ① 40 ④

41 다음의 주어진 테이블에서 아래의 SQL문을 수행하였을 때의 결과가 RESULT와 같을 때 SQL문의 (ㄱ)에 들어갈 것은?

[Mytest]

COL1
AAA
BBB
CCC
DDD
EEE
FFF
GGG
HHH
III
JJJ

[RESULT]

VAL	CNT
1	3
2	3
3	2
4	2

```
SELECT VAL, COUNT(*) AS CNT
FROM (
     SELECT ( ㄱ )(4) over (ORDER BY
     COL1) AS VAL
     FROM Mytest
)
WHERE 1=1
GROUP BY VAL ORDER BY 1;
```

① NTILE
② LEAD
③ RANK
④ LAG

NTILE 함수는 expr에 명시된 값만큼 파티션을 균등하게 분할하는 함수로 expr에 명시된 숫자가 4이고 order by가 1이니 오름차순 정렬로 총 4개의 VAL 속성값으로 파티션이 분할되며 각 파티션별로 행의 수가 균등하게 분할되어 3, 3, 2, 2의 행의 수로 각각 분할된다.

42 다음은 Oracle 데이터베이스의 계층형 질의에 대한 것이다. 올바르지 않은 것은?

① START WITH절은 계층 구조의 시작점을 지정하는 구문이다.
② ORDER SIBLINGS BY구는 형제 노드 사이에 정렬을 수행한다.
③ 순방향 전개란 부모 노드로부터 자식 노드로 전개하는 것이고 역방향 전개는 자식 노드에서 부모 노드로 전개하는 것이다.
④ 루트 노드의 LEVEL 값은 1이 아니다.

Oracle 계층형 질의에서 루트 노드의 LEVEL 값은 1이다.

정답 41 ① 42 ④

43 Mytest 테이블에 대해서 SQL문을 실행했을 때 결과로 올바른 것은?

[Mytest]

EMPID	NAME	TODAY	MGRID
1000	조조	2017-01-01	NULL
1001	유비	2017-01-01	1000
1002	관우	2020-01-01	1000
1003	조자룡	2020-01-01	1000
1004	여포	2020-01-01	NULL
1005	동탁	2022-01-01	1004
1006	사마위	2022-01-01	1004
1007	순욱	2022-01-01	1004

```
SELECT *
FROM Mytest
START WITH MGRID IS NULL
CONNECT BY PRIOR EMPID = MGRID
AND today BETWEEN '2017-01-01' AND
'2022-12-31'
ORDER SIBLINGS BY EMPID;
```

①

EMPID	NAME	TODAY	MGRID
1000	조조	2017-01-01	
1001	유비	2017-01-01	1000
1002	관우	2020-01-01	1000
1003	조자룡	2020-01-01	1000
1004	여포	2020-01-01	
1005	동탁	2022-01-01	1004
1006	사마위	2022-01-01	1004
1007	순욱	2022-01-01	1004

②

EMPID	NAME	TODAY	MGRID
1001	유비	2017-01-01	1000
1002	관우	2020-01-01	1000
1003	조자룡	2020-01-01	1000
1005	동탁	2022-01-01	1004
1006	사마위	2022-01-01	1004
1007	순욱	2022-01-01	1004

③

EMPID	NAME	TODAY	sal
1000	조조	2017-01-01	5000

④

EMPID	NAME	TODAY	MGRID
1000	조조	2017-01-01	
1001	유비	2017-01-01	1000
1002	관우	2020-01-01	1000
1003	조자룡	2020-01-01	1000

MGRID가 NULL인 값에서 시작해서 EMPID로 조회를 전개하는 순방향 조회를 하고 있다. 순방향 전개를 하면서 EMPID로 정렬한다.

44 다음의 SQL문을 실행했을 때 아래 결과가 조회되도록 ⑦, ⓒ에 들어갈 숫자를 고르시오.

```
SELECT COL1, COL2, COL3,
LEAD(COL3, ⑦, ⓒ) OVER(PARTITION BY
COL1 ORDER BY COL3 ) AS Result
FROM Mytest
```

[결과]

COL1	COL2	COL3	Result
LIM	가	1	10
LIM	가	5	9
LIM	다	10	9
KIM	가	20	100
KIM	나	30	9
KIM	나	100	9
PARK	다	50	1000
PARK	나	100	9
PARK	다	1000	9
LEE	라	1200	9
LEE	라	1400	9

정답 43 ①

① ㄱ: 2, ㄴ: 9

② ㄱ: 2, ㄴ: 4

③ ㄱ: 1, ㄴ: 9

④ ㄱ: 1, ㄴ: 4

LEAD(대상 속성, 순서, 디폴트값) OVER (PARTITION BY 절)

COL3 값에서 두 번째 다음값이 Result 값으로 출력되니 ㉠에는 숫자 2가 와야 하고, 현재 COL3값의 두 번째 다음 값이 해당 파티션내에서 존재하지 않을 경우에는 기본값으로 9를 출력하니 ㉡에는 숫자 9가 와야 한다.

---

45 다음 SQL문을 실행하여 나오는 결과의 빈칸 ㉠, ㉡을 작성하시오.

[Mytest]

COL1	COL2	COL3
A	가	100
A	가	500
A	다	1000
B	가	2000
B	나	3000
B	나	10000
C	다	5000

```
SELECT NTILE2, COUNT(*) AS CNT
FROM (
SELECT COL1, COL2, COL3, NTILE(3)
OVER (ORDER BY COL3) AS NTILE2
FROM Mytest )
GROUP BY NTILE2;
```

[결과]

NTILE2	CNT
(㉠)	(㉡)
2	2
3	2

① ㄱ: 3, ㄴ: 1

② ㄱ: 2, ㄴ: 3

③ ㄱ: 1, ㄴ: 3

④ ㄱ: 3, ㄴ: 2

주어진 테이블에서 COL3 속성의 값 7개를 2, 2, 2로 균등하게 3등분하고 남은 값을 앞에서부터 순차적으로 할당하므로 3, 2, 2개씩 파티션이 분할된다. 그러면 NTILE2에서는 각각 분할된 파티션별 번호인 1, 2, 3이 할당되고 CNT에서는 각각에 분할된 파티션별 행의 수가 카운트 되어 3, 2, 2가 반환된다.

---

46 다음 SQL문의 실행 결과는?

```
SELECT COALESCE(nullif(1,1), 200, 300) as
data from dual;
```

① 100

② 200

③ 300

④ 400

---

nullif(1,1) 에서 NULL을 반환하고 COALESCE (NULL, 200, 300)에서 200을 반환한다.

정답 44 ① 45 ③ 46 ②

47 날짜값을 2020, 02와 같이 조회되도록 SQL 문을 완성하시오.

[Mytest]

COL1
2020-2-1

```
SELECT EXTRACT
(YEAR FROM SYSDATE),
LPAD(EXTRACT(month from sysdate), ㉠, ㉡)
FROM Mytest;
```

① ㉠: 1, ㉡: '0'
② ㉠: 1, ㉡: '2'
③ ㉠: 2, ㉡: '2'
④ ㉠: 2, ㉡: '0'

COL1 값에서 Month 값 1이 두 자릿수 01로 출력되어야 하므로 LPAD 함수의 두 번째 인자 값에는 숫자 2이다. 세 번째 인자 값에는 문자 '0'이 와야 한다.
• LPAD : 대상 문자, 지정 길이, 채울 문자
  ex) SELECT LPAD('1' , 8, '0') FROM DUAL ⇒ 00000001
• EXTRACT : 원하는 날짜 영역을 추출하여 출력하는 함수

48 DEPT 테이블에는 총 4개의 데이터가 있다. 다음의 SQL문을 실행하면 총 몇 개의 행이 조회되는가?

```
SELECT * FROM DEPT CROSS JOIN DEPT;
```

① 4   ② 8
③ 12   ④ 16

CROSS JOIN으로 DEPT에 행이 4건이다. 즉 4*4=16행이 조회된다.

49 다음의 SQL문을 실행한 결과를 쓰시오.

[Mytest]

COL1	COL2	COL3
A	가	100
A	가	500
A	다	1000
B	가	2000
B	나	3000
B	나	10000
C	다	5000

```
SELECT SUM( CASE WHEN COL1 = 'A'
THEN 1 END ) AS SUM1,
SUM( CASE WHEN COL3 < 20000 THEN 1
END ) AS SUM2
FROM Mytest;
```

① 1, 5
② 2, 6
③ 3, 7
④ 4, 8

SUM1은 COL1 = 'A' 조건을 만족하는 1, 2, 3행을 각각 1로 되돌리고 합계를 계산하기 때문에 3이 된다. COL2 < 20000 조건은 모든 행이 만족하고 1을 되돌리므로 합계는 7이 된다.

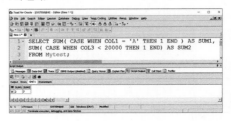

50 다음 주어진 SQL문의 빈칸에 그룹 함수를 쓰시오.

[Mytest]

COL1	COL2	COL3
A	가	100
A	가	500
A	다	1000
B	가	2000
B	나	3000
B	나	10000
C	다	5000

```
SELECT COL1, COL2, SUM(COL3)
FROM Mytest
GROUP BY (              );
```

[결과]

COL1	COL2	SUM(COL3)
A	가	600
A	다	1000
A		1600
B	가	2000
B	나	13000
B		15000
C	가	5000
C		5000

① GROUPING SETS(COL1,(COL1, COL2))

② GROUPING SETS(COL1,(COL2, COL3))

③ GROUPING SETS(COL1, COL2, COL3)

④ GROUPING SETS(COL1,(COL2, COL1))

GROUPING SETS(COL1, (COL1, COL2))

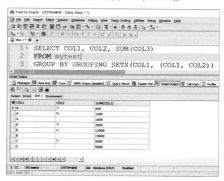

1과목
데이터 모델링의 이해

01 다음은 도메인에 대한 설명이다. 특징으로 알맞지 않은 것은?

① 도메인별로 데이터 타입과 길이를 지정한다.
② 각 엔터티 속성에 도메인을 할당한다.
③ 공통으로 발생하는 명사는 여러 개의 도메인으로 생성한다.
④ 속성을 명사로 분리한다.

공통으로 발생하는 명사를 하나의 도메인으로 생성해야 한다.

도메인(Domain)의 특징
• 각 속성이 가질 수 있도록 허용된 값들의 집합이다.
• 속성명과 도메인명이 반드시 동일할 필요는 없다.
• 릴레이션에서 모든 속성의 도메인은 원자적(Atomic)이어야 한다.

02 아래의 IE 표기법에서 고객 엔터티의 고객번호와 계좌마스터의 고객번호는 어떤 식별자에 해당되는가?

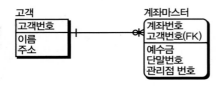

① 본질 식별자, 복합 식별자
② 내부 식별자, 외부 식별자
③ 단일 식별자, 인조 식별자
④ 단일 식별자, 복합 식별자

내부 식별자란, 엔터티 내부에서 스스로 생성되는 식별자이고 외부 식별자는 다른 엔터티의 관계로 인하여 만들어지는 식별자이다.

03 다음은 주식별자에 대한 설명이다. 올바르지 않은 것은?

① 어떤 업무에서 자주 이용되는 것을 주식별자로 한다.
② 명칭, 내역 등과 같이 이름으로 기술되는 것들은 주식별자로 지정하지 않는다.
③ 계좌번호와 고객번호를 복합으로 주식별자로 구성할 경우 너무 많은 속성이 포함되지 않도록 한다.
④ 자주 변경되는 값을 주식별자로 지정해야 한다.

주식별자는 회원ID와 같은 것으로 회원정보는 언제든 수정이 가능하지만 회원ID를 변경하지는 않는다. 즉, 자주 변경되지 않는 것을 주식별자로 지정해야 한다.

주식별자의 특징
• 주식별자에 의해 엔터티 내에 모든 인스턴스가 유일하게 구분되어야 한다.
• 주식별자를 구성하는 속성의 수는 유일성을 만족하는 최소의 수가 되어야 한다.
• 지정된 주식별자의 값은 자주 변하지 않는 것이어야 한다.
• 주식별자가 지정되면 반드시 값이 들어와야 한다.

04 아래 시나리오에서 엔터티로 가장 적절한 것은?

> A 쇼핑몰에서 상품을 주문하려면 회원에 가입해야 한다. 회원가입 시에는 회원ID, 이름, 전화번호를 입력하고 주문을 할 때는 배송지 주소를 입력해야 한다.

① 이름
② 회원
③ A 쇼핑몰
④ 배송지 주소

회원이라는 엔터티에 회원ID, 이름, 전화번호 속성이 있는 것이다. 엔터티는 2개 이상의 속성과 2개 이상의 인스턴스를 가진다.

정답 01 ③ 02 ② 03 ④ 04 ②

05 다음 중 주식별자의 특징으로 올바르지 않은 것은?

① 유일성 : 엔터티 내에서 모든 인스턴스들은 유일해야 한다.
② 최소성 : 속성의 수는 유일성을 만족해야 하고 최소의 수가 되어야 한다.
③ 불변성 : 식별자의 값은 변하지 않아야 한다.
④ 존재성 : 주식별자로 지정되면 데이터값이 존재하지 않을 수 있다.

주식별자는 NULL 값을 가질 수가 없다. 즉, 주식별자는 NOT NULL이어야 한다.

주식별자 특징
• 모든 인스턴스(Instance)에서 유일해야 한다.
• 주식별자의 속성 수는 최소이어야 한다.
• 자주 변경되지 않는 것이어야 한다.
• 반드시 값이 존재해야 한다.

06 다음은 반정규화 절차에 대한 설명이다. 반정규화 수행 시에 뷰(View) 혹은 클러스터링(Clustering) 기법을 적용해야 하는 단계는?

① 반정규화 대상 확인
② 다른 방법 결정
③ 정규화 여부 고려
④ 반정규화 실행

반정규화 절차

절차	설명
반정규화 대상 확인	조인(JOIN)에 사용되는 테이블 및 대량의 데이터 처리, 통계 처리 등을 확인한다.
다른 방법 결정	• 인덱스 조정을 통한 튜닝을 실시한다. • 애플리케이션에 배열 처리(Array Processing)를 수행한다. • 뷰(View) 혹은 클러스터링(Clustering) 기법을 적용한다.
반정규화 실행	테이블, 속성, 관계 등에 대한 반정규화를 수행한다.

07 다음 중 ERD에 대한 설명으로 올바르지 않은 것은?

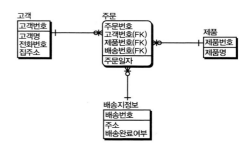

① 고객번호가 없으면 주문을 할 수 없으며, 한 명의 고객은 여러 개의 주문을 할 수 있고 주문을 하지 않을 수도 있다.
② 배송지는 여러 개의 주문을 배송할 수 있다.
③ 주문과 제품의 관계에서 하나의 제품에는 하나의 주문만이 존재한다.
④ 주문일자는 고객이 주문을 한 일자로 배송이 완료된 후에 갱신되지 않는다.

ERD만 보고 답을 해야 하기 때문에 하나의 제품에 여러 개의 주문이 관계된다.

정답 05 ④ 06 ② 07 ③

08 다음 중 아래 테이블에 대한 관계를 설명한 것으로 가장 적절한 것은?

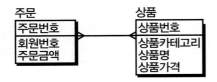

① 주문은 여러 개의 상품을 가질 수 있고, 상품은 하나의 주문에만 속할 수 있다.
② 상품은 여러 개의 주문에 속할 수 있고, 주문은 하나의 상품만 가질 수 있다.
③ 주문 1개는 여러 개의 상품을 가질 수 있으며, 상품 1개는 여러 개의 주문에 속할 수 있다.
④ 주문은 상품을 하나도 안 가질 수 있다.

....

M : N 관계를 가지고 있는 ERD이다. 하나의 주문은 여러 개의 상품을 가질 수 있고 하나의 상품도 여러 개의 주문을 가질 수가 있다.

09 다음 중 아래 테이블에 대한 이상현상을 설명한 것 중 가장 적절하지 않은 것은?

고객 (Primary Key)	고객명	상품번호 (Primary Key)	상품명	가격
0001	유비	1000	스마트폰	1000
0002	관우	1000	스마트폰	1000
0002	관우	2000	노트북	9000
0003	장비	3000	A카드	5000

① 삽입 이상 : 상품을 주문하지 않은 고객의 정보를 삽입할 수 없다.
② 갱신 이상 : 스마트폰의 정보를 업데이트할 경우 유비의 스마트폰만 업데이트하면 된다.
③ 갱신 이상 : 노트북의 가격을 업데이트할 경우 관우의 노트북만 업데이트하면 된다.
④ 삭제 이상 : 장비의 고객정보가 삭제되면 A카드 상품의 정보도 삭제된다.

....

스마트폰의 정보를 업데이트할 경우 유비뿐 아니라 관우의 정보도 같이 업데이트해야 한다.

10 다음 중 속성(Attribute)에 대한 특징으로 알맞은 것은?

① 한 개의 엔터티는 한 개의 속성만 가질 수 있다.
② 엔터티를 설명하고 인스턴스의 구성요소가 된다.
③ 하나의 속성은 여러 개의 속성명을 가질 수 있다.
④ 서술식 속성명을 사용할 수 있다.

....

속성명은 업무에서 사용하는 명칭을 사용하고 속성명은 데이터 모델에서 유일하게 사용해야 한다.

11 TRUNCATE TABLE 명령어에 대한 특징으로 가장 올바른 것은?

① 특정 행을 삭제할 수 없다.
② 테이블의 구조를 포함한 테이블 자체가 삭제된다.
③ 테이블 용량은 줄어들지 않는다.
④ 삭제한 데이터는 되돌릴(Rollback) 수 있다.

TRUNCATE TABLE은 특정 행을 삭제할 수는 없고 모든 행을 삭제한다. 특정 행을 삭제하기 위해서는 DELETE FROM 구를 사용해야 한다.
②번 보기는 DROP구에 대한 설명이다.
③번 보기는 DELETE구에 대한 설명이다. TRUNCATE구는 용량이 줄어들고, 인덱스 등도 모두 삭제된다.
④번 보기에서 TRUNCATE구는 삭제한 데이터를 다시 되돌릴 수 없다.

테이블의 모든 데이터 삭제

DELETE FROM 테이블명;	TRUNCATE TABLE 테이블명;
• 테이블의 모든 데이터를 삭제한다. • 데이터가 삭제되어도 테이블의 용량이 감소하지 않는다.	• 테이블의 모든 데이터를 삭제한다. • 데이터가 삭제되면 테이블의 용량을 초기화한다.

12 아래의 SQL문을 수행한 후 보기의 쿼리문을 실행할 때 잘못된 것은?

```
CREATE TABLE MYTEST (N1 NUMBER(20),
N2 NUMBER(20) );
INSERT INTO MYTEST VALUES (1, 100);
INSERT INTO MYTEST VALUES (2, 200);
COMMIT;
```

① SELECT N1 FROM MYTEST ORDER BY N2;
② SELECT * FROM MYTEST ORDER BY 2;
③ SELECT N1 FROM (SELECT * FROM MYTEST) ORDER BY N2;
④ SELECT N1 FROM (SELECT * FROM MYTEST) ORDER BY 2;

---

④번 보기에서 ORDER BY 항목은 반드시 SELECT 목록에 있는 칼럼의 자릿수를 사용해야 한다.

13 다음 중 프로시저(Procedure)와 트리거 (Trigger)에 대한 설명으로 잘못된 것은?

① 프로시저는 COMMIT, ROLLBACK 이 가능하지만 트리거는 COMMIT, ROLLBACK 실행이 불가능하다.
② 프로시저와 트리거 모두 생성하면 소스코드와 실행코드가 생성되고 소스코드는 데이터베이스 내에 저장되어 있다.
③ 프로시저와 트리거는 모두 CREATE구로 생성한다.
④ 프로시저는 EXECUTE 명령어로 실행되고 트리거는 EXEC로 실행한다.

프로시저는 execute 명령어로 실행하지만 트리거는 생성 후 자동으로 실행한다.

프로시저	트리거
CREATE PROCEDURE 문법 사용	CREATE TRIGGER 문법 사용
생성하면 소스코드와 실행코드가 생성됨	생성하면 소스코드와 실행코드가 생성됨
EXECUTE 명령어로 실행	생성 후 자동 실행
COMMIT, ROLLBACK 실행 가능	COMMIT, ROLLBACK 실행 불가

14 다음의 SQL문을 수행하였을 때의 결과가 아래와 같을 때 "결과"에 대한 설명으로 올바르지 않은 것은?

```
SELECT mgr, empno, ename, LEVEL,
CONNECT_BY_ISLEAF,
SYS_CONNECT_BY_PATH(ENAME,'-')
"PATH"
FROM EMP
START WITH mgr is null
Connect by prior empno = mgr;
```

[결과]

MGR	EMPNO	ENAME	LEVEL	CONNECT_BY_ISLEAF	PATH
	1000	TEST1	1	0	-TEST1
1000	1001	TEST2	2	0	-TEST1-TEST2
1001	1005	TEST6	3	1	-TEST1-TEST2-TEST6
1001	1006	TEST7	3	0	-TEST1-TEST2-TEST7
1006	1007	TEST8	4	1	-TEST1-TEST2-TEST7-TEST8
1006	1008	TEST9	4	1	-TEST1-TEST2-TEST7-TEST9
1001	1011	TEST12	3	1	-TEST1-TEST2-TEST12

① EMPNO 1000번의 MGR은 NULL 값이다.
② CONNECT_BY_ISLEAF은 LEAF이면 1을 아니면 0을 반환한다.
③ 자식에서 부모로 가는 역방향이다.
④ LEVEL은 계층의 깊이를 의미하며 TEST1은 최상위 계층이다.

위의 계층형 조회는 최상위 계층에서 하위 계층으로 검색하는 정방향 조회이다.
순방향, 역방향을 구분하는 기준은 보통 다음과 같이 해석하면 된다.
START WITH에서 사용된 칼럼이 CONNECT BY 부분에서 PRIOR가 붙어있다면 역방향, 그 반대라면 순방향이다.
START WITH에 사용된 칼럼을 부모 칼럼이라고 한다면, CONNECT BY PRIOR 부모=자식은 역방향, CONNECT BY PRIOR 자식=부모는 순방향이다.

15 야구선수 테이블에서 선수명과 팀명은 오름차순, 연봉은 내림차순으로 정렬하는 결괏값을 반환하는 SQL문은?(단, 야구선수 테이블은 칼럼이 선수명, 팀명, 연봉 순으로 구성)

① SELECT * FROM 야구선수 ORDER BY 선수명 ASC, 팀명, 3 DESC
② SELECT * FROM 야구선수 ORDER BY 선수명 DESC, 팀명 DESC, 연봉 ASC
③ SELECT * FROM 야구선수 ORDER BY 선수명 ASC, 팀명 ASC, 연봉 ASC
④ SELECT * FROM 야구선수 ORDER BY 선수명, 팀명, DESC, 연봉 ASC

ORDER BY 구는 기본적으로 오름차순(ASC)을 한다. 즉, 보기 ①번은 "선수명 ASC"로 오름차순하고 "팀명"도 오름차순이다. "3 DESC"는 연봉으로 내림차순을 한다.

16 다음 중 SELECT 문의 실행 결과로 올바른 것은?

① SELECT – FROM – WHERE – GROUP BY – HAVING – ORDER BY
② FROM – SELECT – WHERE – GROUP BY – HAVING – ORDER BY
③ FROM – WHERE – GROUP BY – HAVING – ORDER BY – SELECT
④ FROM – WHERE – GROUP BY – HAVING – SELECT – ORDER BY

FROM, WHERE, GROUP BY, HAVING, SELECT, ORDER BY 순으로 실행된다.

17 다음의 "Mytest17" 테이블에서 아래의 SQL문을 수행한 결과로 알맞은 것은?

[Mytest17]

C1	C2	C3	C4
10	20	10	10
20	20	NULL	20
30	NULL	30	NULL
Null	40	10	40

```
SELECT SUM(C1+C2+C3+C4) FROM
Mytest17
UNION ALL
SELECT SUM(C1) +SUM(C2)+ SUM(C3) +
SUM(C4)
FROM Mytest17;
```

① 50, NULL
② NULL, 260
③ 50, 260
④ NULL, NULL

• 1번째 경우는 4개의 칼럼(C1, C2, C3, C4) 모두 NULL이 아닌 값을 가지는 행에 대해서만 합계가 계산되므로 첫 번째 행에서의 칼럼들의 합계만 계산된다.
• 2번째 경우는 4개의 칼럼에 대해서 각각의 합계가 계산되고 이후에 각 합계들의 최종적인 합계가 계산된다.

18 다음 중 NULL 값을 반환하는 쿼리는 어떤 것인가?

① SELECT COALESCE(NULL,'20') FROM DUAL

② SELECT NULLIF('B','B') FROM DUAL

③ SELECT NVL(null,0) + 10 FROM DUAL

④ SELECT NVL(null,'B') FROM DUAL

---

①번은 20
③번은 10
④번은 B 값을 반환한다.

"NULLIF(exp1, exp2)"은 exp1과 exp2가 같으면 NULL을, 같지 않으면 exp1을 반환한다.

19 다음의 SQL문이 실행되었을 때 "실행 결과"와 같이 조회되는 것은?

[MYTEST]

NCOL1	NCOL2	CCOL3	CCOL4
1	NULL	A	NULL
2	1	B	A
4	2	D	B
5	4	E	D
3	1	C	A

[결과]

NCOL1	NCOL2	CCOL3	CCOL4
2	1	B	A

① SELECT *
FROM MYTEST
WHERE NCOL1 = 4
START WITH NCOL2 IS NULL
CONNECT BY PRIOR NCOL1 = NCOL2;

② SELECT *
FROM MYTEST
START WITH CCOL3 = 'B'

CONNECT BY PRIOR NCOL1 = NCOL2 AND PRIOR CCOL3 = 'B';

③ SELECT *
FROM MYTEST
START WITH CCOL3 = 'B'
CONNECT BY PRIOR NCOL1 = NCOL2 AND PRIOR CCOL4 = 'B';

④ SELECT *
FROM MYTEST;

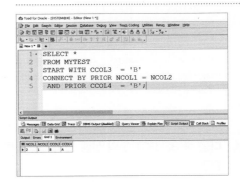

20 주어진 테이블에 대해서 아래의 SQL문을 수행하였을 때의 결과로 알맞은 것은?

EMPNO	ENAME	DEPTNO	MGR	JOB	SAL
1000	TEST1	20		CLERK	800
1001	TEST2	30	1000	SALESMAN	1600
1002	TEST3	30	1000	SALESMAN	1250
1003	TEST4	20	1000	MANAGER	2975
1004	TEST5	30	1000	SALESMAN	1250
1005	TEST6	30	1001	MANAGER	2850
1006	TEST7	10	1001	MANAGER	2450
1007	TEST8	20	1006	ANALYST	3000
1008	TEST9	30	1006	PRESIDENT	5000
1009	TEST10	30	1002	SALESMAN	1500
1010	TEST11	20	1002	CLERK	1100
1011	TEST12	30	1001	CLERK	950
1012	TEST13	20	1000	ANALYST	3000
1013	TEST14	10	1000	CLERK	1300

정답 18 ② 19 ③

```
SELECT EMPNO, DEPTNO, SUM(SAL)
FROM LIMBEST.EMP
GROUP BY ROLLUP(EMPNO, DEPTNO);
```

①

1000	20	800
1000		800
1001	30	1600
1001		1600
1002	30	1250
1002		1250
1003	20	2975
1003		2975
1004	30	1250
1004		1250
1005	30	2850
1005		2850
1006	10	2450
1006		2450
1007	20	3000
1007		3000
1008	30	5000
1008		5000
1009	30	1500
1009		1500
1010	20	1100
1010		1100
1011	30	950
1011		950
1012	20	3000
1012		3000
1013	10	1300
1013		1300
		29025

②

1000	20	800
1001	30	1600
1002	30	1250
1003	20	2975
1004	30	1250
1005	30	2850
1006	10	2450
1007	20	3000
1008	30	5000
1009	30	1500
1010	20	1100
1011	30	950
1012	20	3000
1013	10	1300

③

1000	20	800
1001	30	1600
1002	30	1250
1003	20	2975
1004	30	1250
1005	30	2850
1006	10	2450
1007	20	3000
1008	30	5000
1009	30	1500
1010	20	1100
1011	30	950
1012	20	3000
1013	10	1300

④

1008	20	800
1004	30	1600
1005	30	1250
1006	20	2975
1009	30	1250
1003	30	2850
1010	10	2450
1007	20	3000
1012	30	5000
1001	30	1500
1011	20	1100
1013	30	950
1000	20	3000
1002	10	1300

ROLLUP 그룹 함수로
1. EMPNO 소계
2. EMPNO, DEPTNO별 소계
3. 전체 합계가 계산된다.

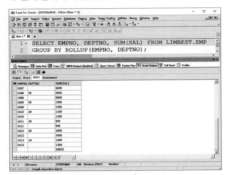

21 다음 주어진 테이블에서 아래의 SQL문을 수행하였을 때의 결과가 RESULT와 같을 때 SQL문의 빈칸으로 올바른 것은?

[Mytest]

DNAME	JOB	SAL
ACCOUNTING	CLERK	1000
ACCOUNTING	MANAGER	1500
ACCOUNTING	PRESIDENT	2000
RESEARCH	CLERK	2500
RESEARCH	MANAGER	3000
RESEARCH	PRESIDENT	3500
SALES	CLERK	4000
SALES	MANAGER	4500
SALES	PRESIDENT	5000

```
SELECT DNAME, JOB, SUM(SAL)
FROM Mytest
GROUP BY (                    )
```

[결과]

DNAME	JOB	SUM(SAL)
		27000
	CLERK	7500
	MANAGER	9000
	PRESIDENT	10500
SALES		13500
SALES	CLERK	4000
SALES	MANAGER	4500
SALES	PRESIDENT	5000
RESEARCH		9000
RESEARCH	CLERK	2500
RESEARCH	MANAGER	
RESEARCH	PRESIDENT	3500
ACCOUNTING		4500
ACCOUNTING	CLERK	1000
ACCOUNTING	MANAGER	1500
ACCOUNTING	PRESIDENT	2000

① CUBE (DNAME, JOB)

② ROLLUP (DNAME, JOB)

③ GROUPING SETS (JOB)

④ CUBE (JOB)

결괏값을 보면
1. DNAME, JOB별 소계
2. DNAME별 소계
3. JOB별 소계
4. 전체 집계 등 모든 조합 가능한 소계와 집계가 조회되었
   으므로 빈칸에 들어갈 그룹 함수는 CUBE이다.

22 다음 중 GROUP 함수에 대한 설명으로 올바른 것은?

① CUBE는 결합 가능한 모든 값에 대하여 다차원 집계를 생성하는 것이 특징이다.

② ROLLUP은 전체합계만을 구하고 싶을 때 사용한다.

③ ROLLUP, CUBE, GROUPING SETS 은 정렬이 가능하지만, 하나의 칼럼에 대해서만 사용할 수 있다.

④ ROLLUP은 CUBE에 비해서 시스템에 부하를 많이 발생시키므로 반드시 튜닝해야 한다.

CUBE 함수
• CUBE는 CUBE 함수에 제시한 칼럼에 대해서 결합 가능한 모든 집계를 계산한다.
• 즉, 다차원 집계를 제공하여 다양하게 데이터를 분석할 수 있게 한다.
• 예를 들어 부서와 직업을 CUBE로 사용하면 부서별 합계, 직업별 합계, 부서별 직업별 합계, 전체합계가 조회된다.
• 즉, 모든 경우의 수가 모두 조합되는 것이다.

23 다음의 SQL문을 실행한 결과로 올바른 것은?

[Mytest]

C1
1
2
NULL
4

```
SELECT COUNT(C1)
FROM Mytest
```

① 1

② 2

③ 3

④ 4

COUNT(C1)은 NULL 값은 제외된다. 따라서 3개가 된다.

정답 21 ① 22 ① 23 ③

24 트랜잭션이 가지는 특징에 해당되지 않는 것은?

① 원자성
② 일관성
③ 고립성
④ 통합성

....

트랜잭션(Transaction) 특징

종류	설명
원자성 (Atomicity)	• 트랜잭션은 데이터베이스 연산의 전부 또는 일부 (ALL OR NOTHING) 실행만이 있으며, 일부 실행으로 트랜잭션의 기능을 갖지 않는다. • 즉, 트랜잭션의 처리가 완전히 끝나지 않았을 경우는 전혀 이루어지지 않는 것과 같아야 한다. • Commit, Rollback
일관성 (Consistency)	• 트랜잭션 실행 결과로 데이터베이스의 상태가 모순되지 않아야 한다. • 트랜잭션 실행 후에도 일관성이 유지 되어야 한다.
고립성 (Isolation)	• 트랜잭션이 실행 중에 생성하는 연산의 중간 결과는 다른 트랜잭션이 접근할 수 없다. • 즉, 부분적인 실행 결과를 다른 트랜잭션이 볼 수 없다.
지속성 (Durability)	트랜잭션이 그 실행을 성공적으로 완료하면 그 결과는 영구적 보장이 되어야 한다.

25 다음 주어진 테이블에 대해서 아래의 SQL문을 수행하였을 때의 결과로 알맞은 것은?

[mytesta]

COL1
10
10
20
20
25
30
50
60

[mytestb]

COL1
10
20
30
40
50

```
SELECT Count(*) FROM(
  SELECT DISTINCT COL1
  FROM mytesta
  UNION ALL
  SELECT COL1
  FROM mytestb );
```

① 4
② 10
③ 12
④ 11

....

1번째 테이블에서 10,20,25,30,50,60이 반환되고
2번째 테이블에서 10,20,30,40,50이 반환되기 때문에 총 행수는 11이 된다.

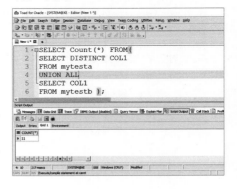

정답 24 ④ 25 ④

26 다음의 SQL문을 실행했을 때 결과는?

[MytestA]

COL1
10
10
20
20
25
30
50
60

[MytestB]

COL1
10
20
30
40
50

```
SELECT * FROM MytestA a
left outer join MytestB b
on a.col1 = b.col1;
```

①

COL1	COL1_1
10	10
10	10
20	20
20	20
30	30
50	50
60	
25	

②

COL1	COL1_1
10	10
10	10
20	20
20	20
30	30
50	50
	40

③

COL1	COL1_1
10	10
10	10
20	20
20	20
25	
30	30
50	50
60	
	40

④

COL1	COL1_1
10	10
10	10
20	20
20	20
30	30
50	50

①번 보기는 LEFT OUTER JOIN
②번 보기는 RIGHT OUTER JOIN
③번 보기는 FULL OUTER JOIN
④번 보기는 INNER JOIN이다.
즉, LEFT OUTER JOIN은 교집합으로 조회하고 왼쪽의 테이블에 있는 칼럼 값만 추가로 조회된다.

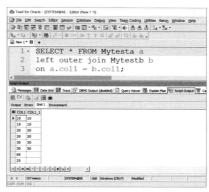

정답 26 ①

27 다음의 실행 결과를 조회하는 SQL문은?

[EMP]

RN	DEPTNO	SAL
1	10	2450
2	10	1300
1	20	3000
1	20	3000
3	20	2975
4	20	1100
5	20	800

① SELECT ROW_NUM() OVER
    (PARTITION BY DEPTNO
        ORDER BY SAL DESC) RN,
    DEPTNO, SAL
    FROM EMP;

② SELECT RANK() OVER
    (PARTITION BY DEPTNO
        ORDER BY SAL DESC) RN,
    DEPTNO, SAL
    FROM EMP;

③ SELECT DENSE_RANK() OVER
    (PARTITION BY DEPTNO
        ORDER BY SAL DESC) RN,
    DEPTNO, SAL
    FROM EMP;

④ SELECT NTITLE() OVER
    (PARTITION BY DEPTNO
        ORDER BY SAL DESC) RN,
    DEPTNO, SAL
    FROM EMP;

SAL 값이 동일하면 동일한 등수가 부여 되므로 RANK() 함수이다.

순위(RANK) 관련 윈도우 함수

순위함수	설명
RANK	• 특정 항목 및 파티션에 대해서 순위를 계산한다. • 동일한 순위는 동일한 값이 부여된다.
DENSE_RANK	동일한 순위를 하나의 건수로 계산한다.
ROW_NUMBER	동일한 순위에 대해서 고유의 순위를 부여한다.

28 동일한 순위에 대해서 동일한 순위를 부여하고 다음 순위를 건너뛰지 않는 것은?

① RANK
② DENSE_RANK
③ ROW_NUMBER
④ RATIO…TO REPORT

---

dense_rank는 동일한 순위에 대해서 하나의 건수로 계산한다.

29 다음의 SQL문을 수행하였을 때의 결과로 알맞은 것은?

```
CREATE TABLE MYTEST (N1 NUMBER(10),
N2 NUMBER(10));
INSERT INTO MYTEST VALUES (100, 200);
INSERT INTO MYTEST VALUES (200, 300);
SAVEPOINT T1;
UPDATE MYTEST  SET N1=300 WHERE
N2=200;
SAVEPOINT T1;
DELETE MYTEST  WHERE N1)=200;
ROLLBACK TO SAVEPOINT T1;
SELECT MAX(N1) FROM MYTEST;
```

① NULL
② 300
③ 100
④ 200

SAVEPOINT가 중복될 경우 ROLLBACK TO SAVEPOINT을 수행하면, 중복된 SAVEPOINT 중 맨 뒤에 있는 SAVEPOINT 지점으로 ROLLBACK 된다.

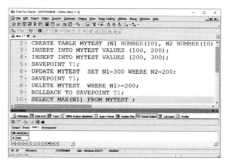

정답 28 ② 29 ②

30 AUTO COMMIT이 FALSE로 설정된 환경에서 다음의 SQL문을 실행했을 때의 결과로 올바르지 않은 것은?

COL1	COL2
10	10
20	20

```
CREATE TABLE MYTEST_TEMP (COL1
NUMBER(10));

UPDATE MYTEST SET COL1=130 WHERE
COL2=10;
ROLLBACK;
```

① SQL SERVER에서 ROLLBACK을 하는 경우 UPDATE구는 취소된다.
② ORACLE에서 ROLLBACK을 수행하면 UPDATE구는 취소된다.
③ ORACLE에서 ROLLBACK을 실행하면 테이블은 생성되지 않는다.
④ AUTO COMMIT이 FALSE이므로 UPDATE구는 자동 COMMIT되지 않는다.

CREATE TABLE 문구와 같은 DDL구는 ROLLBACK으로 취소되지 않는다.

참고사항

1) ORACLE의 경우 기본값이 auto commit off로 설정된 상태로 DDL이 수행되면 묵시적으로 commit가 수행된다.
2) SQL Server에서 AUTO COMMIT = off 된 상태로 DDL이 수행될 경우 묵시적으로 COMMIT이 수행되지 않는다.
즉, SET IMPLICIT TRANSACTIONS ON을 설정하면 그 아래 CREATE문이 있어도, ROLLBACK을 하면 모두 취소된다.

31 다음의 SQL문과 동일한 결괏값을 보여주는 SQL문은?

```
SELECT * FROM Mytesta a full outer join
Mytestb b
on a.col1 = b.col1;
```

① SELECT * FROM Mytesta group by col1;

② SELECT * FROM Mytesta a left outer join Mytestb b
on a.col1 = b.col1
union all
SELECT * FROM Mytesta a left outer join Mytestb b
on a.col1 = b.col1;

③ SELECT * FROM Mytesta a cross join Mytestb b
on a.col1 = b.col1

④ SELECT * FROM Mytesta a left outer join Mytestb b
on a.col1 = b.col1
union
SELECT * FROM Mytesta a right outer join Mytestb b
on a.col1 = b.col1;

위의 SQL문에서 FULL OUTER JOIN의 결과값은 'LEFT OUTER JOIN' 결과와 'RIGHT OUTER JOIN' 결과를 UNION 연산하는 결괏값과 동일하다.

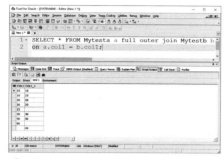

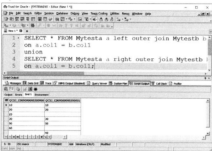

32 주어진 테이블에서 중복되는 이름 중 COL1이 제일 작은 것만 반환하는 SQL문을 완성하시오.

[Mytest]

COL1	COL2
10	조조
20	조조
30	조자룡
40	조자룡
50	관우
60	관우

[결과]

COL1	COL2
10	조조
30	조자룡
50	관우

① SELECT MAX(COL1), COL2 FROM Mytest GROUP BY COL2
② SELECT MIN(COL1), COL2 FROM Mytest GROUP BY COL2
③ SELECT MAX(COL1), COL2 FROM Mytest GROUP BY COL1
④ SELECT MIN(COL1), COL2 FROM Mytest GROUP BY COL1

주어진 테이블에서 NAME별로 그룹을 지었을 때, 각 NAME 별 ID의 최솟값을 가지는 행들만 제외하고 모두 삭제하여 1, 3, 4행만 조회된다.

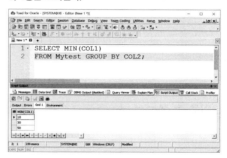

33 아래의 SQL문에 대한 설명으로 올바른 것은?

```
SELECT * FROM EMP
WHERE EMP_NAME LIKE 'K%';
```

① 테이블의 EMP_NAME이 K 또는 k로 시작하는 모든 행이 검색된다.
② 테이블의 EMP_NAME이 K로 시작하는 모든 행이 검색된다.
③ 테이블의 EMP_NAME이 K로 끝나는 모든 행이 검색된다.
④ 테이블의 EMP_NAME이 A 또는 a로 끝나는 모든 행이 검색된다.

LIKE문의 'K%'는 K로 시작하는 모든 행을 검색하는 것이다.
LIKE문 와일드 카드

와일드 카드	설명
%	• 어떤 문자를 포함한 모든 것을 조회한다. • 예를 들어 '조%'는 '조'로 시작하는 모든 문자를 조회한다.
_	한 개인 단일 문자를 의미한다.

34 다음 중 물리적 테이블 명으로 올바른 것은?

① ABC_100
② 200_TAB
③ ABC-1A00
④ 100-ABC

테이블명과 칼럼명은 반드시 문자로 시작해야 한다.
테이블명과 칼럼명으로 사용되는 글자는 A-Z, a-z, 0-9, _, $, # 만 허용된다.

35 다음 중 반올림을 수행하는 함수는?

① ROUND
② CEIL
③ TRUNC
④ NULLIF

ROUND(숫자, m)
• 소수점 m 자리까지 반올림한다.
• m의 기본값(default value)은 0이다.

36 다음 SQL문을 실행했을 때 오류가 발생하는 것은?

```
CREATE TABLE T_ORDER (
  C1 NUMBER(10),
  C2 DATE,
  C3 VARCHAR(10),
  C4 NUMBER DEFAULT 1000
);
```

① INSERT INTO T_ORDER VALUES (2, SYSDATE-1, 'ABC')
② DELETE T_ORDER
③ DELETE FROM T_ORDER
④ UPDATE T_ORDER SET C1=1

①번 보기는 T_ORDER 테이블명 뒤에 특정 속성들을 지정하지 않았다. VALUES 뒤에는 테이블의 전체 속성값들이 부여되어야 하는데 VALUES 뒤에 속성값 중 하나가 모자라 'ORA-00947' 에러가 뜬다.
만약 INSERT INTO T_ORDER(C1 , C2, C3) VALUES ...처럼 테이블 뒤에 칼럼을 각각 입력하면 ①도 잘 실행이 된다.

37 다음 중 ORDER BY에 대한 특징으로 옳지 않은 것은?

① ORDER BY 속성에 숫자와 칼럼을 혼용하여 사용할 수 있다.

② SELECT 구문에 사용되지 않은 칼럼에도 ORDER BY 구문에서 사용할 수 있다.

③ ORACLE은 NULL을 가장 큰 값으로 취급하고 SQL SERVER는 가장 작은 값으로 취급한다.

④ ORDER BY 칼럼명에서 정렬 옵션을 주지 않은 경우에 내림차순이 된다.

· ORDER BY는 기본적으로 오름차순 정렬이다.
· 내림차순 정렬은 'ORDER BY 속성 DESC' 형식으로 해당 속성 뒤에 DESC를 붙여준다.

38 다음 테이블에 대해서 주어진 SQL문을 수행한 결과로 알맞은 것은?

[T_ORDER]

JUMUN	PRICE
10	1100
10	1600
20	2000
20	1500

[T_CUST]

CUSTRANK	MINPRICE	MAXPRICE
MVP	3000	4999
GOLD	2000	2999
SILVER	1000	1999

```
SELECT A.JUMUN, B.CUSTRANK
FROM (SELECT JUMUN, SUM(price)
        AS TOTAL
        FROM T_ORDER
        GROUP BY JUMUN) A, T_CUST B
WHERE 1=1
AND A.TOTAL BETWEEN B.MINPRICE AND
B.MAXPRICE;
```

①

JUMUN	CUSTRANK
20	MVP
10	GOLD

②

JUMUN	CUSTRANK
10	GOLD

③

JUMUN	CUSTRANK
20	MVP

④

JUMUN	CUSTRANK
10	MVP

위의 SQL문은 1번째 테이블에서 주문자별로 Grouping 하였을 때 각 주문자별로 주문금액의 합계를 계산하고 그 값이 두 번째 테이블의 실적 범위(최소실적 <= X <= 최대실적)에 해당하는 곳에서 고객등급과 주문자 정보를 조회한다.

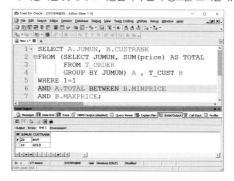

39

다음 중 계층형 쿼리에 대한 설명으로 올바르지 않은 것은?

① START WITH구는 데이터 전개가 시작되는 것을 지정한다.
② 계층형 쿼리에서 Leaf 레벨은 항상 1이다.
③ PRIOR은 순방향 및 역방향 조회를 한다.
④ Root의 LEVEL은 1이 된다.

Leaf 레벨은 더 이상 하위 노드가 없는 가장 낮은 레벨로 계층 깊이에 따라 다르다.

40

아래 각각 3개의 SQL 수행 결과로 가장 적절한 것은?

[SQLD01]

COL1	COL2	COL3
30	NULL	20
NULL	40	0
0	10	NULL

```
SELECT AVG(COL3) FROM SQLD01;
SELECT AVG(COL3) FROM SQLD01
WHERE COL1 > 0;
SELECT AVG(COL3) FROM SQLD01
WHERE COL1 IS NOT NULL;
```

① 20, 20, 20
② 20, 10, 10
③ 10, 20, 20
④ 10, 10, 10

이 문제의 핵심은 그룹 함수(SUM, AVG, MAX, MIN)는 실행 시에 NULL이 제외된다는 것이다.

SELECT AVG(COL3) FROM SQLD01; → (20+0)/2건 =10
→ 세번째 행 COL3의 NULL은 AVG 연산 대상에서 제외된다.

COL1	COL2	COL3
30	NULL	20
NULL	40	0
0	10	NULL

SELECT AVG(COL3) FROM SQLD01 WHERE COL1 > 0; → (20)/1건=20

→ WHERE절에 의해 COL1 이 NULL인 두번째 행은 NULL 연산 제외 조건으로 제외된다.
→ WHERE절에 의해 COL1 이 0인 세번째 행은 연산 대상에서 제외된다.

COL1	COL2	COL3
30	NULL	20

SELECT AVG(COL3) FROM SQLD01 WHERE COL1 IS NOT NULL; → (20)/1건=20

→ COL1 이 NULL인 두번째 행은 NOT NULL 조건으로 인해 제외된다.
→ 세번째 행 COL3의 NULL은 AVG 연산 대상에서 제외된다.

COL1	COL2	COL3
30	NULL	20

Union all구로 한꺼번에 실행한 결과

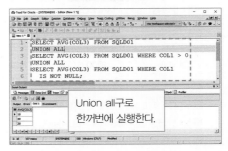

정답 39 ② 40 ③

41 SQL문의 집합 연산자에 대한 설명이다. 다음 중 INTERSECT로 올바른 것은?

① 중복을 포함한 결과의 합을 검색한다.
② 중복을 제거한 결과의 합을 검색한다.
③ 차집합을 검색한다.
④ 양쪽 모두 포함된 행을 검색한다.

....

①번 보기는 UNION ALL
②번 보기는 UNION 연산자
③번 보기는 MINUS
④번 보기는 INTERSECT 연산자로 중복된 행을 하나의 행으로 표시한다.

42 다음 중 Window Function에 대한 설명으로 알맞은 것은?

① Window Function은 내부적으로 자동 튜닝을 실시한다.
② sum, min, max 등과 같은 집계 Window Function을 사용할 때 window 절과 함께 사용하면 집계의 대상이 되는 레코드 범위를 지정할 수 있다.
③ Window Function 처리로 인해 결과 건수가 줄어들 수 있어 성능이 빠르다.
④ GROUP BY와 Window Function은 병행하여 사용할 수 있다.

....

GROUP BY는 실제 출력되는 행을 줄여서 출력하나, Window Function은 실제 행이 줄어들지 않는다. 그러므로, 병행작성이 불가능한 것은 아니지만, 병행하여 사용하지 않고 필요에 따라 둘 중 하나를 선택해 사용한다.
예 SELECT DEPTNO, RANK() OVER(ORDER BY DEPTNO) FROM EMP GROUP BY DEPTNO;

43 어느 기업의 직원 테이블(EMP)이 직급(GRADE)별로 사원 500명, 대리 100명, 과장 30명, 차장 10명, 부장 5명, 직급이 정해지지 않은(NULL) 사람 25명으로 구성되어 있을 때, 다음 중 SQL문을 SQL1)부터 SQL3)까지 순차적으로 실행한 결과 건수를 순서대로 나열한 것은?

> SQL1) SELECT COUNT(GRADE) FROM EMP;
> SQL2) SELECT GRADE FROM EMP WHERE GRADE IN('차장', '부장', '널');
> SQL3) SELECT GRADE, COUNT(*) FROM EMP GROUP BY GRADE;

① 670,　15,　5
② 645,　40,　5
③ 645,　15,　6
④ 670,　40,　6

....

SQL1) SELECT COUNT(GRADE) FROM EMP;
→ **645건** : 사원 500명 + 대리 100명 + 과장 30명 + 차장 10명 + 부장 5명
이때 NULL 25건은 제외된다. 만약 Count(*)로 조회하면 NULL 25건도 포함된다.

SQL2) SELECT GRADE FROM EMP WHERE GRADE IN('차장', '부장', '널');
→ **15건** : 차장 10명 + 부장 5명
→ '널'은 텍스트(문자)로 입력했기 때문에 그냥 문자이다. 또한 IN ('차장', '부장', NULL)로 변경하여도 실제 NULL 데이터는 출력되지 않는다. 왜냐하면, NULL 값의 비교는 오직 IS NULL, IS NOT NULL만 가능하다.

SQL3) SELECT GRADE, COUNT(*) FROM EMP GROUP BY GRADE;
→ **6건** : 5개 직급 + NULL
→ 사원, 대리, 과장, 차장, 부장의 5건의 직급과 NULL 부분 1개가 더해진다.

결국 이 문제의 핵심은 count(*)과 count(grade)의 차이점을 물어 보는 것이다. count(*)는 NULL을 포함한 건수를 계산하고 count(grade)는 NULL을 제외한 건수를 계산한다는 것이다.

44 주어진 테이블에 대해서 아래와 같은 결괏값이 나오도록 SQL 빈칸을 완성하시오.

[EMPLOYEES]

EMPLOYEE_ID	DEPARTMENT_ID	LAST_NAME	SALARY
107	60	Lorentz	4200.00
106	60	Pataballa	4800.00
105	60	Austin	4800.00
104	60	Ernst	6000.00
103	60	Hunold	9000.00
102	90	De Haan	17000.00
101	90	Kochhar	17000.00
100	90	King	24000.00
109	100	Faviet	9000.00
108	100	Greenberg	12000.00
201	200	ALEX	8000
202	200	SMITH	7000

[결과]

EMPLOYEE_ID	DEPARTMENT_ID	LAST_NAME	SALARY	BEFORE_SALARY
107	60	Lorentz	4200.00	
106	60	Pataballa	4800.00	
105	60	Austin	4800.00	4200
104	60	Ernst	6000.00	4800
103	60	Hunold	9000.00	4800
102	90	De Haan	17000.00	
101	90	Kochhar	17000.00	
100	90	King	24000.00	17000
109	100	Faviet	9000.00	
108	100	Greenberg	12000.00	

```
SELECT EMPLOYEE_ID,
       DEPARTMENT_ID,
       LAST_NAME,
       SALARY,
       LAG(SALARY,(   ))
       OVER(PARTITION BY DEPART-
       MENT_ID ORDER BY SALARY )
       AS BEFORE_SALARY
FROM EMPLOYEES
WHERE EMPLOYEE_ID 〈 110;
```

① 1   ② 2
③ 3   ④ 4

LAG 함수는 이전 행의 값을 반환하는 함수이다. LAG (SALARY, 2)라고 하면 이전 두 번째 행 값을 반환하게 된다.

LAG 함수

SALARY를 2칸 내려서 출력한다.

45 업무 혹은 물리적 서버가 다른 경우에 동일한 테이블의 구조를 중복하여 원격 조인을 제거할 수 있는 반정규화 기법은 무엇인가?

① 중복 테이블 추가
② 수평 분할
③ 수직 분할
④ 통계 테이블 추가

물리적인 서버 A와 B가 있을 때 각각 테이블을 중복시키면 A 서버와 B 서버 간의 원격 조인을 제거할 수 있다. 단, 이러한 방식은 데이터 무결성 및 보안 관리의 문제점을 유발한다.

46 SELECT UPPER('sqldeveloper') FROM DUAL; 의 결과를 적으시오.

① SQLDeveloper
② SQLDEVELOPER
③ sqldeveloper
④ SqlDeveloper

UPPER는 문자열을 대문자로 변환하는 연산자이다.

47 다음의 A에 올바른 것을 작성하시오.

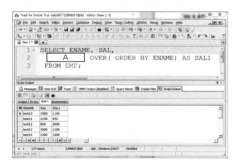

① LAG(SAL)
② LEAD(SAL)
③ RANK()
④ LAG(SAL, 2)

......

LEAD(SAL)
SAL1번에 있는 것은 SAL 칼럼의 다음 행을 보여주고 있다.

48 다음 SQL의 실행 결과는?

```
SELECT 1 FROM DUAL
UNION
SELECT 2 FROM DUAL
UNION
SELECT 1 FROM DUAL;
```

① 1   ② 1, 2
③ 2, 1   ④ 1, 2, 1

49 다음의 SQL 실행 결과는 무엇인가?

```
SELECT sysdate + NULL FROM DUAL;
```

① 0
② 오늘 날짜가 조회된다.
③ 내일 날짜가 조회된다.
④ NULL

......

날짜형 데이터와 NULL을 더하면 NULL이 된다.

50 아래 SQL에서 출력되는 ROWS의 개수를 구하시오.

[EMP]

DEPTNO	JOB	SAL
20	CLERK	800
30	SALESMAN	1600
30	SALESMAN	1250
20	MANAGER	2975
30	SALESMAN	1250
30	MANAGER	1850
10	MANAGER	1450
20	ANALYST	3000
10	PRESIDENT	5000
30	SALESMAN	1500
20	CLERK	1100
30	CLERK	950
20	ANALYST	3000
10	CLERK	1300

[DEPT]

DEPTNO	DNAME
10	ACCOUNTING
20	RESEARCH
30	SALES
40	OPERATIONS

```
SELECT DNAME, JOB, COUNT(*) "Total
EMP", SUM(SAL) "Total Sal"
FROM SCOTT.EMP A, SCOTT.DEPT B
WHERE A.DEPTNO = B.DEPTNO
GROUP BY CUBE(DNAME,JOB);
```

① 10건
② 14건
③ 18건
④ 20건

두 개의 테이블을 조인하면 14개의 행이 나오게 된다. 이를 CUBE로 집계를 하면 전체합계 1건, JOB별 집계 5건, DEPTNO별 집계 3건, DEPTNO에서의 JOB별 집계가 3건씩 9건으로 총18건이 출력된다.

DNAME	JOB	Total EMP	Total Sal
		14	27025
	CLERK	4	4150
	ANALYST	2	6000
	MANAGER	3	6275
	SALESMAN	4	5600
	PRESIDENT	1	5000
SALES		6	8400
SALES	CLERK	1	950
SALES	MANAGER	1	1850
SALES	SALESMAN	4	5600
RESEARCH		5	10875
RESEARCH	CLERK	2	1900
RESEARCH	ANALYST	2	6000
RESEARCH	MANAGER	1	2975
ACCOUNTING		3	7750
ACCOUNTING	CLERK	1	1300
ACCOUNTING	MANAGER	1	1450
ACCOUNTING	PRESIDENT	1	5000

1과목 | 데이터 모델링의 이해

01 다음 중 반정규화의 이유로 가장 올바르지 않은 것은?

① 대용량 데이터 Query 실행 시에 데이터 입출력 작업이 지나치게 많이 발생하는 경우 반정규화를 한다.

② 테이블 간의 데이터 무결성을 보장하기 위해서 정규화 이후에 반정규화를 수행한다.

③ 다수 테이블을 조인(Join)하여 많은 Random Access가 발생하면 조인으로 인한 성능 저하를 해결하기 위해서 반정규화를 한다.

④ 월마감과 같은 작업을 수행할 때 합계, 평균 등을 미리 계산하여 조회 성능을 향상시킨다.

반정규화를 수행하면, 여러 개의 테이블에 중복 데이터를 허용하기 때문에 무결성 보장이 어렵다.

02 다음과 같은 ERD를 사용해서 여러 네트워크로 분리되어 있는 분산 데이터베이스를 구축하고 운영할 때 가장 올바르지 않은 설명은?

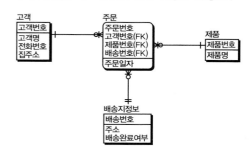

① 한 명의 고객은 여러 개의 주문을 발주할 수 있다.

② 네트워크로 떨어진 여러 데이터베이스에 저장되어 있으므로 가용성이 향상될 수 있다.

③ 고객, 주문, 제품, 배송지 정보 데이터에 대한 데이터 무결성 확보가 좋다.

④ 분산 데이터 설계 시에 중앙집중적인 보안 통제가 어렵다.

분산 데이터베이스는 무결성 보장이 어렵다.

분산 데이터베이스 장단점

장점	단점
• 데이터베이스 신뢰성과 가용성이 높다. • 분산 데이터베이스가 병렬 처리를 수행하기 때문에 빠른 응답이 가능하다. • 분산 데이터베이스를 추가하여 시스템 용량 확장이 쉽다.	• 데이터베이스가 여러 네트워크를 통해서 분리되어 있기 때문에 관리와 통제가 어렵다. • 보안 관리가 어렵다. • 데이터 무결성 관리가 어렵다. • 데이터베이스 설계가 복잡하다.

정답 01 ② 02 ③

03 다음 보기가 설명하는 3층 스키마는 무엇인가?

> • 사용자 관점 또는 사용자 뷰(User View)를 표현한다.
> • 업무상 관련이 있는 데이터만 접근(권한 설정)한다.
> • 관련된 데이터베이스의 일부만 표시한다.

① 외부 스키마(External Schema)
② 개념 스키마(Conceptual Schema)
③ 내부 스키마(Internal Schema)
④ 논리 스키마(Logical Schema)

스키마의 종류

3층 스키마	주요 내용
외부 레벨/ 외부 스키마 (External Schema)	• 사용자 관점 또는 사용자 뷰(User View)를 표현한다. • 업무상 관련이 있는 데이터만 접근(권한 설정)한다. • 관련된 데이터베이스의 일부만 표시한다.
개념 레벨/ 개념 스키마 (Conceptual Schema)	• 사용자 전체 집단에 데이터베이스의 구조를 표현한다. • 전체 데이터베이스 내의 모든 데이터에 관한 규칙과 의미를 묘사한다.
내부 레벨/ 내부 스키마 (Internal Schema)	• 데이터베이스의 물리적 저장 구조이다. → 데이터 저장 구조, 레코드의 구조, 필드의 정의 • 색인과 해시를 생성한다. → 운영체제와 하드웨어에 종속적이다.

04 다음 보기에서는 One to One, One to Many를 표현하고 있다. ERD에서 표현하고 있는 두 엔터티 간의 관계에서 수행되는 인스턴스의 수를 무엇이라고 하나?

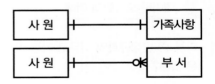

① 관계명(Relationship Membership)
② 관계 차수(Relationship Degree/ Cardinality)
③ 관계 선택사양(Relationship Optionality)
④ 관계 분류(Relationship Classification)

카디날리티(Cardinality)는 두 개의 엔터티에서 관계에 참여하는 수이다. 1:1, 1:N, M:N이 있다. 카디날리티의 계산은 선택도 * 전체 레코드 수이다.

05 다음 중 분산 데이터베이스 설명으로 가장 올바르지 않은 것은?

① 분할 투명성은 하나의 엔터티가 여러 개의 분산 데이터베이스에 저장되어 있지만 사용자는 그 내용을 알 필요가 없다.
② 여러 데이터베이스 중복되어서 데이터가 저장되는 것이 중복 투명성이다.
③ 여러 개의 분산 데이터베이스에서 동시에 트랜잭션이 실행되는 것이 병행 투명성이다.
④ 분산 데이터베이스는 지역 DBMS와 물리적 데이터베이스 간에 사상이 보장되지 못한다.

---

④번은 지역 사항 투명성으로 지역 DBMS와 물리적 데이터베이스 사이의 사상이 보장됨에 따라 각 지역 시스템 이름과 무관한 이름이 사용 가능하다.

정답 03 ① 04 ② 05 ④

06 다음의 ERD에 대한 설명으로 가장 올바르지 않은 것은?

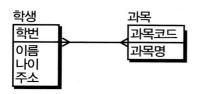

① 한 명의 학생은 여러 개의 과목과 매핑된다.
② 학생과 과목 간의 관계에서 수강 신청이라는 엔터티를 추가해서 M:N을 1:N, N:1로 해소해야 한다.
③ 학생과 과목 엔터티를 조인 시에 카텐시안 곱이 발생하여 2명의 학생이 2개의 과목과 조인하면 2개의 행이 조회된다.
④ 학생 엔터티의 기본키는 학번이고 이름, 나이, 주소는 속성이다.

M:N 관계는 카텐시안 곱이 발생하고 2개 행과 2개의 행을 조인하면 2*2 = 4개의 행이 조회된다.

07 식별자 분류체계에서 업무에 의해서 만들어지는 식별자로 대체 여부로 분류되는 것은?

① 주식별자
② 내부 식별자
③ 본질 식별자
④ 단일 식별자

- 대체 여부에 따라서 식별자는 본질 식별자와 인조 식별자로 분류된다. 본질 식별자는 업무에 의해서 만들어지는 식별자이고 인조 식별자는 인위적으로 만들어진 식별자이다.
- 속성의 수에 따라서는 단일 식별자와 복합 식별자로 구분되며, 대표성에 따라서 주식별자와 보조 식별자로 분류된다. 또한 스스로 생성 여부에 따라서는 내부 식별자와 외부 식별자로 구분된다.

08 두 개의 엔터티 간의 관계에서 참여자의 수를 표현한 것은 무엇인가?

① 관계차수
② 관계대수
③ 도메인
④ 식별자

두 개의 엔터티 간의 관계에서 참여자의 수를 표현하는 것은 관계차수(Cardinality)이다. 일대일, 일대다, 다대다 관계가 있다.

09 다음 중 ERD에 대한 설명으로 가장 올바르지 않은 것은?

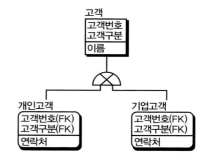

① 고객, 개인고객, 기업고객 간의 관계는 Super Type과 Sub Type 관계이다.
② 고객, 개인고객, 기업고객 3개 엔터티를 3개의 테이블로 생성하여 사용하면 다수의 조인이 발생하여 조회속도가 떨어진다.
③ 고객 구분은 개인고객과 기업고객을 구분하는 차별자이다.
④ 고객은 개인고객이면서 동시에 기업고객이 되는 포괄적 관계이다.

Super Type과 Sub Type은 베타적 관계와 포괄적 관계가 있는데 본 예제의 관계는 베타적 관계 모델링이다. 베타적 관계는 한순간에 하나만 될 수 있기 때문에 한순간에 개인고객이 되거나 아니면 기업고객이 된다.

10 테이블 반정규화 기법 중 테이블 병합이 아닌 것은?

① 두 개의 엔터티가 1대1 관계인 경우 하나의 테이블만 생성하도록 반정규화한다.

② 두 개의 엔터티가 1대N 관계인 경우 하나의 테이블만 생성하도록 반정규화한다.

③ 슈퍼타입과 서브타입 관계에서 하나의 테이블로 통합한다.

④ 일별 주문 테이블을 분석하는 월별 매출 집계 테이블의 성능향상을 위해서 사전에 월별 매출과 평균 등을 계산하여 월별 매출 집계 테이블을 생성한다.

....

통계 테이블을 추가하는 것은 테이블 추가에 해당한다.

11 다음의 ANSI JOIN에서 가장 올바르지 않은 것은?

① SELECT * FROM EMP a INNER JOIN DEPT b ON a.DEPTNO = b.DEPTNO;

② SELECT EMP.DEPTNO, EMPNO, ENAME, DNAME FROM EMP NATURAL JOIN DEPT;

③ SELECT * FROM DEPT JOIN DEPT_TEMP USING (DEPTNO);

④ SELECT E.EMPNO, E.DEPTNO, D.DNAME FROM EMP E INNER JOIN DEPT D ON (E.DEPTNO = D.DEPTNO);

....

NATURAL JOIN이 사용된 열은 식별자를 가질 수가 없다. 즉 EMP.DEPTNO와 같이 OWNER 명을 사용하면 에러가 발생한다.

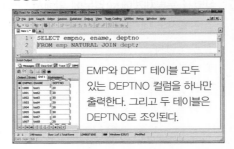

EMP와 DEPT 테이블 모두 있는 DEPTNO 컬럼을 하나만 출력한다. 그리고 두 테이블은 DEPTNO로 조인된다.

정답 10 ④ 11 ②

12 아래의 SQL 구문 중 결과가 다른 것은?

> MytestA 테이블 칼럼: NO, C1
> MytestB 테이블 칼럼: NO, C2

① SELECT NO, A.C1, B.C2
　　FROM MytestA A
　　NATURAL JOIN MytestB B;

② SELECT NO, A.C1, B.C2
　　FROM MytestA A
　　JOIN MytestB B
　　USING (NO);

③ SELECT A.NO, A.C1, B.C2
　　FROM MytestA A
　　CROSS JOIN MytestB B;

④ SELECT A.NO, A.C1, B.C2
　　FROM MytestA A
　　JOIN MytestB B
　　ON (A.NO=B.NO);

---

①, ②, ④번 보기는 두 개의 테이블에서 동일한 이름을 가지는 칼럼에 대해서 조인을 수행하는 방식이고 ③번 보기는 두 테이블의 모든 데이터에 대해서 조인을 수행하는 CROSS JOIN(Cartesian Product) 방식이다.

13 다음 중 UNION구에 대한 설명으로 가장 올바른 것은?

① 두 개의 테이블을 UNION하면 중복행은 제거되므로 UNION은 SORT를 유발한다.
② 두 개의 테이블을 UNION하면 중복행은 제거되지 않으므로 UNION은 SORT를 유발한다.
③ UNION구는 두 개의 테이블에 포함된 모든 행을 검색한다.
④ 정렬을 수행하지 않고 교집합을 생성한다.

UNION구는 두 개의 테이블에 대해 정렬을 수행하고 중복된 행을 제거하여 합집합을 생성한다. UNION ALL구는 정렬을 수행하지 않는다.
※ Oracle 10.2g 이후부터는 UNION도 SORT를 보장하지 않으므로 확실한 정렬을 위해 ORDER BY를 추가하는 것이 권장된다.

14 다음 중 SQL의 결과가 다른 것은?

[Mytest]

NUM	CODE	COL1	COL2
1	A001	100	400
2	A001	120	200
3	B001	150	300
4	A001	210	100
5	B001	250	240
6	A001	400	400

① SELECT * FROM Mytest WHERE
   1=1
   AND CODE IN ('A001','B001')
   AND COL1 BETWEEN 200 AND
   400;
② SELECT * FROM Mytest WHERE
   1=1
   AND (CODE ='A001' AND 200
   BETWEEN COL1 AND COL2)
   OR (CODE ='B001' AND 200
   BETWEEN COL1 AND COL2);
③ SELECT * FROM Mytest WHERE
   1=1
   AND 200 BETWEEN COL1 AND
   COL2
④ SELECT * FROM Mytest WHERE
   COL1 <= 200
   AND COL2 >= 200;

①번 보기는 200<=A<=400, 200<=B<= 400의 의미이고
②, ③, ④번 보기는 모두 COL1<= 200 && COL2>=200의
의미이다.

①번 보기

15 다음 중 데이터베이스에서 작업을 처리하는 트랜잭션(Transcation)의 특징에 해당되지 않는 것은?

① 원자성
② 고립성
③ 독립성
④ 일관성

트랜잭션의 특성

트랜잭션 특성	설명
원자성 (Atomicity)	• 트랜잭션은 데이터베이스 연산의 전부 실행되거나 전혀 실행되지 않아야 한다(ALL OR NOTHING). • 즉, 트랜잭션의 처리가 완전히 끝나지 않았을 경우는 전혀 이루어지지 않는 것과 같아야 한다.
일관성 (Consistency)	• 트랜잭션 실행 결과로 데이터베이스의 상태가 모순되지 않아야 한다. • 트랜잭션 실행 후에도 일관성이 유지되어야 한다.
고립성 (Isolation)	• 트랜잭션이 실행 중에 생성하는 연산의 중간결과는 다른 트랜잭션이 접근할 수 없다. • 즉, 부분적인 실행 결과를 다른 트랜잭션이 볼 수 없다.
연속성 (Durability)	트랜잭션이 그 실행을 성공적으로 완료하면 그 결과는 영구적 보장이 되어야 한다.

정답 14 ① 15 ③

16 A 사용자가 "홍길동" 데이터를 입력하고 아직 COMMIT을 수행하지 않았다. 다음 중 아직 COMMIT 되지 않은 데이터에 대한 설명으로 잘못된 것은?

① A 사용자는 홍길동 데이터를 조회할 수 있다.
② B 사용자는 홍길동 데이터가 조회되지 않는다.
③ A 사용자는 홍길동 데이터를 수정할 수 있다.
④ B 사용자는 홍길동 데이터를 수정할 수 있다.

....

트랜잭션의 특징 중 고립성은 COMMIT이 완료되어야 다른 사용자가 해당 데이터를 조회하거나 수정할 수 있는 것이다. COMMIT 완료 전에는 해당 사용자만 조회하거나 수정할 수 있다.

17 다음 중 COL100에 NULL이 없는 데이터를 찾는 SQL로 올바른 것은?

① SELECT COL1 FROM T1 WHERE COL100 ◇ 'NULL'
② SELECT COL1 FROM T1 WHERE COL100 != ''
③ SELECT COL1 FROM T1 WHERE COL100 IS NOT NULL
④ SELECT COL1 FROM T1 WHERE COL100 NOT IN (NULL)

....

NULL 값에 대한 조회는 IN NULL로 하고 NULL 값이 없는 것을 조회할 때는 IS NOT NULL로 한다.

18 SQL의 LIKE 구문을 사용해서 데이터 내부에 "_"이 있는 것을 검색하는 것은?

[Mytest]

ID	NAME
1	___A
2	B
3	___C
4	D
5	E
6	___F

[결과]

ID	NAME
1	___A
3	___C
6	___F

① SELECT * FROM Mytest WHERE NAME LIKE '%_%'

② SELECT * FROM Mytest WHERE NAME LIKE '%#_%'

③ SELECT * FROM Mytest WHERE NAME LIKE '%@_%' ESCAPE '@'

④ SELECT * FROM Mytest WHERE NAME LIKE '%_%' ESCAPE '_'

....

LIKE 연산으로 '%'나 '_'가 들어간 문자를 검색하기 위해서는 ESCAPE 명령어를 사용할 수 있다. 사용 방법은 '_'나 '%' 앞에 ESCAPE로 특수 문자를 지정하야 검색한다.

19

다음의 EMP 테이블에서 실행한 SQL문의 결과로 올바르지 않은 것은?

[EMP]

EMPNO	ENAME	SAL
1	'NOAH'	1000
2	'LIAM'	2000
3	'AIDEN'	3000
4	'JAMES'	4000
5	'ETHAN'	5000
6	'OLIVER'	6000

①

```
SELECT ENAME, SAL
FROM (SELECT ENAME, SAL  FROM EMP
ORDER BY SAL DESC)
WHERE ROWNUM = 1;
```

→ 테이블의 제일 마지막 데이터가 조회된다.

②

```
SELECT ENAME, SAL
FROM (SELECT ENAME, SAL  FROM EMP
ORDER BY SAL DESC)
WHERE ROWNUM = 2;
```

→ 테이블의 제일 마지막에서 2개의 행이 조회된다.

③

```
SELECT ENAME, SAL
FROM (SELECT ENAME, SAL  FROM EMP
ORDER BY SAL DESC)
WHERE ROWNUM > 0;
```

→ 모든 행이 조회된다.

④

```
SELECT ENAME, SAL
FROM (SELECT ENAME, SAL  FROM EMP
ORDER BY SAL DESC)
WHERE ROWNUM <= 3;
```

→ 테이블의 제일 마지막에서 3개의 행이 조회된다.

---

②번 보기는 데이터가 조회되지 않는다. 만약 2개의 행을 검색하고 싶으면 ROWNUM<=2와 같이 범위 값으로 지정해야 한다.

20
다음의 SQL문을 실행했을 때 그 결과가 다른 하나는 무엇인가?

[Mytest]

COL1	COL2	COL3
A	300	50
B	300	150
C	NULL	300
D	300	100

```
SELECT NVL(COL2,COL3) AS 금액A,
       COALESCE(COL2,COL3) AS 금액B,
       NULLIF (COL2, COL3) AS 금액C,
       CASE WHEN COL2 IS NOT NULL
       THEN COL2 ELSE COL3 END AS 금액D
FROM Mytest
```

① 금액A
② 금액B
③ 금액C
④ 금액D

③번 보기에서의 연산자인 NULLIF는 COL2와 COL3이 동일하면 NULL을, 동일하지 않으면 COL2를 반환하는데 3번째 행에서 COL2, COL3 값이 다르므로 해당 행에서의 COL 2 값인 NULL 값을 반환한다.

21
다음 중 차집합을 구할 수 있는 집합 연산자로 올바른 것은?

① union
② union all
③ except
④ intersect

①번은 중복 제거 합집합이다.
②번은 중복 포함 합집합이다.
④번은 교집합 집합 연산자이다.

22
다음은 WINDOW FUNCTION에 대한 사용 방법이다. 가장 올바르지 않은 SQL문은 무엇인가?

① SUM(급여) OVER()

② SUM(급여) OVER(PARTITION BY JOB ORDER BY EMPNO RANGE BETWEEN UNBOUNDED PRECEDING AND UNBOUNDED FOLLOWING) SAL

③ SUM(급여) OVER(PARTITION BY JOB ORDER BY EMPNO RANGE BETWEEN UNBOUNDED PRECEDING AND UNBOUNDED PRECEDING) SAL

④ SUM(급여) OVER(PARTITION BY JOB ORDER BY JOB RANGE BETWEEN UNBOUNDED PRECEDING AND CURRENT ROW) SAL

정답 20 ③ 21 ③ 22 ③

③번 보기에서 UNBOUNDED PRECEDING 은 end point
에 사용될 수 없다. 즉, UNBOUNDED PRECEDING은 윈도
우의 시작 위치가 첫 번째 행이다.

RANGE BETWEEN start_point AND end_point
· start_point는 end_point와 같거나 작은 값이 들어간다.
· Default 값은 RANGE BETWEEN UNBOUNDED
  PRECEDING AND CURRENT ROW
· UNBOUNDED PRECEDING : start_point만 들어갈 수
  있으며, 파티션의 first row
· UNBOUNDED FOLLOWING : end_point만 들어갈 수
  있으며, 파티션의 last row
· CURRENT ROW : start, end_point 둘 다 가능. 윈도우
  는 CUREENT ROW에서 start 하거나 end한다.

---

23 다음 중 데이터베이스 인덱스(INDEX)에 대한
설명으로 올바르지 않은 것은?

① 인덱스를 생성하면 검색 속도가 향상된
   다. 하지만 데이터의 분포에 따라서 반드
   시 향상되는 것은 아니다.
② 테이블에 대해서 입력, 수정, 삭제 작업
   을 할 때는 테이블의 데이터와 함께 인덱
   스도 같이 변경되므로 속도가 느려진다.
   따라서 대용량의 데이터를 적재하는 작업
   에서는 인덱스로 인하여 속도가 떨어질
   수가 있다.
③ 인덱스는 EQUAL 조건에서만 사용할 수
   있다.
④ 인덱스 데이터는 인덱스를 구성하는 칼럼
   의 값으로 정렬을 수행한다.

인덱스 중 B-트리 인덱스는 Equal 조건뿐 아니라 BE-
TWEEN, >과 같은 연산자로 검색하는 범위 검색에도 사용
될 수 있다.

24 다음 중 PL/SQL에 대한 설명으로 적절하지
않은 것은?

① PL/SQL문의 기본 구조로 DECLARE,
   BEGIN ~ END, EXCEPTION은 반드
   시 사용해야 한다.
② 변수와 상수 등을 사용해서 일반 SE-
   LECT 문장을 실행할 때 WHERE절의
   조건을 대입할 수 있다.
③ User Stored Procedure, User De-
   fined Function, Trigger 등의 객체
   (Object)를 PL/SQL로 생성할 수 있다.
④ PL/SQL은 절차형 언어이다.

---

①번 보기에서 DECLARE와 BEGIN ~ END 문은 필수지
만 EXCEPTION문은 선택이다.

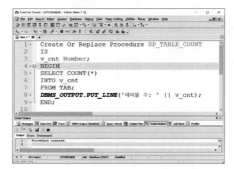

---

25 다음 중 Sub Query를 올바르게 구분한 것은?

```
SELECT ( A )
FROM ( B ) a
WHERE a.col= ( C )
```

① A : 스칼라 서브쿼리
　B : 서브쿼리
　C : 인라인 뷰

② A : 서브쿼리
　B : 스칼라 서브쿼리
　C : 인라인 뷰

③ A : 스칼라 서브쿼리
　B : 인라인 뷰
　C : 서브쿼리

④ A : 인라인 뷰
　B : 스칼라 서브쿼리
　C : 서브쿼리

....

큰 의미에서는 모두 서브쿼리이다. SELECT구에 사용하면 스칼라 서브쿼리, FROM구에 사용하면 인라인 뷰, WHERE구에 사용하면 서브쿼리로 구분한다.

26 다음 중 데이터베이스 무결성을 확보하기 위한 방안으로 가장 올바르지 않은 것은?

① 제약조건
② 트리거(Trigger)
③ lock
④ 애플리케이션에서 무결성 검사 로직을 추가한다.

....

2 Phase Locking(2PL)은 데이터베이스의 동시성 제어를 위한 방법이다. 데이터베이스의 무결성은 제약조건, 트리거, 애플리케이션으로 확보할 수 있다. 하지만 트리거(Trigger)는 동시성 제어에 문제가 발생하기 때문에 실제 업무에서는 사용하지 않는다.

정답 25 ③ 26 ③

27 아래의 SQL문을 수행하였을 때의 결과가 [결과]와 같을 때 이에 대한 설명으로 올바르지 않은 것은?

```
SELECT mgr, empno, ename, LEVEL,
CONNECT_BY_ISLEAF,
SYS_CONNECT_BY_PATH(ENAME,'-')
"PATH"
FROM limbest.EMP
START WITH mgr is null
Connect by prior empno = mgr;
```

[결과]

MGR	EMPNO	ENAME	LEVEL	CONNECT_BY_ISLEAF	PATH
	1000	TEST1	1	0	-TEST1
1000	1001	TEST2	2	0	-TEST1-TEST2
1001	1005	TEST6	3	1	-TEST1-TEST2-TEST6
1001	1006	TEST7	3	0	-TEST1-TEST2-TEST7
1006	1007	TEST8	4	1	-TEST1-TEST2-TEST7-TEST8
1006	1008	TEST9	4	1	-TEST1-TEST2-TEST7-TEST9
1001	1011	TEST12	3	1	-TEST1-TEST2-TEST12

① EMPNO 1000번의 MGR은 NULL 값이다.
② CONNECT_BY_ISLEAF는 LEAF이면 1을, 아니면 0을 반환한다.
③ 자식에서 부모로 가는 역방향이다.
④ LEVEL은 계층의 깊이를 의미하며 TEST1은 최상위 계층이다.

위의 계층형 조회는 최상위 계층에서 하위 계층으로 검색하는 정방향 조회이다.

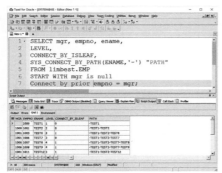

28 다음 중 권한제거 명령어로 권한을 제거할 경우 다른 사용자에게 영향이 발생하면 실패하도록 하는 명령어는?

① WITH GRANT OPTION
② CASCADE
③ RESTRICT
④ SAVE POINT

① 부여받은 권한을 다른 사용자에게 다시 부여할 수 있는 옵션이다.
② 권한을 제거할 때 해당 권한을 기반으로 다른 사용자에게 부여된 권한도 함께 제거된다.
④ 트랜잭션 내에서 특정 지점을 설정하여 이후의 작업을 롤백할 수 있게 한다.

정답 27 ③ 28 ③

29 다음 주어진 테이블에서 아래의 SQL문의 결과값으로 알맞은 것은?

[EMP]

EMPNO	ENAME	DEPTNO	MGR	JOB	SAL
1000	TEST1	20		CLERK	800
1001	TEST2	30	1000	SALESMAN	1600
1002	TEST3	30	1000	SALESMAN	1250
1003	TEST4	20	1000	MANAGER	2975
1004	TEST5	30	1000	SALESMAN	1250
1005	TEST6	30	1001	MANAGER	2850
1006	TEST7	10	1001	MANAGER	2450
1007	TEST8	20	1006	ANALYST	3000
1008	TEST9	30	1006	PRESIDENT	5000
1009	TEST10	30	1002	SALESMAN	1500
1010	TEST11	20	1002	CLERK	1100
1011	TEST12	30	1001	CLERK	950
1012	TEST13	20	1000	ANALYST	3000
1013	TEST14	10	1000	CLERK	1300

```
SELECT COUNT(*)
FROM limbest.emp
WHERE JOB = 'CLERK'
OR (ENAME LIKE 'T%' AND SAL >= 3000);
```

① 5건
② 6건
③ 7건
④ 8건

ENAME은 모두 "T"로 시작한다. 따라서 SAL이 3000 이상인 사람이 3건이고 JOB이 "CLERK"은 4건이다. 따라서 총 7건이 조회된다.

30 다음의 SQL문의 실행 결과로 올바른 것은? (단, 오늘의 날짜는 2022년 4월 30일이고 시간은 무시)

```
SELECT SYSDATE,
    TO_DATE(SYSDATE, 'YYYY')
    FROM DUAL;
```

① 2022-04-30 00:00:00 2022
② 2022/04/30 00:00:00 2022
③ 22-04-30 00:00:00 2022
④ 에러가 발생한다.

SYSDATE는 Oracle에서 오늘의 날짜와 시간을 가지고 있는 Date 타입이다. 따라서 Date 타입을 다시 TO_DATE로 형 변환을 하면 동일 타입을 변환하기 때문에 오류가 발생한다. 즉 이러한 경우는 TO_CHAR를 사용해서 문자형 타입으로 변환해야 한다.

31 다음 SQL문 중에서 결괏값이 다른 하나는?

① SELECT SUBSTR(TO_CHAR ('20220504'), 5,2) FROM DUAL
② SELECT EXTRACT(MONTH FROM DATE '2022-05-01') FROM DUAL;
③ SELECT TRIM('05') FROM DUAL
④ SELECT CONCAT('0' , '5') FROM DUAL

②번 보기만 5를 반환하고 나머지 보기들은 모두 05를 반환한다.

날짜형 함수

날짜형 함수	설명
SYSDATE	오늘의 날짜를 날짜형 타입으로 알려준다.
EXTRACT('YEAR' | 'MONTH' | 'DAY' from d)	날짜에서 년, 월, 일을 조회한다.

32 다음 SQL문 중에서 결괏값이 다른 하나는?

① SELECT UPPER('abcd') FROM DUAL;

② SELECT RTRIM(' ABCD') FROM DUAL;

③ SELECT SUBSTR('ABCABCDED', 4, 4) FROM DUAL;

④ SELECT CONCAT('AB', 'CD') FROM DUAL;

②번 보기는 좌측의 공백이 있는 ABCD를 반환하고 나머지 보기는 ABCD를 반환한다. 즉, ②번 보기는 RTRIM이 아니라 LTRIM 아니면 TRIM을 사용해야 한다.

문자형 함수

문자형 함수	설명
LTRIM(문자열, 지정 문자)	• 왼쪽에 지정된 문자를 삭제한다. • 지정된 문자를 생략하면 공백을 삭제한다.
RTRIM(문자열, 지정 문자)	• 오른쪽에 지정된 문자를 삭제한다. • 지정된 문자를 생략하면 공백을 삭제한다.
TRIM(문자열, 지정된 문자)	• 왼쪽 및 오른쪽에 지정된 문자를 삭제한다. • 지정된 문자를 생략하면 공백을 삭제한다.

33 다음 중 아래 SQL문의 결괏값으로 올바른 것은?

```
SELECT SUBSTR('123456789123456789',
-4, 2) FROM DUAL;
```

① 45

② 43

③ 65

④ 67

substr 함수의 입력값에 음수를 주면 뒤에서 시작하게 된다. 즉, 뒤에서 4번째 자릿값인 6부터 두 개의 글자인 67이 반환된다.

34 다음 중 잘못된 SQL문을 고르시오.

[EMP]

DNAME	ENAME	SAL
총무팀	TEST14	1300
총무팀	TEST7	2450
인사팀	TEST8	3000
인사팀	TEST11	1100
인사팀	TEST4	2975
인사팀	TEST1	800
인사팀	TEST13	3000
보안팀	TEST2	1600
보안팀	TEST3	1250
보안팀	TEST5	1250
보안팀	TEST6	2850
보안팀	TEST9	5000
보안팀	TEST10	1500
보안팀	TEST12	950

① SELECT b.dname, a.ename, a.sal
FROM Limbest.emp a,
Limbest.dept b
WHERE a.deptno = b.deptno
AND sal <=
(SELECT MAX(sal) FROM Limb-
est.emp GROUP BY deptno);

② SELECT b.dname, a.ename, a.sal
FROM Limbest.emp a,
Limbest.dept b
WHERE a.deptno = b.deptno
AND sal <= ANY(30,40,50,60,70);

③ SELECT b.dname, a.ename, a.sal
FROM Limbest.emp a,
Limbest.dept b
WHERE a.deptno = b.deptno
AND sal >= ANY(30,40,50,60,70);

④ SELECT b.dname, a.ename, a.sal
FROM Limbest.emp a,
Limbest.dept b

32 ② 33 ④

PART 05 · SQLD 최신 기출문제

WHERE a.deptno = b.deptno
AND sal IN
(SELECT sal FROM Limbest.emp
WHERE deptno = 10);

문제의 핵심은 Sub Query 시에 다중행 서브쿼리를 묻고 있는 것이다. 보기 ①번은 서브쿼리로 여러 개의 행이 되돌아오기 때문에 ALL, ANY, IN 함수를 사용해야 한다.

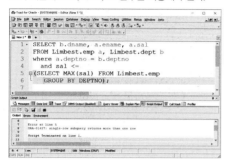

35 다음 보기의 요구사항을 가장 잘 반영한 것은?

[요구사항]

- 팀이 A이거나 B이고 체중이 100 이상인 선수를 조회하시오.
- 테이블명 PLAY, 칼럼명 TEAM, WEIGHT

①

```
SELECT * FROM PLAY
WHERE TEAM IN ('A', 'B') OR WEIGHT
> = 100;
```

②

```
SELECT * FROM PLAY
WHERE TEAM NOT IN ('A', 'B') AND
WEIGHT > = 100;
```

③

```
SELECT * FROM PLAY
WHERE (TEAM = 'A' OR WEIGHT > 100) OR
(TEAM = 'B' AND WEIGHT > = 100);
```

④

```
SELECT * FROM PLAY
WHERE (TEAM = 'A' OR TEAM = 'B') AND
WEIGHT > = 100;
```

SELECT * FROM PLAY ❶
WHERE (TEAM = 'A' OR TEAM = 'B') AND ❷
WEIGHT >= 100; ❸

❶ 테이블명 PLAY
❷ 팀이 A이거나 B이고
❸ 체중이 100 이상

36 다음 중 데이터베이스 테이블의 제약조건 (Constraint)에 대한 설명으로 올바르지 않은 것은?

① 기본키(Primary Key)는 테이블당 하나의 제약만을 정의할 수 있다.

② Check 조건은 테이블에 데이터를 입력하기 전에 검사를 수행한다.

③ 외래키(Foreign Key)는 테이블 간의 관계를 정의하고 참조 무결성을 준수하게 한다.

④ 고유키(Unique Key)로 지정되면 모든 칼럼들은 Null 값을 가질 수 없다.

고유키(Unique Key)로 지정된 모든 칼럼은 중복된 값을 허용하진 않지만, Null 값은 가질 수도 있다.

37 다음의 테이블이 있을 경우 SQL을 수행하였을 때 출력결과를 순서대로 나열한 것은?

[Mytest]

C1
1
2
3

```
SELECT CASE
WHEN C1=1 THEN 10
WHEN C1=2 THEN 20
ELSE C1 END
FROM Mytest;
```

① 1, 2, 3
② 10, 20, 3
③ 10, 20, 30
④ 1, 2, 30

CASE 문의 조건문에 따라서 1은 10으로 2는 20으로 입력된다.

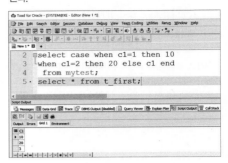

38 다음 중 문자열의 m번째 위치에서 n개의 길이에 해당하는 문자열을 반환하는 함수는?

① TRIM(문자열, M, N)
② CONCAT(문자열, M, N)
③ STRING_SPLIT(문자열, M, N)
④ SUBSTR(문자열, M, N)

④번 SUBSTR은 입력받은 문자열의 m번째 위치에서 n개의 길이만큼 잘라 리턴한다. 참고로 SUBSTRING은 SQL Server에서 사용하는 방식이다.

39 다음의 SQL문 실행 결과로 올바른 것은?

[Mytest]

DATA1	DATAt2
1	A
1	B
1	A
1	B

```
SELECT COUNT(DATA1), COUNT(DATA2)
FROM (SELECT DISTINCT DATA1, DATA2
    FROM Mytest);
```

① 1, 3   ② 2, 1
③ 2, 2   ④ 1, 1

인라인 뷰에 있는 DISTINCT구는 중복을 제거하기 때문에 1, A와 1, B 두 개의 행이 조회된다. 따라서 행 수를 계산하는 COUNT는 2, 2가 조회된다.

40 다음의 SQL문 실행 결과로 조회되는 행의 개수는?

[Mytest]

DATA1	DATA2
A	1000
B	2000
C	3000
C	4000

```
SELECT COUNT(*)
FROM Mytest
GROUP BY ROLLUP (DATA1), DATA2;
```

① 3   ② 4
③ 6   ④ 8

총 행 수는 8개가 조회된다.

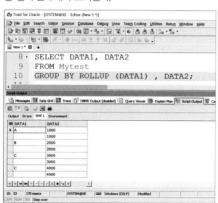

41 다음 보기와 동일한 SQL문은?

```
SELECT * FROM MYTEST WHERE COL1
BETWEEN :A AND :B
```

① SELECT * FROM MYTEST
WHERE COL1 >= :A
AND COL1 <= :B
② SELECT * FROM MYTEST
WHERE COL1 <= :A
AND COL1 >=:B
③ SELECT * FROM MYTEST
WHERE COL1 >= :A
OR COL1 <= :B
④ SELECT * FROM MYTEST
WHERE COL1 <= :A
OR COL1 >=B

BETWEEN은 같은(=) 것도 포함된다. 즉, 크거나 같은 것이 조회된다.

SQL 연산자의 종류

연산자	설명
BETWEEN a AND b	a와 b의 값 사이에 있으면 된다. (a와 b의 값이 포함됨) : a<= COL <=B
IN(list)	리스트에 있는 값 중에서 어느 하나라도 일치하면 된다.
LIKE '비교문자열'	비교 문자열과 형태가 일치하면 된다.
IS NULL	NULL 값인 경우

42 다음 중 SQL 실행 결과로 올바르지 않은 것은?

[MytestA]

JOB	ENAME
MANAGER	A
CLERK	B
SALESMAN	C
DEVELOPER	D

[MytestB]

JOB	ENAME
MANAGER	A
SALESMAN	C

① SELECT * FROM MytestA WHERE ENAME IN
(SELECT ENAME FROM MytestB);

JOB	ENAME
MANAGER	A
SALESMAN	C

② SELECT * FROM MytestA WHERE ENAME NOT IN
(SELECT ENAME FROM MytestB);

JOB	ENAME
DEVELOPER	C

③ SELECT * FROM MytestA A WHERE EXISTS (SELECT 'X' FROM MytestB B WHERE A.ENAME = B.ENAME);

JOB	ENAME
MANAGER	A
SALESMAN	C

④ SELECT * FROM MytestB B WHERE EXISTS (SELECT 'X' FROM MytestA A WHERE A.ENAME = B.ENAME);

JOB	ENAME
MANAGER	A
SALESMAN	C

......

MytestB 테이블에는 NULL 값이 존재한다. 따라서 NULL을 NOT IN으로 조회하면 모든 조건이 FALSE가 되어서 0건이 조회된다.

43 다음 SQL문의 ( )를 완성하시오.

[Mytest]

이름	부서	직책	급여
'조자룡'	'총무팀'	'부장'	300
'유비'	'경영지원부'	'과장'	290
'제갈량'	'보안팀'	'대리'	250
'사마의'	'인사부'	'대리'	250
'관우'	'개발팀'	'사원'	230
'장비'	'개발팀'	'사원'	220

[결과 1]

순위	이름	부서	직책	급여
1	조자룡	총무팀	부장	300
2	유비	총무팀	과장	290
3	제갈량	보안팀	대리	250
3	사마의	보안팀	대리	250
5	관우	개발팀	사원	230
6	장비	개발팀	사원	220

[결과 2]

순위	이름	부서	직책	급여
1	조자룡	총무팀	부장	300
2	유비	총무팀	과장	290
3	제갈량	보안팀	대리	250
4	사마의	보안팀	대리	250
5	관우	개발팀	사원	230
6	장비	개발팀	사원	220

SELECT (㉠) OVER (ORDER BY 급여 desc) as 순위, 이름, 부서, 직책, 급여
FROM Mytest;

SELECT (㉡) OVER (ORDER BY 급여 desc) as 순위, 이름, 부서, 직책, 급여
FROM Mytest;

① ㉠: RANK(), ㉡: ROW_NUMBER()
② ㉠: ROW_NUMBER(), ㉡: RANK()
③ ㉠: DENSE_RANK(), ㉡: ROW_NUMBER()
④ ㉠: RANK(), ㉡: DENSE_RANK()

정답 42 ② 43 ①

㉠ RANK() , ㉡ ROW_NUMBER()

첫 번째 실행 결과는 급여가 동일하므로 같은 등수가 조회되었다.

| 3 | 제갈량 | 보안팀 | 대리 | 250 |
| 3 | 사마의 | 보안팀 | 대리 | 250 |

따라서 RANK() 함수이다.

두 번째 실행 결과는 급여가 동일하지만 유일한 등수가 부여되었다.

| 3 | 제갈량 | 보안팀 | 대리 | 250 |
| 4 | 사마의 | 보안팀 | 대리 | 250 |

따라서 ROW_NUMBER() 함수이다.

그룹 내 순위 함수

① ROW_NUMBER() : 중복과 관계없이 무조건 순서대로 반환

② RANK() : 중복 순위 다음은 해당 개수만큼 건너뛰고 반환

③ DENSE_RANK() : 중복 순위 다음에는 바로 연속적인 순위를 반환

44 다음의 SQL문 실행 결과를 고르시오.

```
SELECT ROUND(3.47, 1)
AS DATA1 FROM DUAL;
```

① 3.4
② 3.5
③ 3
④ 4

ROUND 함수의 첫 번째 인자값인 3.47을 소수 첫째 자리까지 반올림한다.

45 다음 중 ROWID에 대한 설명으로 올바르지 않은 것은?

① ORACLE 데이터베이스가 내부적으로 관리하는 값이기 때문에, 개발자가 ROWID 값을 확인할 수 없다.

② ROWID는 ORACLE 데이터베이스 내에서 데이터를 구분할 수 있는 유일한 값이다.

③ ROWID를 사용하면 조회를 원하는 블록을 바로 참조할 수 있다.

④ 오브젝트 번호, 상대파일 번호, 블록 번호, 데이터 번호로 구성된다.

ROWID는 ORACLE 데이터베이스 내에서 데이터를 구분할 수 있는 유일한 값으로, SELECT 문으로 확인할 수 있다.

정답 44 ② 45 ①

46 다음 2개의 SQL문이 같은 결과를 조회할 수 있도록 빈칸을 작성하시오.

[Mytest]

ProductName	ProductCode	Price
비디오	A001	2002
오디오	D001	2000
책	G001	3020
비디오	B001	4000
오디오	E001	5100
비디오	C001	22000
책	H001	7100
오디오	F001	8020

```
SELECT ProductName, SUM(Price)
FROM Mytest
WHERE ProductName = '비디오'
GROUP BY ROLLUP(ProductName);

SELECT ProductName, SUM(Price)
FROM Mytest
WHERE ProductName = '비디오'
GROUP BY GROUPING SETS(        );
```

① ProductName
② ()
③ ProductName, Price
④ ProductName, ()

....

두 SQL문은 모두
- ProductName '비디오'에 대한 집계이다.
- ProductName '비디오'에 대한 전체 합계가 조회되어야 한다.
- GROUPING SETS 함수는 GROUP BY구에 그룹조건을 여러 개 지정할 수 있다. 즉, 여러 개의 그룹조건을 한꺼번에 지정하여 복합한 쿼리를 단순화시킨다.

47 SELECT문의 결과 집합에 따른 가상의 순번은 무엇인가?

① ROWID
② ROWNUM
③ COUNT
④ HASH

....

ROWNUM은 SELECT문의 최종 결과 집합에 부여되는 가상의 일련번호이다.

48 DBA가 데이터를 잘못 수정하여서 Commit하기 전 원래의 값으로 복원하는 SQL구는?

① COMMIT
② ROLLBACK
③ GRANT
④ REVOKE

....

ROLLBACK
- ROLLBACK을 실행하면 데이터에 대한 변경사용을 모두 취소하고 트랜잭션을 종료한다.
- INSERT, UPDATE, DELETE문의 작업을 모두 취소한다. 단, 이전에 COMMIT한 곳까지만 복구한다.

49 다음의 SQL문을 실행하면 조회되는 칼럼의 헤더명은 무엇인가?

```
SELECT EMPNO, deptno, SALARY AS
"salary"
FROM Mytest
WHERE EMPNO < 1000;
```

① EMPNO, DEPTNO, salary
② EMP, DEPT, SAL
③ EMPNO, DEPTNO, SALARY
④ EMP, DEPT, SALARY

....

세번째 칼럼명 Alias를 사용했으므로 salary가 된다. 또한 deptno는 Oracle에서 대문자로 조회되고 SQL Server에서는 칼럼명 그대로 조회된다.

50 다음의 SQL문 실행 결과를 고르시오.

[Mytest]

DATA1	DATA2
1	
2	
3	1
4	1
5	2
6	2
7	3
8	4
9	6
10	7

```
SELECT COUNT(*)
FROM Mytest
WHERE DATA1 ◇ 4
START WITH DATA1 =1
CONNECT BY PRIOR DATA1 = DATA2;
```

① 4
② 5
③ 6
④ 7

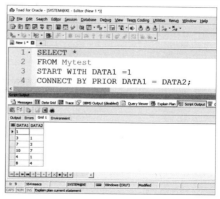

실제 조회되는 데이터를 확인해 보면 위와 같다. DATA1이 1 부터 시작해서 계층형 조회를 한다. 즉, 1, 3, 7, 10, 4, 8이 조회되고 마지막으로 WHERE 조건으로 4를 제외하기 때문에 총 5개의 행이 된다.

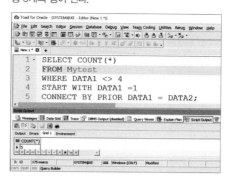

최신 기출문제 05회

1과목 **데이터 모델링의 이해**

01 특정 테이블에서 사원칼럼, 부서칼럼만 추출하는 경우에 DISK I/O을 경감할 수 있는 반정규화 방법은 무엇인가?

① 수평 분할
② 수직 분할
③ 중복 테이블 추가
④ 수직 및 수평 분할 수행

수직 분할은 특정 칼럼 단위로 테이블을 분할하여 디스크 I/O(Input/Output)을 줄일 수 있는 방법이다.

테이블 수직 분할

하나의 테이블을 두 개 이상의 테이블로 분할한다. 즉, 칼럼을 분할하여 새로운 테이블을 만드는 것이다.

수직 분할

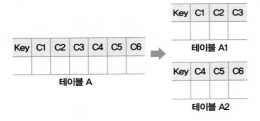

02 다음 중 3차 정규화에 대한 설명으로 올바른 것은?

① 해당 릴레이션에 기본키를 식별한다.
② 기본키가 하나 이상의 키로 되어 있는 경우에 부분함수 종속성을 제거한다.
③ 조인으로 발생하는 종속성을 제거한다.
④ 이행함수 종속성을 제거한다.

제3정규화는 기본키를 제외한 칼럼 간의 종속성을 제거하는 이행함수 종속성을 제거한다.

사원코드
사원명
제품코드
제품명

영업사원 테이블의 예를 보면 속성 내에 제품코드와 제품명이 존재한다. 그런데 제품명은 제품코드에 종속하게 되고 이러한 예가 바로 이행함수 종속성이다.

03 다음은 ABC증권회사의 회원정보를 모델링 한 것이다. 회원정보는 슈퍼타입이고 개인회원과 법인회원 정보는 서브타입이다. 애플리케이션에 회원정보를 조회할 경우 항상 개인회원과 법인회원을 동시에 조회하는 특성이 있을 때 슈퍼타입과 서브타입을 변환하는 방법으로 가장 올바른 것은?

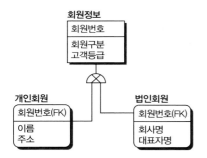

① ONE TO ONE
② PLUS TYPE
③ SINGLE TYPE
④ 정답 없음

....

본 문제의 핵심은 항상 같이 조회한다고 했으므로 하나의 테이블로 통합해서 만드는 SINGLE TYPE 방법이 가장 올바른 방법이다. 슈퍼타입과 서브타입의 변환 시에 가장 고려되어야 하는 것은 애플리케이션이 테이블을 어떻게 사용하는지이다.

04 다음의 데이터베이스 모델링에 대한 설명으로 가장 올바른 것은?

> 증권회사에서 주문을 발주할 때 해당 종목에 대한 호가단위가 있다. 즉, 주문은 10호가를 기준으로 발주할 수가 있어서 어떤 종목을 주문할 때 1003원과 같은 금액으로는 발주할 수 없다. 이처럼 데이터베이스에서 값이 가질 수 있는 조건을 정의하는 것이다.

① 시스템 카탈로그(System Catalog)
② 다중 값 속성
③ 선택도
④ 도메인(Domain)

....

• 도메인은 속성이 가질 수 있는 값의 범위이다.
• 예를 들어 성별이라는 속성이 있고 남자와 여자 값만 가질 수 있다.

05 다음의 정규화 단계에서 주식별자와 관련성이 가장 낮은 것은?

① 제1정규화
② 제2정규화
③ 제3정규화
④ BCNF

....

제3정규화는 주식별자를 제외한 칼럼 간에 종속성을 확인해서 종속성이 있으면 분할하는 과정이다.

06 엔터티의 종류 중 다:다 관계를 해소하려는 목적으로 인위적으로 만들어진 엔터티는 무엇인가?

① 기본 엔터티
② 행위 엔터티
③ 교차 엔터티
④ 종속 엔터티

교차 엔터티(Association Entity, Relationship Entity, Intersection Entity)는 M:N 관계를 해소하기 위해서 인위적으로 만들어진 엔터티이다.

07 다음은 ABC 증권회사의 데이터베이스 모델링이다. 모델링은 고객과 계좌 간의 관계를 표현한 것이다. 보기 중에서 그 설명이 올바르지 않은 것은?

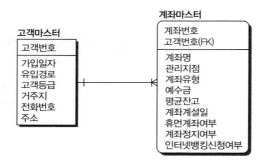

① 계좌를 개설하지 않은 고객은 ABC 증권회사의 고객이 될 수가 없다.
② 계좌번호는 전체 고객마다 유일한 번호가 부여된다.
③ 고객마스터와 계좌마스터의 관계는 식별관계이다.
④ 한 명의 고객에게 하나의 고객등급만 부여된다.

계좌마스터의 기본키가 계좌번호와 고객번호이므로 전체 고객에게 유일한 번호가 할당되는 것은 아니다. 즉, 고객별 유일한 계좌번호가 된다. 결론적으로 고객별로 계좌번호가 같을 수 있지만, 한 명의 고객의 계좌번호는 유일하다.

08 ERD(Entity Relationship Diagram) 작성 순서로 올바른 것을 고르시오.

> 가) 엔터티를 그린다.
> 나) 엔터티를 적절하게 배치한다.
> 다) 엔터티 간에 관계를 설정한다.
> 라) 관계명을 기술한다.
> 마) 관계의 참여도를 기술한다.
> 바) 관계의 필수 여부를 기술한다.

① 가) → 나) → 다) → 라) → 마) → 바)
② 나) → 가) → 다) → 라) → 마) → 바)
③ 가) → 나) → 라) → 다) → 마) → 바)
④ 가) → 나) → 다) → 마) → 바) → 라)

ERD(Entity Relationship Diagram) 작성 절차
· 엔터티를 그린다.
· 엔터티를 적절하게 배치한다.
· 엔터티 간의 관계를 설정한다.
· 관계명을 기술한다.
· 관계의 참여도를 기술한다.
· 관계의 필수 여부를 기술한다.

09 다음의 ERD에서 식별자 분류로 올바른 것은?

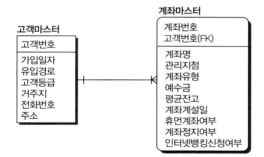

고객마스터 테이블의 고객번호는 대표성에 따른 식별자 분류로는 (ㄱ)이고 스스로 생성했는지 여부에 따라서는 (ㄴ)이다. 또한 계좌마스터의 고객번호는 스스로 생성 여부에 따라서 (ㄷ)이다.

① ㄱ–보조 식별자, ㄴ–외부 식별자,
ㄷ–단일 식별자
② ㄱ–주식별자, ㄴ–내부 식별자,
ㄷ–외부 식별자
③ ㄱ–보조 식별자, ㄴ–내부 식별자,
ㄷ–외부 식별자
④ ㄱ–내부 식별자, ㄴ–단일 식별자,
ㄷ–보조 식별자

식별자는 대표성에 따라서 주식별자와 보조식별자로 분류되고 생성 여부에 따라서는 내부 식별자와 외부 식별자로 분류된다. 또한 속성의 수에 따라서 단일 식별자와 복합 식별자로 분류된다.

10 식별자 중에서 비즈니스 프로세스에 의하여 만들어지는 식별자로 대체 여부로 분리되는 식별자는 무엇인가?

① 본질 식별자
② 단일 식별자
③ 내부 식별자
④ 인조 식별자

대체 여부에 따라서 본질 식별자와 인조 식별자로 분류되고 본질 식별자는 비즈니스 프로세스에 의해서 만들어지는 식별자이다. 인조 식별자는 인위적으로 만들어진 식별자를 의미한다.

정답 09 ② 10 ①

11 다음 주어진 테이블이 아래의 결과와 같이 반환되도록 SQL문의 빈칸에 들어갈 것으로 알맞은 것을 고르시오.

[TEST44]

NAME	DEPTNAME	POSITION	SAL
조조	IT팀	부장	5000
여포	IT팀	대리	3000
유비	보안팀	차장	4000
관우	보안팀	사원	2000
장비	총무팀	부장	5000
동탁	인사팀	차장	4000

[결과]

RANK	NAME	DEPTNAME	POSITION	SAL
1	조조	IT팀	부장	5000
1	장비	총무팀	부장	5000
3	동탁	인사팀	차장	4000
3	유비	보안팀	차장	4000
5	여포	IT팀	대리	3000
6	관우	보안팀	사원	2000

```
SELECT
(          ) OVER(ORDER BY SAL DESC)
AS RANK, NAME, DEPTNAME, POSITION,
SAL
FROM TEST44;
```

① RANK( )
② DENSE_RANK( )
③ ROW_NUMBER( )
④ NTILE( )

RANK( ) 함수는 동일한 점수면 같은 등수를 부여한다.

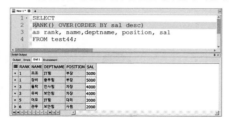

12 주어진 데이터에서 아래의 SQL문을 수행된 결과로 옳은 것은?

[sqld_12]

COL1	COL2
100	100
NULL	60
NULL	NULL

```
SELECT COALESCE(COL1, COL2 * 50, 50)
FROM sqld_12;
```

①
100
3000
50

②
100
NULL
50

③
100
60
50

④
100
3000
NULL

COALESCE 함수는 함수 내 비교식에서 NULL값이 아닌 값으로 연산을 수행한다.

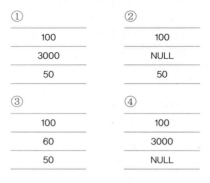

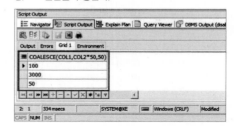

13 T_MEMBER 테이블을 생성하려고 한다. 테이블을 생성하고 kind에 인덱스를 생성하는 DDL문으로 올바른 것은?

[T_MEMBER: 기본키 memberid]

memberid varchar(20)
name varchar(100) not null
kind varchar(10)
regdate date

①

```
Create Table T_MEMBER(
  memberid varchar(20) Primary key,
  name varchar(100) not null,
  kind varchar(10),
  regdate date
);
Create index indmember on t_member
(kind);
```

②

```
Create Table T_MEMBER(
  memberid varchar(20),
  name varchar(100) not null,
  kind varchar(10),
  regdate date
);
Create index indmember on t_member
(kind);
```

③

```
Create Table T_MEMBER(
  memberid varchar(20) Primary key,
  name varchar(100) not null,
  kind varchar(10),
  regdate date
);
Alter index indmember on t_member(kind);
```

④

```
Create Table T_MEMBER(
  memberid varchar(20) ,
  name varchar(100) not null,
  kind varchar(10),
  regdate date
);
Create index indmember as t_member
(kind);
```

CREATE TABLE과 CREATE INDEX의 문법을 알고 있는지 확인하는 문제이다.

```
1  Create Table T_MEMBER(
2    memberid varchar(20) Primary key,
3    name varchar(100) not null,
4    kind varchar(10),
5    regdate date
6  );
7  Create index indmember on t_member(kind);
8

2     Index created.
3
```

②, ④의 경우 memberid 칼럼에 대해 PK 설정이 되지 않았다. ③은 ALTER INDEX가 아니라 CREATE INDEX로 해야 한다.

정답 13 ①

14 주어진 테이블들에 대해서 아래의 SQL문을 수행하였을 때 반환되는 ROW값의 수는 얼마인가?

[TEST1]

COL
1
2
3
4
5
6

[TEST2]

COL
3
7
8

[TEST3]

COL
4
5
6

```
SELECT * FROM TEST1
UNION ALL
SELECT * FROM TEST2
MINUS
SELECT * FROM TEST3;
```

① 2   ② 3
③ 4   ④ 5

UNION ALL에 의해서 총 9개의 행이 반환된다. 그리고 MINUS로 차집합을 만든다. 즉, 1, 2, 3, 7, 8의 5개 행이 조회된다.

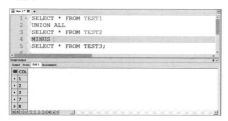

15 기본키(Primary key)에 대한 설명으로 올바르지 않은 것은?

① 기본키는 중복을 허용하지 않지만, NULL 값은 허용한다.
② 기본키는 테이블에 부여되는 고유 인식 번호이다.
③ 기본키는 데이터의 유일성을 보장한다.
④ 기본키는 테이블에 하나만 지정이 가능하다.

기본키는 중복과 NULL을 허용하지 않는다.

16 다음은 Connect by를 사용한 계층형 쿼리이다. (?)에 올바른 것은 무엇인가?

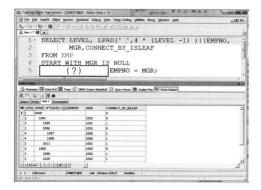

① CONNECT
② LEVEL ORDER
③ CONNECT BY PRIOR
④ NEXT

CONNECT BY구는 Oracle 데이터베이스가 지원하는 질의 방법으로 계층형 구조를 탐색할 수 있다.

```
SELECT 칼럼, LEVEL AS 계층의 깊이
  FROM 테이블
 WHERE (조건)
 START WITH (시작 위치 조건)
 CONNECT BY (PRIOR 하위코드 = 상위코드);
```

CONNECT BY 사용

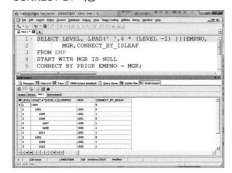

17 순위 함수에 대한 설명 중 틀린 것은 무엇인가?

① RANK 함수는 동일순위 처리가 가능하다.
② DENSE_RANK 함수는 RANK 함수와 같은 역할을 하지만 동일 등수 순위에 영향이 없다.
③ ROW_NUMBER 함수는 특정 동일 순위가 부여되지 않는다.
④ 순위 함수 사용 시 ORDER BY절은 입력하지 않아도 된다.

순위 함수 RANK, ROW_NUMBER, DENSE_RANK에 ORDER BY를 사용해서 순위를 기준으로 오름차순 혹은 내림차순으로 출력할 수 있다.

18 다음의 GROUP BY문구와 동일한 SQL문을 고르시오.

```
GROUP BY CUBE(DEPTNO, JOB);
```

① GROUP BY ROLLUP(DEPTNO);
② GROUP BY GROUPING SETS (DEPTNO, JOB, (DEPTNO, JOB), ( ));
③ GROUP BY DEPTNO UNION ALL GROUP BY JOB UNION ALL GROUP BY (JOB, DEPTNO)
④ 동일한 보기 없음.

CUBE 함수
• CUBE는 CUBE 함수에 제시한 칼럼에 대해서 결합 가능한 모든 집계를 계산한다.
• 즉, 다차원 집계를 제공하여 다양하게 데이터를 분석할 수 있게 한다.
• 예를 들어 부서와 직업을 CUBE로 사용하면 부서별 합계, 직업별 합계, 부서별 직업별 합계, 전체 합계가 조회된다.
• 즉, 조합할 수 있는 모든 경우의 수가 모두 조합되는 것이다.

19 아래의 SQL문을 실행했을 때 조회되는 행 수가 가장 많이 나오는 SQL문과 가장 적게 나오는 SQL문은?

```
insert into a1 values(1,4);
insert into a1 values(2,5);
insert into a1 values(3,6);
insert into a1 values(4,7);

insert into a2 values(1,4);
insert into a2 values(2,5);
insert into a2 values(null,6);
insert into a2 values(null,7);
```

```
(1) select * from a1, a2
    where a1.col1=a2.col1;

(2) select * from a1 left outer join a2
    on a1.col1=a2.col1;

(3) select * from a1 right outer join a2
    on a1.col1=a2.col1;

(4) select * from a1 full outer join a2
    on a1.col1=a2.col1;
```

① (1), (2)
② (2), (3)
③ (3), (4)
④ (4), (1)

FULL Outer Join은 총 6개의 행이 조회되고, LEFT와 RIGHT Outer Join은 총 4개의 행이 조회된다. 그리고 보기 1번의 Inner 조인은 2개의 행이 조회된다.

20 주어진 SQL문에서 오류가 발생하지 않는 것은?

```
CREATE TABLE TEST20
(
  ID NUMBER PRIMARY KEY,
  AGE NUMBER NOT NULL,
  NAME VARCHAR2(1)
);
```

(1) insert into test20 values(10,20,sysdate);
(2) insert into test20 values(20,null,'a');
(3) insert into test20(age, name) values(20, 'a');
(4) insert into test20(id, age, name) values (20,10,null);

① (1)
② (2)
③ (3)
④ (4)

(1)번은 NAME에 DATE 타입의 데이터를 입력하여 오류가 발생한다.
(2)번은 AGE가 NOT NULL인데 null을 입력하여 오류가 발생한다.
(3)번은 ID의 기본키 값을 입력하지 않아서 오류가 발생한다.

정답 19 ④ 20 ④

21 다음 계층형 쿼리문에 대한 설명으로 옳지 않은 것은?

[SQLD_13]

ID	PARENT _ID	NAME	PARENT _NAME	DEPTH
3	0	A		1
4	0	B		1
5	3	C	A	2
6	3	D	A	2
7	3	E	A	2
8	3	F	A	2
9	6	G	F	3
10	4	H	B	2
11	4	I	B	2

SELECT ID, PARENT_ID, NAME,
PARENT_NAME
FROM SQLD_13
WHERE PARENT_ID NOT IN (3)
START WITH PARENT_ID = 0
CONNECT BY PRIOR ID = PARENT_ID
ORDER SIBLINGS BY PARENT_ID ASC, ID
ASC;

① PARENT_ID가 0이라도 3이 포함되면 전개를 멈춘다.
② 순방향 전개다.
③ 중복이 생겼을 때 루프를 돌지 않기 위해 NO CYCLE 옵션을 사용할 수 있다.
④ ORDER SIBLINGS BY를 하면 동일한 부모를 가진 자식노드만 정렬한다.

①의 경우, 계층쿼리는 일단 START WITH... CONNECT BY로 전개를 수행한 후에 WHERE로 필터링을 한다. 만약 CONNECT BY에 AND 조건으로 PARENT_ID != 3 식이었다면 전개 중에 멈추겠지만 WHERE에서 필터링을 하는 것이므로 일단 전개를 완료한 후에 WHERE가 실행되는 것으로 볼 수 있다.

22 다음 SQL문의 실행 결과로 올바른 것은?

SELECT SUBSTR('123456789', −4, 2) FROM
DUAL

① 45
② 12
③ 67
④ 89

SUBSTR에서 마이너스는 뒤에서 접근한다. 즉, "−4, 2"는 뒤에서 네번째 자리부터 2개이므로 67을 반환한다.

23 다음 주어진 테이블에 대해서 아래의 SQL문의 실행 결과로 가장 올바른 것은?

[test20]

ID	AGE	NAME
10	20	A
11	30	B
12	40	C
13	50	D
14	60	E

```
SELECT ID, AGE
FROM test20
ORDER BY (CASE WHEN ID = 10 OR ID=13
              THEN 1 ELSE 2 END),
AGE DESC
```

①

ID	AGE
13	50
10	20
14	60
12	40
11	30

②

ID	AGE
13	50
10	20
11	30
12	40
14	60
13	50
10	20

③

ID	AGE
10	20
11	30
12	40
13	50
14	60

④

ID	AGE
10	20
14	60
13	50
12	40
11	30

CASE문을 사용해서 정렬의 순서를 변경했고 그래서 ID가 13, 10번이 가장 먼저 조회된다. 즉, 10과 13번이 먼저 조회되고 AGE로 DESC이므로 13의 AGE가 50이라서 가장 먼저 조회된다.

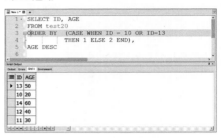

24 다음 중 문자에 대한 설명으로 부적절한 것은 무엇인가?

① VARCHAR(가변 길이 문자형)은 비교 시 서로 길이가 다를 경우 서로 다른 내용으로 판단한다.

② CHAR(고정 길이 문자형)은 비교 시 서로 길이가 다를 경우 서로 다른 내용으로 판단한다.

③ 문자형과 숫자형을 비교 시 문자형을 숫자형으로 묵시적 변환하여 비교한다.

④ 연산자 실행 순서는 괄호, NOT, 비교 연산자, AND, OR 순이다.

CHAR는 길이가 서로 다르면 짧은 쪽에 스페이스를 추가하여 같은 값으로 판단한다. 같은 값에서 길이만 서로 다를 경우 다른 값으로 판단하는 것은 VARCHAR(가변 길이 문자형)로 비교하는 경우이다.

정답 23 ① 24 ②

25 아래와 같은 결과가 나오도록 SQL문을 완성하시오.

[SQLD7]

회원ID	주문금액
B	255
C	255
A	450
D	100

[결과]

회원ID	RANK	주문금액
A	1	450
B	2	255
C	2	255
D	3	100

```
SELECT 회원ID,
DENSE_RANK( ) OVER(ORDER BY [    ] )
AS RANK, 주문금액
FROM SQLD7;
```

① (주문금액) DESC
② (주문금액)
③ 주문금액 ASC
④ 주문금액 1

(주문 금액) DESC
결과 테이블은 주문금액이 큰 순서대로 순위를 부여하는 테이블로 주문금액 속성을 내림차순 정렬했을 때의 순위이고 같은 등수 다음에는 바로 다음 등수가 부여되었으므로 DENSE 랭크 함수가 들어가야 한다.

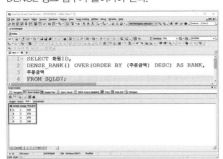

26 다음 중 주어진 테이블에서 SQL문의 실행 결과로 가장 적절한 것은?

[test29]

ID
1000
1000
1000
3000
3000
4000
9999
9999

```
SELECT ID FROM test29
GROUP BY ID
HAVING COUNT(*) = 2
ORDER BY (CASE WHEN ID = 1000 THEN
0 ELSE ID END);
```

①
ID
3000
9999

②
ID
9999
3000

③
ID
1000
3000
9999

④
ID
999
3000
1000

CASE문으로 ID가 1000인 것은 0으로 변경하고 나머지는 ID값으로 ASC(오름차순) 한다. 단, COUNT 함수로 2건만 조회된다. 따라서 3000, 9999의 값이 2건이라서 3000, 9999만 조회된다.

27 다음 중 VIEW에 대한 설명으로 올바르지 않은 것은?

① 독립성 : 테이블 구조가 변경되어도 뷰를 사용하는 응용 프로그램은 변경하지 않아도 된다.

② 편리성 : 복잡한 질의를 뷰로 생성함으로써 관련 질의를 단순하게 작성할 수 있다. 또한 해당 형태의 SQL문을 자주 사용할 때 뷰를 이용하면 편리하게 사용할 수 있다.

③ 물리성 : 실제 데이터를 가지고 있어서 물리적인 관리가 가능하다.

④ 보안성 : 직원의 급여정보와 같이 숨기고 싶은 정보가 존재한다면 뷰를 생성할 때 해당 칼럼을 빼고 생성함으로써 사용자에게 정보를 감출 수 있다.

VIEW는 논리적으로 존재하는 가상 테이블로서 물리적으로 실제 데이터를 저장하지 않는다.

28 다음 SQL문의 (   )에 들어가는 것으로 올바르지 않은 것은?

```
SELECT (              ), Count(Empno)
FROM EMP
WHERE EMPNO > 0
GROUP BY DEPTNO, SAL;
```

① Empno
② Deptno
③ Sal
④ Deptno와 Sal

GROUP BY구의 기본적은 문법을 확인하는 문제이다. SELET구에는 GROUP BY절에 있는 칼럼만 나와야 한다.

29 다음의 ERD는 교차 엔터티를 보여주고 있다. 교차 엔터티로 올바른 것은?

① 학생
② 과목
③ 수강
④ 학생, 과목

교차 엔터티는 M:N 관계를 해소하기 위해서 사용되는 엔터티와 학생과 과목 간의 M:N 관계를 해소하기 위해서 수강이라는 교차 엔터티가 사용되었다.

30 다음 보기의 Sub Query 유형은 무엇인가?

```
SELECT A.EMPNO, A.ENAME
FROM EMP A
WHERE A.EMPNO=(SELECT 1 FROM EMP_
T B WHERE A.EMPNO = B.EMPNO);
```

① Service Sub Query
② Early Filter형 Sub Query
③ Correlated Sub Query
④ Looping Sub Query

상호연관 서브쿼리(Correlated Subquery)는 메인쿼리 값을 서브쿼리가 사용하고 서브쿼리의 값을 받아서 메인쿼리가 계산되는 쿼리이다. 문제에 나온 SQL문에서 EMP 테이블은 메인쿼리이고 EMP_T 부분은 서브쿼리이다. 즉, EMP_T의 서브쿼리가 실행되어서 1이 나오면 메인쿼리의 WHERE절 조건과 비교된다.

정답 27 ③ 28 ① 29 ③ 30 ③

31 다음 주어진 테이블들에 대해서 아래의 SQL 문을 수행한 결과로 가장 적절한 것은?

[test31_1]

COL1	COL2	COL3
1	A	10
2	B	20
3	A	10

[test31_2]

COL1	COL2	COL3
X	A	10
Y	B	20
Z	B	10

```
SELECT COUNT(DISTINCT COL1)
FROM test31_1
WHERE COL3 =
(SELECT COL3 FROM test31_2 WHERE
COL2 = 'A')
```

① 1
② 2
③ 3
④ 4

....

서브쿼리는 COL2가 'A'인 것을 조회하므로 10이 나온다. 그리고 test31_1 테이블에서 COL3가 10인 것을 조회한다. 그러면 2건이 조회된다. 왜냐하면 DISTINCT는 COL1로 수행하므로 중복된 것이 없다.

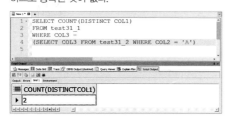

32 다음의 View를 조회한 SQL문의 실행 결과로 올바른 것은?

[TEST32]

COL1	COL2
A	1000
A	2000
B	1000
B	
	3000

[뷰 생성 스크립트]

```
CREATE VIEW V_TEST32
AS
SELECT *
FROM TEST32
WHERE COL1 = 'A' OR COL1 IS NULL;
```

[조회 SQL]

```
SELECT SUM(COL2) 합계
FROM V_TEST32
WHERE COL2 >= 2000 ;
```

① 1000
② 3000
③ 4000
④ 5000

....

View에는 총 4개의 행이 있다.

COL1	COL2
A	1000
A	2000
	3000

그리고 위의 View에서 COL2가 2000 이상인 것에 대한 합계이므로 5000이 된다.

....

33 테이블의 칼럼을 변경하는 DDL문으로 올바른 것은?

> TEST 테이블의 NAME 칼럼의 데이터 타입을 CHAR에서 VARCHAR로 변경하고 데이터 크기를 100으로 늘린다.

① ALTER table TEST alter column NAME varchar(100);
② ALTER table TEST modify (NAME varchar(100));
③ ALTER table TEST add column NAME varchar(100);
④ ALTER table TEST add constraint column name NAME varchar(100)

칼럼의 변경은 ALTER TABLE ~ MODIFY문을 사용하면 된다. 데이터 타입이나 길이를 변경할 수 있다.

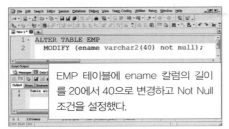

> EMP 테이블에 ename 칼럼의 길이를 20에서 40으로 변경하고 Not Null 조건을 설정했다.

```
1   ALTER TABLE EMP
2       MODIFY (ename varchar2(40) not null);
```

* Oracle 환경에서는 varchar2 사용을 권장한다.

34 다음은 NULL 값에 대한 설명이다. 올바른 것은?

① 데이터베이스의 NULL 값의 의미는 DBMS 종류별로 다르게 해석한다.
② MS-SQL에서 NULL 값은 0이다.
③ ORACLE에서 NULL은 TRUE 혹은 FALSE의 의미이다.
④ NULL 값은 아직 알려지지 않은 미지의 값이다.

NULL 값은 아직 알려지지 않은 미지의 값으로 0 혹은 TRUE, FALSE와는 다른 것이다.

35 BSC는 기업의 성과를 균형있게 관리하는 성과관리 시스템이다. BSC는 KPI를 사용해서 기업을 평가하는데 KPI는 상위, 중위, 하위 등의 KPI로 세분화 된다. 다음의 KPIPOOL 테이블에서 특정 하나의 값에 대한 자신의 상위 KPI를 검색하는 SQL문으로 올바른 것은? (이때, 자신의 KPI는 SUBKPI이고, 상위 KPI는 MAINKPI이다.)

[KPIPOOL]

subkpi	kpiname	mainkpi
10	고객만족도	0
20	콜센터만족도	10
30	불만건수	20
40	대기시간	30
50	건의건수	40

①

```
Select *
from kpipool
start with mainkpi = 0
connect by prior subkpi = mainkpi;
```

②

```
Select *
from kpipool
where subkpi = 30
start with mainkpi = 0
connect by prior mainkpi = subkpi;
```

③

```
Select *
from kpipool
start with mainkpi = 100
connect by prior subkpi = mainkpi;
```

④

```
Select *
from kpipool
where subkpi = 30
start with mainkpi = 0
connect by prior subkpi = mainkpi;
```

mainkpi가 0부터 출발하여 subkpi를 탐색한다. 그리고 subkpi가 30이면 출력시킨다. 이 때 subkpi 30에 대한 mainkpi 20번이 같이 출력된다.

①, ③의 경우에는 전개만 하고 특정 하나의 값에 대한 상위 KPI 검색(WHERE)을 하지 않았다.
②의 경우 역방향 전개를 하고 WHERE 처리를 하다 보니 아무런 출력을 하지 않는다.

36 다음의 SQL문 중에서 결과가 동일한 하나의 SQL문은?

[KPIPOOL]

subkpi	kpiname	mainkpi
10	고객만족도	0
20	콜센터만족도	10
30	불만건수	20
40	대기시간	30
50	건의건수	40

select * from kpipool where (subkpi, main-kpi) in((20,10),(0,30));

① select * from kpipool where sub-kpi=20;
② select * from kpipool where sub-kpi in (20,10);
③ select * from kpipool where (sub-kpi, mainkpi) in ((10,20),(20,30));
④ select * from kpipool where (sub-kpi, mainkpi) in ((20,30),(30,40));

①번의 SQL문 subkpi가 20인 행을 조회한다. 그리고 문제에서 제시한 SQL문도 in구로 (20, 10)을 사용했으므로 똑같이 subkpi가 20인 행이 조회된다.

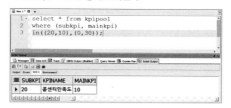

37 다음 보기 중 WHERE에서 사용되는 서브쿼리에 대한 설명으로 옳지 않은 것은?

① 서브쿼리에서는 정렬을 수행하기 위해서 내부에 ORDER BY를 사용하지 못한다.
② 메인쿼리를 작성할 때 서브쿼리에 있는 칼럼을 자유롭게 사용할 수 있으면 편리하다.
③ 여러 개의 행을 되돌리는 서브쿼리는 다중 행 연산자를 사용해야 한다.
④ EXISTS는 TRUE와 FALSE만 되돌린다.

서브쿼리 내부에서는 메인쿼리의 칼럼을 사용할 수 있지만 반대로 메인쿼리에서 서브쿼리의 칼럼을 사용할 수 없다.

정답 35 ④ 36 ① 37 ②

38 오라클 데이터베이스에서 내일 날짜를 조회하는 방법으로 올바른 것은?

① SELECT TO_DATE(SYSDATE+1, 'YYYYMMDD') FROM DUAL;

② SELECT TO_CHAR(SYSDATE+1, 'YYYYMMDD') FROM DUAL;

③ SELECT TO_DATE(SYSDATE−1, 'YYYYMMDD') FROM DUAL;

④ SELECT TO_CHAR(SYSDATE−1, 'YYYYMMDD') FROM DUAL;

오늘 날짜를 구하기 위해서 SYSDATE를 사용하고 내일 날짜는 SYSDATE+1을 하면 된다. 단, SYSDATE가 DATE형 타입이므로 TO_CHAR를 사용해서 문자형으로 변환한다.

39 PL/SQL에서 데이터베이스 Cursor를 사용할 때 FETCH 전에 해야 하는 것은?

① Cursor DEFINE
② Cursor OPEN
③ Cursor CLOSE
④ EXIT

명시적 커서란 사용자가 직접 정의해서 사용하는 커서이고 묵시적 커서는 데이터베이스가 내부적으로 사용하는 커서이다.
모든 Cursor는 사용하기 전에 반드시 선언해야 한다.

```
CURSOR 커서명[(매개변수1, 매개변수2, … )]
IS
SELECT 문장;
```

Cursor를 Open한다.

```
OPEN 커서명 [ (매개변수1, 매개변수2, … ) ];
```

FETCH는 실제 테이블에서 데이터를 읽어온다.

```
LOOP
    FETCH 커서명 INTO 변수1, 변수2, …;
    EXIT WHEN 커서명%NOTFOUND;
END LOOP;
```

사용이 완료된 Cursor는 반드시 Close해야 한다.

```
CLOSE 커서명;
```

40 주어진 테이블에서 해당 SQL문을 수행 시 결과값으로 조회되는 테이블은 무엇인가?

[SQLD_01]

C1	C2	C3
A	1	1
B	1	1
B	1	2
C	2	2
Z		1

```
SELECT C2, SUM(C3)
FROM SQLD_01
GROUP BY C2
HAVING COUNT(*)>= 2;
```

①

C2	SUM(C3)
1	4
1	1
1	2

②

C2	SUM(C3)
1	4

③

C2	SUM(C3)
1	4
2	2

④

C2	SUM(C3)
1	4
2	2
	1

주어진 테이블에서 C2 칼럼으로 그룹화 했을 때 C2 칼럼별 튜플의 수가 2개 이상인 C2 칼럼에 대해서 C3의 합계를 계산한다.

41 다른 테이블에서부터 유도 혹은 파생된 테이블로서 논리적으로 존재하는 것을 말하는 것은?

① VIEW
② TRIGGER
③ PROCEDURE
④ TABLE

VIEW는 가상의 테이블로서 실제로 데이터를 저장하지 않고, 조회할 때마다 기반 테이블의 데이터를 참조하여 결과를 보여준다.

42 다음 중 윈도우 함수의 WINDOWING 절에서 사용될 수 있는 키워드의 조합이 아닌 것은?

① ROWS와 PRECEDING
② RANGE와 FOLLOWING
③ ROWS와 RANGE
④ PRECEDING와 FOLLOWING

ROW는 행을 기준으로, RANGE는 값의 범위를 기준으로 윈도우를 정의하며 둘을 동시에 사용할 수는 없다.

정답 40 ② 41 ① 42 ③

43 아래의 ERD에서 3차정규형을 만족할 때 엔터티의 개수는 몇 개가 되는가?

학과등록

| 학번 |
| 코스코드 |
| |
| 평가코드 |
| 평가내역 |
| 코스명 |
| 기간 |

종속
종속

[조건]
가) 평가코드, 평가내역은 학번에 종속
나) 코스명, 기간은 코스코드에 종속
다) 평가코드, 평가내역은 속성 간 종속적 관계

[참고]
1차정규형 : 모든 속성은 반드시 하나의 값. 속성 값의 중복 제거
2차정규형 : 식별자에 종속되지 않는 속성의 중복 제거
3차정규형 : 2차정규형을 만족하며 식별자 외 일반 칼럼간의 종속 존재 제거

① 1개
② 2개
③ 3개
④ 4개

2차정규화

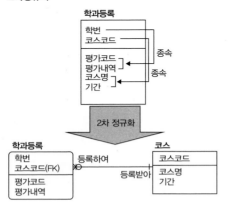

3차정규화

44 다음의 SQL문에서 올바르지 않은 것은?

가. 실제 데이터

DEPTNO	SAL
10	
10	1000
10	2000
20	
20	500

나. SELECT 문
SELECT DEPTNO, SUM(NVL(SAL,0)) FROM DEPT GROUP BY DEPTNO;

① SELECT문에 WHERE 조건이 없으므로 연산에 참여하는 총 그룹의 수는 2개이다.
② NVL(SAL, 0)문에서 NVL은 NULL에 대한 합계 오류를 예방한다.
③ DEPTNO 10의 합계는 3000이고 20의 합계는 500이다.
④ 부서별 합계를 계산할 때 NULL 값을 만나면 0으로 치환한다.

정답 43 ③ 44 ②

아래와 같이 변경해서 NVL을 사용해야 한다.

예)
```
WITH TABLE_A AS
(
  SELECT 1 AS DATA_1 FROM DUAL
  UNION
  SELECT 2 AS DATA_1 FROM DUAL
  UNION
  SELECT NULL AS DATA_1 FROM DUAL)

SELECT SUM(NVL(DATA_1,0)) FROM TABLE_A;
SELECT NVL(SUM(DATA_1),0) FROM TABLE_A;
```

해당 쿼리문의 경우 각각 칼럼에 NULL이 있으면 여러 개 칼럼을 0으로 치환하는 연산이 수행되기 때문에 비효율적이다. 실무적인 측면에서는 NVL 함수를 바깥에서 1회만 사용할 수 있도록 처리해야 한다.

45 다음 (   )에 올바른 것을 작성하시오.

ABC기업에 새로운 DBA가 입사를 했다. 팀장은 DBA에게 권한을 할당하려고 GRANT DBA TO USERA; 라는 SQL문을 실행 했다. 이 때 GRANT문에 사용된 DBA는 권한들을 묶어서 한꺼번에 부여하는 (   )이라고 한다.

① 권한
② 직무
③ ROLE
④ 원칙

ROLE
ROLE은 데이터베이스에서 Object(테이블, 프로시저, 뷰 등)의 권한을 묶어서 관리할 수 있다.

46 아래의 SQL문을 순차적으로 수행한 결괏값으로 올바른 것은?

```
CREATE TABLE SQLD_29 (N1 NUMBER);
INSERT INTO SQLD_29 VALUES(1);
INSERT INTO SQLD_29 VALUES(2);
CREATE TABLE TMP_SQLD_29
(N1 NUMBER);
INSERT INTO TMP_SQLD_29 VALUES(1);
TRUNCATE TABLE TMP_SQLD_29;
ROLLBACK;
COMMIT;
SELECT SUM(N1) FROM SQLD_29;
```

① NULL
② 1
③ 3
④ 4

CREATE, TRUNCATE 같은 DDL은 묵시적으로 COM-MIT을 수행하므로 ROLLBACK 명령어를 수행하면 마지막 COMMIT을 수행한 6번째 행으로 이동한다.

47 아래 결괏값은 주어진 2개 테이블을 특정 JOIN하여 나타난 결과이다. 어떤 조인인지 고르시오.

[SQLD27]

COL1	COL2
1	2
2	2
3	3

[SQLD27_2]

COL1	COL2
1	2
2	4
4	5

[결과]

SQLD27.COL1	SQLD27.COL2	SQLD27_2.COL1	SQLD27_2.COL2
1	2	1	2
2	2	2	4
NULL	NULL	4	5

```
SELECT *
FROM SQLD27 (    ) SQLD27_2
ON SQLD27.COL1 = SQLD27_2.COL1;
```

① LEFT OUTER JOIN
② RIGHT OUTER JOIN
③ FULL OUTER JOIN
④ INNER JOIN

주어진 두 개의 테이블에서 같은 COL1 값을 갖는 튜플을 조회하고 우측 테이블에만 있는 값들이 추가로 조회되므로 RIGHT OUTER JOIN이다.

48 아래 설명 중 빈칸에 해당하는 내용을 작성하시오.

> ABC기업에 입사한 새로운 개발자에게 권한을 부여할 때 사용하는 것은 (ㄱ)이고 권한을 회수할 때 사용하는 것은 (ㄴ)이다.

① ㄱ. GRANT ㄴ. WITHDRAW
② ㄱ. ALLOW ㄴ. REVOKE
③ ㄱ. GRANT ㄴ. REVOKE
④ ㄱ. AUTHORIZE ㄴ. REMOVE

GRANT는 사용자에게 권한을 부여하고 REVOKE는 권한을 회수한다.

49 주어진 데이터에서 아래의 SQL문을 실행한 행(Row)의 건수로 올바른 것은?

[SQLD49]

COL1	COL2	COL3
1	1	3
1	2	3
2	1	3
3	1	3
3	2	3

[SQLD49_2]

COL1	COL2	COL3
1	1	3
1	2	3
2	1	3
3	1	3
3	2	3

```
SELECT COUNT(*)
FROM SQLD49, SQLD49_2
WHERE SQLD49.COL1 = SQLD49_2.COL1;
```

① 1   ② 9
③ 4   ④ 3

INNER JOIN이므로 JOIN 조건을 만족하는 행(Row)만 가져와서 조건을 수행한다.

50 다음의 주어진 ERD에서 실행했을 때 오류가 발생하는 SQL문은?

+ PRIMARY KEY : 고객(고객ID)
+ 주문(고객ID) REFERENCES 고객(고객ID)

① INSERT INTO 고객 VALUES ('C001', 'AAA');
② INSERT INTO 주문 VALUES ('O001', 'C001', 'XXX');
③ UPDATE 주문 SET 고객ID = NULL WHERE 주문ID = 'O001';
④ INSERT INTO 주문 VALUES ('O002', 'C002', 'YYY');

----

①번 지문은 문법 오류로 2개의 칼럼만 입력하려면 테이블명 뒤에 칼럼명을 포함시켜야 한다.

1과목 **데이터 모델링의 이해**

01 다음의 ERD(Entity Relationship Diagram)에 대한 설명으로 올바르지 않은 것은?

[ERD]

① 상급종합병원에는 의사가 근무하지 않을 수가 있다.
② 한 개의 상급종합병원에는 여러 명의 의사가 근무한다.
③ 진료는 반드시 의사가 해야 한다.
④ 의사는 진료하지 않을 수 있다.

상급종합병원에는 한 명의 혹은 여러 명의 의사가 근무하고 모델링으로는 의사가 없을 수도 있다. 진료는 의사만 할 수 있고 의사는 진료를 하지 않을 수도 있다.

02 다음 엔터티의 종류 중에서 발생 시점에 따른 분류가 아닌 것은?

① 기본 엔터티
② 사건 엔터티
③ 중심 엔터티
④ 행위 엔터티

엔터티는 발생 시점에 따라서 키(기본) 엔터티, 중심 엔터티, 행위 엔터티로 분류된다.

03 다음 중 데이터베이스 논리 모델에 대한 설명으로 올바르지 않은 것은?

① 개념 데이터 모델은 사용자 관점에서 데이터 요구사항을 식별한다.
② 논리 데이터 모델은 M:N 관계형 식별자 확정, 정규화, 무결성 정의 등을 수행한다.
③ 논리 모델은 데이터베이스 구축을 위해서만 사용되는 것이다.
④ 데이터가 물리적으로 저장되는 방법을 정의하는 것이 물리적 모델이다.

논리적 모델은 비즈니스 정보의 논리적 구조 및 구축을 파악할 수도 있다. 즉, 핵심 엔터티와 키 엔터티 등을 식별하고 모델링하여 데이터베이스 구조를 모델링한다.

04 아래 ERD에 대한 설명으로 가장 올바르지 않은 것은?

[ERD]

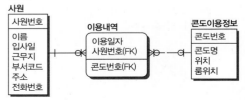

① 사원은 동일한 콘도를 예약해서 반복적으로 방문할 수 있다.
② 회사 콘도는 누구도 이용하지 않을 수 있다.
③ 사원은 동일 일자에 여러 콘도를 이용할 수 있다.
④ 여러 사원이 동일한 콘도를 이용할 수 있다.

정답 01 ② 02 ② 03 ③ 04 ③

'이용내역' 엔터티에서 이용일자 + 사원번호가 기본키(Primary key)이므로 일자가 같은 날에 여러 콘도를 이용할 수 없다.

05 릴레이션을 정규화(Normalization)하는 목적에 관한 설명 중 가장 거리가 먼 것은?

① 정보의 갱신 이상이 생기지 않도록 한다.
② 정보의 보안을 목적으로 한다.
③ 정보의 손실을 막는다.
④ 정보의 중복을 막는다.

정규화(Normalization)는 함수적 종속성에 따라서 테이블을 분해하는 과정으로 데이터 중복을 제거해서 모델의 독립성을 향상시킨다. 그리고 정규화를 수행하지 않으면 발생되는 문제가 이상현상(Anomaly)이고 이상현상은 삽입, 삭제, 수정 이상현상이 있다.
데이터베이스 보안과 관련이 있는 것은 뷰(View)이다.

06 속성에 대한 아래의 설명에서 빈칸에 들어갈 것으로 올바른 것은?

(ㄱ)은 엔터티를 식별할 수 있는 속성이고 (ㄴ)은 다른 엔터티의 관계에 포함되는 속성이다. 다른 엔터티의 관계에 포함되지 않는 속성을 (ㄷ)이라고 한다.

	(ㄱ)	(ㄴ)	(ㄷ)

① 기본키 속성 – 외래키 속성 – 일반 속성
② 외래키 속성 – 기본키 속성 – 파생 속성
③ 파생 속성 – 외래키 속성 – 기본키 속성
④ 일반 속성 – 기본키 속성 – 외래키 속성

기본키(Primary key)는 엔터티를 대표하는 키로 최소성(Not Null)과 유일성(중복이 없음)을 만족해야 한다. 외래키(Foreign key)는 두 개의 테이블 간에 연결을 설정하기 위한 키이다.

07 다음 중 엔터티, 관계, 속성에 대한 설명으로 올바르지 않은 것은?

① 한 개의 엔터티는 두 개 이상의 인스턴스 집합이어야 한다.
② 엔터티는 관계를 두 개까지만 가질 수 있다.
③ 한 개의 엔터티는 두 개 이상의 속성을 갖는다.
④ 한 개의 속성은 한 개의 속성값을 갖는다.

엔터티는 관계를 2개 이상 가질 수 있다.

엔터티의 특징

엔터티 특징	설명
식별자	• 엔터티는 유일한 식별자가 있어야 한다. • 예를 들어 회원ID, 계좌번호이다.
인스턴스 집합	• 2개 이상의 인스턴스가 있어야 한다. • 즉, 고객정보는 2명 이상 있어야 한다.
속성	• 엔터티는 반드시 속성을 가지고 있다. • 예를 들어 고객 엔터티에 회원ID, 패스워드, 이름, 주소, 전화번호이다.
관계	• 엔터티는 다른 엔터티와 최소 한 개 이상 관계가 있어야 한다. • 예를 들어 고객은 계좌를 개설한다.
업무	• 엔터티는 업무에서 관리되어야 하는 집합이다. • 예를 들어 고객, 계좌이다.

08 다음 중 아래 ERD에 대한 설명으로 올바르지 않은 것은?

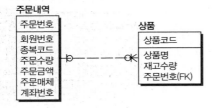

① 상품은 주문을 하나 이상 반드시 가져야 한다.
② 주문은 상품 1개 이상 가질 수 있다.
③ 주문은 상품이 없을 수 있다.
④ 주문, 상품은 비식별 관계로 부모가 없어도 자식이 생길 수 있다.

상품은 주문을 한 개 이상 반드시 가져야 하는 것이 아니라 안 가질 수도 있다.

---

09 다음 주어진 그림에 해당하는 ERD 표기법으로 알맞은 것은?

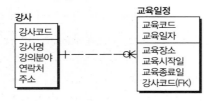

① Barker
② IE
③ IE Notation
④ IDEF1X

ERD 표기법 중 IE 표기법은 관계의 1:N 관계에서 N쪽에 새발을 표시하고 선택, 필수 참여 관계에서 선택 참여에 O 필수 참여에 | 로 표시한다.

---

10 아래의 내용은 주식별자의 어떤 특징을 설명한 것인가?

학생의 학번으로 고유한 구조를 표현할 수가 있다. 하지만 ABC대학교의 학생 엔터티의 주식별자를 학번과 입학일자로 해서 잘못된 모델링을 했다.

① 유일성
② 최소성
③ 불변성
④ 존재성

주식별자(기본키, Primary key)
• 최소성 : 주식별자는 최소성을 만족하는 키이다.
• 대표성 : 주식별자는 엔터티를 대표할 수 있어야 한다.
• 유일성 : 주식별자는 엔터티의 인스턴스를 유일하게 식별한다.
• 불변성 : 주식별자는 자주 변경되지 않아야 한다.

2과목 SQL 기본 및 활용

11 주어진 테이블에 대해서 아래의 SQL문을 수 행한 결과로 적절한 것은?

[TEST11]

COL1	COL2	COL3
A		1
B	A	2
C	A	3
D	B	4

```
select count(*) from TEST11
where COL3 < > 3
start with COL3 = 4
connect by COL1 = prior COL2;
```

① 0
② 1
③ 2
④ 3

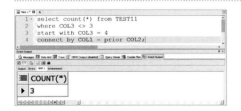

12 다음 중 문자열 결합에 사용되는 것은?

① =
② ||
③ &&
④ −

문자열 결합은 CONCAT 함수 또는 ||을 사용할 수 있다.

13 테이블에 대한 권한을 부여하는 DCL 명령어 는?

① COMMIT
② GRANT
③ REVOKE
④ ROLLBACK

DCL(Data Control Language)은 GRANT, REVOKE가 있으며 GRANT는 권한을 부여하고 REVOKE는 권한을 회 수한다. COMMIT과 ROLLBACK은 TCL에 속한다.

14 다음 중 SQL 명령어가 올바르지 않은 것은?

① DDL : TRUNCATE
② DDL : ALTER
③ DCL : REVOKE
④ DML : RENAME

DDL(Data Definition Language)
• 관계형 데이터베이스의 구조를 정의하는 언어이다.
• Create, Alter, Drop, Rename문이 있다.

정답 11 ④ 12 ② 13 ② 14 ④

15 주어진 테이블에 대해서 아래와 같은 결괏값을 반환하는 SQL문을 고르시오.

[TEST15]

BAN	NAME
1	조조
1	조조
1	조조
2	여포
2	유비
3	관우
3	관우

[결과]

BAN	RESULT
1	1
3	1
2	2

①

```
SELECT BAN, COUNT(*) AS RESULT
FROM TEST15
GROUP BY BAN;
```

②

```
SELECT BAN, COUNT(1) AS RESULT
FROM TEST15
GROUP BY BAN;
```

③

```
SELECT BAN, COUNT(DISTINCT NAME) AS
RESULT
FROM TEST15
GROUP BY BAN;
```

④

```
SELECT
COUNT(CASE WHEN BAN=1 THEN 1 END)
AS Result,
COUNT(CASE WHEN BAN=2 THEN 1 END)
AS B,
COUNT(CASE WHEN BAN=3 THEN 1 END)
AS C
FROM TEST15;
```

③번 보기는 BAN칼럼으로 그룹핑하고 DISTINCT를 사용해서 중복된 이름을 제고하고 카운팅한다.

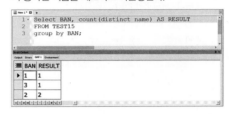

16 다음 중 주어진 테이블을 수행하였을 때 결괏값이 다른 것은?

[TEST16]

MemberID	Name
	조조
2	여포
3	관우
4	장비
5	조운
	유비

① SELECT COUNT(1) FROM TEST 16;

② SELECT COUNT(MemberID) FROM TEST16;

③ SELECT COUNT (NULLIF (MemberID, NULL)) FROM TEST16;

④ SELECT COUNT(*) FROM TEST16 WHERE MemberID IS NOT NULL;

보기 ①번은 6개를 반환하고 나머지는 모두 4개를 반환한다.

NULLIF의 특징
- 두 개의 값이 같으면 NULL을, 같지 않으면 첫 번째 값을 반환한다.
- "NULLIF(exp1, exp2)"은 exp1과 exp2가 같으면 NULL을, 같지 않으면 exp1을 반환한다.

17 다음 주어진 테이블에서 해당 SQL문을 실행한 결과로 알맞은 것은?

[SQLD5]

COL1	COL2
NULL	A
1	B
2	C
3	D
4	E

```
SELECT * FROM SQLD5 WHERE COL1
IN(1,2,NULL);
```

①

COL1	CO2
1	B
2	C

②

COL1	CO2
2	B
2	C

③

COL1	CO2
1	B
2	C
3	D
4	E

④

COL1	COL2
NULL	A
1	B
2	C
3	D
4	E

NULL은 비교에서 애초에 제외되어 IN( ) 연산자 안에 NULL이 있어도 비교 연산을 수행하지 않는다. 주어진 테이블의 COL1 속성값 1, 2값을 갖는 튜플만 조회된다.

18 다음 주어진 테이블에 대해서 [결과]와 같이 반환되게 하는 SQL문을 완성하시오.

[TEST18]

DNAME	JOB	SAL
ACCOUNTING	CLERK	1000
ACCOUNTING	MANAGER	2000
ACCOUNTING	PRESIDENT	3000
RESEARCH	CLERK	4000
RESEARCH	MANAGER	5000
RESEARCH	PRESIDENT	6000
SALES	CLERK	7000
SALES	MANAGER	8000
SALES	PRESIDENT	9000

```
SELECT DNAME, JOB, SUM(SAL)
FROM TEST18
GROUP BY (              )
```

[결과]

DNAME	JOB	SUM(SAL)
		45000
	CLERK	12000
	MANAGER	15000
	PRESIDENT	18000
SALES		24000
SALES	CLERK	7000
SALES	MANAGER	8000
SALES	PRESIDENT	9000
RESEARCH		15000
RESEARCH	CLERK	4000
RESEARCH	MANAGER	5000
RESEARCH	PRESIDENT	6000
ACCOUNTING		6000
ACCOUNTING	CLERK	1000
ACCOUNTING	MANAGER	2000
ACCOUNTING	PRESIDENT	3000

① CUBE (DNAME, JOB)
② ROLLUP (DNAME, JOB)
③ GROUPING SETS (DNAME, JOB)
④ CUBE (DNAME)

결괏값을 보면
1. DNAME, JOB 별 소계
2. DNAME 별 소계
3. JOB 별 소계
4. 전체 집계 등 모든 조합 가능한 소계와 집계가 조회 되었으므로 빈칸에 들어갈 그룹 함수는 CUBE이다.

19 다음 주어진 테이블에 대해서 아래의 SQL문을 실행하였을 때의 결과로 올바른 것은?

[test19]

C1	C2
1	80
2	70
3	80
4	90
5	100
6	110

```
SELECT C1, C2,
CASE
WHEN C2 <= 100 THEN 'B'
WHEN C2 <= 300 THEN 'A'
ELSE 'S'
END GRADE
FROM test19
ORDER BY C2;
```

①

C1	C2	GRADE
2	70	B
1	80	B
3	80	B
4	90	B
5	100	B
6	110	A

②

C1	C2	GRADE
6	70	B
2	80	B
1	80	B
3	90	A
4	100	A
5	110	A

③

C1	C2	GRADE
6	30	A
2	70	A
1	80	A
3	100	A
4	150	B
5	300	B

④

C1	C2	GRADE
6	70	A
2	80	A
1	80	A
3	90	B
4	100	B
5	110	B

C2 값으로 오름차순 정렬하고 CASE문으로 B, A, S 등급을 부여한다. 전체등급이 300점을 넘는 등급이 없기 때문에 S등급은 없고 C1의 6번만 A등급을 받는다.

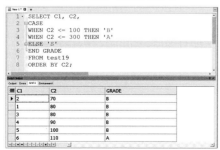

```
1  SELECT C1, C2,
2  CASE
3    WHEN C2 <= 100 THEN 'B'
4    WHEN C2 <= 300 THEN 'A'
5    ELSE 'S'
6    END GRADE
7  FROM test19
8  ORDER BY C2;
```

C1	C2	GRADE
2	70	B
1	80	B
3	80	B
4	90	B
5	100	B
6	110	A

20 SELECT NVL(COUNT(*), 9999) FROM TABLE WHERE 1 = 2의 결괏값은?

① 9999
② 0
③ Null
④ 1

집계 함수에서 count(*) 함수는 조건절이 거짓일 때 0을 반환한다.

21 아래의 WINDOW FUNCTION을 사용한 SQL 중 가장 올바르지 않은 것은?

① SUM(SAL) OVER( )
② SUM(SAL) OVER(PARTITION BY JOB ORDER BY EMPNO RANGE BETWEEN UNBOUNDED PRECEDING AND UNBOUNDED FOLLOWING) SAL1
③ SUM(SAL) OVER(PARTITION BY JOB ORDER BY JOB RANGE BE TWEEN UNBOUNDED PRECEDING AND CURRENT ROW) SAL2
④ SUM(SAL) OVER(PARTITION BY JOB ORDER BY EMPNO RANGE BETWEEN UNBOUNDED PRE-CEDING AND UNBOUNDED PRE-CEDING) SAL3

정답 19 ① 20 ② 21 ④

④번에서 UNBOUNDED PRECEDING은 end point에 사용될 수 없다.

WINDOW FUNCTION

구조	설명
ROWS	부분집합인 윈도우 크기를 물리적 단위로 행의 집합을 지정한다.
RANGE	논리적인 주소에 의해 행 집합을 지정한다.
BETWEEN~AND	윈도우의 시작과 끝의 위치를 지정한다.
UNBOUNDED PRECEDING	윈도우의 시작 위치가 첫 번째 행임을 의미한다.
UNBOUNDED FOLLOWING	윈도우 마지막 위치가 마지막 행임을 의미한다.
CURRENT ROW	윈도우 시작 위치가 현재 행임을 의미한다.

22 다음의 PL/SQL에 대한 설명으로 올바르지 않은 것은?

① PL/SQL은 절차형 언어이다.
② PL/SQL에서 테이블을 생성할 수는 없다.
③ PL/SQL에서 조건문은 IF ~ THEN ~ ELSEIF ~ END IF와 CASE~WHEN을 사용한다.
④ PL/SQL에서 name이라는 변수에 'aaa'를 대입할 경우 ":="을 사용한다.

PL/SQL은 절차형 언어로 PL/SQL 내부에서 테이블을 생성할 수 있다. PL/SQL 내부에서 테이블을 생성하는 이유는 임시 테이블로 잠깐 사용하기 위한 용도가 많다.

23 다음 중 인덱스 생성 구문으로 올바른 것은?

① ALTER TABLE 〈테이블명〉 ADD INDEX [인덱스 명] (칼럼명)
② INDEX [인덱스 명] (칼럼명)
③ CREATE INDEX [인덱스 명] ON 〈테이블명〉 (칼럼명)
④ DROP INDEX FROM 〈테이블명〉

인덱스 생성 구문
CREATE INDEX [인덱스 명] ON 〈테이블명〉 (칼럼명)

24 주어진 SQL문을 수행한 결과로 올바른 것은?

```
INSERT INTO test24 VALUES (1);
INSERT INTO test24 VALUES (2);
COMMIT;
INSERT INTO test24 VALUES (3);
SAVEPOINT SP;
INSERT INTO test24 VALUES (4);
ROLLBACK to SP;
SELECT COUNT(*) FROM test24;
```

① 2
② 3
③ 5
④ 6

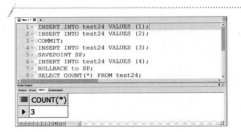

정답 22 ② 23 ③ 24 ②

25 test24 테이블에는 1, 2, 3의 3개의 행이 있을 때 다음의 SQL 실행 결과로 올바른 것은?

```
SELECT * FROM test24
minus
SELECT 1 FROM DUAL;
```

① 1, 2, 3
② 2, 3
③ 1, 2
④ 1

MINUS는 Oracle에서 차집합을 구하는 것이다. 즉 위의 SQL에서 1을 제외하게 되므로 2, 3이 된다.

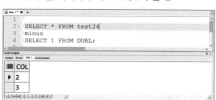

26 Orders 테이블의 고객id에는 Customers 테이블에 존재하지 않는 고객id도 있다. Customers 테이블에 존재하지 않는 고객id만 Orders 테이블에서 추출하는 SQL을 ( )를 채워 완성하시오.

```
SELECT * FROM Orders
WHERE (  ㄱ  ) (SELECT * FROM Cus-
tomers WHERE (  ㄴ  ));
```

① ㄱ : EXISTS
　 ㄴ : Customers.id = Orders.id
② ㄱ : EXISTS
　 ㄴ : Customers.id 〈 〉 Orders.id
③ ㄱ : NOT EXISTS
　 ㄴ : Customers.id = Orders.id
④ ㄱ : NOT EXISTS
　 ㄴ : Customers.id 〈 〉 Orders.id

Customers 테이블에서 존재하지 않은 고객ID를 식별하기 위해서는 NOT EXISTS를 사용하고 WHERE구에 "Customers.id = Orders.id"를 사용해야 한다.

27 릴레이션 Emp, Dept가 다음과 같이 정의되어 있다. 부서에 사원이 한명도 없는 부서(deptno)를 검색하는 질의를 작성할 때, 가장 올바르지 않은 것은? (단, Emp 테이블의 deptno는 Dept의 deptno를 참조하는 외래키이며, Emp의 deptno에는 NULL인 값이 없음)

> Emp(empno, ename, job, mgr, hiredate, sal, comm, deptno)
> Dept(deptno, dname, loc)

① SELECT deptno FROM Dept
  WHERE deptno NOT IN
  (SELECT deptno FROM Emp);

② SELECT deptno FROM Dept a
  WHERE NOT EXISTS
  (SELECT * FROM Emp b WHERE
  a.deptno =b.deptno);

③ SELECT b.deptno FROM Emp a
  RIGHT OUTER JOIN
  Dept b ON a.deptno = b.deptno
  WHERE empno IS NULL;

④ SELECT deptno FROM Dept
  WHERE deptno 〈 〉 ANY (SELECT
  deptno FROM Emp);

①번 SQL문

위의 예를 보면 부서번호(DEPTNO)가 40번인 것으로보아 사원이 없다는 것을 알 수 있다.

③번 SQL문

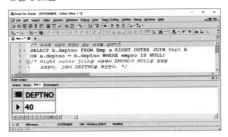

④번 SQL문

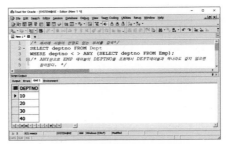

위의 결과는 모든 DEPTNO가 조회된다.

28 릴레이션에 대하여 아래와 같이 인덱스를 생성하였다. 다음 중 생성된 인덱스에 의하여 검색 속도를 향상시킬 수 있는 질의로 가장 적절하지 않은 것은?

> **[릴레이션]**
> Articles(ID, title, journal, issue, year, start-page, endpage, TR_ID)
>
> **[인덱스]**
> CREATE INDEX Idx1 ON Articles(year, start-page);
> CREATE INDEX Idx2 ON Articles(startpage, endpage);
> CREATE INDEX Idx3 ON Articles(journal, issue, year);

① SELECT title FROM Articles WHERE journal ='JACM' AND issue = 55;

② SELECT title FROM Articles WHERE endpage – startpage > 50;

③ SELECT title FROM Articles WHERE year > 1995 AND year < 2000;

④ SELECT title FROM Articles WHERE journal ='JACM';

---

②번의 경우 "endpage"와 "startpage" 칼럼에 대해서 조작이 발생하였기 때문에 인덱스를 사용할 수 없다.

29 그룹함수 중에서 각 그룹에 대해서 SubTotal을 만들어 주는 것은?

① GROUPING SETS
② GROUPING
③ CUBE
④ ROLLUP

ROLLUP 함수는 각 그룹에 대한 부분합(subtotal)을 계층적으로 생성하는 데 사용된다.

30 다음 중 계층형 쿼리에 대한 설명으로 올바르지 않은 것은?

① 루트 노드의 LEVEL 값은 가장 큰 값을 가진다.
② 순방향과 역방향 모두 수행할 수 있다.
③ 재무제표 및 조직도와 같은 구조에서 사용할 수 있다.
④ 계층형 질의는 하나의 테이블에서 자기자신을 조인하는 형태를 사용한다.

Oracle 계층형 질의에서 루트 노드의 LEVEL 값은 1이다.

정답 28 ② 29 ④ 30 ①

31 다음 중 인덱스에 대한 설명으로 올바르지 않은 것은?

① 인덱스는 순차 인덱스, 결합 인덱스, 비트맵, 클러스터, 해시 인덱스가 있다.

② VARCHAR, CHAR, DATE, NUMBER 모두 인덱스 생성이 가능하다.

③ 파티션 테이블은 파티션 키에 대해서 인덱스를 생성할 수 없다.

④ 인덱스의 수가 증가하면 입력과 삭제, 수정 속도가 저하될 수 있다.

파티션 키에 대해 생성한 인덱스를 로컬 파티션 인덱스, 파티션 키와 다른 칼럼으로 생성한 인덱스를 글로벌 파티션 인덱스라고 한다.

32 다음 주어진 테이블에 대해서 아래의 SQL문을 수행하였을 때의 결과로 올바른 것은?

[TEST32]

COL1	COL2
	10
12	
10	12

```
SELECT CASE WHEN SUM (COL1 + COL2)
IS NULL THEN 0
ELSE SUM (COL1 + COL2)
END AS 합계
FROM TEST32;
```

① NULL
② 12
③ 22
④ 25

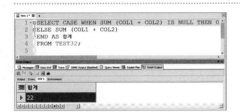

33 다음 주어진 테이블에 대해서 수행하였을 때의 결괏값으로 잘못된 것은?

[TEST33]

EMPNO	ENAME	SAL
1	유비	1000
2	조조	2000
3	관우	3000
4	여포	4000
5	초선	5000
6	조자룡	6000

①

```
SELECT ENAME, SAL
FROM (SELECT ENAME, SAL FROM
TEST33 ORDER BY SAL DESC)
WHERE ROWNUM = 1;
```

→ SAL은 6000이 조회된다.

②

```
SELECT ENAME, SAL
FROM (SELECT * FROM TEST33 ORDER
BY SAL DESC)
WHERE ROWNUM = 2;
```

→ 끝에서 2건의 데이터가 추출된다.

③

```
SELECT ENAME, SAL
FROM (SELECT * FROM TEST33 ORDER
BY SAL DESC)
WHERE ROWNUM > 0;
```

→ 총 6개의 행이 출력된다.

정답 31 ③ 32 ③

④

```
SELECT ENAME, SAL
FROM (SELECT * FROM TEST33 ORDER
BY SAL DESC)
WHERE ROWNUM <= 3;
```

→ 3개의 행이 출력된다.

②번은 데이터가 조회되지 않는다. 왜냐하면 ROWNUM은 논리적인 숫자이기 때문에 "ROWNUM=2"와 같이 조회하면 찾을 수 없다. 만약 ROWNUM=2와 같이 조회하고 싶다면 Inline 뷰를 사용해서 조회해야 한다.

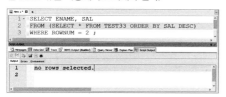

34 다음 보기의 연산자 중 우선순위가 가장 나중인 것은?

① 연결 연산자
② 비교 연산자
③ NOT 연산자
④ OR 연산자

연산자 우선순위

우선순위	연산자
1	산술 연산자(*, /, +, −)
2	연결 연산자(||)
3	비교 연산자(< >, <=, =>, < >, =)
4	IS NULL, LIKE, IN
5	BETWEEN
6	NOT 연산자
7	AND 연산자
8	OR 연산자

35 다음 보기 중 SELF JOIN을 수행해야 하는 경우로 가장 올바른 것은?

① 동일한 테이블 내에서 두 개의 칼럼 간에 조인을 수행한다.
② 네트워크로 분산된 시스템에서 같은 2개의 테이블을 조인하기 위해서 사용된다.
③ 온라인 쇼핑몰에서 주문정보는 주문정보를 사용해서 SELF JOIN을 한다.
④ 한 테이블 내에서 서로 연관된 칼럼이 없을 경우 사용하는 방법이다.

SELF JOIN은 동일한 테이블에서 발생하는 조인을 의미하며, FROM절에 동일한 테이블명이 두 번 이상 나타난다. 그리고 SELF JOIN을 하기 위해서 동일한 테이블을 두 번 이상 사용하므로 FROM절에 별칭(Alias)을 사용해야 한다.

SELF JOIN

```
SELECT ALIAS명1.칼럼명,
       ALIAS명2.칼럼명
FROM 테이블1 ALIAS명1,
     테이블2 ALIAS명2
WHERE ALIAS명1.칼럼명2
    = ALIAS명2.칼럼명1
```

36 다음 주어진 테이블들에 대해서 아래의 SQL문을 수행하였을 때 결과의 행수로 올바른 것은?

[test36_1]

EMPNO	ENAME
1000	조조
2000	관우
3000	조훈

[test36_2]

NO	CONDITION
1	조%
2	%우%

```
SELECT COUNT(*) ROWCNT
FROM test36_1 a, test36_2 b
WHERE a.ename LIKE b.condition;
```

① 0
② 3
③ 4
④ 6

SQL의 실행 결과는 다음과 같다.

EMPNO	ENAME	NO	CONDITION
1000	조조	1	조%
3000	조훈	1	조%
2000	관우	2	%우%

37 주어진 테이블 test32에는 COL1과 COL2 칼럼이 있다. 아래의 SQL문을 실행한 결과로 올바른 것은? (ㄱ은 COUNT(COL1)의 결괏값을, ㄴ과 ㄷ은 출력되는 결과의 행의 수를 고르시오)

```
insert into test32 values (null, 10);
insert into test32 values (12, null);
insert into test32 values (null, null);
insert into test32 values (10, 12);
```

```
ㄱ. SELECT COUNT(COL1) FROM test32;
ㄴ. SELECT * FROM test32 WHERE COL1 IN
    (12, 10, null);
ㄷ. SELECT COL1, COUNT(*) FROM  test32
    GROUP BY COL1;
```

① 2, 3, 4
② 2, 1, 3
③ 2, 2, 3
④ 4, 2, 3

ㄱ은 COUNT(COL1)을 사용하므로 NULL은 제외되기 때문에 2가 된다. 그리고 ㄴ은 IN구를 사용해서 NULL까지 조건으로 넣었지만, 12, 10만 조회된다. 즉, NULL은 제외된다. 그리고 ㄷ은 COL1로 GROUP BY하였으므로 3건이 된다.

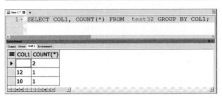

38 다음과 같은 A, B 테이블이 있다.

```
CREATE TABLE A
(
  A number(10) primary key,
  B number(10)
);

CREATE TABLE B
(A number(10) ,
  B number(10) REFERENCES A(A)
  ON DELETE CASCADE);

insert into A values(1,1);
insert into A values(2,2);

insert into B values(1,1);
insert into B values(2,2);
```

사용자가 A 테이블의 1값을 삭제할 때 B 테이블의 내용은?

```
delete from A where A=1;
select * from B;
```

① 2, 2
② 1, 1
   2, 2
③ 2, 2
   1, 1
④ 1, 1

테이블 B를 생성할 때 "ON DELETE CASCADE" 옵션을 사용하고 A 테이블을 삭제하면 B 테이블의 행도 같이 삭제된다.

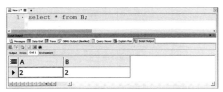

39 주어진 테이블에 대해서 아래의 SQL문을 수행하였을 때의 결과로 올바른 것은?

[TEST39]

COL1	COL2
조조	1
유비	2
유비	3
관우	4
관우	5
관우	6
여포	7
초선	8

```
SELECT COUNT(*) FROM TEST39
GROUP BY COL1
HAVING COUNT(*) > 2;
```

① null
② 3
③ 5
④ 6

COL1 칼럼으로 GROUP BY를 할 경우 행 수가 2건 보다 많은 것은 4, 5, 6행이다.

40 다음 주어진 테이블에 대해서 아래의 SQL문을 수행한 행수로 올바른 것은?

[TEST40]

COL1	COL2
조조	1
조조	1
조조	1
조조	2
조조	3

```
SELECT COUNT(COL1), COUNT(COL2)
FROM (
        SELECT DISTINCT COL1, COL2
        FROM TEST40
);
```

① 1, 2
② 2, 1
③ 2, 2
④ 3, 3

DISTINCT 명령어로 중복된 COL1, COL2값은 제외되어 COL1, COL2이 (조조, 1), (조조, 2), (조조, 3)이 된다.

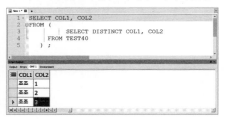

41 다음 중 NUMERIC(숫자) 형이 아닌 하나는?

① INT
② CHAR
③ FLOAT
④ DECIMAL

CHAR는 고정길이 문자열을 의미하며 VARCHAR는 가변형 문자형(Character)이고 Oracle 데이터베이스는 VAR-CHAR2도 제공한다.

42 아래의 SQL문에 대해서 실행 순서를 올바르게 나열한 것은?

```
SELECT DEPTNO, COUNT(EMPNO)
FROM SCOTT.EMP
WHERE SAL >= 400
GROUP BY DEPTNO
HAVING COUNT(EMPNO) >= 3
ORDER BY DEPTNO;
```

① FROM → WHERE → GROUP BY → HAVING → ORDER BY → SELECT
② FROM → WHERE → HAVING → GROUP BY → ORDER BY → SELECT
③ FROM → WHERE → GROUP BY → SELECT → HAVING → ORDER BY
④ FROM → WHERE → GROUP BY → HAVING → SELECT → ORDER BY

SQL문 실행 순서

1) FROM table(s) [alias]
   FROM 절에서 테이블의 목록을 가져온다.
2) WHERE condition(s)
   WHERE 절에서 검색 조건에 불일치하는 행을 제외한다.
3) GROUP BY column(s)]
   GROUP BY 절에서 명시된 행의 값을 그룹화한다.
4) HAVING condition(s)
   HAVING 절은 GROUP BY절로 정렬이 된 데이터를 대상으로 조건을 정의한다.
5) SELECT *, column(s) [alias]...
   SELECT 절에서 명시한 칼럼값들을 조회한다.
6) ORDER BY column(s) [alias] [DESC]......];
   ORDER BY 절에서 명시한 칼럼값을 기준으로 정렬하여 출력한다.

---

43 다음 중 순수 관계 연산자에 해당하지 않는 것은?

① SELECT
② DELETE
③ JOIN
④ DIVIDE

순수 관계 연산자란, 관계형 데이터베이스에 적용할 수 있도록 개발한 관계 연산자를 의미한다. SELECT, PROJECT, JOIN, DIVIDE가 있다.

44 주어진 테이블에 대해서 아래와 같이 결과가 반환되도록 주어진 SQL문의 빈칸을 완성하시오.

[test44]

name	deptname	position	sal
조조	IT팀	부장	5000
여포	IT팀	대리	3000
유비	보안팀	차장	4000
관우	보안팀	사원	2000
장비	총무팀	부장	5000
동탁	인사팀	차장	4000

[SQL]

```
SELECT
(          ) OVER(ORDER BY sal desc)
as rank, name, deptname, position, sal
FROM test44;
```

[결과]

rank	name	deptname	position	sal
1	조조	IT팀	부장	5000
2	장비	총무팀	부장	5000
3	동탁	인사팀	차장	4000
4	유비	보안팀	차장	4000
5	여포	IT팀	대리	3000
6	관우	보안팀	사원	2000

① RANK()
② DENSE_RANK()
③ ROW_NUMBER()
④ NTILE()

PART 05

SQLD 최신 기출문제

정답 43 ② 44 ③

위의 결괏값에 동일한 RANK가 없으므로 ROW_NUM-BER()가 되어야 한다.

그룹 내 순위 함수

순위 함수	설명
RANK	• 특정 항목 및 파티션에 대해서 순위를 계산한다. • 동일한 순위는 동일한 값이 부여된다.
DENSE_RANK	동일한 순위를 하나의 건수로 계산한다.
ROW_NUMBER	동일한 순위에 대해서 고유의 순위를 부여한다.

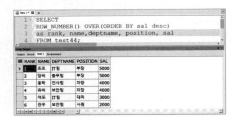

---

45 다음 SQL문에서 빈칸으로 올바른 것은?

[Oracle]

> Gender 칼럼이 0이면 남자, 1이면 여자를 출력
> SELECT (ㄱ) FROM EMP;

[PL/SQL]

> V_NAME은 문자열 변수
> SELECT NAME (ㄴ) V_NAME FROM EMP;

① ㄱ: DECODE(GENDER, 0, '남자', '여자'), ㄴ: INTO
② ㄱ: DECODE(GENDER, 1, '남자', '여자'), ㄴ: ON
③ ㄱ: DECODE(GENDER, '남자', '여자'), ㄴ: INTO
④ ㄱ: DECODE(GENDER, 0, '남자', '여자'), ㄴ: ON

• DECODE(Gender,0,'남자','여자')
  DECODE 혹은 CASE문으로 구현된다.
• PL/SQL문에서 변수에 값을 넣기 위해서는 INTO구를 사용해야 한다.

---

46 주어진 보기의 SQL(ROLLUP)에 대한 결과와 동일한 결과를 반환하도록 아래 SQL문의 ( )에 올바른 것은?

> SELECT COL1, COL2, COUNT(*)
> FROM TEST46
> GROUP BY ROLLUP (COL1, COL2);

> SELECT COL1, COL2, COUNT(*)
> FROM TEST46
> GROUP BY GROUPING SETS ( )

① UNION
② EXPECT
③ MINUS
④ UNION ALL

ROLLUP은 그룹된 칼럼의 Subtotal를 생성하기 위해서 사용된다. 그룹의 수가 N개일 때 N+1개의 Subtotal이 생성된다. 그리고 GROUPING SETS은 여러 그룹질의를 UNION ALL과 같은 결과를 만들어서 소계, 합계를 집계할 수 있다.

47 다음의 테이블에 대한 SQL문의 최종 결과는?

> **[PRODUCT]**
> create table product(
> col1 varchar(20),
> col2 number(10)
>);
> insert into product values('1', 1000);
> insert into product values('2', 2000);
> insert into product values('3', 3000);
> insert into product values('4', 4000);
> insert into product values('5', 5000);
>
> **[SQL 구문]**
> INSERT INTO PRODUCT VALUES('6', 6000);
> COMMIT;
> DELETE PRODUCT WHERE COL1='2';
> UPDATE PRODUCT SET COL2=9000
> WHERE COL2=1000;
> ROLLBACK;
> SELECT COUNT(COL1)
> FROM PRODUCT
> WHERE COL2=2000;

① 1
② 2
③ 3
④ 4

....

ROLLBACK구문은 COMMIT되지 않은 상위의 모든
Transaction을 모두 Rollback한다.

48 다음 SQL문의 실행 결과는 무엇인가?

[test48]

COL1	COL2
1	10
2	20
3	NULL
4	40
5	50

SELECT AVG(NVL(COL2, 0)) FROM test48;

① 22　　　　② 23
③ 24　　　　④ 25

NVL 함수로 NULL은 0으로 대체되고 평균이 계산된다.

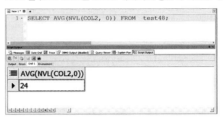

49 다음의 (   )에 올바른 것은?

(   )은 SQL이 데이터베이스에서 실행될 때 실행 절차 및 방법을 표현하여 DBA에게 알려준다. (   )은 옵티마이저의 종류를 확인할 수 있는 RULE, COST가 표현되고 SQL이 내부적으로 어떤 방식으로 실행되었는지 확인할 수 있다.

① 운영계획   ② 실행계획
③ 서비스 실행   ④ COST 계획

실행계획(Execution Plan)이란 SQL을 실행하기 위한 절차와 방법을 의미한다.
- SQL 개발자가 SQL를 작성하여 실행할 때, SQL을 어떻게 실행할 것인지를 계획하게 된다. 즉, SQL 실행계획(Execution Plan)을 수립하고 SQL을 실행한다.
- 옵티마이저는 SQL의 실행계획을 수립하고 SQL을 실행하는 데이터베이스 관리 시스템의 소프트웨어이다.

50 다음의 (   )에 올바른 것은?

TEST50 테이블에는 총 5건의 행이 있다. 그리고 아래의 SQL문을 실행했다.

SELECT COUNT(*) FROM test50
(   ) test50;

[결과]
COUNT(*)

　　25
1 row selected

① SELF JOIN
② LEFT OUTER JOIN
③ RIGHT OUTER JOIN
④ CROSS JOIN

5개의 행이 총 25개의 행으로 증가하였으므로 5*5=25의 CROSS JOIN을 수행한 것이다.

CROSS JOIN
- CROSS JOIN은 조인 조건구 없이 2개의 테이블을 하나로 조인한다.
- 조인구가 없기 때문에 카텐시안 곱이 발생한다.

49 ② 50 ④

PART 05 · SQLD 최신 기출문제

1과목 | **데이터 모델링의 이해**

01 다음에서 설명하는 것은 ER 모델 중 어떤 항목에 대한 설명인가?

> 1) 모든 릴레이션(Relation)은 원자값(Atomic)을 가져야 한다.
> 2) 어떤 릴레이션(Relation)에서 속성 값이 가질 수 있는 값의 범위를 의미한다.
> 3) 실제 속성값이 올바르게 되었는지 확인한다.
> 4) 속성명과 반드시 동일할 필요는 없다.

① 카디날리티(Cardinality)
② 도메인(Domain)
③ 인스턴스(Instance)
④ 차수(Degree)

예를 들어 도메인(Domain)이란, 성별이라는 속성(Attribute)에서 값이 가질 수 있는 허용 범위를 나타낸다. 즉, 성별의 경우 남자는 "M", 여자는 "F"의 값을 가진다.

도메인(Domain)의 특징
· 릴레이션의 속성이 가질 수 있는 허용된 값의 범위를 의미한다.
· 속명성과 도메인명은 항상 동일할 필요는 없다.
· 모든 속성들의 도메인은 원자값이어야 한다.

02 다음 중 도메인(Domain) 대한 특징으로 옳지 않은 것은?

① 릴레이션의 속성에 대한 데이터 타입과 크기이다.
② 속성에 대해서 NOT NULL 제약사항을 설정하여 NULL 값을 허용하지 않는다.
③ 속성에 값을 입력할 때 CHECK 기능을 사용해서 입력값을 검사한다.
④ 하나의 릴레이션과 관계된 다른 릴레이션의 FK(Foreign Key) 제약조건이다.

외래키(Foreign Key)는 주 릴레이션을 참조하는 키를 의미하는 것이다. 예를 들어 ABC기업의 직원이 특정 부서에 소속되어 있다면, 부서 릴레이션을 참조하는 직원 릴레이션의 부서코드가 외래키이다.
이러한 외래키는 참조 무결성을 준수하기 위해서 사용된다.

정답 01 ② 02 ④

03 다음 중 슈퍼/서브타입 데이터 모델의 변환타입에 대한 설명으로 옳은 것은?

① One To One이란 개별로 발생되는 트랜잭션에 대해서는 개별 테이블로 구성하고 테이블의 수가 많아진다.
② Plus Type은 하나의 테이블을 생성하는 것으로 조인(Join)이 발생하지 않는다.
③ Plus Type은 슈퍼+서브타입 형식으로 데이터를 처리하는 경우로 조인 성능이 우수하여 Super Type과 Sub Type 변환 시에 항상 사용된다.
④ One To One Type은 조인 성능이 우수하기 때문에 관리가 편리하다.

····································

슈퍼/서브타입 데이터 모델의 변환타입 비교

변환 방법	설명
One To One Type	• 슈퍼타입과 서브타입을 개별 테이블로 도출한다. • 테이블의 수가 많아서 조인이 많이 발생하고 관리가 어렵다.
Plus Type	• 슈퍼타입과 서브타입 테이블로 도출한다. • 조인이 발생하고 관리가 어렵다.
Single Type	• 슈퍼타입과 서브타입을 하나의 테이블로 도출하는 것이다. • 조인 성능이 좋고 관리가 편리하지만, IO 성능이 나쁘다.

04 다음 중 데이터베이스 모델링에 대한 특징으로 올바르지 않은 것은?

① 내부화
② 추상화
③ 단순화
④ 명확화

····································

모델링의 특징

특징	설명
추상화 (Abstraction)	현실 세계를 간략하게 표현한다.
단순화(Simple)	누구나 쉽게 이해할 수 있도록 표현한다.
명확성(Clarity)	명확하게 의미가 해석되어야 하고 한가지 의미를 가져야 한다.

05 다음 중 아래 시나리오에서 엔터티로 가장 적절한 것은?

[시나리오]

한림대학교 성심병원은 상급종합병원이고 국내에는 약 43개의 상급종합병원이 있다. 상급종합병원에서 진료를 받기 위해서는 예약을 해야 한다. 예약을 하기 위해서 환자로 등록해야 하는데, 환자 등록을 위해서는 환자이름, 주소, 전화번호, 나이, 최근 병력 등의 정보를 한림대학교 성심병원 웹사이트에 접속해서 입력해야 한다.

① 나이
② 환자
③ 이름
④ 주소

····································

엔터티(Entity)는 집합의 특성을 가지고 있어야 한다. 본 시나리오에서는 환자가 엔터티이고 환자이름, 주소, 전화번호, 나이 등은 속성에 해당한다. 단, 최근 병력이라는 것은 하나의 집합으로 판단될 수 있으나, 보기에 그 항목이 없기 때문에 고려할 필요가 없다.

엔터티의 의미

구분	엔터티의 의미
Peter Chen	엔터티는 변별할 수 있는 사물이다.
James Martin	정보를 저장할 수 있는 어떤 것이다.
C.J Date	데이터베이스 내부에서 변별 가능한 객체이다.
Thomas Bruce	정보가 저장될 수 있는 장소, 사람, 사건, 개념, 물건 등이다.

정답 03 ① 04 ① 5 ②

06 다음 설명에 해당하는 속성의 종류는 무엇인가?

ABC 온라인 쇼핑몰은 매일 고객들의 주문정보를 주문 릴레이션에 저장하고 있다. 그리고 매일 24시에 주문 릴레이션에 있는 금액을 조회하여 일별 주문합계 테이블에 상품별, 일별, 주문합계 금액을 보관한다. 이때 주문 릴레이션의 금액 속성에 의해서 발생된 주문합계 속성은 무엇이라고 하는가? 또한 주문합계 속성은 금액 속성과 데이터 정합성을 유지해야 한다.

① 파생 속성
② 기본 속성
③ 설계 속성
④ 연관 속성

속성의 종류는 기본 속성, 설계 속성, 파생 속성이 있으며, 본 문제에서 금액은 기본속성에 해당되고 기본 속성의 계산이나 변형으로 새롭게 만들어진 주문합계는 파생 속성(Derived Attribute)이 된다.

속성의 종류

종류	설명
기본 속성	• 비즈니스 프로세스에서 도출되는 본래의 속성이다. • 회원ID, 이름, 계좌번호, 주문일자 등이 있다.
설계 속성	• 데이터 모델링 과정에서 발생되는 속성이다. • 유일한 값을 부여한다. • 상품코드, 지점코드 등이 있다.
파생 속성	• 다른 속성에 의해서 만들어지는 속성이다. • 합계, 평균 등이 있다.

07 다음 주어진 ERD 관계에 대한 설명으로 옳지 않은 것은?

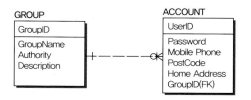

① 하나의 UserID는 여러 개의 GroupID를 가질 수 없다.
② GROUP 릴레이션과 ACCOUNT 릴레이션은 식별 관계를 가진다.
③ GROUP 릴레이션은 한 명의 UserID도 없을 수 있다.
④ GROUP 릴레이션은 여러 명의 UserID를 가질 수 있다.

GROUP 릴레이션과 ACCOUNT 릴레이션의 관계는 비식별 관계이다. 즉, GROUP 릴레이션의 GroupID가 ACCOUNT 릴레이션의 기본키(Primary key)로 사용되지 않았다.

구분	식별자 관계	비식별자 관계
목적	강한 연결 관계	약한 연결 관계
기본키 (Primary Key)	부모 릴레이션의 기본키가 자식 릴레이션의 기본키로 사용됨	부모 릴레이션의 기본키가 자식 릴레이션의 일반 속성으로 사용됨
표기법	실선 표현	점선 표현

08 다음 중 엔터티 간의 관계에서 1:1, 1:M과 같이 관계의 기수성을 나타내는 것은?

① 관계명(Relationship Membership)
② 관계차수(Relationship Degree/Cardinality)
③ 도메인(Domain)
④ 관계정의(Relationship Definition)

관계의 기수성을 나타내는 개념은 관계차수에 해당한다. 즉, 카디널리티(Cardinality)는 하나의 릴레이션에서 투플의 전체 개수를 의미한다.

09 다음은 데이터베이스 모델링 시에 성능을 고려한 모델링 활동이다. 성능을 고려한 데이터베이스 모델링 단계에서 가장 처음으로 수행해야 할 것과 가장 마지막으로 수행해야 할 것은?

가. 데이터베이스 모델링 시에 정규화를 수행한다.
나. 테이블에서 보관하는 데이터 용량과 트랜잭션의 유형에 따라서 반정규화를 한다.
다. 트랜잭션의 유형을 분석한다.
라. 데이터베이스 전체 용량을 산정해야 한다.
마. 성능관점에서 데이터 모델을 검증하고 확인한다.
바. 기본키와 외래키를 조정하거나, 슈퍼타입과 서브타입을 조정한다.

① 가, 나
② 다, 마
③ 다, 라
④ 가, 마

성능을 고려한 데이터베이스 모델링 시에도 가장 먼저 정규화를 수행해서 데이터 모델의 독립성을 향상시켜야 한다. 그리고 필요에 따라서 트랜잭션 유형, 반정규화 등을 수행하고 제일 마지막에는 성능관점에서 데이터 모델을 검증해야 한다.

10 다음 중 아래에서 엔터티 내에 주식별자를 도출하는 기준을 묶은 것으로 가장 적절한 것은?

가. 쇼핑몰 사이트에서는 회원번호가 쇼핑몰 사이트를 운영할 때 자주 이용되는 속성이므로 주식별자로 지정한다.
나. 엔터티 내에서 고객 리스트, 상품 리스트 등과 같은 것을 주식별자로 지정한다.
다. 주식별자로 지정할 때 자주 변경되는 속성을 지정한다.
라. 여러 개의 속성으로 구성된 복합 속성의 경우 주식별자에 너무 많은 속성이 포함되지 않게 한다.

① 가, 나
② 가, 라
③ 나, 라
④ 가, 다

주식별자를 도출하기 위한 기준
데이터베이스 식별자는 대표성 여부에 따라서 주식별자와 보조 식별자로 구분된다. 주식별자는 후보키 중에서 엔터티를 대표하는 식별자로 다른 엔터티와 참조하여 연결할 수 있는 식별자이다. 주식별자는 후보키의 특성을 가지고 있으므로 최소성과 유일성을 만족한다. 따라서 NULL 값을 가질 수 없고 중복된 데이터를 가질 수 없다. 또한 주식별자는 엔터티를 대표하기 때문에 주식별자를 변경하면 다른 엔터티의 관계가 모호해지거나 삭제될 수 있다. 따라서 주식별자는 자주 변경하기 어렵다.

11 윈도우 함수와 GROUP BY에 대한 설명으로 올바르지 않은 것은?

① GROUP BY는 집계함수로 집약된다.
② 윈도우 함수는 SORT를 유발한다.
③ 윈도우 함수는 PARTITION BY구에 지정된 컬럼으로 데이터를 자른다.
④ 윈도우 함수를 사용하면 행 수가 줄어든다.

윈도우 함수는 행의 수를 줄이지 않는다. 각 행에 대해 계산된 값을 새로운 칼럼으로 추가하는 방식으로 작동한다.

12 다음 SQL문에 대한 설명으로 올바르지 않은 것은?

[DEPT]

DEPTNO	SAL
10	
10	1000
10	2000
20	
20	500

```
SELECT DEPTNO, SUM(NVL(SAL,0))
FROM DEPT GROUP BY DEPTNO;
```

① SELECT문에 WHERE 조건이 없으므로 연산에 참여하는 총 행수는 5개이다.
② NVL(SAL, 0)으로 NULL에 대한 합계 오류를 예방하고 있다.
③ DEPTNO 10의 합계는 3000이고 20의 합계는 500이다.
④ 부서별 합계를 계산할 때 NULL 값을 만나면 0으로 치환한다.

SUM 함수는 NULL값을 연산에서 제외한다. 따라서 위 SQL문에서 NVL은 NULL을 0으로 변환하나 합계오류를 예방하고 있다고 보기는 어렵다.

13 다음 주어진 테이블에 대해서 아래와 같은 결과값이 나오도록 SQL문의 빈칸에 들어갈 수 있는 내용을 고르시오.

[T_TEST]

DEPTNO	JOB	SAL
10	CLERK	1300
10	MANAGER	2150
20	CLERK	1900
20	ANALYST	6000
20	MANAGER	2000

[결과]

DEPTNO	JOB	SUM(SAL)
10	CLERK	1300
10	MANAGER	2150
10		3450
20	CLERK	1900
20	ANALYST	6000
20	MANAGER	2000
20		9900
		13350

```
SELECT DEPTNO, JOB, SUM(SAL)
FROM T_TEST
GROUP BY (            );
```

① DEPTNO, JOB
② GROUPING SETS(DEPTNO, JOB)
③ ROLLUP(DEPTNO, JOB)
④ CUBE(DEPTNO, JOB)

집계결과는 DEPTNO별 합계, JOB별 합계, DEPTNO 및 JOB별 합계, 전체합계가 조회되고 Rollup이 와야 한다.

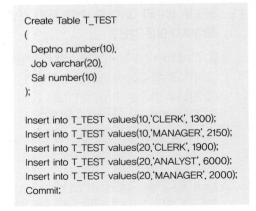

```
Create Table T_TEST
(
  Deptno number(10),
  Job varchar(20),
  Sal number(10)
);

Insert into T_TEST values(10,'CLERK', 1300);
Insert into T_TEST values(10,'MANAGER', 2150);
Insert into T_TEST values(20,'CLERK', 1900);
Insert into T_TEST values(20,'ANALYST', 6000);
Insert into T_TEST values(20,'MANAGER', 2000);
Commit;
```

Rollup의 실행 결과

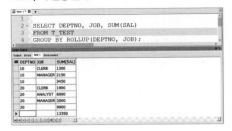

14 주어진 두 개의 테이블에 대해서 아래의 SQL 문을 수행한 이후에 TEST1 테이블의 건수는?

[TEST1]

COL1	COL2	COL3
A	X	1
B	Y	2
C	Z	3

[TEST2]

COL1	COL2	COL3
A	X	1
B	Y	2
C	Z	3
D	가	4
E	나	5

```
MERGE INTO TEST1
USING TEST2
    ON (TEST1.COL1 = TEST2.COL1)
WHEN MATCHED THEN
    UPDATE SET TEST1.COL3 = 4
        WHERE TEST1.COL3 = 2
    DELETE WHERE TEST1.COL3 <= 2
WHEN NOT MATCHED THEN
    INSERT(TEST1.COL1, TEST1.COL2, TEST1.
    COL3)
VALUES(TEST2.COL1, TEST2.COL2, TEST2.
COL3);
```

① 2
② 3
③ 5
④ 8

MERGE INTO문은 특정 키에 대해서 레코드가 있을 때에 수정사항에 대해서 UPDATE를 하고, 레코드가 없으면 새롭게 INSERT를 할 수 있는 구문이다.

select * from test1;

COL1	COL2	COL3
E	나	5
D	가	4
A	X	1
B	Y	4
C	Z	3

UPDATE 구문에서 조건에 맞게 갱신된 행만을 대상으로 DELETE가 실행되므로 ('A', 'X', 1)은 삭제되지 않는다.

15 다음은 ABC기업에 대한 데이터베이스 모델링이다. 설명 중 올바른 것은?

① 제품코드에 대한 배송지 정보는 제품마스터 테이블이 주문이력을 직접 조인하면 된다.
② 제품마스터와 주문이력을 조인하면 카텐시안 곱이 발생한다.
③ 제품마스터와 제품생산은 비식별 관계이다.
④ 제품마스터에서 주문일자를 조회하기 위해서는 WHERE의 조건이 최소 4개이상이다.

제품마스터와 주문이력을 직접 조인하면 조인 키가 없으므로 카텐시안 곱이 발생한다.

16 다음 중 아래의 TEST10 테이블에 대해서 SQL문을 수행하였을 때의 결과 건수는?

[TEST10]

EMPNO	NAME	MANAGER
1	LIM	NULL
2	PARK	1
3	KIM	2

```
SELECT LPAD('**', (LEVEL-1) * 2 , ' ') ||
EMPNO AS EMP, NAME
FROM TEST10
WHERE EMPNO <> 3
START WITH EMPNO =3
CONNECT BY EMPNO= PRIOR MANAGER;
```

① 0
② 1
③ 2
④ 3

EMP	NAME
**2	PARK
**1	KIM

위의 SQL에서 WHERE 조건에 의하여 EMPNO 3번은 조회에서 제외된다. 그리고 EMPNO가 3번으로 시작하여 계층형 조회를 한다. 따라서 EMPNO 1번과 2번 2개의 행이 조회된다.

17 다음 주어진 SQL문을 수행하였을 때의 결과가 아래와 같을 때 (   )에 들어갈 것으로 알맞은 것은?

```
SELECT 10 + 20 * ( (      )(NULL, 0.1, 0.2 ) )
FROM DUAL;
```

[결과]

14

① ISNULL
② NVL
③ NVL2
④ COALESCE

위의 SQL문에서 NVL2 함수의 첫 번째 인자값이 NULL이기 때문에 0.2를 반환한다. 그리고 10+20*0.2가 되어 14를 반환한다.

NULL 관련 함수

NULL 함수	설명
NVL 함수	• NULL이면 다른 값으로 바꾸는 함수이다. • "NVL(MGR, 0)"은 MGR 칼럼이 NULL이면 0으로 바꾼다.
NVL2함수	• NVL함수와 DECODE를 하나로 만든 것이다. • "NVL2(MGR, 1, 0)"은 MGR칼럼이 NULL이 아니면 1을, NULL이면 0을 반환한다.
NULLIF 함수	• 두 개의 값이 같으면 NULL을, 같지 않으면 첫 번째 값을 반환한다. • "NULLIF(exp1, exp2)"은 exp1과 exp2가 같으면 NULL을, 같지 않으면 exp1을 반환한다.
COALESCE	"COALESCE(mgr, 1)"은 mgr이 NULL이 아니면 mgr을 반환한다.

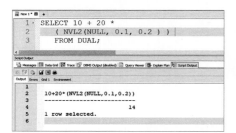

18 다음 보기에서 SELECT 결과가 NULL이 아닌 경우는?

① SELECT COALESCE(1, 2, 3) FROM DUAL;
② SELECT CASE 0 WHEN 1 THEN 2 ELSE NULL END FROM DUAL;
③ SELECT DECODE('A', 'B', 'C',NULL) FROM DUAL;
④ SELECT NULLIF('A', 'A') FROM DUAL;

"COALESCE(mgr, 1)"은 mgr이 NULL이 아니면 1을 반환한다. 따라서 1번 지문은 "1"이 조회된다. 나머지는 모두 NULL이 조회된다.

19 다음 주어진 데이터에서 해당 SQL문을 실행했을 때의 결괏값으로 알맞은 것은?

[TABLE_B]

A	X
1	100
1	NULL
2	100
2	200

SELECT A, SUM(X)AS TAB FROM TABLE_B GROUP BY A;

①

A	X
1	100

②

A	X
1	100
2	200

③

A	TAB
1	100
2	300

④

A	X
1	100
1	NULL
2	100
2	200

A 칼럼별로 그룹화하고 집계 함수에서 NULL 값을 제외하고 연산을 수행한다.

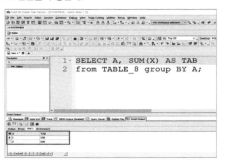

20 다음의 SQL문이 순서대로 수행되고 난 후 결과값으로 알맞은 것은?

```
Create table test20 (col1 number(10));
INSERT INTO test20 VALUES(1);
INSERT INTO test20 VALUES(4);
SAVEPOINT SV1;
UPDATE test20 SET COL1=8 WHERE
COL1=2;
SAVEPOINT SV1;
DELETE test20 WHERE COL1 >=2;
ROLLBACK TO SV1;
INSERT INTO test20 VALUES(3);
SELECT MAX(COL1) FROM test20;
```

①
MAX(COL1)
2

②
MAX(COL1)
3

③
MAX(COL1)
4

④
MAX(COL1)
1

SAVEPOINT가 동일할 때 ROLLBACK을 수행하면 가장 마지막 시점의 SAVEPOINT 지점으로 ROLLBACK 된다.

21 다음 주어진 테이블에서 집계 함수를 수행하였을 때 결괏값으로 다른 것을 고르시오.

[test21]

USERID	USERCOUNT
KIM	10
PARK	20
LIM	NULL
SIN	NULL

① select count(nvl(usercount,0)) from test21;

② select sum(nvl(usercount,0)) / 4 from test21;

③ select avg(nvl(usercount,0)) from test21;

④ select avg(nvl(usercount, 1))−0.5 from test21;

①번은 count를 계산하는 것으로 총 4개의 행이 있으므로 4가 나온다. 2번, 3번, 4번은 모두 7.5가 조회된다.
• NVL(A, B) : 칼럼 A가 NULL인 값을 B로 바꾸어라.

22 다음 파티션에 대한 설명으로 옳은 것을 고르
시오.

① RANK( ) OVER (PARTITION BY JOB ORDER BY 급여 DESC) JOB_RANK : 직업별 급여가 높은 순서대로 순위가 부여되고 동일한 순위는 동일한 값이 부여 된다.

② SUM(급여) OVER (PARTITION BY MGR ORDER BY 급여 RANGE UN-BOUNDED PRECEDING) : RANGE 는 논리적 주소에 의한 행 집합을 의미하고 MGR별 현재 행부터 파티션내 첫 번째 행까지의 급여의 합계를 계산한다.

③ AVG(급여) OVER (PARTITION BY MGR ORDER BY 날짜 ROWS BETWEEN 1 PRECEDING AND 1 FOLLOWING)) : 각 MGR 별로 앞의 한 건, 현재 행, 뒤의 한 건 사이에서 급여의 평균을 계산한다.

④ COUNT(*) OVER (ORDER BY 급여) RANGE BETWEEN 10 PRECEDING AND 300 FOLLOWING) : 급여를 기준으로 현재 행에서 10에서 300 사이의 급여를 가지는 행의 수를 계산한다.

---

②는 문법이 잘못되었다.
③은 MGR별로 급여의 평균을 계산하기 전에 "날짜 칼럼을 기준으로 오름차순 정렬을 하고 나서"라는 설명이 들어가야 더 정확한 의미가 된다.
④의 경우 10~300 사이의 급여를 가지는게 아니라, 현재 행을 기준으로 −10과 +300 사이의 범위를 의미한다. 예를 들어 현재 행의 급여가 100이라면 90~400의 범위이다.

23 다음 주어진 테이블에서 아래의 SQL문을 수행한 결과로 알맞은 것은?

[test23]

COL1	COL2	COL3	COL4
10	10	10	20
20	20	Null	30
30	Null	Null	10
Null	30	10	40

```
SELECT SUM(COL1+COL2+COL3+COL4)
FROM test23;
SELECT SUM(COL1) +SUM(COL2) +
SUM(COL3) + SUM(COL4) FROM test23;
```

① 50, Null
② Null, 240
③ 50, 240
④ Null, Null

첫 번째 SQL문의 첫 번째 행인(10, 10, 10, 20)은 Null 값이 없으므로 합계 50이 조회된다. 그리고 두번째 SQL문에서는 240의 합계가 조회된다. 즉, SUM 집계함수에서 Null은 자동으로 제외한다.

---

24 다음 중 PL/SQL에 대한 설명으로 가장 적절하지 않은 것은?

① 변수와 상수 등을 사용하여 일반 SQL 문장을 실행할 때 WHERE절의 조건 등으로 대입할 수 있다.

② Procedure, User Defined Function, Trigger 객체를 PL/SQL로 작성할 수 있다.

③ Procedure 내부에 작성된 절차적 코드는 PL/SQL엔진이 처리하고 일반적인 SQL 문장은 SQL실행기가 처리한다.

④ PL/SQL문의 기본 구조로 DECLARE, BEGIN ~ END, EXCEPTION은 필수적으로 써야 한다.

....

④번에서 DECLARE와 BEGIN ~ END 문은 필수지만, EXCEPTION 문은 선택사항이다.

PL/SQL의 특징
1. PL/SQL은 Block 구조로 되어있어 각 기능별로 모듈화가 가능하다.
2. 변수, 상수 등을 선언하여 SQL 문장 간 값을 교환한다.
3. IF, LOOP 등의 절차형 언어를 사용하여 절차적인 프로그램이 가능하도록 한다.
4. DBMS 정의 에러나 사용자 정의 에러를 정의하여 사용할 수 있다.
5. PL/SQL은 Oracle에 내장되어 있으므로 Oracle과 PL/SQL을 지원하는 어떤 서버로도 프로그램을 옮길 수 있다.
6. PL/SQL은 응용 프로그램의 성능을 향상시킨다.
7. PL/SQL은 여러 SQL 문장을 Block으로 묶고 한 번에 Block 전부를 서버로 보내기 때문에 통신량을 줄일 수 있다.

25 다음의 테이블을 보고 실행한 SQL문 중에서 그 결과가 올바르지 않은 것은?

[T_ORDER]

Orderyear	Ordermonth	Price
2020	01	1000
2020	02	6000
2020	03	2000
2020	04	3000
2020	05	2000
2020	06	1500

①

```
SELECT SUM(price) AS TOTAL
FROM  t_order WHERE orderyear
BETWEEN '2020' AND '2021' AND
ordermonth BETWEEN '01' AND '12';
```

→ SQL 실행 결과는 15,500이다.

②

```
SELECT SUM(price) AS TOTAL
FROM  t_order WHERE ordermonth
in ('01', '06');
```

→ SQL 실행 결과는 2,500이다.

③

```
SELECT SUM(price) AS TOTAL
FROM  t_order WHERE ordermonth
= '01' or ordermonth= '06';
```

→ SQL 실행 결과는 2,500이다.

④

```
SELECT SUM(decode('06', 0, price)) AS
TOTAL
FROM  t_order WHERE orderyear
BETWEEN '2020' AND '2021';
```

→ SQL 실행 결과는 1,500이다.

④번의 실행 결과는 NULL이다. DECODE는 2개의 속성을 비교하는 것으로 위의 예에서는 '06'과 0을 비교하므로 NULL이 된다.

• DECODE문으로 IF문을 구현할 수 있다. 즉, 특정 조건이 참이면 A, 거짓이면 B로 응답하게 할 수 있는 것이다.

> 비교문으로 EMPNO=1000과 같으면 TRUE를 응답하고, 같지 않으면 FALSE를 응답한다.

DECODE (EMPNO, 1000, 'TRUE', 'FALSE')

26 다음 보기 중 데이터베이스 테이블의 제약조건(Constraint)에 대한 설명으로 올바르지 않은 것은?

① 외래키(Foreign Key)는 두 개의 테이블 간의 참조 무결성을 제약한다.
② 기본키(Primary Key)는 제약사항을 테이블 당 하나만 제약할 수 있다.
③ Check 제약조건(Constraint)은 특정 값만 입력되게 제약한다.
④ 고유키(Unique Key) 제약이 설정되면 NULL 값을 가질 수 없다.

고유키(Unique Key)로 지정된 모든 칼럼은 Null 값을 가질 수도 있다.

27 다음 중 아래에서 Join에 대한 설명으로 올바르지 않은 것은?

가) 마스터 테이블과 슬레이브 테이블 간의 조인은 일반적으로 기본키와 외래키 사이에서 발생한다.
나) EQUI Join은 두 개의 테이블 간에 칼럼 값이 일치하는 것을 조회한다.
다) EQUI Join은 "〉", "〈", "〉=", "〈="를 사용한다.
라) EQUI Join은 두 개의 테이블에서 교집합을 찾는다.

① 가
② 나
③ 다
④ 라

Non-EQUI Join은 "〉", "〈", "〉=", "〈="를 사용하는 조인으로 대부분의 데이터베이스에서 잘 사용하지 않는 조인이다.

28 다음 중 아래의 SQL에 대한 설명으로 가장 올바른 것은?

```
SELECT 분류코드
       ,AVG(상품가격) AS 상품가격
       ,COUNT(*) OVER(ORDER BY
AVG(상품가격)
          RANGE BETWEEN 10000
          PRECEDING
          AND 10000 FOLLOWING) AS
          CNT
FROM 상품
GROUP BY 분류코드;
```

① WINDOW FUNCTION을 GROUP BY(분류코드)절과 함께 사용하였으므로 위의 SQL은 오류가 발생한다.
② WINDOW FUNCTION의 ORDER BY 절로 인하여 문법오류이다.
③ CNT 칼럼은 분류코드별 평균상품가격을 서로 비교하여 −10000 ~ 10000 사이에 존재하는 분류코드의 개수를 구한 것이다.
④ CNT 칼럼은 상품전체의 평균상품가격을 서로 비교하여 −10000 ~ +10000 사이에 존재하는 상품의 개수를 구한 것이다.

CNT 칼럼은 분류코드로 GROUPING된 집합을 원본집합으로 하여 분류코드별 평균상품가격을 서로 비교하고 현재 읽혀진 상품분류코드의 평균가격 대비 −10000 ~ +10000 사이에 존재하는 분류코드의 개수를 구한 것이다.

29 아래의 테이블들에 대해서 SQL문을 수행하였을 때의 결과 값은?

[TEST29_1]

COL
1
2
3
4

[TEST29_2]

COL
2
NULL

```
SELECT COUNT(*)
FROM TEST29_1 A
WHERE A.COL NOT IN (SELECT COL
FROM TEST29_2);
```

① 0
② 1
③ 3
④ 6

NOT IN 안에 NULL이 들어가면 아무것도 출력되지 않는다(공집합). 이때 COUNT는 0을 출력하게 된다.

30 다음 주어진 테이블에서 해당 SQL문을 실행한 결과로 알맞은 것은?

[SQLD5]

COL1	COL2
NULL	A
1	B
2	C
3	D
4	E

```
SELECT * FROM SQLD5 WHERE COL1
IN(1,2,NULL);
```

①

COL1	CO2
1	B
2	C

②

COL1	CO2
2	B
2	C

③

COL1	CO2
1	B
2	C
3	D
4	E

④

COL1	COL2
NULL	A
1	B
2	C
3	D
4	E

NULL은 비교에서 애초에 제외되어 IN( ) 연산자 안에 NULL이 있어도 비교연산을 수행하지 않는다. 주어진 테이블의 COL1 속성값 1, 2값을 갖는 튜플만 조회된다.

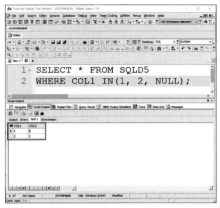

31 다음 주어진 데이터에 대해서 LIKE문을 사용하여 결괏값에 "_"가 들어간 문자열을 찾는 SQL문으로 올바른 것은?

[test31]

USERID	USERNAME
1	__H
2	_B_
3	___
4	D__

[결과]

USERID	USERNAME
1	__H
2	_B_
3	___
4	D__

① SELECT * FROM test31 WHERE username LIKE '%H'
② SELECT * FROM test31 WHERE username LIKE '%#_%'
③ SELECT * FROM test31 WHERE username LIKE '%@_%' ESCAPE '@'
④ SELECT * FROM test31 WHERE username LIKE '%_%' ESCAPE '_'

SELECT문에서 LIKE 연산으로 '%'나 '_'가 들어간 문자를 검색하기 위해서는 ESCAPE 명령어를 사용할 수 있다. 즉, '_'나 '%' 앞에 ESCAPE로 특수 문자를 지정하면 검색할 수 있다.

32 다음 주어진 테이블에 대해서 아래의 SQL문을 실행하였을 때 결과 행의 수는?

[TEST32]

COL1	COL2
10000	'ABC'
10000	NULL
10000	'AbC'
20000	'ABC'

SELECT * FROM TEST32 WHERE (COL1, COL2) IN((10000,'ABC'));

① NULL
② 1
③ 2
④ 3

보기의 SQL문은 COL1, COL2가 각각 10000, 'ABC'인 행만을 조회하는 SQL문으로 1번째 행만 조회된다.

33 다음 중 TEST 사용자가 아래의 작업을 수행할 수 있도록 권한을 부여하는 DCL로 올바른 것은?

UPDATE A_User.TB_A
SET col1='TEST'
WHERE col2=100;

① GRANT UPDATE TO TEST;
② REVOKE SELECT ON
   A_User.TB_A FROM TEST;
③ REVOKE UPDATE ON
   A_User.TB_A TO TEST;
④ GRANT SELECT, UPDATE ON
   A_User.TB_A TO TEST;

GRANT문

GRANT privileges ON object TO user;

• privileges는 권한을 의미하며 object는 테이블명이다.
• user는 Oracle 데이터베이스 사용자를 지정하면 된다.

34 아래의 테이블에 대해서 주어진 SQL문을 수행한 결과로 알맞은 것은?

[test34_1]

JUMUN	PRICE
10	2000
10	3000
20	4000
20	3500

[test34_2]

CUSTRANK	MINPRICE	MAXPRICE
VVIP	6000	6999
VIP	5000	5999
GOLD	4000	4999

```
SELECT A.jumun as "주문",
          B.custrank as "고객등급"
FROM (SELECT jumun, SUM(price)
     AS Total
      FROM test34_1
      GROUP BY jumun) A , test34_2 B
WHERE A.Total BETWEEN B.minprice AND
B.maxprice;
```

①

JUMUN	CUSTRANK
10	VIP
20	GOLD

②

JUMUN	CUSTRANK
10	SILVER
20	GOLD

③

JUMUN	CUSTRANK
10	VIP

④

JUMUN	CUSTRANK
10	VIP
10	VIP
20	GOLD
20	GOLD

먼저 FROM절에 있는 Inline View의 실행 결과는 20, 7500과 10, 5000의 합계가 조회된다. 그리고 test34_2의 BETWEEN구로 조회하면 10번 VIP가 조회된다.

35 다음 주어진 ERD를 수행하였을 때 오류가 날 수 있는 SQL문을 고르시오.

[ERD]

① SELECT * FROM 계좌마스터
   WHERE 회원번호 = (SELECT
   DISTINCT 회원번호 FROM 고객);
② SELECT * FROM 계좌마스터
   WHERE 회원번호 IN (SELECT
   DISTINCT 회원번호 FROM 고객);
③ SELECT 회원번호, 종목코드 FROM
   일자별주문내역
   WHERE 주문일자 EXISTS (SELECT
   DISTINCT 주문일자 FROM 계좌마스
   터);
④ SELECT 회원번호, 종목코드 FROM
   일자별주문내역
   WHERE 주문일자 ALL (SELECT
   DISTINCT 주문일자 FROM 계좌마스
   터);

①번은 "=" 단일행 연산자로 서브쿼리의 결과가 반드시 하나만 리턴 되어야 한다. 만약 여러 개의 행이 리턴 되면 오류가 발생하게 된다.

36 아래의 실행 계획을 순서대로 바르게 나열한 것은?

```
0 -  SELECT ~
1 -   NESTED LOOP JOIN
2 -    NESTED LOOP JOIN
3 -     TABLE ACCESS(FULL)
4 -     TABLE ACCESS(BY INDEX ROWID)
5 -      INDEX(RANGE SCAN)
6 -    TABLE ACCESS(BY INDEX ROWID)
7 -     INDEX(RANGE SCAN)
```

① 0-1-2-3-4-5-6-7
② 3-4-5-1-2-7-6-0
③ 3-5-4-2-7-6-1-0
④ 3-4-2-5-7-6-1-0

상단의 실행 계획은 TABLE FULL SCAN값과 INDEX SCAN값 사이의 Nested LOOP JOIN을 수행하고 다시 한 번 INDEX SCAN값과 Nested LOOP JOIN을 수행한다.

실행 계획을 읽기 위한 규칙
1) 위에서 아래로 내려가며 제일 먼저 읽을 스텝을 확인한다.
2) 내려가는 과정에서 같은 들여쓰기가 있으면 위에서 아래로 읽는다.
3) 읽고자 하는 스텝보다 들여쓰기가 된 하위 스텝이 있으면 가장 안쪽으로 들여쓰기 된 스텝을 시작으로 한 단계씩 상위 스텝으로 읽는 것이다.

---

37 다음 ERD로 작성한 SQL문에서 오류가 발생하는 것은?

① SELECT (SELECT SUM(주문금액) FROM 일자별주문내역) FROM 고객마스터 GROUP BY 회원번호;

② SELECT SUM(일자별주문내역.주문금액) FROM 일자별주문내역 FULL OUTER JOIN 고객마스터
on 고객.회원번호 = 일자별주문이력.회원번호 GROUP BY 회원번호;

③ SELECT SUM(일자별주문내역.주문금액) FROM 고객마스터, 일자별주문내역 WHERE 고객.회원번호 = 일자별주문내역.회원번호 GROUP BY 회원번호

④ SELECT SUM(주문금액) FROM 일자별주문내역
WHERE EXISTS(SELECT * FROM 고객마스터 UNION ALL SELECT * FROM 일자별주문내역) GROUP BY 회원번호

UNION 및 UNION ALL구를 사용할 때 나오는 SQL문은 칼럼 수와 데이터 타입이 완전 일치해야 한다. 하지만 ④번은 고객마스터와 일자별주문내역에 나오는 칼럼의 수가 일치하지 않는다.

38

다음의 테이블에서 UNIQUE INDEX SCAN을 수행할 수 없는 경우는 무엇인가?

[TEST38]

| KEY1 |
KEY2
COL1
COL2
COL3

① SELECT COL1, COL2, COL3 FROM TEST38 WHERE KEY1=5 AND KEY2=6

② SELECT COL1, COL2, COL3 FROM TEST38 WHERE KEY1=1 AND KEY2=2

③ SELECT COL1, COL2, COL3 FROM TEST38 WHERE (KEY1, KEY2) IN ((1,2))

④ SELECT * FROM TEST38 WHERE KEY1=1

TEST38 테이블은 기본키(Primary key)가 KEY1번과 KEY2번으로 이루어져 있다. 따라서 UNIQUE INDEX SCAN을 하려면 KEY1번과 KEY2번 모두 사용되어야 한다. ④번에서는 KEY1번만 사용되었기 때문에 UNIQUE SCAN이 되지 않는다.

39

파티션별 윈도우에서 가장 먼저 나온 값을 구하는 WINDOW FUNCTION은 무엇인가?

① FIRST_VALUE

② LAG

③ LAST_VALUE

④ LEAD

파티션에서 가장 처음에 나오는 값을 구하는 윈도우 함수는 FIRST_VALUE이다.

행 순서 관련 윈도우 함수

행 순서	설명
FIRST_VALUE	• 파티션에서 가장 처음에 나오는 값을 구한다. • MIN 함수를 사용해서 같은 결과를 구할 수 있다.
LAST_VALUE	• 파티션에서 가장 나중에 나오는 값을 구한다. • MAX 함수를 사용해서 같은 결과를 구할 수 있다.
LAG	이전에 행을 가지고 온다.
LEAD	• 윈도우에서 특정 위치의 행을 가지고 온다. • 기본값은 1이다.

40

주어진 SQL문에서 ORDER BY로 사용할 수 없는 것은?

```
SELECT JOB, COUNT(*) AS ROWCNT
FROM TEST40
GROUP BY JOB;
```

① ORDER BY JOB

② ORDER BY CNT DESC

③ ORDER BY COUNT(*)

④ ORDER BY 3

지문의 SQL문은 SELECT구에 칼럼(JOB, ROWCNT)이 2개 있다. 즉, ①번과 ②번, ③번은 SELECT 절에 있는 칼럼이기 때문에 사용할 수 있지만 ④번은 칼럼의 수가 2개뿐인데 3번째 칼럼이 존재하지 않기 때문에 사용할 수 없다.

정답 38 ④ 39 ① 40 ④

41 다음 중 트랜잭션의 특징에 대한 설명으로 올바른 것은?

① 원자성(Atomicity) : 트랜잭션 내의 모든 문장이 모두(all) 반영되거나, 혹은 일부가 반영되어야 한다.

② 일관성(Consistency) : 트랜잭션의 수행으로 데이터베이스의 무결성은 보장될 수 없다.

③ 고립성(Isolation) : 여러 개의 트랜잭션들이 동시에 수행될 때, 한 개의 트랜잭션의 복사본을 유지한다.

④ 지속성(Durability) : Commit이 완료되면 영구적으로 저장을 보장해야 한다.

트랜잭션의 특징

특성	주요 내용
원자성 (Atomicity)	• 트랜잭션은 데이터베이스 연산의 전부 또는 전무 실행만이 있으며, 일부 실행으로 트랜잭션의 기능을 갖지 않는다(ALL OR NOTHING). • 즉, 트랜잭션의 처리가 완전히 끝나지 않았을 경우는 전혀 이루지지 않는 것과 같아야 한다. • Commit, Rollback
일관성 (Consistency)	• 트랜잭션 실행 결과로 데이터베이스의 상태가 모순되지 않아야 한다. • 트랜잭션 실행 후에도 일관성이 유지 되어야 한다.
고립성 (Isolation)	• 트랜잭션이 실행 중에 생성하는 연산의 중간결과는 다른 트랜잭션이 접근할 수 없다. • 즉, 부분적인 실행 결과를 다른 트랜잭션이 볼 수 없다.
지속성 (Durability)	트랜잭션이 그 실행을 성공적으로 완료하면 그 결과는 영구적 보장이 되어야 한다.

42 CROSS JOIN과 NATURAL JOIN의 차이점에 대해서 잘못 설명한 것은?

① NATURAL JOIN은 테이블 간 동일한 이름을 가진 모든 칼럼들에 대해 조인을 수행한다.

② CROSS JOIN은 테이블 간 조건이 없는 경우 생길 수 있는 모든 데이터의 조합을 의미한다.

③ CROSS JOIN과 NATURAL JOIN은 WHERE절에서 JOIN 조건을 걸 수 없다.

④ CROSS JOIN은 WHERE절에 JOIN 조건을 추가할 수 있다.

NATURAL JOIN의 경우 WHERE 절에서 JOIN 조건을 추가할 수 없지만, CROSS JOIN의 경우 WHERE 절에 JOIN 조건을 추가할 수 있다. 그러나 이 경우는 CROSS JOIN이 아니라 INNER JOIN과 같은 결과를 얻기 때문에 CROSS JOIN을 사용하는 의미가 없어진다.

43 다음 주어진 데이터에 대해서 아래의 계층형 SQL문을 실행하였을 때의 결괏값이 아래와 같을 때 빈칸에 들어갈 것으로 올바른 것은?

[SQLD_43]

EMPNO	MGR
8000	NULL
7788	7566
7566	8000
7876	7788

[계층형 SQL]

```
SELECT LEVEL, LPAD(' ', 4 * (LEVEL−1)) ||
EMPNO EMPLOYEE,
MGR MANAGER,
CONNECT_BY_ISLEAF ISLEAF
    FROM SQLD_2
  START WITH (ㄱ.        )
CONNECT BY PRIOR (ㄴ.        )
```

[결과]

LEVEL	EMPLOYEE	MANAGER	ISLEAF
1	8000		0
2	7566	8000	0
3	7788	7566	0
4	7876	7788	1

① ㄱ. MGR
   ㄴ. EMPTNO = MGR
② ㄱ. EMPNO
   ㄴ. EMPTNO = MGR
③ ㄱ. EMPNO IS NULL
   ㄴ. EMPNO = MGR;
④ ㄱ. MGR IS NULL,
   ㄴ. EMPNO = MGR;

계층형 조회에서 MGR이 NULL인 것이 가장 상위가 된다. 따라서 MGR IS NULL이 시작 시점이다. 그리고 EMPNO=MGR을 계층적으로 비교한다.

---

44 다음 주어진 두 개의 테이블에 대해서 아래와 같은 결괏값이 반환되도록 아래의 SQL문의 빈칸에 들어갈 값을 적으시오.

[TEST44_1]

STUDENTNO
10
20
30

[TEST44_2]

GRADE
50
60
70

[결과]

GRADE	STUDENTNO	SUM(B.GRADE)
50	10	50
50	20	50
50	30	50
50		150
60	10	60
60	20	60
60	30	60
60		180
70	10	70
70	20	70
70	30	70
70		210

```
SELECT  b.grade, a.StudentNo, SUM(b.
grade)
FROM TEST44_1 a, TEST44_2 b
GROUP by
(                    );
```

① GROUPING SETS(b.grade,
   (a.studentno));
② GROUPING SETS(a.studentno,
   (a.studentno, b.grade));
③ GROUPING SETS(b.grade,
   (b.grade, a.studentno));
④ GROUPING SETS(a.studentno,
   (b.grade, a.studentno));

GROUPING SETS (b.grade, (b.grade, a.StudentNo));
결괏값을 보면

1. b.Grade, a.StudentNo에 대한 집계.
2. b.grade에 대한 집계가 있고 전체 집계는 없다.

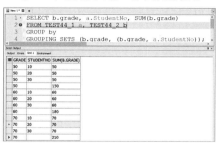

---

45 Oracle 환경에서 주어진 테이블을 아래의 결과와 같이 정렬하고자 할 때, SQL문의 빈칸에 들어갈 값을 고르시오.

[SQLD_02]

C1	C2
10	100
10	200
10	NULL
20	100
20	NULL
20	200

[결과]

C1	C2
10	200
10	100
10	NULL
20	200
20	100
20	NULL

```
SELECT C1, C2
FROM SQLD_02
ORDER BY C1, C2  DESC (          ) ;
```

① IS NULL
② NULL IS LAST
③ NULLS LAST
④ NULL LAST

....
NULLS LAST는 NULL 값을 마지막에 정렬시키는 것이다.

46 다음의 JOIN 결과를 보고 빈칸에 들어갈 올바른 것은?

[TEST46_1]

COL1	COL2
1	2
2	2
3	3

[TEST46_2]

COL1	COL2
1	2
2	4
4	5

[결과]

TEST46_1. COL1	TEST46_1. COL2	TEST46_2. COL1	TEST46_2_2. COL2
1	2	1	2
2	2	2	4
3	3	NULL	NULL

```
SELECT *
FROM TEST46_1 (          ) TEST46_2
ON TEST46_1.COL1 = TEST46_2.COL1;
```

① SELF JOIN
② LEFT OUTER JOIN
③ RIGHT OUTER JOIN
④ CROSS JOIN

....
결과 테이블을 보면 TEST46_1 테이블에만 있는 3번행 (COL1, COL2)만 조회되고 TEST46_2 테이블에는 3번행이 없으므로 NULL로 조회되었다. 따라서 LEFT OUTER JOIN을 실행한 것이다.

47 아래의 상품 마스터 테이블에 대한 상품ID '001'의 최종 상품명은 무엇인가?

[테이블 : 상품마스터]

상품ID	상품명
001	TV

```
BEGIN TRANSACTION;
SAVE TRANSACTION SP1;
UPDATE 상품 마스터 SET 상품명 = 'LG-TV'
WHERE 상품ID = '001';
SAVE TRANSACTION SP2;
UPDATE 상품 마스터 SET 상품명 = '평
면-TV' WHERE 상품ID = '001';
ROLLBACK TRANSACTION SP2;
COMMIT;
```

① LG-TV
② 평면-TV
③ TV
④ 없음

ROLLBACK TRANSACTION SP2 문장에 의해 UPDATE 상품 SET 상품명 = '평면-TV' WHERE 상품ID = '001'이 ROLLBACK 되었고, 첫 번째 UPDATE 문장만 유효한 상태에서 COMMIT 되었으므로 첫 번째 UPDATE한 내역만 반영된다. 그러므로 LG-TV가 된다.

48 테이블을 생성할 수 있는 권한을 부여하는 SQL문을 완성하시오.

```
(        ) CREATE TABLE TO LIMBEST;
```

① REVOKE
② GRANT
③ COMMIT
④ ROLLBACK

테이블의 권한을 부여하는 DCL(데이터 제어어)은 Grant이다.

49 주어진 데이터에 대해서 아래의 SQL문을 수행하였을 때의 결괏값이 아래의 결과와 같을 때 빈칸에 들어갈 값을 고르시오.

[TEST49]

```
Create table test49(
  col1 varchar(10),
  col2 varchar(10),
  col3 number(10)
);
insert into test49 values('A','가',10);
insert into test49 values('A','가',20);
insert into test49 values('A','다',25);
insert into test49 values('B','가',10);
insert into test49 values('B','나',30);
insert into test49 values('B','나',20);
insert into test49 values('B','나',60);
insert into test49 values('C','라',30);
```

```
SELECT NTILE_2, COUNT(*) AS ROWCNT
FROM (
SELECT COL1, COL2, COL3, NTILE(3)
OVER (ORDER BY COL3) AS NTILE_2
FROM TEST49)
GROUP BY NTILE_2;
```

[결과]

NTILE_2	ROWCNT
1	3
2	3
( )	( )

① 2, 3
② 3, 2
③ 2, 2
④ 3, 3

NTILE(3)는 데이터 3등분 한다. 그리고 각 등분에 대해서 COUNT를 계산하므로 3, 2가 된다.

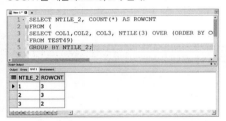

③ COUNT(*) OVER(ORDER BY SAL RANGE BETWEEN 0 PRECEDING AND 100 FOLLOWING)

④ COUNT(*) OVER(ORDER BY CNT RANGE BETWEEN 50 PRECEDING AND 100 FOLLOWING)

COUNT(*) OVER (ORDER BY SAL RANGE BETWEEN 50 PRECEDING AND 100 FOLLOWING)

먼저 위의 SQLD_11 테이블에서 결과값과 같이 반환되도록 'SAL' 속성을 기준으로 정렬을 수행하고, 각각의 행에서의 SAL 속성값을 기준으로 −50에서 +100 범위 사이에 포함되는 SAL값을 가지는 모든 행의 수를 COUNT하여 SIM_CNT 속성값으로 조회한다(RANGE는 현재 행의 데이터 값을 기준으로 앞뒤 데이터 값의 범위를 표시하는 것임).

---

50 주어진 테이블에 대해서 아래와 같이 결괏값이 반환되도록 아래의 SQL문 빈칸에 들어갈 윈도우 함수를 적으시오.

[SQLD_11]

ENAME	SAL
유비	1000
관우	1100
장비	1200
제갈량	1300
조운	1400
황충	1500

[결과]

ENAME	SAL	SIM_CNT
유비	1000	2
관우	1100	2
장비	1200	2
제갈량	1300	2
조운	1400	2
황충	1500	1

```
SELECT ENAME, SAL,
(                    ) as SIM_CNT
FROM SQLD_11;
```

① MAX(SAL) OVER(ORDER BY SAL RANGE BETWEEN 50 PRECEDING AND 100 FOLLOWING)

② COUNT(*) OVER(ORDER BY SAL RANGE BETWEEN 50 PRECEDING AND 100 FOLLOWING)

정답 50 ②

구분		SQLD 포인트 정리
데이터 모델링의 이해	데이터 모델링	**특징:** 추상화(특징을 추려서 간략하게), 단순화(약속된 표기법 사용), 명확화(다르게 해석되지 않도록 명확하게 기술) **관점:** 데이터 관점, 프로세스 관점, 데이터와 프로세스의 상관 관점 **유의사항:** 중복 최소화, 비유연성 최소화(응용프로그램–데이터 간 느슨한 연계), 비일관성 최소화 **단계:** 개념적 데이터 모델링(높은 추상화 수준) – 논리적 데이터 모델링(정규화, 재사용성↑) – 물리적 데이터 모델링(반정규화, 성능/보안/저장 등)
		(외부단계) 외부스키마(사용자 뷰, N개) – 논리적 데이터 독립성(개념스키마의 확장, 제약조건 갱신 등의 변경이 외부스키마에 영향 없도록) (개념단계) 개념스키마(전사 비즈니스 로직, 통합 뷰, 1개) – 물리적 데이터 독립성(내부스키마의 접근구조 변경, 파일 재구성 등이 개념스키마에 영향 없도록) (내부단계) 내부스키마(물리장치, 1개)
	엔터티	**정의:** DB의 구성요소 중 독립적으로 식별가능한 객체(Object) **특징:** 업무의 필요 · 관리되는 정보, 식별이 가능한 유일한 식별자를 가짐, 두 개 이상의 인스턴스 집합을 가짐, 하위요소로 속성(Attribute)을 가짐 **분류:** 시점별(기본/중심/행위), 형태별(유형/개념/사건)
	속성	**정의:** 의미상으로 더 이상 분리되지 않는 최소의 데이터 단위, 속성값들의 집합(속성값: 속성이 가지는 특정값) *한 개의 속성은 한 개의 속성값만 가짐(원자성) *주 식별자(PK)에 함수적 종속성을 가짐 **특성별 분류:** 기본속성, 설계속성(설계시 필요하다고 판단되어 도출된 속성), 파생속성(다른 속성으로부터 계산되거나 변형되어 만들어진 속성) **도메인:** 속성이 가질 수 있는 값의 범위(데이터 타입, 크기, 제약사항 등)
	관계	**정의:** 엔터티 간의 맺고 있는 연관성 **ERD 작성순서:** 엔터티 도출 – 엔터티 배치 – 관계 도출 – 관계명/관계차수(참여도)/관계선택사양(필수여부) 기술 **관계를 나타내는 요소:** 관계명, 차수, 선택사양 **관계 도출시 참고사항:** 엔터티 간의 정보 조합 발생여부(조인), 연관규칙, 관계연결에 대한 규칙 및 동사(Verb) ↔ 명사(Noun)로부터는 엔터티를 도출
	식별자 (Key)	PK: 유일성, 최소성, 불변성, 존재성(NOT NULL) 식별자 관계(강한 연결, ERD 실선, 부모–자식 동일 생명주기) vs 비식별자 관계(약한 연결, ERD 점선, 부모–자식 개별 생명주기) 기본키(PK), 후보키(유일성O, 최소성O), 대체키(후보키가 아닌 기본키), 슈퍼키(유일성O, 최소성X)
데이터 모델과 SQL	정규화	**정규화 수행시 성능:** 입력/수정/삭제 성능↑, 조인 발생에 따라 조회성능↓(예외적으로 향상될 수도 있음, 무조건 하락 X) **제1정규화:** 한 개의 속성은 한 개의 속성값을 가진다는 원칙(원자성) **제2정규화:** 제1정규화 + 부분함수종속 제거(복합키의 일부가 다른 속성을 결정) → 완전함수종속 상태(복합키가 다른 속성을 결정) **제3정규화:** 제2정규화 + 이행함수종속 제거(일반 속성이 다른 속성을 결정, A→B, B→C)
	관계와 조인	슈퍼타입/서브타입 관계테이블 병합 – Ont to One Type(1:1): 개별 트렌젝션을 개별 테이블로 구성 – Plus Type: 슈퍼타입+서브타입 테이블로 구성 – Single Type(All in One): 전체를 하나의 테이블로 통합
	트랜잭션	**원자성(Atomicity):** 모두 실행되거나 모두 실행되지 않아야 함(All or Nothing) **일관성(Consistency):** 트랜잭션 이전에 오류가 없었다면 이후에도 오류가 없어야 함 **고립성(Isolation):** 트랜잭션은 독립적으로 수행되어야 함 **영속성(Durability):** 트랜잭션의 결과는 DB에 영구적으로 저장되어 유지되어야 함
	NULL 속성	NULL을 포함한 연산은 항상 NULL → 1 + NULL = NULL 단, 집계함수(SUM, AVG, MIN, MAX 등)은 NULL을 제외하고 연산 → 1, 3, NULL → AVG 수행시 2 출력
	본질식별자 인조식별자	**본질식별자(원조식별자):** 업무에 존재하는 원래의 식별자 **인조식별자(대리식별자):** 업무에 존재하지 않으나 필요에 의해 만든 식별자 → 개발 편의성 향상(but, 데이터 중복 발생, 불필요 인덱스 생성)

구분		SQLD 포인트 정리
SQL 기본	관계형DB	결과만을 서술하는 비절차적 언어(SQL) + 프로시저/함수/트리거 등을 작성하는 문법은 절차적 언어 특징도 가짐(PL/SQL, T-SQL 등)
	SELECT문	**실행순서:** F W G H S O (FROM, WHERE, GROUP BY, HAVING, SELECT, ORDER BY)
	함수	**문자함수:** TRIM(공백 또는 특정 문자열 제거), SUBSTR(문자 추출) / **숫자함수:** ABS(절댓값), MOD(나머지), ROUND(반올림), TRUNC(버림)
	NULL함수	NVL(A, 0) → A 칼럼값이 NULL이면 0 반환 / NULLIF(A, B) → A, B 같으면 NULL 반환 COALESCE(A, B, C) → A, B, C 칼럼에서 NULL이 아닌 첫 번째 값을 반환 / NVL2(A, B, C) → A가 NULL이 아니면 B, NULL이면 C 반환
	WHERE절	**NULL 비교 사용법:** IS NULL, IS NOT NULL // = NULL, != NULL 등 비교연산자 사용 불가
	GROUP BY	**GROUP BY:** 그룹핑 / HAVING: GROUP BY 연산결과에 대한 조건 필터링
	ORDER BY	ASC(오름차순, 0~) / DESC(내림차순, ~0)
	조인	INNER JOIN(교집합), OUTER JOIN(합집합, 기준키에 맞는 칼럼값이 없으면 해당 튜플은 NULL로 출력) NATURAL JOIN(두 테이블 간 동일한 칼럼명에 대해 동일한 칼럼값인 행만 출력), CROSS JOIN(카테시안곱, MxN) *N개의 테이블 조인시 최소 N-1개의 조인 수행 필요
SQL 활용	서브쿼리	**스칼라 서브쿼리:** SELECT 칼럼 입력 부분 / 인라인 뷰: FROM 테이블 입력 부분 / 중첩 서브쿼리: WHERE, HAVING 칼럼 or 테이블 입력 부분 연관 서브쿼리(메인쿼리의 칼럼을 서브쿼리에서 사용) vs 비연관 서브쿼리(메인쿼리의 칼럼을 서브쿼리에서 사용 X) *서브쿼리의 칼럼은 메인쿼리에서 사용 불가
	집합연산	UNION ALL(A-B 테이블 합집합, 레코드 중복 출력), UNION(A-B 테이블 합집합, 레코드 중복 제거) INTERSECT(A-B 테이블 교집합), MINUS/EXCEPT(A-B 테이블 차집합)
	그룹함수	GROUP BY ROLLUP(A,B) = GROUPING SETS((A,B),(A),()) / 출력순서: A,B → A → 총계 GROUP BY CUBE(A,B) = GROUPING SETS((A),(B),(A,B),()) / 출력순서: A,B → A → B → 총계 **GROUPING:** 소계 행을 1로 출력
	윈도우함수, TopN쿼리	**순위함수별 출력 예시:** RANK(1,2,2,4) / DENSE_RANK(1,2,2,3) / ROW_NUMBER(1,2,3,4) **순서함수:** LAG(입력값만큼 이전 행 출력), LEAD(입력값만큼 이후 행 출력) **비율함수:** PERCENT_RANK(0부터 1까지 백분위 비율 출력) **ROWNUM:** 첫 행부터 순회하면서 값을 반환하므로 중간을 건너뛸 수 없음 ex) ROWNUM <= 2 → TRUE / = 2, >= 2 → FALSE
	계층형 질의	**순방향 전개:** CONNECT BY PRIOR 자식 = 부모 (프-자-부-순) **역방향 전개:** CONNECT BY PRIOR 부모 = 자식 (프-부-자-역)
	(UN)PIVOT	PIVOT(행→열, 간단한 표로 정리), UNPIVOT(열→행, 로우데이터 형식으로 표시)
	정규 표현식	^The : The로 시작하는 문자열 / ing$: ing로 끝나는 문자열 / . : 임의의 한 문자(a,b: acb, a-b, a1b) [] : 문자열 중 하나만 일치([abc] : a,b,c) / [^] : 문자열 제외([^abc] : d~z) / [-] : 연속문자, ([a-z] : a~z)

구분		SQLD 포인트 정리			
관리 구문	DML (Manipulation)	데이터조작언어(SELECT, INSERT INTO, UPDATE SET, DELETE FROM, MERGE INTO) - 데이터 조작과 관련 (롤백 가능) *단, SQL Server는 DML 명령어도 AUTO COMMIT되어 롤백 불가(but, BEGIN TRANSACTION을 명시했을 때는 롤백 가능)	**구분**	**DROP**	**TRUNCATE**	**DELETE**
			SQL 종류	DDL		DML
			동작	테이블 삭제 (스키마 포함)	데이터 삭제 (스키마 남음)	데이터 삭제 (스키마 남음)
	DDL (Definition)	데이터정의언어(CREATE, ALTER, DROP, RENAME, TRUNCATE) - 테이블 구조 관련(롤백 불가 - AUTO COMMIT) *참조무결성(부모-자식): CASCADE(같이 강제로 수행), RESTRICT(의존되어 있을 경우 수행 X)	AUTO COMMIT	O		X
			디스크 공간 릴리즈	O		X
	DCL(Control)	데이터제어언어(GRANT, REVOKE) - 사용자(Customer) 권한과 관련	로그 생성 (UNDO 가능)	X		O
	TCL(Control)	트랜잭션제어언어(COMMIT, ROLLBACK, SAVEPOINT)				

MEMO

MEMO

MEMO

MEMO